Lin Shaoyang

林少阳——著

鼎革以文——清季革命与章太炎『复古』的新文化运动

Revolution by Means of Culture: The Late Qing Revolution and Zhang Taiyan From 1900 To 1911

上海人民出版社

“章学研究论丛”学术顾问

（以姓氏笔画为序）

谨以此书献给

先父　锦荣(恩佑)公(1924—2017)

目　录

总　论

第一章　晚清思想文化运动与以“文”为手段之清季革命 ………… 3

一、质疑“革命对改良”的二元对立问题 ………………………… 3

二、“士不可以不弘毅”——何谓“清季思想革命”或“以‘文’为手段的革命”？ ………………………………………… 17

1. 欧美的“革命”——观察清季章太炎的“革命”之视角 …………………………………………………………… 17

2. 章太炎的“革命”定义 ………………………………… 27

第二章　章太炎与以“文”为手段的清季革命——复数的革命 ……………………………………… 38

一、清季新文化运动——“辛亥革命”新解 ………………… 38

1. 沟口雄三、周锡瑞等的辛亥革命新解 ………………… 38

2. “清季革命”之思想革命、文化革命的性质——被遗忘的一面 ………………………………………………… 46

3. “文”的力量 ………………………………………… 51

二、"文"与复数的清季革命 …… 55
1. 东京与作为学生运动的清季革命 …… 55
2. 太平天国与晚清革命的重要关联 …… 63
3. 被遗忘的以"文"为手段的清季革命 …… 68
第三章　章太炎与"复古"的新文化运动 …… 72
一、制度典章现代化与"复古"的新文化运动 …… 72
二、"辨章学术，考镜源流"的学术史重构与"复古"的新文化运动 …… 74
三、"文学复古"与"复古"的新文化运动 …… 78
四、"建立宗教"与"复古"的新文化运动 …… 82
结语　"亡天下"与"文" …… 101
一、"亡国"与"亡天下"之别——观察以"文"为手段的清季革命的视角 …… 101
二、关于本书 …… 107

第一编　章太炎与中国国内的清季革命青年

第一章　章太炎与南方话语——章太炎影响下的清季革命青年 …… 113
一、革命的南方对改良的北方——南北二元对立话语的建构、历史叙述与革命 …… 113
1. 引子——"南方"与正统性的确立 …… 113
2. 历史上的"南方"——革命与南明史之唤起 …… 117
二、章太炎小学研究中的"南方" …… 120
三、《国粹学报》与"南方"话语——与章太炎的关系 …… 133

1. “南方”与批判的“国学” …… 133
2. 章太炎与清季革命青年——《国粹学报》的“国粹”与“南方” …… 140
第二章 “南方”话语典型之南社——章太炎、“文”的革命与清季革命青年 …… 146
一、章太炎与清季革命青年或“五四”新文化中年——以南社为例 …… 146
二、章太炎与柳亚子——清季革命青年导师与“五四”新文化运动老人之间断 …… 152
三、作为中国史结构的“南方”及其再生产 …… 159
1. 作为“方法”的“南方” …… 159
2. “操南音不忘其旧”——近现代最广泛的革命文学实践之南社 …… 162
结语 以“文”上演“南方” …… 169

第二编 东京的章太炎与中国革命中的“民族”“国家”问题
第三章 东京的章太炎——力图超越民族国家的民族主义者 …… 177
一、章太炎早期的中日主体的亚洲联合构想——与“黄祸”论的关联 …… 178
1. 章太炎早期的亚洲联合思想与日本 …… 178
2. 章太炎与明治日本及晚清中国的亚洲主义及“黄祸”论 …… 181
二、东京时期章太炎联亚构想的变化——亚洲和亲会 …… 186

1. 亚洲首个反专制反帝跨国革命运动倡导者………… 186
2. 章太炎构想中的亚洲革命运动联合体——“印度”的意义………………………………………………………… 189
三、日英同盟与亚洲和亲会的成立 ……………………… 195
1. 催化剂之一的日英同盟……………………………… 195
2. 印度独立运动的兴起与清季中国革命——“印度”表象之变化…………………………………………… 198
四、章太炎与印度 ………………………………………… 201
1. 章太炎与印度独立运动革命派……………………… 201
2. 章太炎在印度问题上对日本的批判………………… 206
五、清季革命与印度表象 ………………………………… 210
1. 章太炎的“印度”——批判日本及中国之“方法”…… 210
2. “吾洲”之文化政治隐喻之“印度”…………………… 212
3. 章太炎的古学重构及宗教重构——革命与“印度”的意义…………………………………………………… 214
六、人的自主与亚洲自主——作为“方法”的印度 ……… 219
第四章 批判无政府主义的无政府主义者——章太炎与早期中日无政府主义/社会主义运动的关系 ………………………………………… 225
一、章太炎与早期中国无政府主义革命简介——中国革命之复数性及延续性 ……………………………………… 225
1. 章太炎与作为辛亥革命重要构成的无政府主义或社会主义思潮……………………………………………… 225

2. 新声故语融合之复数的革命话语——章太炎与东京及巴黎的中国革命者之间 …… 228
二、章太炎对早期无政府主义的语言观以及“文明”话语的批判——晚清无政府主义/社会主义与“五四”新文化运动的关联 …… 235
1. 清季无政府主义革命者进化论语言观与“五四”的关联——章太炎的批判 …… 235
2. 从《新世纪》至《新青年》的谱系——与刘师培、章太炎的不同 …… 239
三、章太炎、刘师培与同时代日本无政府主义/社会主义运动 …… 243
1. 帝国主义时代的幸德秋水与清季革命者 …… 243
2. 反抗者共同体之亚洲和亲会——章太炎与幸德秋水的距离 …… 247
3. 章太炎与幸德秋水的帝国主义批判——短期的亚洲革命中心之东京 …… 251
四、“玉卮无当”——清季革命与章太炎对无政府主义革命者的批判 …… 259
第五章 否定国家的立国者——章太炎的国家理论及其黑格尔批判 …… 265
一、章太炎的国家论——近代政治思想史的视角 …… 265
1. “国家之事业，是最鄙贱者” …… 265
2. 近代政治思想史视野中的章太炎“国家”论 …… 272
二、章太炎的政治思想与其黑格尔批判 …… 275

1. 近代中国黑格尔批判之先驱章太炎 …… 275
2. 章太炎的黑格尔国家论批判与中国无政府主义革命党人批判 …… 279
3. “善亦进化，恶亦进化”——章太炎之黑格尔批判与进化论目的论史观批判 …… 284
三、否定国家权力的国家论——与民族主义及无政府主义、帝国主义批判的关系 …… 290
1. “以干矢鸟粪为馨香”的国家主义与“去干矢鸟粪而望百谷之自长”的无政府主义 …… 290
2. 启蒙主义“公理”之解构者 …… 293
结语　否定国家的章太炎国学——“亡天下”的危机与思想者 …… 296
一、否定国家的民族主义者及反民族主义的民族主义者 …… 296
二、“个体为真，团体为幻” …… 298

第三编　清季章太炎与革命儒学

第六章　章太炎与革命儒学（上） …… 305
一、狂狷与“被去势”的现代“哲学” …… 305
1. 近现代中国与狂狷 …… 305
2. 先秦的狂狷论——孔、孟的狂狷 …… 308
二、狂狷与章太炎“哀”与“独”概念——《訄书》初刻本的儒学革命思想 …… 314
三、狂狷与革命道德——东京《民报》时期章太炎的儒学革命思想 …… 318

第七章 章太炎与革命儒学（下） …… 327
一、近代论狂与批判乡愿的谱系——清季革命与“五四”新文化运动之共同课题 …… 327
1. 乡愿批判——“复古”与“反复古”新文化运动的共同起源 …… 327
2. 鲁迅的狂狷论——一个观察章太炎与鲁迅关联的视角 …… 330
二、章太炎的乡愿论——另类狂狷论或宋明儒学论 …… 333
三、狂、狷与民——章太炎的文史评价标准 …… 337
1. 狂狷角度的汉、魏晋、隋唐文论 …… 337
2. 狂狷角度的宋明文论 …… 341
四、“立德自情不自慧”——狂狷与文的伦理性 …… 347
结语 皇权的治统与知识分子的道统——革命治统论的“狂狷” …… 353

第四编 “复古”的新文化运动与“反复古”的新文化运动之间
——章太炎与鲁迅之关联及断裂

第八章 鲁迅如何“影响”了章太炎？——“复古”的新文化运动与“反复古”的新文化运动 …… 359
一、“鲁迅”如何影响了“章太炎” …… 359
1. 鲁迅研究或康梁研究派生品的章学 …… 359
2. 何谓“章门”？ …… 362

二、追悼的政治——濒死的共和、濒死的鲁迅与已逝的太炎 …… 369
1. 鲁迅与《制言》杂志的“章门弟子” …… 369
2. 定义“章门”与鲁迅的文化政治 …… 374
3. 章太炎与拒绝告别革命的鲁迅 …… 377
4. “反复古”的新文化运动与共和的危机 …… 378
第九章　清季革命导师章太炎与清季革命青年鲁迅 …… 381
一、清季革命时期鲁迅的文章与章太炎 …… 381
二、鲁迅的“伪士当去，迷信可存”与章太炎以宗教行革命的思想 …… 386
三、右反“国民主义”，左拒“世界主义” …… 396
四、“兽性爱国主义”之否定者鲁迅与章太炎 …… 404
五、“中文之词”“亦输入文明之利器也”——清季革命青年鲁迅的语言观与章太炎 …… 412
结语　“复古”的新文化运动与“反复古”的新文化运动之间 …… 420
一、在“理性的私的使用”与“理性的公的使用”之间——观察章太炎与鲁迅“亡天下”危机意识或“文”之重构的一个视角 …… 420
二、清季革命新青年、“五四”新青年与“五四”中年旗手之间 …… 428

索引 …… 432
后记 …… 479

总　论

第一章　晚清思想文化运动与以“文”为手段之清季革命

一、质疑“革命对改良”的二元对立问题

一般说来，清季章太炎(1869—1936，字枚叔，名炳麟，号太炎)被视为革命派的思想家，而康有为(1858—1927，号长素)则是其对立面的改良派思想及理论的代表(本书不使用“立宪派”说法，因改良派的“君主立宪”与革命派的“共和立宪”皆可划为立宪派，在称谓上将“改良派”等同“立宪派”容易予人革命者不立宪之虞①)。略别于此，本书将时间跨幅十数年，以

① 关于“立宪派”的定义以及与革命的关系，请参考张玉法《清季革命的立宪团体》(“中研院”近代史研究所 1971 年版)与张朋园《立宪派与辛亥革命》(上海三联书店 2013 年版)；关于 1992 年以前汉语、英文出版的立宪派研究史的总结，请参考张玉法《辛亥革命史论》(台北三民书局 1992 年版，第 151—189 页)。张朋园著述的下篇尤其就立宪派与革命的关系着墨甚多。此外，就 1992 年以前汉语、英文、日文的辛亥革命研究成果的总结，尤其对章开沅、林增平主编《辛亥革命史》(三卷本，人民出版社(转下页)

章太炎、康有为为代表所展开的晚清言论实践视为一个影响至广至深至远、构成一个整体的思想文化运动。改良与革命的二分为戊戌变法失败后的产物。换言之，革命只是改良不果的产物而已。言晚清思想文化运动影响至广，是指它同时包含了革命与改良的双重变奏，且革命中有改良，改良中有革命。改良与革命双方都通过论争方式建构起了各自的思想，这些论争又都成为同时代至为重要的文化政治本身。在此意义上对话且对立的双方的思想建构与存在都以对

(接上页) 1980—1981年版)的评论，请参考张玉法《辛亥革命史论》，第1—48页。附带指出，就革命与改良二元对立的问题，黄克武也明确指出，辛亥革命是革命党与立宪派共同酿成的共和大业。黄克武:「清末から見た辛亥革命」(青山治世译)，辛亥革命百周年纪念论集编辑委员会编:『総合研究辛亥革命』，东京岩波书店2012年版，第92页。2011年，武汉、北京等地举行了辛亥革命百年纪念研讨会，在一本从数百篇汉语论文中挑选出来翻译的英文论文集的序章中，周锡瑞(Joseph W.Esherick)的《导论》概述了两岸尤其大陆近年的辛亥革命研究史，该导论可以说是辛亥革命研究史、解释史的最新总结之一(Joseph W.Esherick, "Introduction, in Joseph W.Esherick and C.X.George Wei〈魏楚雄〉 eds., China: How the Empire Fell, London and New York: Routledge, 2014, pp.1—16)。周锡瑞指出，近年辛亥革命研究新动向的特点之一是将关注点从革命派向改良派转移，以相对化孙文中心和革命派中心的晚清史观，并且将注意力转向所有当事方之间以及社会、经济与政治发展之间的复杂互动关系；周氏尤其强调近年研究的特点之一是对晚清政权的重新评价(pp.9—10)。该文集的头三篇论文都可视为质疑改良与革命二元对立叙述框架的论文。其中戴鞍钢的《改良派的尴尬》通过同时代史料解读，显示了新政如何反而推动了革命，革命如何在新政带来的新环境中酿成(pp.19—35)。李振武的《督抚与省咨议局》则描述了清廷、督抚和从地方绅士中抽选的省咨议局之间(尤其督抚与咨议局之间)的复杂关系，尤其展示了督抚与咨议局对宪政理解的不同以及由此引发的冲突，因为督抚在成立咨议局上作用重大，咨议局在革命爆发后在宣布省的独立上又有着重要作用，李文除有助于我们理解省级层面政治涉及的多个因素外，也有助于理解革命与改良之间复杂的纠缠关系(pp.36—65)。周积明与胡曦的论文《冲突与竞争:晚清政治的新视角》更是以一个特殊的方式质疑革命与改良二元对立历史观的问题:必须考虑第三方清廷的存在，因为每当清廷为了一己的既得利益而拖延立宪，总是令致革命派的力量得到强化，三方任何一方的行为总是会对另外两方带来影响(pp.66—85)。

方为条件。①同时，这一对立、对话模式也引发了中国历史上鲜见之百家争鸣、众声喧哗的时代。言其影响至深，是指它作为一场全面刷新古老文明的运动，数千年来，史无前例。恰如李鸿章同治十三年所慨叹之“实为数千年来未有之变局”（《筹议海防折》），实为千古长叹。因为中华文明从未经历过另一文明体系的全面冲击。西方文明之新颖、西力之强盛、全球资本主义大潮之汹涌，乃是中国社会及士人前所未有的体验，谓之刻骨铭心，毫不为过。无论革命或改良，无不重审传统，重新解释并定位中华文明。其时士人主流面对骎骎而来的西学，虽然情感上有迎有拒、参差不一，但是，在实际层面上仍试图积极理解西学、吸收西学。言其影响至远，则是指改良与革命双方的论争所形成的文化政治深刻地形塑了现实政治。它在政治上参与终结了帝制中国，在文化上准备了“五四”新文化运动。革命与改良双方都参与了这一过程。以晚清为始、深化于“五四”的思想文化运动深刻地规定了中国的现代性，直至今日。这些都说明了晚清思想文化运动之影响至远。

因此，本书使用“革命派”“改良派”用语时，仅为照顾习惯、出于方便而已，并不认同以此二元对立的框架去阐释晚清的思想史。也

① 研究史上将康有为、章太炎合而论之的事实，也说明了“改良与革命”二元对立话语的问题。以康、章合论，早见于汪荣祖《康章合论》（台湾联经出版事业公司 1988 年版）一书。汪氏质疑以改良与革命之对立、今文与古文的对立去看待康、章对立，而主张探讨二氏文化观点之根本差异。新一代晚清思想研究者如彭春凌《儒学转型与文化新命：以康有为、章太炎为中心（1898—1927）》（北京大学出版社 2014 年版）在笔者看来亦属于质疑改良与革命、传统与反传统之类二元对立的著作。彭著强调康、章之对等地位，两者之对话关系，两者又如何共同构成了与“五四”新文化运动反孔批儒思潮的关联，并试图打破新文化反传统反儒学这一“传统与现代”的二元解释。

缘于同样的原因，本书在使用“晚清思想文化运动”这一说法时，不仅包含章太炎、谭嗣同(1865—1898，字复生)等偏于革命的思想家，更包含了以康有为、梁启超(1873—1929，字卓如)等为代表的偏于改良的思想家及其政治文化实践。革命与“立宪”殊途同归为同时代的见证。比如杜亚泉(1873—1933)在《东方杂志》1913年1月“刊行十年之纪念”纪念增刊中如是说：“茫茫政海中，固有两大潮流，荥洄澎湃于其间。此二大潮水者，其一为革命运动，其一为立宪运动。革命运动者，改君主国为民主国；立宪运动者，变独裁制为代议制。其始途径颇殊，一则为激烈之主张，一则为温和之进步；及其成功，则殊途同归。由立宪运动而专制之政府倾，由革命运动而君主之特权废。民主立宪之中华民国，即由两大政潮之相推相荡而成。”①当本书使用“晚清思想革命”用语时，则偏于以孙文、章太炎等为代表的革命派思想及其政治文化实践。同时，使用“晚清思想文化运动”尤其“晚清思想革命”，也是为了引出“晚清复古的新文化运动”这一本书的核心概念，以对应“反复古的新文化运动”这一概念，并探讨“晚清思想文化运动”的复杂特性，也由此观察“五四新文化运动”的复杂特性。将“晚清复古的新文化运动”明确地定位为“新文化运动”，并不在于否定“五四新文化运动”。恰恰相反，这是尝试从新的角度去拯救因被过分特权化而导致被矮化的“五四”新文化革命。为了这一目标，“晚清新文化运动”长期被历史叙述框架所压抑、所排斥的这一事实，首先必须从学术史与思想史上予以重审。

---

①　杜亚泉等著：《辛亥前十年中国政治通览》，中华书局2012年版，第2页。亦请参考罗志田序《五千年的大变：杜亚泉看辛亥革命》中对梁启超辛亥十周年时所言及的革命派、“立宪派”无不是革命党这一说法的认同。同上第5页。

比如后来被追认为“改良派”的谭嗣同，就其思想理路而言，无疑应该是革命派，但是一般来说他却被归类为改良派。实际上，从其个人的任侠气质、学术等观之，谭嗣同是典型的革命者，李泽厚先生甚至视其为中国近代激进主义思潮的源头，不无道理。①比如谭嗣同在其《仁学》中曰：“夫古之暴君，以天下为己之私产止矣，彼起于游牧部落，直以中国为其牧场耳，苟见水草肥美，将尽驱其禽畜，横来吞噬。……有茹痛数百年不敢言不敢纪者，不愈益悲乎！《明季稗史》中之《扬州十日记》《嘉定屠城纪略》，不过略举一二事，当时既纵焚掠之军，又严薙发之令，所至屠宰掳掠，莫不如是。”②何见丝毫的保皇色彩！谭嗣同又曰：“以时考之，华人固可以奋矣。且举一事而必其事之有大利，非能利其事者也。故华人慎毋言华盛顿、拿破仑矣，志士仁人求为陈涉、杨玄感，以供圣人之驱除，死无憾焉。若其机无可乘，则莫若为任侠，亦足以伸民气，倡勇敢之风，是亦拨乱之具也。”③这是不折不扣的革命言论。萧公权（1897—1981）评之曰：“惜乎其所遇者非孙中山而为康有为，遂使维新党多一冤魂，革命军少一猛将。今日尚论，诚不胜其扼腕矣。”④

变法失败后，谭嗣同主动选择被捕，狱中题壁：“望门投止思张俭，忍死须臾待杜根。我自横刀向天笑，去留肝胆两昆仑。”⑤死前高

① 李泽厚、刘再复：《告别革命：回望二十世纪中国》，香港天地图书公司 2004 年版，第 73 页。

② 谭嗣同：《仁学》，蔡尚思、方行编：《谭嗣同全集》下册，中华书局 1981 年版，第 341—342 页（第三十三节）。

③ 谭嗣同：《仁学》，蔡尚思、方行编：《谭嗣同全集》下册，第 344 页（第三十四节）。

④ 萧公权：《中国政治思想史》，新星出版社 2005 年版，第 480 页。

⑤ 《谭嗣同全集》上册，第 287 页。

歌悲吟:“有心杀贼,无力回天。死得其所,快哉快哉!”①谭嗣同与川籍维新知识分子杨锐、闽籍维新知识分子林旭、闽籍川人军机章京刘光第、政变失败后请慈禧“撤廉归政”的御史杨深秀、康有为胞弟康广仁一起,引颈慷慨就死,史称“六君子”。如此一世任侠的谭嗣同却被划归为改良派,实有简单之处。如日本著名的清末思想研究者高田淳先生(1925—2010)所指出,将谭嗣同描述为康有为同类,无非是梁启超在《六君子传》、《戊戌政变记》(《清议报》创刊号[光绪二十四年十一月十一日]至第十册[光绪二十五年二月二十一日]连载)中利用就死的谭嗣同的结果,一如谭嗣同的盟友、自立军首领唐才常(1867—1900)在1900年8月就死后,康有为对他所做的一样。②高田淳也指出,康有为与谭嗣同之间至少在思想上有着如下对照:谭嗣同“深念高望,私怀墨子摩顶放踵之志矣”③与康有为的孔教;谭嗣同的耶稣基督之殉教精神与康有为的基督教教会组织。④换言之,后人关于谭嗣同的历史认识与定位,乃受制于因梁启超关于谭嗣同的“历史叙述”而带来的历史认识。这也受到了革命党人胡汉民(1879—1936)的痛斥。胡汉民言“广东人”(暗指梁启超)将谭嗣同塑造为“保皇”而非“革命”,乃是“愚弄”“利用”就死的谭嗣同。⑤但是,另一方面,在现实的层面上谭嗣同确实选择了追随康有为的改良路线,这一矛盾性正如满怀激进思想的唐才常企图通

---

① 《谭嗣同全集》上册,第287页。

② 高田淳:『中国の近代と儒教』,东京纪伊国屋书店1975年版,第79页。

③ 谭嗣同:《仁学·自叙》,蔡尚思、方行编:《谭嗣同全集》下册,第290页。

④ 高田淳:『中国の近代と儒教』,第77—78页。

⑤ 记者:《记戊戌庚子死事诸人纪念会中广东某君之演说》,《民报》第一号,明治三十八年(1905)十一月五日,见影印版《民报》第一卷,中华书局2006年版,第87页(《中国近代期刊资料汇刊》第二辑)。

过武装勤王，去调和君主立宪与种族革命这一对立一样。

而戊戌变法前章太炎兼革命派与改良派于一身，正如谭嗣同、唐才常。章太炎的革命思想早见于戊戌变法前，其于1897年3月3日（光绪二十三年二月初一日）出版的《时务报》第十九册上刊文《论学会有大益于黄人亟宜保护》，主张："变郊号，柴社稷，谓之革命；礼秀民，聚俊材，谓之革政。今之亟务，曰：以革政挽革命。"①"郊"即是天子春秋两度的祭天地仪式，"柴"指的是燃柴祭天，"变郊号，柴社稷"就是变换国家祭祀的名号，易姓革命是也。当然，章太炎此处指的是建立共和制的民国。"革政"者，则是指改良。也就是说，这一时期的章太炎虽然内心偏向革命，但现实中却是主张以改良避免革命。此时章太炎在政治选择上多少是处于年长于他十一岁的康有为影响之下的。

但是，另一方面，在两年后的文章中我们分明又看到典型的"革命派"的章太炎。章太炎在其《訄书》（初刻本，1899年）所收的《客帝》（1899年5月）中开宗明义："自古以用异国之材为客卿，而今始有客帝。客帝者何也？曰：如满洲之主震旦是也。夫整军之将，司税之吏，一切假客卿于欧美，则以鸡林靺鞨之宾旅，而为客帝于中国也，何损？知是，而逐满之论，殆可以息矣。"②（震旦，中国。鸡林，即新罗，朝鲜古国。靺鞨，满人先祖，周时称肃慎，隋唐称靺鞨，《隋书·东夷列传·靺鞨》："靺鞨，在高丽之北"，"即古之肃慎氏也"。③宾旅，客卿，羁旅之人，羁旅之臣。④）章太炎认为"逐加于满人，而地割于白人，以是为神州大诟"。⑤

① 汤志钧编：《章太炎政论选集》上册，中华书局1977年版，第13页。

② 《章太炎全集》（三），上海人民出版社1984年版，第65页。

③ 魏徵、令狐德棻等撰：《隋书》，中华书局2011年版，第1821页。

④ 注释参考徐复《訄书详注》而成，上海古籍出版社2000年版，第1页。

⑤ 《訄书》（初刻本），《章太炎全集》（三），第67页。

（讷，音义同“诟病”之“诟”。）他主张，为了避免因驱逐反“客”为主的满人专制而惹来帝国主义霸占中国这一更糟后果，只要满人承认过去之非，则可拥戴孔子后裔为中国虚君，满人统治者自己退居为齐桓、晋文式霸主，发奋变法，则反满排满情绪自然可以平息。章太炎以此回应改良派代表人物康有为“纪孔保皇”的主张。[①]这一态度是以革命为伦理理念，却以改良为现实选择。也因如此，时过境迁后，章太炎在《訄书》重订本（1903 年春天[②]）中删去此文，而改置以《客帝匡谬》，反省已非。

笔者想强调的是，也不能由此说 1897 年 3 月 3 日时的章太炎是“改良派”，至 1899 年 5 月撰写《客帝》时便转向革命了。下面的三个事实足可证明情况并非如此简单。

第一个事实是 1897 年（光绪二十三年，丁酉）春，时年三十的章氏在上海《时务报》与梁启超共事，“因阅西报，知伦敦使馆有逮捕孙逸仙事，因问梁启超：‘孙逸仙何如人？’梁云：‘此人蓄志倾覆满洲政府。’”章氏“心甚壮之”。[③]第二个事实是戊戌变法失败后章太炎曾经为康有为辩护。戊戌政变发生后，康有为曾将光绪帝在 1898 年 9 月 15 日（光绪二十四年七月三十日）和 9 月 18 日（八月初三日）的两次“密诏”内容露布。“密诏”指慈禧太后干预新政，使光绪帝感到“朕位且不能保”，而嘱康有为等“妥速密筹，设法相救”。[④]章太炎撰文《答学究》（署为“台湾旅客来稿”），发表于梁启超主编之《清议报》（第十四册，

---

① 朱维铮、姜义华：《章太炎选集》（注释本），上海人民出版社 1981 年版，第 118 页说明。

② 《訄书》重订本时间据朱维铮先生所考。见《章太炎全集》（三），第 10 页。

③ 朱希祖：《本师章太炎口授少年事迹笔记》，章氏国学讲习所编印《制言》半月刊第二十五期“太炎先生纪念专号”，1936 年 9 月 16 日，第 2 页。

④ “密诏”转引自汤志钧《说明》，见《章太炎政论选集》上册，第 81 页。

1899年5月10日[光绪二十五年四月初一日]出版)。“密诏”①露布后,曾引起官僚的不满和知识分子的震惊。章太炎质疑其做法“泄秘谋以速主祸,非忠也;讦宫闱以崇婞直,非恕也”。章氏谓“康氏知慈禧之必不敢剚刃于上也,虽言之何益于祸?”②显然是为康有为辩护。第三个事实却又涉及几乎同一时期一个“革命派”立场的章太炎。在章太炎为康有为辩护前不到两个月的1899年7月17日,章太炎致信汪康年(1860—1911),言及汪康年变法改良失败后在租界继续编办作为改良派舆论阵地的《时务报》。信中曰:“兴公亦在横滨,自署中山樵,尝一见之,聆其议论,谓不瓜分不足以恢复,斯言即浴血之意,可谓卓识。”③“兴公”即孙文。④这分明是典型的“革命派”立场的表露。正如后来章太炎在光绪二十九年闰五月十二日(1903年7月6日)《苏报》刊文《狱中答新闻报》曰:“昔为间接之革命,今为直接之革命。”⑤他视自己昔日选择改良为某种“间接之革命”,后来与邹容的行动、1906年后主笔同盟会机关报《民报》,才是“直接之革命”。也就是说在特定的时候,“改良”也是一种革命。这也正同于前面提及的谭嗣同的“改良”。显然,改良与革命的二元对立叙事结构容易忽略历史

---

① 康有为自1898年10月25日到达神户,至次年4月3日,滞留日本共五个月零十天。在此期间,他刊布密诏,发出《奉诏求救文》,见《康有为全集》第五册,中国人民大学出版社2007年版,第35—38页。光绪密诏是研究维新运动的重要资料,但是其真实性长期有争议。就此问题,汤志钧根据现行研究及史料,认为康有为曾经出于勤王目的而篡改密诏。汤志钧《戊戌变法史》(修订版),上海社会科学出版社2015年版,第354—360页。这方面的研究成果,亦有黄彰健的著述(《戊戌变法史研究》,“中研院”历史语言研究所专刊之五十四,1971年)。

② 《答学究》,《章太炎政论选集》上册,第81页。

③ 《又致汪康年》,同上书,第92页。

④ 同上书,第93页汤志钧注。

⑤ 同上书,第233页。

的复杂性。改良与革命并存于这一时期的章太炎思想，而此前章太炎对改良的期待本来便是出于现实主义考量。章太炎这一时期的“间接革命”意识，何尝又不适用于“改良派”的谭嗣同？关于谭嗣同与章太炎的关系，尽管章太炎对谭嗣同的《仁学》不以为然，“平子（宋恕字）以浏阳谭嗣同所著《仁学》见示，余怪其糅杂，不甚许也”。[①]但是，正如高田淳先生曾指出，“正是死于戊戌变法的谭嗣同的精神，因章太炎而透过辛亥革命得到了继承”。[②]

改良与革命的二元对立叙述框架的建构，不仅不适于描述“革命派”，也不适于描述“改良派”。因为我们同时可以看到康有为等“改良派”也有可归类为“革命”的时候。比如，戊戌变法失败后的1899年（光绪二十五年）康有为、梁启超、唐才常等与庚子勤王的关系便属此类。庚子勤王的背景是清廷在镇压戊戌变法后镇压亲近改良人士，打压帝党，并正式立储。改良派人士趋于激进，开始在华侨中筹款，计划以军事起义方式勤王，以最终实现君主立宪。比如康有为在1899年10月的《保救大清皇帝公司序例》中公开痛斥“顽固守旧之西后、逆贼权奸之荣禄”。[③]而且，至少在1900年5、6月频频发出武装勤王指令。[④]桑兵甚至认为1898年11月康有为即发出武装勤王呼吁。[⑤]唐才常所组织的自立军即为其中关键的一环。唐才常思想激进，但是现实中选择改良，与其生死挚友谭嗣同属一类。唐才常与自立军一般被认为是最重要的庚子勤王角色，因为他动议勤王，且自立

① 章炳麟：《太炎先生自定年谱》，香港龙门书店1965年版，第5页。

② 高田淳：『中国の近代と儒教』，第204页。

③ 《保救大清皇帝公司序例》，《康有为全集》第五册，第144页。

④ 见《梁荫南书》《致唐才常书》《致徐勤等书》《与欧榘甲书》等，《康有为全集》第五册。

⑤ 桑兵：《庚子勤王与晚清政局》，北京大学出版社2004年版，第64—65页。

军在湘鄂最为活跃。但是,“出师未捷身先死”,因被湖广总督张之洞镇压,唐才常在1900年8月22日(七月二十八日)于汉口赴死。但是,另一方面,桑兵根据20世纪70年代以来披露的资料及研究①进一步指出,唐才常及自立军其实不过是庚子勤王的其中一路,而康、梁在具体勤王路线上亦有分歧:梁启超主张由两广开始,而康主张以湘鄂为主,唐才常则支持康有为。②汤志钧根据资助自立军最多的新加坡华侨丘菽园家藏康有为等信件与日本所藏《井上雅二日记》,也揭示出唐才常在筹措武装勤王的资金过程中确实颇为借助康有为在华侨中的巨大影响。③但是,唐才常同时也处于孙中山的影响之下。④

这也是1903年前康门弟子有一段时期趋于暴力革命的大背景。据此,这一时期的康有为、梁启超等人所为是“改良”抑或“革命”,实难做清晰的二分。一方面,庚子勤王在拥戴光绪皇帝、最终实现君主立宪的目标上自然纯属“改良”,但是在提出“自立”概念、试图以暴力方式对抗掌握实权的慈禧太后所代表的体制这一面,又与“革命”甚至是暴力革命有着相通之处。梁启超早在光绪二十三年(1897年)十月至翌年正月在湖南时务学堂便以《春秋公羊传》《孟子》鼓吹民权,

---

① 深泽秀男:「自立軍起義について」(辛亥革命研究会编:『中国近代史研究入門:現状と課題』,东京汲古书院1992年版);汤志钧:《孙中山和自立军》(《历史研究》1991年第1期);汤志钧:《自立军起义前后的孙、康关系及其他——新加坡丘菽园家藏资料评析》(《近代史研究》1992年第2期);赵令扬:《辛亥革命期间海外中国知识分子对中国革命的看法》(《近代史研究》1992年第2期)等。

② 桑兵:《庚子勤王与晚清政局》,北京大学出版社2004年版,第64—65页。

③ 汤志钧:《自立军起义的一份原始材料——丘菽园家藏康有为等信件评析》,《中华文史论丛》2012年第3期(总107期),第253—273页。

④ 汤志钧:《戊戌变法史》(修订版),第416—418页。

并私下劝说巡抚陈宝箴湖南自立，说是改革却几近革命。[①]尽管如此，康有为对弟子们如欧榘甲(1870—1911)、梁启超等在变法失败后至1903年前愈来愈趋向革命派的立场，却又力阻，甚至在1902年6月时对欧榘甲等趋于革命的弟子，不惜以断绝师生关系相胁。[②]虽然康有为一派的“革命”有其局限及不坚定之处，但是，若是以“革命”对“改良”二分的划分标准，则实在又是一笔糊涂账。

即使在思想的层面上，康有为的《大同书》之类实在不能被归为“改良派”著述。康有为《大同书题词》称：“吾年二十七，当光绪甲申(1884年)……著《大同书》。”[③]据此，一般认为《大同书》是之后续补而成。姜义华、张荣华编校按语认为，该书应该是定稿在1902年之后，但晚年定居上海后仍有续补。[④]汤志钧经过翔实考辨，更进一步指出，康有为大同思想孕育较早，而《大同书》的撰述却较迟，可溯源于其戊戌变法前的“大同三世说”，而撰述时间梁启超的说法：“辛丑、壬寅(1901—1902年)间，康有为避居印度，乃著为成书。”[⑤]此时的康有为一般被目为改良派代表。然而，该书构筑了一个几乎消灭国家的人类大同世界，一统于一个世界国家——这一理想虽然出自儒家的乌托邦，但是，消灭国家一般来说也是无政府主义者、共产主义者的理想。无独有偶，在无政府主义思想影响下，流亡巴黎的中国革命党人杂志《新世纪》(1907年6月创刊，1910年5月停刊，周刊，共出121期)以及发行于东京的另一中国革命党人杂志《天义》(同年同月创刊，半月刊，共

① 小野川秀美：『清末政治思想研究』，东京Misuzu书房1975年版，第225页。
② 《致欧榘甲等书》(1902年6月3日)，《康有为全集》第六册，第352页。
③④ 转引自姜义华、张荣华编校按。《大同书》，《康有为全集》第七册，第2页。
⑤ 汤志钧：《康有为的大同思想与〈大同书〉》，上海人民出版社2016年版。

出 15 期)都提出了消灭国家、追求世界主义的主张(这两份杂志本书将会详细论及,此处不赘)。虽然理论框架迥然有异,但是其观点、归结却是一样。因此,这也是改良与革命的二元对立模式难以成立之处。萧公权先生在其研究康有为大同思想的著述中指出:"当康氏作为一乌托邦哲学家,他是超越儒家的;但作为一实际的改革家,他仍然在儒家的范围之内。"如果将上文的"儒家"一词换为"改良",似乎恰合康有为,也就是说其与革命有着一定关系的乌托邦与改良是并存于康有为一身的。[①]但是,另一方面,这并不等于可以因为上述理由而将康有为《大同书》归类为革命理论。梁启超在其《论支那宗教改革》(光绪二十五年[1899 年])中明确地将康有为的孔教运动视为马丁·路德(Martin Luther, 1483—1546)所发起的基督教宗教改革运动,言下之意,即康有为乃中国之路德也。[②]也就是说,这已经不是一个革命抑或改良二者择一的问题,而是属于康有为在基督教启发下思考以宗教重新设计中国走向的问题。康有为《大同书》暗示,弘扬素位而行的素王孔子之精髓,自己为当之无愧的不二人选。

按照"革命对改良"这一二元对立的叙述架构,在 1911 年辛亥革命成功前后的一段时间里,革命党在民族、疆域、法制等问题上迅速地出现了"改良派化"现象。原本的种族革命话语迅速退潮。关于民族、疆域问题,"五族共和"成为革命党人的不二选择。在宪政问题

---

① 萧公权著,汪荣祖译:《近代中国与新世界:康有为变法与大同思想研究》,江苏人民出版社 2007 年版,第 35 页。

② 梁启超:《论支那宗教改革》,《饮冰室文集》之三所收,梁启超《饮冰室合集》第一卷,中华书局 2003 年版,第 55 页。高田淳、张灏都留意到康有为这一自我定位以及弟子眼中的形象。高田淳:『中国の近代と儒教』,第 183 页;张灏:《危机中的中国知识分子:寻求秩序与意义》,高力克、王跃译,毛小林校译,新星出版社 2006 年版,第 76 页。

上,《清帝逊位诏书》与《中华民国临时约法》同时成为民国的宪法精神(如高全喜的解读①)。另一方面,在革命初成的1911年至1913年间(尤其于1913年),改良派代表人物康有为积极参与立宪大讨论,亦被誉为"共和的诤友"(如章永乐的解读②)。这些无不说明"革命与改良"二元对立叙述结构的问题。

必须指出的是,在此所质疑的革命与改良二元对立的结构,并非否定1903年后时代的变革者们在改变现实的政策、改变现实的程度上存在着对立。"苏报案"意味着激进的倾向呼之欲出。这也是时代大势使然。这意味着变革者们,尤其年轻的变革者们,趋于选择更为激进的方式去解决政治危机。尤其在1903年之前,激进变革的革命派与稳健变革的改良派的对立都反映了这一倾向。稳健变革派与激进变革派这一对立又是话语的建构方式:对立的双方各自以攻讦对方的方式建构和宣传各自的政见。但是,今人的历史叙述方式不能惰性地照搬这一话语对立方式,因为这等于消弭其时的历史语境或历史脉络。而且,从理论上说,任何二元对立都只能是以对立中的某一项为中心。"革命对改良"产生了后来的或是革命中心史观或是改良中心史观。理论上说,任何立足于二元对立两项中的任何一项的"中心",虽然利于立论,便于叙述,但是,客观上却只能是遮蔽历史的复杂性。

---

① 高全喜认为《清帝逊位诏书》为"中国版光荣革命",体现了现代国家肇始之际制宪建国的"革命的反革命"之宪法精神。氏著《立宪时刻:论〈清帝逊位诏书〉》,广西师范大学出版社2011年版。

② 见章永乐:《共和的诤友:康有为〈拟中华民国宪法草案〉评注》,收于氏著《旧邦新造》,北京大学出版社2011年版。

二、“士不可以不弘毅”——何谓“清季思想革命”或“以‘文’为手段的革命”？

1. 欧美的“革命”——观察清季章太炎的“革命”之视角

前面提及，本书以“晚清思想文化运动”涵盖“革命”“改良”，并质疑容易简化历史复杂性的“革命”与“改良”的二元对立。此举无非是为引出清季革命本具复数性的问题，并进一步彰显以“文”为手段的晚清思想革命，并力图证明，以“文”为手段的“清季思想革命”之洪流，深远地影响了近现代中国。在此，本书的“文”的含义首先包含文字、语言的意思，在此意义上，“文”有着明确的语言属性，它作为中国思想传统的核心概念，也意味着中国思想传统本来便有着明确的语言属性。在此意义上，本书一方面借此概念强调晚清知识分子与自己传统不可分割的密切关系，另一方面，强调晚清革命有着以“文”为手段的一面，也是为了将这场革命置于较长的时段，视之为自 1851 年至 1864 年的太平天国革命以及西力东扩的后果。同时，一定程度上，晚清印刷技术的发达所带来的出版资本主义的发展多少也对以“文”为手段而进行的革命有着一定的贡献。同时，“文”在与“武”相对的意义上，又是一种是非暴力甚至反抗暴力的伦理、政治理念。在此意义上，“文”也蕴含着与诸如“仁”“义” “民”“平”“均”等儒家传统的伦理、政治理念的关联，以及一定程度上与“共和”“民主”“自由”等源于西方的伦理、政治理念的关联。“文”更是与中国知识分子借以安身立命、有着一定普遍主义色彩的伦理价值相关。此外，这一“文”更暗示着其主体之知识分子——“士”。因为“文”涉及上述理念，故本书常常将之括入双引号以示之。

长期以来这一以“文”为手段的革命只是被视为以武装为手段的革命之奴仆或助产婆。这一看法无非是植根于武装抗争中心的革命观。本书在广义地使用“清季革命”(或“晚清革命”)一词时，是包含了武装暴动及思想革命之内涵的。确实，章太炎文章所代表的战斗文字对推动武装起义应该有一定的作用，但是，战斗的文字并非仅仅是武装的暴力革命的附庸，章太炎文章所代表的这一类作者的文字与武装的暴力革命之间有时是互动的，有时又是相互独立的。但是，这一以“文”为手段的革命者之最大代表者章太炎，大部分时候其文字艰涩，其理论深奥，很难想象武装的暴力革命与这些理论文字之间能有直接的关系。因而暴力革命中心的晚清革命历史叙述无法解释章太炎这一类思想家在同时代的重要的文化政治意义，同时这一暴力革命中心的历史叙述也忽略了“文”(或语言)之独立性，而且更无法描述革命的文字与改良话语之间复杂的相生关系。也只有当我们观察以“文”为手段的清季思想革命时，我们才能更好地定位新文化运动的代表性思想家鲁迅的革命。鲁迅之所以重要，也正因为他是“五四”新文化时期以“文”为手段的代表性的革命家，这也是鲁迅文学的独特之处。鲁迅也是理解本书所要强调的革命之复数性的一个重要思想家。

至此，也许应该进一步明确本书所使用的“革命”这一用语的含义。[①]众所周知，今日汉语的“革命”一词源于法文 révolution 的翻译，

---

① 本书无意概述中国近代的“革命”概念。研究“革命”概念，比较系统的成果有：陈建华《“革命”的现代性——中国革命话语考论》(上海古籍出版社 2000 年版)以及金观涛论文《革命观念在中国的起源和演变》,《政治与社会哲学评论》第 13 期，2005 年 6 月。

这自然是1789年法国大革命对近代中国影响的结果。因此，本书也必须对照西文语境中的“革命”开始讨论。如著名政治学家汉娜·阿伦特（Hanna Arendt, 1906—1975）曾著有《论革命》（*On Revolution*, 1963）一书，专门探讨欧洲与美国的“革命”观念。在此笔者将借助她的著述以对照和观察清季章太炎所代表的以“文”为手段的“革命”特性。一般说来，在观念、概念的翻译中，总是难以翻译对象观念或概念所处的“场域”，亦即语境。而每一场域既有不同的文化的传统的意义，也有不同的社会的政治的意义。“场域”这一空间也必然是某一时段中的场域，而不同的时段这一时间的差异性，则是场域之差异性的重要构成要素。不同的场域会影响人们对这一观念或概念的理解及实践。因此，概念史也就充满着事件性。“革命”这一用语自然也不例外。

“革命”观念在传统中国源于汤武放伐的思想。《古代汉语词典》上如此定义“革命”：“古代认为帝王受命于天，改朝换代是天命变革的结果，因而称之为‘革命’。《周易·革》：‘汤、武革命，顺乎天而应乎人，革之时，大矣哉！’今指社会的大变革为‘革命’。”（商务印书馆2005年版）虽然这一解释事实上并未能解释今天的“革命”，倒是言简意赅地定义了传统的“革命”。这一“革命”是传统中国儒家革命思想的重要构成，也是中国历史的重要构成。无论是孔子、孟子，还是后来新儒家的朱熹，中国思想史上的硕儒莫不肯定此儒家革命思想，以此约束统治者。汉武帝时代儒者董仲舒促进儒学成为官学。即便如此，他还是准备了一个“天谴”概念以约束皇权。虽然程度上不及儒家革命之直接、之激烈，但是，一定程度上有着异曲同工之处。儒家革命观基于德治的天命观，皇帝只是在有德者承天命而治的意义上是天命的代理者，反之，失德的君主必须被革命。天命思想有其歧义性。一方面统治者借此正当化、合法化一己之统治，另一方面人民尤其知识分子借此在道德、伦理上监督、约束皇权。革命问题是儒家之所以为儒家的儒家政治哲学思想之重要构成。

事实上，无论是传统中国的儒家革命（汤武革命），还是西方法国大革命意义上的革命，都与暴力相连，但是，其程度、规模皆有差别。因为在中国传统中，虽非全部，但几乎所有的思想流派都对武力持否定态度。而且，不能忘记的是，儒家革命也蕴含着“文”的要素。在现代的意义上，战争与革命两者在基于暴力性上拥有共同性，因而革命也常常如阿伦特所指出：“在将战争与战争的暴力正当化时使用。”①之所以如此，是因为革命一般来说具有伦理性。清季中国革命深受法国大革命的影响，民国建立后的革命则再受 1917 年苏联十月革命的影响，而十月革命也不无法国大革命的影响。在此过程中原有的儒家“革命”与翻译概念的“革命”在晚清这一划时代的语境中便有了颇为复杂的关系。因此，假如今天回望、研究晚清的“革命”，西方近代“革命”概念的讨论就变得不可缺少。

阿伦特指出，“历史上说战争是文字记载的过去中最为古老的现象，而革命在近代之前却并不存在。”②阿伦特说的是欧洲意义上的“革命”，漫长的历史中中国则有自己的儒家革命。阿伦特指出，在欧洲中世纪后期以来，“rebellion”（谋反）、“revolt”（反抗）之类的用语意

① Hannah Arendt, *On Revolution*, New York, England: Penguin Bkkos Ltd., 2006, p.2, p.7.（中译请参考汉娜·阿伦特:《论革命》，陈周旺译，译林出版社 2011 年版，本书在引用时参照了中译本。）

② Hannah Arendt, *On Revolution*, p.2.（中译本第 2 页）

识清晰，亦有定义，但是这些用语并不具有“革命”（revolution）这一用语所蕴含的“解放”“建立一种新的自由”之类的含义。[①]阿伦特引用德国历史家 Karl Grewank 的研究指出，“revolution”原本是天文学用语，因哥白尼的天体运行说（De revolutionibus orbium coelestium）而在自然科学中获得重要性。[②]它意味着天体周期性的、合法则性的回转运动，这一运动超出了人的力量，因此是不可抗力，但是，它依然不以“新”“暴力”为特征（同上）。

与之相比，以儒家为代表的传统中国的“革命”观却在如下方面有着不同。首先，如前所述，儒家的革命观以德治为前提，儒家的革命关乎统治者的失德，亦即政治、经济的压抑。所以，汉语的“革命”或多或少与阿伦特所说的“解放”、“建立一种新的自由”有一定的关联。其次，儒家革命也总是与“新”有关。比如《诗经 · 大雅 · 文王》“文王在上，于昭于天。周虽旧邦，其命维新”。《大学》更有“苟日新，日日新，又日新”之强调“新人”的说法。当然，“新”什么，如何“新”，“新”至什么程度，却并非任何时候都清晰。因为任何关于“新”的具体定义，理论上都必然是“旧”的，因为事物即新却又即旧，总是在变化中。因此，无论彻底变革之革命派还是稍微变革之改良派，都会以“新”自命，都会在“变则通”上拥有一致性，但是在“变”或“新”的对象、程度与手段上却迥然有异。再次，阿伦特所说的带有一定自然科学色彩的“revolution”与儒家革命更不相关。因此，儒家“革命”缺乏不可抗力的自然法则性之意涵。最后，与这一时期欧洲的

① Hannah Arendt, *On Revolution*, p.30.（中译本第 29 页）

② Ibid., p.32.（中译本第 31 页）

“revolution”更为不同的是，以儒家为代表的传统中国革命与暴力并非无关。如前所述，儒家虽然在重文轻武上有着非暴力的和平主义传统，但是，作为捍卫德治、文治的手段却保留了暴力革命的正当性。这一暴力的“武”被认为是将时势矫正回“文”的轨道之上之必要手段。总之，欧洲这一时期的“révolution”（法文“革命”）或“revolution”（英文“革命”）概念显然无法以儒家“革命”迻译。

但是，如阿伦特该书所指出的那样，除了不可抗力与革命的捆绑之外，近代以降欧洲的“革命”概念开始有了迥异的变化。其分水岭是 17 世纪以及更为本质的 1789 年的法国大革命。首先，阿伦特指出，“革命”作为政治术语的首次出现已经是 17 世纪的事。①“革命”具体作为政治术语出现在英格兰是 1660 年恢复君主制之时，然后在与此完全相同意义上“革命”一词被用于 1688 年斯图加特王室被推翻，王权旁落至威廉与玛丽时。②“其比喻性内容是更接近这一用语的原意，因为它被用于指一个循环运动（a movement of revolving），以循环回至某个之前所确立的地点，言外之意，也就是循环回复至某种注定的秩序。” ③即，17 世纪作为政治术语的“革命”是“复辟（restoration）”之意。阿伦特并耐人寻味地指出：“创新性、开端与暴力这一切因素，与我们的革命概念息息相关，但是，这些因素却都明显地不见于革命这一单词的原义中，亦不见于‘革命’作为政治语言第一次的比喻性用法中。不过这一天文学术语的另一含义……却强韧地留存于我们自己对这一单词的使用中。我指的是不可抗拒性（irresistibility）的概

①②③ Hannah Arendt, *On Revolution*, p.33.（中译本第 31—32 页）

念。”①这句话也道出了法国大革命之后“革命”概念更为不一样的面相，也就是“创新性、开端与暴力”这些新的要素，以及“不可抗拒性(irresistibility)的概念”这一“革命”与“原始的”天文学意义上的本有意涵相对应。

阿伦特就“不可抗力”的讨论其实也是为其批判黑格尔历史观以及受黑格尔影响的马克思主义的历史必然性(法则性)观念而预备的。关于法国大革命与“历史必然性”这一观念的关联，阿伦特说：“只要任何时候本世纪的许多革命出现在历史场景中，它们便会透过法国大革命进程所得出的印象被观察，会通过观察者(spectator)所杜撰的概念被领会，会根据历史必然性的概念而被理解。”②阿伦特与马克思的关系很密切，但是在历史法则性问题上她明确地批判黑格尔以及黑格尔影响之下的马克思主义。与此相关，阿伦特不同意马克思“自由王国(realm of freedom)”的观点，因为马克思认为社会的彻底胜利意味着“自由王国”的出现。③此外，阿伦特同意马克思的国家消亡(withering away of the states)的预言，但并不同意只有革命才能令国家消亡。④

就黑格尔与法国大革命的关联，德国学者诺伯尔特·博尔兹(Norbert Bolz)如是说：

> 现代性是从历史被异化为历史哲学开始的。也许可以这么说——在批判这一历史哲学色彩的凝缩状态中，历史由自己化身为历史哲学。在这一历史哲学的中心的，是法国大革命这一

---

① Hannah Arendt, *On Revolution*, p.37.(中译本第 35 页)

② Ibid., p.46.(中译本第 44 页)

③④ Hannah Arendt, *The Human Condition*, Chicago and London: the University of Chicago Press, 1998, p.45.

特殊的现代性神话。法国大革命,也就是自由无止境的进步故事。……在无神的近代,进步的概念拥有了敬神的时代对神的意志的信仰所曾有过的相同功能。①

博尔兹所说的"现代性是从历史被异化为历史哲学开始的",指的是黑格尔对法国大革命的哲学化。一般说来,法国大革命的意义在理论上哲学上影响最为深远之处,被认为是黑格尔哲学中现代"历史"概念或历史哲学的诞生。阿伦特亦持此见。②如此,法国大革命这一历史事件,被黑格尔抽象为他的形而上学体系中的"进步"理念。

哈贝马斯曾指出,"时代精神(Zeitgeist)这个新词令黑格尔心醉神迷,他把现在(Gegenwart)说成是过渡时代,在此期间,我们既希望现时早些过去,又盼望未来快点降临。"③也就是说,所谓"现代(性)"是以我们将历史视为一个有始有终的历史整体为前提的,并且是在此前提之下确认、反思自己的当下的位置的。从这一时间意识出发,作为表示运动的概念,派生出"革命、进步、解放、发展、危机、时代精神"等"动态"观念。④而这些表示运动的比喻性概念背后,正是如阿伦特所说的那样,"19 世纪不久便将这一不可抗力运动概念化为历史必然性概念。不可抗力运动的概念自始至终回荡在法国大革命的史册中"。⑤但是,这一不可抗力观念,与其说来自欧洲 17 世纪之前的"革

---

① 本书据日译:Norbert Bolz「アンチ・モダン、プロ・モダン、ポスト・モダン」,『岩波講座現代思想・14・近代/反近代』,东京岩波书店 1994 年版,第 3 页。

② 汉娜・阿伦特:《论革命》,陈周旺译,第 40 页。(Hannah Arendt, *On Revolution*, p.42)

③ 于尔根・哈贝马斯:《现代的时代意识及其自我确证的要求》,见氏著《现代性的哲学话语》,曹卫东、何浩译,译林出版社 2004 年版,第 7 页。

④ 前揭于尔根・哈贝马斯:《现代的时代意识及其自我确证的要求》,同上书,第 8 页。

⑤ Hannah Arendt, *On Revolution*, pp.38—39.(中译本第 37 页)

命”原封不动的天文学遗产，莫若说是一个被不知不觉重新解释的遗产：天文学中天体的运行是循环式的，但是，黑格尔进步的神话却是直线性的。也就是说，法国大革命之类的“历史”抽象为黑格尔的历史哲学，意味着人们开始认为，历史是不可抗拒的直线式地向前发展的。阿伦特如是评价黑格尔的法国大革命的解读在德国哲学中的意义：

> 然而在1789年（指法国大革命——引用者）曾见识过天与地和解之一刻的黑格尔，依然会按照“革命”一词本来的比喻性来进行思考，似乎在法国大革命过程中，天体不可抗的法则性运动降临在地上和人类事务中，赋予它们一种“必然性”和规律性，似乎这一“必然性”和规律性摆脱了“忧郁的偶然性”（康德）和悲哀的“暴力与无意义的交织”（歌德）。而在此之前，这些“忧郁的偶然性”与“暴力与无意义的交织”似乎是历史和世界进程的显著特性。①

黑格尔辩证法的线性历史哲学目的论观念也随着马克思主义的广泛影响，变为包含中国在内的全世界的观念。②尽管如此，也必须注意到，马克思在与恩格斯合作的《德意志意识形态》手稿中加上的

---

① 汉娜·阿伦特：《论革命》，陈周旺译，第43页。（Hannah Arendt, *On Revolution*, pp.44—45）

② 马克思主义巨大影响力与黑格尔主义广泛的接受之间的因果关系，是一个世界性的现象。关于这一点，Robert B. Pippin曾在其为黑格尔辩护的著书中说，“感谢马克思主义的世界性影响，‘黑格尔主义’被最为经常地与历史的‘辩证法’理论联系在一起，马克思被认为将这一历史‘辩证法’理论‘转化为正确的方向’（黑格尔则被认为在解释历史事件时颠倒了‘头’即思维问题，与‘脚’即经济之间的次序）”。Pippin认为，黑格尔的巨大影响也拜“20世纪对英国型黑格尔主义（被称为‘客观的唯心主义’）周知的攻击所产生的影响与冲击”所赐，以及拜“对整个德国知识传统（尤其浪漫派传统）的怀疑”所赐。Pippin该书认为后现代的许多思想与德国浪漫派之间有着连续性，而黑格尔的问题意识正立足于追求“现代”=“自由”的理想。Robert B. Pippin, *Idealism As Modernism: Hegelian Variations*, Cambridge University Press, 1997, p.17.

强调,“我们所说的共产主义,是扬弃〈实践性的〉现状存在状态的现实性运动”。①也就是说,马克思原本对“共产主义”的解释并没有目的论色彩,但是经过恩格斯之后,这一目的论色彩得到强化。②这一目的论植根于黑格尔历史哲学中的辩证法以及历史必然性的观念,在庸俗马克思主义那里,它变为历史必定是由低至高、坚定不移向前线性发展的,即是有着目的论乐观色彩的历史观。这一历史必然性也被解释为“科学的”必然性法则。虽然马克思以唯物辩证法改变了黑格尔作为精神的发展过程的世界史观点,他将黑格尔的绝对精神发展史转换为物质生产发展史,但在目的论的史观上,亦即是对历史有始有终的设定上,至少经过恩格斯解释的“马克思”,事实上与黑格尔是无异的,不同的是马克思多了“革命”这一历史前进的推进器。

德国解释哲学的哲学家伽达默尔(Hans-Georg Gadamer, 1900—2002)曾指出,在黑格尔那里,“运动”既非述语(谓语),亦非“状态”,“运动实际上是自我、是作为主体的主体”。③与此“运动”相关,“矛盾”概念被强韧地保存下来,因为作为对立项之思辨性统一,保存自身的是精神的本质。所以,在古代的思考中无效的“矛盾”概念在黑

---

① 本书据日译:マルクス/エンゲルス『ドイツ・イデオロギー』,广松涉编译,小林昌人补译,东京岩波书店 2003 年版,第 71 页。“〈〉”为原来的手稿中抹消的部分,强调符则为马克思本人所加。日本哲学家广松涉(1933—1994)不仅在马克思理论上多有独特建树,对青年马克思的文献也素有研究。

② 比如,日本哲学家柄谷行人将庸俗的马克思解释称为“马克思主义”,以区分马克思本人的思想,他尤其强调后者的“共产主义”非目的论色彩。柄谷行人:『トランスクリティーク:カントとマルクス』之「序文」,岩波现代文库 2015 年版(首刊 2000 年)。赵京华译:《跨越性批判:康德与马克思》,中央编译出版社 2011 年版。

③ 本书据日译:Hans—Georg Gadamer「ヘーゲルと古代弁証法」,氏著『ヘーゲルの弁証法:五篇の解釈学的研究』所收、山口诚一、高山守译,东京未来社 1992 年版,第 26 页。

格尔思想中有了积极的意义。①伽达默尔还指出,法国大革命被作为实践启蒙运动之理性信仰,被认为是与欧洲型基督教国家世界进行大决裂的象征性事件,并深刻地影响了18世纪末德国包括基督教在内的一切领域。②黑格尔哲学正是出现在理论化这一变化的语境中:他要将理性之首尾一贯性变为“历史”的首尾一贯性。尽管如此,正如阿伦特指出的那样,“一切现代的革命本质上都是基督教的,哪怕他们标榜信仰无神论”。③阿伦特又指出:“我们强调了一切的革命所固有的创新性要素,也频繁地主张我们整个历史概念因为其进程遵循直线性发展,所以本质上是基督教的。显然,只有在直线式时间概念的条件下,创新性、事件的独特性之类的现象才可以被理解。”④

以黑格尔为主的德国思想对近现代中国的影响是深刻的。如本书将会论及的那样,章太炎可以被视为第一位批判黑格尔哲学的中国思想家。在章太炎同时代,直接间接受到黑格尔哲学影响的线性时间观慢慢开始获得主流地位。在线性时间观历史观的传播上贡献最大的是社会进化论。对进化论以及黑格尔哲学的批判,构成了《民报》时期章太炎思想很重要的部分。

2. 章太炎的“革命”定义

章太炎并未为“革命”作完整、清晰的定义或叙述,他关于“革命”

---

① 本书据日译:Hans—Georg Gadamer「ヘーゲルと古代弁証法」,氏著『ヘーゲルの弁証法:五篇の解釈学的研究』所收,山口诚一、高山守译,东京未来社1992年版,第30页。

② ハンス=ゲオルク・ガダマー「ヘーゲルとハイデッガー」,前揭『ヘーゲルの弁証法:六篇の解釈学的研究』,第228—229页。

③ Hannah Arendt, *On Revolution*, p.16.(中译本第14页)

④ Ibid., p.17.(中译本第16页)

的叙述都是一些针对某些场合、某些对象而发。另一方面，其革命的整体特性也不是仅仅可以凭零星的议论便可窥见的。当然，究明章太炎本身的“革命”特性，这正是本书重要的目的之一。在进入本书具体叙述之前，我们可以先按时间推进简单看看章太炎几个场合的“革命”叙述。

比如，就从前述讨论的实例来看，至少在1897年（光绪二十三年，丁酉）春章氏回忆在《时务报》与梁启超共事时谈及的孙文“革命”，以及1899年7月17日章太炎给汪康年的信中所言及的孙文“革命”，就字面上看似乎章太炎的“革命”更靠近传统意义上的“革命”。但是，显而易见的，无论孙文还是章太炎所言及的“革命”，在建立民主、公平的共和制上又迥异于传统的改朝换代的革命。

章太炎本人的“革命”观明确地意识到了法国大革命。比如在1897年（光绪二十三年）3月3日的《论学会有大益于黄人亟宜保护》一文中，章太炎说：“故不逞之党，假称革命以图乘衅者，蔓延于泰西。”①此处章太炎言及法国大革命及其影响。然而，出于对中国现实的考量，此一时期的章太炎未必对法国大革命持正面态度。他说：“土崩又非百姓之利也。秋霜降者草花落，水摇动者万物作，故内乱不已，外寇间之。”②可见，戊戌变法前的章太炎并不主张革命，是因为“革命”会令生灵涂炭、民不聊生（“土崩又非百姓之利也”），而且引来外敌（“内乱不已，外寇间之”）。章太炎接着说：“以教卫民，以民卫国，使自为守而已。变郊号（郊：皇帝郊祭祭祀天地日月），柴社稷（柴：燃柴祭

①②　《章太炎政论选集》上册，第13页。

祀),谓之革命;礼秀民,聚俊材,谓之革政。今之亟务,曰:以革政挽革命。"①他的主张是"革政",亦即"礼秀民,聚俊材",这是某种以精英为主导的深度改良。他所主张的"以教卫民",指的是以孔子立教卫民,这又可以看出这一时期康有为对他的影响。而且此时的章太炎所言及的"革命"也不过是暴力革命而已。也因为章太炎此时的政治选择是改良,因此他对日本的明治维新有着较高的评价(见《变法箴言》)。但是,戊戌变法失败,尤其义和团事件之后章太炎对"革命"的内涵和对"革命"的态度有了重大转变。这也是他与康有为交恶的重要原因。

1903年5月章太炎为邹容《革命军》所作的序最能窥见这一时期章太炎的"革命"定义。6月9日(五月十四日),《苏报》刊《新书介绍》一则,题《读革命军》,次日(6月10日),补刊章氏序文。6月29日又将《驳康有为论革命书》改题为《康有为与觉罗君之关系》刊出。随后遂引发著名的"苏报案"。②章太炎、邹容文章可谓是一石激起千层浪,激发了清季革命风暴。章太炎序曰:"夫中国吞噬于逆胡,已二百六十年矣。宰割之酷,诈暴之工,人人所身受,当无不昌言革命。"③明言"人人昌言革命",乃肇因于专制压迫,尤其民族压迫。又曰:"抑吾闻之,同族相代,谓之革命;异族攘窃,谓之灭亡;改制同族,谓之革命;驱逐异族,谓之光复。今中国既灭亡于逆胡,所当谋者光复也,非革命云尔。容之署斯名,何哉?谅以其所规画,不仅驱除异族而已,

---

① 《章太炎政论选集》上册,第13页。

② 章太炎:《革命军序》,同上书,第193页汤志钧注释。

③ 同上书,第192页。

虽政教学术、礼俗材性，犹有当革者焉，故大言之曰革命也。”①“光复”一词取自南明抗清名将史可法(1601—1645)。1645年史可法孤守扬州，清摄政王爱新觉罗·多尔衮(1612—1650)诱降，史可法修书矢言“光复神州”。而章太炎上文中的“灭亡”，则源自顾炎武区分“亡国”与“亡天下”中的“亡天下”，亦即是有着一定的普遍主义色彩的伦理价值、文化之灭亡。在此章太炎区分“革命”与“光复”，而将“革命”限定在“同族相代”“改制同族”。这是章太炎狭义的“革命”。然而，他在此尚有一广义的“革命”(“大言之曰革命”)。这一广义的“革命”无非是借邹容之题而发挥。这一广义的“革命”不仅包含了“光复”(“不仅驱除异族而已”)，而且还包含了制度、学术、思想、文化有所选择的革命(“虽政教学术、礼俗材性，犹有当革者焉”)。显然，章太炎并非将“革命”与“光复”二元对立，而是将革命作广义的解释，然后再将思想、文化、学术的革命与“光复”作先后次序之划分。言当务之急为光复，即推翻清政权(“所当谋者光复也，非革命云尔”)。光复是文化思想革命之必不可少的过渡。在章太炎那里，光复是为“种族”这一共同体的。这显示了西方民族主义以及南宋、南明以来的汉族中心的夷夏意识的影响。另一方面，其“革命”又有着对这一狭隘的汉族中心共同体的超越，是糅合了儒道释的中国传统普遍主义对这一共同体意识的超越。处于张力中的二面并存于章太炎的思想中。因此，此处所说的“革命”迥异于法国大革命之“革命”与传统儒家的易姓“革命”。简言之，“光复”相当于顾炎武的“亡国”，而更多时候其“革命”则是在“亡天下”的层面。

---

① 章太炎：《革命军序》，汤志钧编：《章太炎政论选集》上册，第193页。

同一时期章太炎著名的《驳康有为论革命书》(1903 年 5 月)也可较为清晰窥见其心目中的"革命":"然则公理之未明,即以革命明之;旧俗之俱在,即以革命去之。"①这句话本来是批驳康有为《答南北美洲诸华侨论中国只可行立宪不可行革命书》(1902 年 5 月)。康有为认为"以中国的政俗人心",以革命求民主,只能是"不假梯级"而欲登高台,因此必须实行君主立宪。②章太炎这里的表述可理解为如下两层意思。第一,革命的问题首先是实践、行动的问题,"革命"的实践可以令世人清晰何谓"公理"("公理未明,即以革命明之")。第二,"旧俗"也是"革命"的对象("旧俗之俱在,即以革命去之")。换言之,"革命"所要为之的,也是思想、文化的革命。章太炎的革命也是以"文"为手段的革命,由此可见一斑。

此时(1903 年)章太炎所认为的"革命"已经不是传统上的民众起义。他指出,"故以赈饥济困团结人心者,事成之后,或为枭雄;以合众共和结人心者,事成之后,必为民主。"③这里可谓有三种革命。一是传统的民众起义,在于解决社会、经济的矛盾,是以解决经济、社会问题为中心的改朝换代,这是传统的革命。这里耐人寻味的是,章太炎尖锐地指出,以经济为诉求的革命,只能是产生"枭雄"的革命。④在一定程度上章太炎的预言被后来的历史所应验。二是孙文理想中

---

① 章太炎:《驳康有为论革命书》,汤志钧编:《章太炎政论选集》上册,第 204 页。

② 《康有为全集》第六册,第 313 页。

③ 同上书,第 203 页。

④ 笔者在日文拙著『「修辞」という思想: 章太炎と漢字圏の言語論的批評理論』(东京白泽社 2009 年版)中,也曾探讨过 Hannah Arendt 的政治哲学与章太炎之间的异同,比如批判经济中心的革命,而肯定政治中心的革命之间的异同,个体概念的异同等(第Ⅱ部终章)。

的美国式革命，即是“以合众共和结人心者，事成之后，必为民主”。有意思的是章太炎对社会问题所引发的革命的不高评价。无独有偶，阿伦特也有过类似的说法。她认为欧洲的革命偏于解决分配不公、贫富不均之类的社会问题，是出于经济动机，因此美国革命未能影响法国大革命。她评价美国革命，是因为美国革命并非是出于经济动机，而是立足于孟德斯鸠式的政体主体内的分权理论。①但是，另一方面，虽然章太炎也是支持孙文所主张的美国式的革命的，但却不满足于此。后来在主理《民报》期间他也对代议制可能存在的问题有着极大的警惕。事实上，当民国成立后，民国初年议会的乱象也应验了章太炎的预感。因此，还应该指出尚有章太炎理想中的第三种革命。而这里他所说的则不仅是政治的革命，也是思想的革命、文化中心的革命。阪出祥伸也曾指出，梁启超误解了章太炎的“革命”概念，认为章太炎的革命是“排满复仇主义”，批判排斥满人。②章太炎在《革命军序》中表明，其革命与梁启超明显不同的是，他是从“政教”至“才性”，亦即从文化的根本进行变革的“革命”概念。③

1903年章太炎这一“革命”定义基本上在章太炎的《民报》时期得到延续。但是，此一时期章太炎强调“革命”与“光复”之别，还有一个背景是《民报》时期其“革命”增加了他所定义的“民族主义”内容，即联合、支援其他被压迫民族、反抗帝国主义的民族主义革命（如其亚洲和亲会等实践）。这一时期革命党人中不乏追求世界主义普遍性的无

① Hannah Arendt, *On Revolution*, pp.12—14.

② 梁启超：《政治学大家伯伦知理之学说》，《饮冰室文集》之十三，《饮冰集合集》第二卷所收，中华书局2003年版，第75—76页。

③ 坂出祥伸：『改訂增補　中国近代の思想と科学』，京都朋友书店2001年版，第331—332页。

政府主义革命者（如吴敬恒为代表的《新世纪》杂志同人、刘师培为代表的《天义》杂志等）。章太炎一方面在先后顺序上将种族革命亦即光复置于支援其他弱小民族解放运动的民族主义革命之前，再将种族主义革命与上述民族主义革命置于无政府主义者高远的理想之前，认为不可忘却现实中的“反满”政治目标。较能窥见章太炎在东京担任《民报》主笔期间的“革命”概念的，是其《革命之道德》一文（1906 年 10 月《民报》第八号）。文中有如下表述：“吾所谓革命者，非革命也，曰光复也，光复中国之种族也，光复中国之州郡也，光复中国之政权也。以此光复之实而被以革命之名。”①在此章太炎再次强调“光复”与“革命”的区别，也在于强调“光复”为当务之急，故强调“吾所谓革命者，非革命也”。章太炎无非是借此强调推翻清朝统治这一现实政治目标而已。

在此不妨再看看同一时期章太炎有关“革命”的其他表述。1906 年 12 月 20 日署名“民意”的文章《纪十二月二日本报纪元节庆祝大会事及演说辞》记录了《民报》创刊一周年的纪念会盛况（《民报》第十号）。民意提及，“五千余人，会场无空隙”，②就留东学生、革命者的数量而言，这是一次不小规模的集会。该文记录了大会开始时章太炎所诵读的祝辞，以及孙文、章太炎等的演讲全文。其中章太炎的演讲批判了革命知识分子祈求依赖督抚的力量起事的幻想：“以前的革命，俗称强盗结义；现在的革命，俗称秀才造反。”③他明确区分清季的革命与改朝换代的革命之别。而且，有意思的是，他明确指出现实

① 影印本《民报》第二卷，第 1083 页。

②③ 民意：《纪十二月二日本报纪元节庆祝大会事及演说辞》，《民报》第十号，明治三十九年十二月二十日（1906 年），影印本《民报》第三卷，第 1508 页。

中这场革命的主体，其实是手中并不持有武装的书生，即所谓“秀才造反”。俗话说“秀才造反，十年不成”，也算是一种“历史”“规则”，广为人知。但是，章太炎在演讲中接着说：“像现在官场情景，是微虫黴菌，到处流毒不是平民革命，怎么辟得这些瘴气？”[①]也就是说，章太炎设想中的革命，正是知识分子领导之下的“平民革命”。我们可以理解为，在近代出版及资信传播条件下，“秀才造反”也并非不可能。就本书的用语而言，以“文”为手段的革命也是可能的。章太炎的革命有一个很大的特点，是认为伦理的力量可以改变世界，“则道德堕废者，革命不成之原”。[②]为了革命目标的实现，就有必要重振革命主体的道德。为此，革命就必须同时是思想的革命。这一点同样也见于后来鲁迅的革命。

章太炎心目中的“革命”必须是思想、文化的革命，也可以从其《中华民国解》（《民报》第十五号，1907年7月5日）一文中窥见：

> 金铁主义论者盖闻其风而兴起矣。彼见满洲政府近时所注意者，无过聚财讲武二端，而于吏治得失，民生隐曲，曾不一语及之。以为由今之道，无变今之俗，但使国会成立，笼罩群生，则中国已足以治。诚如是，则彼所谓宪政者，金云铁云而已。其去汉唐盛时专制之政，何其远耶！[③]

杨度（1875—1931）《金铁主义说》（1907年1月20日至5月20日）美其名曰“世界的国家主义—经济的军国主义—金铁主义”，具体主张

---

① 民意：《纪十二月二日本报纪元节庆祝大会事及演说辞》，《民报》第十号，明治三十九年十二月二十日（1906年），影印版《民报》第三卷，第1510页。

② 《革命道德说》，收入《太炎文录初编》，《章太炎全集》（四），上海人民出版社1985年版，第284页。

③ 《中华民国解》，《章太炎全集》（四），第260页。

对内“富民—工商立国—扩张民权—有自由的人民”；与之并列的，是对外的“强国—军事立国—巩固国权—有责任的政府”。①但是，这在章太炎看来，无非是“敛财”“讲武”二道而已，了无新意。章太炎认为假如君主立宪派只有成立国会而无“变今之俗”的话，则无非是中国传统中的专制。而“变今之俗”，也可理解为思想、文化的革命。在这一点上与后来的鲁迅也是相通的。

让我们再回到与欧洲思想史语境中的“革命”相比照的话题。假如章太炎的革命理论与黑格尔历史哲学以及黑格尔解释之下的法国大革命不同的话，他所代表的以“文”为手段的革命在语言与国家的关系上便可作进一步说明。

首先，国家作为一个暴力装置，在传统马克思主义国家理论中被认为是阶级压迫的机器。现代受马克思主义思想影响的思想家将之修正为国家机器在性质上是掠夺（如税收、土地等）与再分配（税收的再分配）。②意欲革新马克思解释的法国马克思主义理论家路易·阿尔都塞（Louis Althusser，1918—1990）则认为，国家同时又是一个意识形态的装置，这些内在于国家的意识形态装置将每个人召唤出来，形构为主体。③（西文的主体 subject 亦含有从属、隶属之意）“意识形态只有通

---

① 杨度：《金铁主义说》，《杨度全集》，湖南人民出版社 2008 年版，第 224 页。

② 比如柄谷行人『世界史の構造』，东京岩波现代文库 2015 年版，第 8—15 页（赵京华译：《世界史结构》，中央编译出版社 2015 年版）。

③ Louise Althusser，sur la reproduction，Presses universitaires de France，1995. 本书据日译：ルイ・アルチュセール『生産諸関係の再生産』、『イデオロギーと国家のイデオロギーの諸装置』，『イデオロギーと国家のイデオロギー諸装置』所收，西川长夫、伊吹浩一、大中一弥、今野晃、山家步译，平凡社 2000 年版。就阿尔都塞的意识形态理论，汉语学术圈中，于治中在一本系统叙述欧洲意识形态理论的著作中设有专章详述，见《意识形态的幽灵》，台北行人出版实验室 2013 年版。

过主体，唯有对于主体，而存在。”①理论上说，意识形态必须在广义的语言性上才能存在，也只有通过广义的语言性方能实现。在此意义上，国家权力不仅仅是凭借军事、经济的手段，也凭借文化（语言，即意识形态）的手段进行统治，这三个手段相互关联。因此，假如要推翻一个失德的专制统治，语言的手段同样有着重大的意义。以章太炎为代表的晚清思想革命，也正是在此意义上，是以“文”（语言）为手段的革命。章太炎不仅以“文”化解专制的统治阶级以及帝国主义殖民主义文化的意识形态，也以“文”的实践去建构、提升、强化革命道德。

其次，比如在阿伦特政治学中，其“政治性（political）”概念常常与言论（speech，或译“对话”）、伦理性有关。与言论有关是指语言必须表达出来才有其公共性，因而才有其政治性（只有具有公共性才可能具有政治性）。阿伦特将亚里士多德为人所熟知的“人”的两个定义：“人是政治（polis）的动物”以及“人是操语言的存在”，合一强调为“人是言论（speech）的动物”（polis 有城邦国家、市民国家之意，②speech 此处似也可理解为城邦政治中的言论表达或“对话”）。在此意义上，阿伦特认为既然言论的力量乃是与生俱来，而假如暴力令人沉默的话，暴力就成为政治世界的边缘现象。因为战争与革命都与暴力的合理化及荣光化（glorification）有关，因此战争或革命便不再具有政治性，甚至是反政治的。③

---

① ルイ・アルチュセール（Louise Althusser）：『生産諸関係の再生産』，同上书，第 252—253 页。

② “polis”在亚氏该书中含有如下意味：（1）可满足生存的所有条件之最大、最高共同体；（2）亦适用于某种群栖动物（如蜜蜂）之生活集团；（3）具有法秩序的组织体；（4）古希腊特色的城邦国家（以城市为中心包含周围地带），甚至可以加上市民国家之意。日译：アリストテレス：『政治学』，牛田德子译，京都大学出版会 2007 年版，第 5 页牛田德子注释。

③ Hannah Arendt，*On Revolution*，p.9.（中译本第 8 页）

阿伦特关于“政治”的定义，也令人想起鲁迅所说的“心声”“寂寥”“无声的中国”之“无声”“呐喊”等关于声音（语言）、或压抑甚至扼杀声音（语言）的表述。鲁迅的这些表述，也正是理解其文学政治——以“文”为手段的革命——之关键。

但是，与战争一样，阿伦特此处所说的“革命”是以暴力为前提的革命。必须指出，这只是革命的一种或部分。依其所述，我们可以看出：假如暴力之反政治性在于令人沉默，亦即扼杀语言的话，对暴力的反抗也就是打破沉默。因此，阿伦特并未能进一步看出另类的“革命”之存在。也就是说，我们在此必须扩展的是“革命”概念本身：既然“文”可以以和平的方式威胁暴力，那么这一以“文”为手段的革命便拥有了语言的特性以及非暴力的本质。本书所要阐述的晚清以“文”为手段的中国革命足可证此。太平天国革命（或“叛乱”）以及西力东扩对清朝统治带来的根本改变（尤其前者），加之晚清发达的印刷技术及近代意义上的大众的登场，令这一以“文”为手段的革命成为晚清革命之核心构成之一，从而改写了历史。因为，正是语言，才是形构了包含革命主体在内的主体性的关键。①以晚清章太炎、民国初年的鲁迅等的实践为代表的革命，正是以“文”为手段的革命之典范。

① 关于语言与意识形态形构之间的关系，请参考于治中《意识形态的幽灵》。这是汉语圈不多见的关于德法俄思想家意识形态理论的系统而有深度的论著。

第二章　章太炎与以“文”为手段的清季革命——复数的革命

一、清季新文化运动——“辛亥革命”新解

1. 沟口雄三、周锡瑞等的辛亥革命新解

辛亥革命的主流解释偏向于认为辛亥革命的成功是因为武昌起义。这是教科书的常识。但是，作为一个简单的事实，这场起义却持续时间不长，双方伤亡有限，且很快获得解决。而试图挑战这一教科书常识的解释的，比如有日本的中国史学家沟口雄三教授（1932—2010）。[①]他在《辛亥革命的历史个性》一文中认为，实现革命的主要势力并非传统型的叛军或异族军队，而是蓄积于民间的“各省之力”（简

① 沟口雄三：「辛亥革命の歴史的個性」，『思想』2006 年 9 号（总第 989 期）。增订中译版见沟口雄三撰，拙译《辛亥革命新论》，收入《中国的历史脉动》（沟口雄三著作集）（乔志航、龚颖等译，三联书店 2014 年版）。值得留意的是，汉语论文是对日文版反复改写后的版本（见中文版译者按，第 296 页）。

称"一省之力")。亦即各省独立,正拜成熟至可以独立的"一省之力"所赐。沟口认为,16、17 世纪明末清初的"乡里空间"乃是"地方公论"展开的空间,其规模由明末县一级扩充至清末省的范围。"一省之力"成熟的轨迹,亦是地方力量扩大、充实的过程。沟口视之为明清乡村自治(乡治)结构长期演变的结果。然而,在沟口看来,这一传统的轨迹却被现代化史观或革命史观所遮蔽,因此隐而不见。沟口雄三谨慎地区分传统的"乡治"与清末从日本流入的西方"地方自治"概念。他认为中国传统的"乡治"指的是善堂、团练、保甲、行会、宗族活动等,"乡治"遵循"地方的公事、活动,由地方为之"的原则。在这篇沟口晚年的论文中,他强调辛亥革命乃是省级层面之"乡治"的成熟状态。

与沟口观点有些类似的辛亥革命解释,来自美国的中国史研究者周锡瑞(Joseph W. Esherick),其解释远早于沟口。类似观点亦见于执教于北美的同一时期的汪荣祖的论文。①周锡瑞以两湖为例指出,辛亥革命由一个西方文化的、城市的、改良派的上流阶层所领导,这一阶层的"新政改革"非但未能避免革命,反而带来了革命,而革命之火一旦被点燃,为了追求社会安定,继续推行新政,这一阶层又不得不更靠近革命,"新政"在此意义上对中国现代史进程有着根本作用。周锡瑞指出,城市改良派上流阶层所领导的 1898 年的湖南改良活动、全国范围的"百日维新"、1900 年以汉口为中心的夭折的自立军起

① Joseph W. Esherick, *Reform and Revolution in China: The 1911 Revolution in Hunan and Hubei*, University of California Press, 1976. 中译见周锡瑞:《改良与革命》,杨慎之译,江苏人民出版社 2007 年版。汪荣祖论文,见于 Wong Young-Tsu, "Popular Unrest and the 1911 Revolution in Jiangsu", in *Modern China*, 3.3 (July, 1977), pp.321—344。

义、1906年的萍浏醴暴动、1910年的长沙抢米风潮等，成为武昌起义的前奏。19世纪末期，尤其1897年至1898年改良活动期间，改良朝着士绅控制的地方自治方向发展。迨至1913年，上流社会献身于民主共和主义的真诚成为严重的问题，为了追逐稳定而“缓慢地向右移动”，支持袁世凯。①虽然周锡瑞、汪荣祖并未如沟口雄三那样明确地提出辛亥革命是因为“地方之力”，但在强调省一级的地方缙绅或地方自治的作用上，与沟口雄三的观点大致可以归为一类。但是，沟口等对明清乡治传统之清末演变的自治与辛亥革命之关联的强调，也难免有矫枉过正之虞，因为他忽视了太平天国的破坏与全球史的因素。

强调辛亥革命中乡绅作用的观点，很早便见于日本著名的中国近代史研究家市古宙三（1913—2014）1956年及1973年在美国发表的两篇英文论文，以及1962年的日文论文，只是市古没有像沟口那样从数百年自治传统的角度去阐发这一问题。②沟口则进一步从明清思想史专家的角度发展了这一命题，并将之视为中国的乡村自治传统之新发展，并在更长的历史时段中予以定位。这一强调乡绅对晚清革命的作用的解释谱系，大概或多或少也得益于明清乡绅研究

---

① 周锡瑞：《改良与革命》，第9页。

② 市古宙三的英文论文（“The Gentry and the Ch'uan-Sha Riot of 1911”，发表于Far East Association 1956年在美国费城召开的第八届年会）及1962年的日文论文（「郷紳と辛亥革命」，收入『世界の歴史』第十五卷，东京筑摩书房1962年版），后来收于其日文著作『近代中国の政治と社会』（东京大学出版会1971年版，第21—27、331—360页）。另一篇英文为Chūzō Ichiko，“The Role of the Gentry：A Hypothesis”，in *China in Revolution*：*The First Phase*，*1900—1913*，ed. by Mary C. Wright，New Haven：Yale University Press，1973。

的丰富积淀,①周锡瑞与沟口雄三的研究可谓是此一主题在晚清研究上的新发展。无论如何,他们之间是有着对话关系的。正如柯文所指出的那样,市古与周锡瑞都认为乡绅是晚清革命的最主要阶层,而接受了西方文明的孙文所代表的阶层在这种解释中变得不那么重要,但是市古的乡绅是保守的,他们只是在保全自己所属阶层利益的前提下有选择性地接受西方文化,而周锡瑞试图超越市古的解释,将乡绅细分为反对改革、比较保守的乡村绅士与比较进步、赞成改革的城市绅士。②另一方面,日本的宫崎市定(1901—1995)、谷川道雄(1925—2013)、森正夫、夫马进、岸本美绪等的研究等也都是日本明清乡绅研究谱系的构成部分。③沟口的研

① 这一乡绅研究谱系中,在社会学领域,有费孝通(1910—2005)三四十年代关于乡绅与皇权、乡绅与社会关系的系列研究;在明清史学领域,有傅衣凌(1911—1988)始于三四十年代的"乡族论"的研究等,这些都是汉语圈重要的研究。相关的著作,有费孝通《乡土中国》(上海观察社 1948 年版)、费孝通《皇权与绅权》(上海观察社 1948 年版)、傅衣凌《明清农村社会经济》(三联书店 1961 年版)等。关于傅衣凌的"乡族"概念,见郑振满:《乡族与国家:多元视野中的闽台传统社会》第一章,三联书店 2009 年版。韩国著名中国史家闵斗基(1932—)1973 年出版的关于乡绅与革命关系研究的著作也是不能忽视的(闵斗基:『中國近代史研究:紳士層의思想과行動』,首尔一潮阁 1973 年版)。该书后来经孔飞力介绍至英语圈:Min Tu-ki, *National Polity and Local Power: The transformation of late imperial China*, edited by Philip A.Kuhn and Timothy Brook, Cambridge, Mass.: Council on East Asian Studies, Harvard University; Harvard-Yenching Institute, 1989)(关于闵氏研究,笔者最早因黄东兰著作『近代中國の地方自治と明治日本』而得知)。另外,英语圈中何炳棣(1917—2012)、张仲礼(1920—2015)以及孔飞力(Philip A.Kuhn, 1933—2016)等也是这方面可圈可点的研究者。

② 柯文(Paul A.Cohen):《在中国发现历史——中国中心观在美国的兴起》(增订本),林同奇译,中华书局 2005 年版,第 176—177 页。

③ 日本乡绅论研究的谱系,见明清社会史专家森正夫的论文《民宗叛乱、社会秩序与地域社会的观点:兼论日本近四十年的明清史研究》(于志嘉译,收入森正夫:《"地域社会"视野下的明清史研究:以江南和福建为中心》,江苏人民出版社 2017 年版),以及「日本の明清時代史研究における郷紳論について」(『森正夫明清史論集』第一卷,东京汲古书店 2006 年版)、「明代の郷紳——士大夫と地域社会との関連についての覚書」之第一节(『森正夫明清史論集』第三卷,第 122—127 页)。傅衣凌与日本这一研究谱系的关联,见《"地域社会"视野下的明清史研究:以江南和福建为中心》(第 7 页)以及该书所收论文《关于"乡族":在厦门大学的研究交流报告》。

究部分也属于这一谱系。

无论如何，沟口雄三、周锡瑞等的论点客观上也质疑了军事、暴力革命中心的辛亥革命史观，同时都强调了改良对革命的意义，对打破改良与革命的二元对立，以及强调地方之力的重要性均有其意义。沟口所强调的蓄积于民间的“各省之力”对革命成功的贡献，也可以从留日学生各种冠以省名的议政论政杂志的名称中多少得到佐证。比如《河南》（1907年2月由河南留学生武人等创刊于东京，翌年12月停刊，月刊）、《浙江潮》（1903年2月由浙江留学生孙冀中、马君武、蒋方震创刊于东京，共出十期月刊）、《湖北学生界》（1903年1月由湖北刘成禺、李书城等留学生创刊于东京，共出四期月刊后更名《汉声》）、《晋乘》（1907年9月15日山西留日学生景定成、景耀月等创办于东京的革命刊物）等。①与上述留学生杂志彰显地方性的名称形成对比的，是八旗子弟留日学生杂志的名称《大同报》，它所祈求的恰恰是抹去地方差异性，而强调民族大同（《大同报》1907年6月25日由留日满人恒钧、乌泽声、佩华等人在东京创刊，1908年3月停刊，一年内刊行了七期）。类似的“一省之力”的地方性也见于筹议于1897年冬、正式成立于1898年2月21日的南学会。南学会是湘人谭嗣同、唐才常等融革命与维新于一身的士人在富于变革意识的湖南巡抚陈宝箴（1831—1900）的支持下成立的。南学会的章程规定由湖南巡抚指派十个本地士绅为总会长，再由十个总会长举荐会友。虽然会友中也有黄遵宪（1848—1905）这样的粤籍改良派士人，陈宝箴本人亦是闽籍客家人，但是，南学会明显地显示出地

---

①　以上期刊介绍见张枬、王忍之编：《辛亥革命前十年间时论选集》第二卷下所附《期刊介绍》（三联书店1978年版），及《辛亥革命前十年间时论选集》第一卷下所附《书刊介绍》。

方之力或沟口雄三所说的“一省之力”。它与湖南的时务学堂一起，不仅对湖南新政具有巨大的推动力，对全国的意义也不可低估。

另一方面，值得留意的是，上述留学生杂志也是清季“自治”“地方自治”讨论的主要空间，而清末的“自治”“地方自治”有着一定的复杂性。黄东兰指出，清末有三种关于“自治”“地方自治”的话语。第一是严复所代表的、立足于“民力、民智、民德”的个人的“自治力”。梁启超即在此影响之下致力于新的国民建构。第二种是在列强的威胁下，各省试图脱离清廷统治的“反满”革命的“自治”。第三是将“一盘散沙”的人民组织成地方团体，以强化国家基础的“自治”。这一“自治”由康有为的“公民自治论”所代表。[①]除了《大同报》有着明确的改良派立场外，尽管这些留学生杂志革命与改良的主张混杂其中，有些内容也可归为“改良”，[②]但是，在政治上却有着明确的革命取向。也就是说，这些杂志上的“自治”话语属于黄东兰所归纳的第二类。参与筹组自立军的秦力山(1877—1906)，其《说革命》的第四章题为《自治为革命之基础》，在该章中秦力山言：“历观世界各国兴亡之迹，其人民有独立之资格者，恒在于自治之精神。故自治者，国民之元素也。”[③]秦力山又说：“须知地方自治为革命命脉，有各地方为腋，而后立一中央政府以为裘，舍自治以言革命者，无根本之论也。”[④]地

① 黄东兰：『近代中国の地方自治と明治日本』，东京汲古书院2005年版，第102页。

② 同上书，第110页。

③ 秦力山：《说革命》，中华书局编辑部编：《秦力山集(外二种)》，刘泱泱审订，中华书局，2015年版，第146页。《说革命》又题为《革命箴言》，发表于缅甸《仰光报》，全文二十四章，最后五章已佚。

④ 秦力山：《说革命》，同上书，第147页。

方自治与晚清革命的关系,秦力山上述说法最能证之。

本来,孙文也是深明自治与革命成功的关系,并深受此触发。孙文1923年10月21日《在广州全国青年联合会演说》中说:"兄弟所主张的地方自治,是在兵事完结之后,把全国一千六百多县都划分开,将地方上的事情,让本地方人民自己去治,政府毫不干涉。……如果全国人民不能自治,总是要靠官治,中华民国便永远不能成立。"①孙文的地方自治是西方的,尤其有着美国革命的影响,②但同时又有着处于改造传统中国乡村自治结构的延长线上的色彩。无独有偶,前面提及的阿伦特在其《论革命》一书中认为,法国革命败于未能创设一种恒久的制度;而美国革命有此而获成功,其部分原因在于后者的人民主权信条源于其有着一定自治权的乡镇(township),而这一自治传统早就形成于英国人的殖民统治时期。③而且,这一自治传统像一个相互的社会契约(mutual contract),以互惠的精神(reciprocity)将大家连结在一起形成共同体。④也就是说,由此形成的地方自治,成为美国宪政制度建构(constitution)的基石,而法国革命因为自治传统匮乏,国之制度建构基石不坚,则最终国之不固,走向暴力化。孙文的革命即受美国革命的影响。念及青年毛泽东在湖南推进的自治运动以及章太炎后来的联省自治运动,完全可以

---

① 孙文:《在广州全国青年联合会的演说》,广东社会科学院历史研究室、中国社会科学院近代史研究所中华民国史研究室、中山大学历史系孙中山研究室编:《孙中山全集》第九卷,中华书局1983年版,第324页。

② 张朋园:《从民权到威权:孙中山的训政思想与转折,兼论党人继志述事》,"中研院"近代史研究所1916年,第5页。

③ Hannah Arendt, *On Revolution*, pp.156—157.

④ Ibid., pp.15—16.

说，地方自治是中国革命原本的一个起点。这实在是一个被忘却的史实。

因此，留学生杂志所表露出来的地方性事实上是某种作为“方法”的“地方性”——假如可以借用沟口雄三先生《作为方法的中国》(1989年)之题的话。这一作为“方法”的地方性也是“反满”革命的一种话语策略与政治策略。换言之，这是作为谋求新的民族国家建构之“方法”的“地方”而已。康门弟子欧榘甲的《新广东》(1902年，新民丛报社刊行于横滨)也好，上述《河南》《浙江潮》《湖北学生界》也罢，它们既是“新X省”的政治表述，更是“新中国”的政治表述。同样，《大同报》的刊名则与汉族留日学生之作为方法的“地方性”有着某种紧张性：它代表了对这一“地方性”的不安，因为这一“地方性”与“排满”革命密切相关。总之，尽管沟口的“一省之力”指的是地方精英所领导和推动的市民革命，他并没有将这些留学生杂志包含在内，但是，这些偏向革命的留学生杂志也在一定程度上涉及“一省之力”的问题，也许与沟口观点并不矛盾。

民国建立后这一发自知识群体的“地方性”渐渐退潮。该事实也说明了这一“地方性”更多是“排满”革命的政治策略与方法。清朝也在1909年作为现代化改革的策略发布了《城镇乡地方自治章程》，户籍调查、议会选举、确立自治公所等一系列措施开始实施。①但是，与明治国家的“地方自治”一样，它属于中央集权制度下的“地方自治”，是为中央权力服务，而非限制中央权力的。因此，它又会催生限制中央权力的“自治”话语。后来章太炎的联省自治即属于此。

① 这方面，见黄东兰『近代中国の地方自治と明治日本』第九、十章。

2. “清季革命”之思想革命、文化革命的性质——被遗忘的一面

无论如何，沟口的辛亥革命解释提示了一个以三四百年时间长度来观察辛亥革命的角度。这来源于他长期关注明清以来儒学与社会之关联的研究背景，因为探讨中国是否有着异于西方的现代性，是战后日本相当部分中国史学家重要的问题关怀之一。但是，传统的武装起义中心说也好，沟口雄三、周锡瑞的地方之力推翻清廷说也罢，无论上述两种解释中的哪一种都容易有两个疏忽。第一个共同的疏忽，是都容易忽视“清季革命”之思想革命、文化革命的性质。

“五四”新文化运动为晚清改良变法运动至晚清革命变奏之发展及结果，无晚清的文化革命，就无从想象“五四”的新文化革命，两者既有重叠又有差异。民主、自由、平等、社会主义、社会达尔文主义的进化论等既是晚清革命的主调，也是“五四”新文化运动的主旋律。除此以外，科学、女性解放及男女平等、对共产主义思想的关心、否定汉字论及白话文运动、包含否定孔子在内的全面否定传统论（《新世纪》杂志所代表①）、反帝的国际主义联合及弱小民族解放事业支持论（章太炎的亚洲和亲会主张）等主张，其实都早已出现于清季革命。虽然语境、解释框架迥异，其实反孔亦是太平天国的主张之一。

比如，科学至上的问题便可见于1907年6月22日《新世纪》第一号头版带有杂志同人宣言性质的文章《新世纪之革命》：“科学公理之发明，革命风潮之澎湃，实十九世纪二十世纪人类之特色也。此二者相乘相因，

---

① 章太炎的孔子批判是选择性的，而且也有着批判康有为的语境。全面否定孔子的主张则见于《新世纪》杂志。比如《新世纪》曾刊登《此之谓圣人》（《新世纪》第一号，1907年6月22日）、《排孔徵言》（《新世纪》第五十三号，1908年6月27日，署名“绝圣”），全面否定孔子。《新世纪》资料，本书据：『中国資料叢書・⑥・中国初期社会主義文献①・新世紀(影印)』，东京株式会社大安1966年版。

以行社会进化自然之公理。盖公理即革命所欲达之目的。而革命为求公理之作用。故舍公理无所谓为革命。舍革命无法以伸公理。”(第1页)以科学为“公理”,将革命与科学相结合,为《新世纪》同仁的基本立场。

再如妇女解放问题,这是晚清革命派与改良派的共同主张之一。甚至男女平等主张早见于太平天国革命(或“叛乱”)。康有为在八卷本《大同书》的第二卷就大幅论及妇女问题。[①]在妇女问题上章太炎似乎不见有何发言,这实在是康有为高出章太炎之处。清末时期长期在中国的一位法国社会学家 Fernand Farjenel 在 1914 年出版的《革命中国游记》(*A travers la révolution chinoise*)中开宗明义,介绍其著作是一本“以观察者及见证人身份”受法国政府委托所撰写的著作。[②]该书是同时代西方人了解晚清革命的重要文献。[③]他如此谈及同时代这场时间跨度达十年的革命:“这十年间,在整个中国,新闻媒体充斥着将卢梭、孟德斯鸠的理论以及法国大革命改头换面的文章。新闻媒体对喜好文学性、哲学性命题的人们热心地讴歌平等思想。从中产生了女性主义(feminism),它在中国有着非常重要的地位,在革命期间起了军事的、斗争的作用。”[④]在此,作者谈及这场革命是如何有着思想革命的层面,同时他对于晚清革命中妇女运动所占的位置的强调,对于今天只将妇女解放与“五四”新文化运动联系在一起

① 康有为:《大同书》,《康有为全集》第七册,第 38—77 页。

② Fernand Farjenel 著,石川涌、石川布美译:『辛亥革命見聞記』序言,东京平凡社 1970 年版,第 2—3 页。

③ 这一点从该书英译本出版之快也可以窥见。Fernand Farjenel, *Through the Chinese Revolution: My Experiences in the South and North, the Evolution of Social Life, Interviews with Party Leaders, An Unconstitutional Loan-the Coup d'état*, translated from the French by Margaret Vivian, London: Duckworth, 1915.

④ Fernand Farjenel:『辛亥革命見聞記』,第 10 页。

的读者来说是想必是意外的。晚清妇女问题讨论,见于《女子世界》(1904年1月创刊于上海,1906年初停刊,主编丁初我,共出十八期)、《中国女报》(秋瑾[1875—1907]1907年1月创刊于上海,仅有两期①)。这些杂志文章多涉及男女平等、女子教育、女权等问题,倡说妇女解放。同类主张妇女解放的杂志尚有《女报》(1909年月创刊于上海,陈以益、谢震编)、《留日女学会杂志》(1911年5月创刊于东京,唐群英编,季刊②)。这些杂志文章明确提出女权论、女学论、女子独立、婚姻改良、参政权等问题。又比如编辑于巴黎的革命派杂志《新世纪》亦呼吁妇女解放。《新世纪》第五号(1907年7月20日)的文章《女界革命》、第七号(1907年8月3日)的《男女之革命》、第八号(1907年8月10日)的《续男女之革命》(以上具署名真)等,皆倡说男女平等、妇女解放。类似问题亦见于《天义》杂志何震(刘师培妻)的相关文章。刘师培、何震创办于东京的《衡报》更是一本鲜明的彰显无政府主义革命与女权主义的杂志(1908年4月创刊)。③

甚至共产主义思想的传播,亦在晚清小规模地开始。比如1907年11月30日发行的《天义》十五卷及十六、十七、十八、十九合卷(1908年1月15日)中便载有民鸣译、刘师培序《共产党宣言 The Communist Manifesto》之节译;1907年6月22日创刊于巴黎的《新世纪》更是中国革命者接触共产主义、乌托邦思想的基地。后来成为国民党元老的李石曾就曾署名“民”撰文曰:“故无政府以无私产之名,反

① 仅发现一期,《辛亥革命前十年间时论选集》第二卷下,第1074页(《期刊介绍》)。

② 仅发现一期,张枬、王忍之编:《辛亥革命前十年间时论选集》第三卷,三联书店1977年版,第862页(《期刊介绍》)。

③ 近期该杂志与《天义》被整理出版。《天义・衡报》,万仕国、刘禾校注,中国人民大学出版社2016年版。

对资本,而行共产主义之实。”[①]早期无政府主义与后来的无政府主义的关系,以及与马克思主义的关系,都是重要的问题,在此无法深入。若简单概括早期无政府主义与马克思主义之关系,正如德里克(Arif Dirlik)所指出的那样,直至20年代后期,随着十月革命后“以列宁外表出现的马克思主义”取代无政府主义思潮,中国与无政府主义思潮的世界性退却相呼应,马克思主义的社会革命意识形态取代了无政府主义的社会革命的意识形态。[②]浦嘉珉(J.R.Pusey)在一本强调进化论与中国现代性全面而持续关联的著述中也指出,“马克思主义最终提供了无政府主义所没有提供的东西,即一个比任何政府都更切近要害的被中国化的地主敌人,因此还提供了一种因仇恨和苦难而生的更加强大的爆炸性力量来源。马克思主义还提供了一个组织、一个政党,它似乎有能力执行进化的任务。”[③]在此意义上,晚清的新文化运动与“五四”新文化运动之间是断中有连,连中有断。

此外,白话文运动问题,更是清季改良派提倡得最早和最为积极,[④]而革命派的《新世纪》杂志承接之,但却将之推向极端,主张废除汉字而改用世界语(“万国新语”)。[⑤]晚清的白话文运动即已经有着

① 《续无政府说》,《新世纪》1908年8月15日,第8页。

② Arif Dirlik, *Anarchism in the Chinese Revolution*, University of California Press, 1991, p.26.

③ James Reeve Pusey, *China and Charles Darwin*, the Council on East Asian Studies, Harvard University, 1983. 本文据浦嘉珉:《中国与达尔文》,钟永强译,江苏人民出版社2009年版,第436页。

④ 如改良派知识分子裘廷梁在1898年的文章《论白话为维新之本》(原载无锡白话报,见《辛亥革命前十年间时论选集》第一卷上册);梁启超的《论幼学》(1897年1月3日)(《饮冰室合集》第一卷,中华书局2006年版),等。

⑤ 如《新世纪》主张去除汉字汉语,改用世界语。章太炎于《民报》第二十一号(1908年6月10日)发表《驳中国用万国新语说》,批判《新世纪》的语言观。

明显的走向人民的倾向。[①]1900 年代的白话文已经蓬勃发展，并且本质上与 1910 年代的白话文运动是连续一贯的。[②]李孝悌《清末的下层社会启蒙运动：1901—1911》将清末最后十年的白话启蒙运动的时间起点设于 1901 年，主要因为受义和团运动的刺激，白话报刊的数量显著增加，同时也因为其他启蒙形式如戏曲、阅报社、讲报、宣讲、演说乃至各种各样的汉字改革方案以及识字学堂等都在 1901 年后大量出现。[③]迨至民国成立后"五四"新文化运动起，国语运动更在北洋政府的支持下成为国策（因为北洋政府后来的反动化，我们容易淡忘以袁世凯为首的北洋政府在制度层面上是中国现代化奠基者的事实）。必须指出的是，反复古的新文化运动与章太炎所代表的"复古"的新文化运动其实早在晚清就几乎并存，前者的代表是革命派杂志《新世纪》。比照《新世纪》与 1915 年 9 月 15 日创刊的作为"五四"新文化运动堡垒的《青年杂志》（1916 年 9 月 1 日第二卷第一号改名为《新青年》），便会发现其间诸多惊人的相似之处。

就这"两场"新文化运动的区别、断裂而言，"五四"新文化运动在更为深广的规模与程度上延续了对上述问题的关心。比如，晚清共享之"民主"理念得到了进一步高扬，晚清改良派与革命派主流共享的社会达尔文主义，虽然其生物学意义被淡化并加以反省，但实则被中国知识分子、知识青年内面化，成为暗默的历史观与历史进程想

---

① 关于晚清白话文运动与走向人民的关系，李孝悌的《清末的下层社会启蒙运动：1901—1911》（"中研院"近代史研究所专刊 67，1992 年 5 月；又河北教育出版社 2001 年版）是目前笔者读到过的不多见的这方面的系统研究。

② 李孝悌：《胡适与白话文运动的再评价：从清末白话文的发展谈起》，载《胡适与近代中国》，台湾时报文化出版社 1991 年版。又见于李孝悌：《清末的下层社会启蒙运动：1901—1911》，第 5 页。

③ 李孝悌：《清末的下层社会启蒙运动：1901—1911》，第 5—6 页。

象。然而不同的是，“赛先生”(科学 science 之谐音)与“德先生”(民主 democracy 之谐音)并列成为最核心的另一主题，这与晚清新文化运动大相径庭。在女性平等意识、妇女解放问题、作为两性关系的恋爱问题上，“五四”新文化运动较之晚清也在程度、规模上蔚为大观。除此以外，“五四”新文化运动也在如下问题上显出与晚清思想运动的巨大区别，比如儿童问题、对传统的全面否定、十月革命影响下的马克思主义传播、与之相关的经济角度的阶级社会分析意识以及政治角度的阶级解放意识、劳工神圣论、(排他性)白话文的国策化、基于西方翻译概念的“文学”亦即白话文新文学的确立及实践、白话文学术的确立、人民文学概念的弘扬、革命与农民的关系等等，皆与晚清文化运动有着重大区别。尤其在对待传统文化的态度上，晚清占据主流的复古的新文化运动主张，在“五四”新文化运动中变为旁流，中国的传统渐渐成为整个中国危机万劫不复的罪人。“五四”新文化运动与清季思想文化运动的区别，恰恰是建立在与清季思想文化运动的关联、发展之上的，因为晚清准备了“五四”，而“五四”与晚清的不同是一系列国内外政治、经济、文化、军事等环境急剧变化的结果，尤其是共和之梦破碎的结果。在此意义上“五四”新文化运动也是自太平天国以武力为主的革命以及西力东扩以来漫长的清季革命的构成部分。

总之，强调晚清的文化革命，也是为了复原被压抑的晚清以来革命的多元性。在清季革命中，章太炎占据了中心位置，而他的革命更是思想的、“文”的革命。这是本书的基本立场。

3.“文”的力量

辛亥革命如其名所示，长期以来过于集中于 1911 年 10 月的武昌起义。仅仅将清季革命还原为武昌起义，多少有些盲人摸象，以偏概全。晚清长达十数年的革命是不争的史实。恰如笔者一再强调的，改良运动的部分参与者实则是理念上的革命者，他（她）们是行动上改良的权宜选择者（如章太炎、谭嗣同等）。革命的海外基地在东京也是一个众所周知的事实，但这一事实该如何解读，却似乎常常为辛亥革命研究史所忽视。笔者并非矮化武昌起义，只是想指出，这仅仅只是清季革命的末期形态而已。近现代中国革命本来就是多元的、复杂的，片面而单一的革命叙述不仅遮蔽了晚清革命的意义，也遮蔽了改良运动与晚清革命的关联性。重新认识复数的中国革命，尤其认识和平的、将暴力降至最低程度的晚清“文”的革命，彰往而开来，这是本书的拳拳期待。

晚清革命成功推翻清朝统治，武昌起义固然有标志性的、决定性的作用，但这是漫长的清季革命之晚期结果，更为根本的，是持续经年、日益强大的语言的力量（“文”的力量）。晚清革命成功拜“文”之力所赐，也见于同时代人的见证与认知。比如宣统三年（1911 年）九月二十六日（11 月 16 日）槟榔屿《光华日报》“时评”《文字功》表彰章太炎曰：“革命虽重实行，不重空言，然理论足而复实事生，则今日革命军赫赫之功，亦当推源于文字”，并首推章氏与邹容的文字之功。[①]此处“理论足而复实事生”，足见同时代人眼中“文”之力与“文”之功的巨大。同时，亦足证同时代人并未将武昌起义视为革命之全部，而只是将其视为构成部分，且充分肯定语言（文）之自律的价值。同日《民立报》刊登《欢迎鼓吹革命之文豪》社论，向公众告知章太炎“回国返沪”消息曰：“英雄可间世而有，文豪不可间世而无，留残碑于荒野，存正朔于空山，祖国得有今日，文豪之力也。……惟望我同胞奉之为新中

① 转引自汤志钧编：《章太炎年谱长编》上册，中华书局 1979 年版，第 361 页。

国之卢骚(按:即卢梭)。"[①]以上皆为同时代见证,皆属持平之论,亦足证这场清季"文"的革命中章太炎的位置。这一语言的力量尤其自1903年邹容、章太炎的"苏报案"起,日积而月累,由量变而质变,摧枯拉朽,最终通过武昌起义迎来了决定性的成果。晚清革命之"文"的革命性质被忽视,也导致了晚清文化革命与"五四"新文化运动之关联容易被忽视。

太平天国革命(或叛乱)以及对其的镇压给社会带来极大的破坏,可谓生灵涂炭,[②]同时也力撼清朝统治基础。[③]自此之后,清季革

① 转引自汤志钧编:《章太炎年谱长编》上册,中华书局1979年版,第361页。

② 何炳棣的研究展示了太平天国期间人口损失的具体而骇人的后果。"尽管要对太平天国战争期间的人口净损失提出一个明确的数字是困难的,但我们详尽的地方资料很清楚地证明:当时通商口岸的西方居民估计的二三千万是太低的。"(何炳棣:《1368—1953中国人口研究》,葛剑雄译,上海古籍出版社1989年版,第273页)比如杭州人口损失百分之七十;离南京西南五十英里的金坛县在太平天国前人口超过七十万,但同治三年(1864年)城中仅有三千人,四乡仅有三万人。以受太平天国影响最深的江苏、浙江、安徽、江西四省道光三十年(1850年)与1953年的人口数量相比会发现,后者比前者仍然少14%,反映出这场大乱给长江下游省份的长期创伤(何炳棣前书,第239、243—344页)。另一方面,冯桂芬1849年回到深受漕运司这一为所欲为的税收机构之害的故乡苏州,在给他人的信中感慨:"州县敛怨于民,深入骨髓,一旦有事,人人思逞。"(《显志堂集》卷五)孔飞力援引这句话指出:"确如冯桂芬所言,仅仅在短短几年之间,太平军便在长江流域心怀不满的农民中大规模地招募士兵了。"(孔飞力:《中国现代国家的起源》,陈兼、陈之宏译,香港中文大学出版社2014年版,第115—116页)按孔飞力之说,不仅因赋税沉重,从地理上看,显然,长江下游也是太平天国主要兵源地之一。何炳棣前书也指出,湖北的人口损失相当严重,许多方志记载着大量男子甚至妇女被太平军掳走,仅咸丰三年(1853年)被掠人口便达三十万至五十万人之间,但因战争破坏,许多缺地贫苦农民也自愿投入太平军(第242页)。

③ 就太平天国对清朝统治带来的决定性的破坏,《清史稿》曰:"秀全以匹夫倡革命,改元易服,建号定都,立国逾十余年,用兵至十余省,南北交争,隐然敌国。当年竭天下之力,始克平之,而元气遂已伤矣。中国危亡,实兆于此。"(赵尔巽等撰:《清史稿》第42册,中华书局1977年版,第12966页)在对外关系方面,费正清也根据《十朝圣训》与《大清会典事例》指出,越南使团于1852年与1853年如期来朝,但是1854年、1856年、1860年与1864年因中国内乱而取消;老挝、缅甸也因为同样的原因取消了原定的1853年来朝。见John Fairbank, "The Early Treaty System in the Chinese World Order", in John K.Fairbank, eds., *The Chinese World Order: Traditional China's Foreign Relations*, Cambridge and Massachusetts: Harvard University Press, 1968, p.269。

命由主张君主立宪制之戊戌变法运动演变而来，由改良而革命，其间语言的力量实不亚于千军万马。语言并非仅是现实、事物的表征或代表，它可以产生、创造新的现实或事物（“理论足而复实事生”）。清季革命足可证之。长期以来晚清以“文”为手段的革命被遮蔽，固然有法国大革命等暴力革命史观的影响，也有仅视语言为表象工具（代理工具、代表工具）的语言工具观的影响。在语言工具观的影响下，“文”（语言）的自律性被忽视，而仅将语言看作是革命理念、革命现实的被动代理，视之为武昌起义的附庸而已。这一观念忽视了革命文章不仅可以形塑革命主体，提升革命者的道德，以一新士风，更是拆解专制主义、保守主义、帝国主义及殖民主义意识形态的文化武器。同时，“文”与武装起义以及沟口雄三、周锡瑞所强调的“地方之力”一样，也是广义的清季革命的实践本身，它们共同逼使统治者结束帝制，和平交出政权。

章太炎与孙文、黄兴（1874—1916，字克强）被并列为“辛亥三杰”。章太炎手无寸铁、不谙军事，未有史料显示他曾身披戎装、曾指挥一兵一卒、曾参与或策划过任何起义或暗杀行动、曾有过任何军事思想，甚至亦未有史料显示他曾纸上谈兵。但是，一介书生如他，却被人誉为“辛亥三杰”之一。何故？“文”之革命家、“文”之革命导师是也。当然，章太炎的文章客观上也有推动武装起义的作用，但其价值与意义却不仅于此。一新士风、提升革命主体之道德、并试图在革命者尤其是青年学子中引发一场思想革命，这才是章太炎文章的最大着眼点。这些青年学子中便包括深受章太炎影响的清季革命青年鲁迅、周作人、钱玄同等。章太炎被视为“辛亥三杰”之“一杰”使我们可以窥见，民国初立后，晚清的历史未必就是那么以暴力革命为中心去叙述和建构的。

二、“文”与复数的清季革命

1. 东京与作为学生运动的清季革命

上述两种“辛亥革命”解释的第二个共同的疏忽是，无论哪一种解释都令人忽视清季革命之世界史意义，清季革命乃是全球史脉络中的革命。强调辛亥革命之全球史脉络，也是近年晚清革命研究的一个倾向。但是，这只是一个开始。①它首先表现在这场革命是太平天国这一有着世界史意义的持久的革命之后续。只有太平天国这一持久的武力的破坏，晚清偏于“文”、偏于非暴力的斗争方变得现实、

① 置晚清革命于全球史脉络中此一新的研究动向之成果，近年有如下的论文。2012年出版于日本的论文集『総合研究辛亥革命』(辛亥革命百周年纪念论集编辑委员会编，东京岩波书店2012年版)中收录的论文，如村田雄二郎「序章　グローバルヒストリの中の辛亥革命」(《序章　全球史中的辛亥革命》)、狭间直树「東アジアにおける“共和”思想の形成」(《东亚之共和思想的形成》)、裴京汉(Bae Kyoung-han)「東アジア史上における辛亥革命」(青山治世译,《东亚史中的辛亥革命》)、马敏「中・日・米実業団体間の交流」(吉田建一郎译,《中日美实业团体的交流》)，等等。又比如2013年出版于日本的论文集『辛亥革命とアジア』(《辛亥革命与亚洲》,大里浩秋、李廷江编，东京御茶之水书房2013年版)所收录的论文中，同样也反映了这一研究动向。如入江昭的演讲「現代世界史の中の辛亥革命」(《现代世界史中的辛亥革命》)、金凤珍(Kim Bong-jin)「辛亥革命と韓国独立運動」(《辛亥革命与韩国独立运动》)、下斗米伸夫「辛亥革命とロシア・ソ連」(《辛亥革命与俄国/苏联》)、崔志海「米国政府と辛亥革命」(《美国政府与辛亥革命》)、王晓秋「辛亥革命の世界的意義」(《辛亥革命的世界性意义》)，等等。李盈慧的论文《清末革命与东南亚各国独立运动》(「清末革命と東南アジア各国の独立運動」,仲井阳平译，孙文纪念会编『辛亥革命の多元構造』所收，东京汲古书院2003年版)也反映了晚清革命与东南亚独立运动的关联，是全球史语境中的革命。前面提及的Don C.Price的著作《俄国与中国革命的根源：1896—1911》(*Russia and Roots of the Chinese Revolution, 1896—1911*)处理的是俄国民粹派革命对晚清革命的影响、晚清革命的俄国因素，这无疑也证明了晚清革命的全球史语境。此外，王柯编、樱井良树等执笔的论文集『辛亥革命と日本』(东京藤原书店2011年版)因故未及参考。

可能。其次，关于“辛亥革命”的两种解释对这场革命的世界史（尤其东亚史意义）的疏忽，还表现在匆视了东京作为清季革命的海外中心这一事实。不仅如此，这进而容易忽视在近现代中国学术史、思想史、政治史上日本与清季思想运动的关联。不仅如此，也容易忽视东京（含横滨）作为以“文”为手段为媒介的晚清革命基地以及学生运动基地的史实，还容易忽视东京的中国学生运动与国内学生运动之间的关联。正如本书第二编第三、四章所展示的那样，在日俄战争后的短暂的几年，东京甚至曾成为亚洲革命者集结的中心。关于东京对于中国革命党的重要性，光复会领袖陶成章（1878—1912，字焕卿）在1909年11月便指出：“日本东京为革命党产出之所，而同盟会总机关设在东京，固南洋同志之所共知，当初彼亦尝假其名以为号召者也。”[①]东京不仅是20世纪初年中国革命的海外中心，因为同属汉字圈，以东京为中心的日本同时也是中国士人吸收西方知识的重要途径，更是中国改良派尤其是革命派主要的出版基地。这一点也与清季革命同时又是思想文化运动的性质密切相关。而且，1900年开始的、长达十年的所谓“新政时期”，更是以日本为蓝本的。[②]

在以往的研究史中，Mary Rankin 在其《早期中国革命：沪浙地区的激进知识分子，1902—1911》[③]中跳开主流的辛亥革命研究框架，质疑了国民党的革命史观，并聚焦于上海、浙江的激进知识分子

---

① 《南洋革命党人宣布孙文罪状传单》（1909年11月11日、27日、29日），汤志钧编：《陶成章集》，中华书局2014年版，第169页。

② 可参考任达（Douglas R. Reynold）：《新政革命与日本——中国，1898—1912》，江苏人民出版社1998年版。

③ Mary Backus Rankin, *Early Chinese Revolutionaries: Radical Intellectuals in Shanghai and Chekiang, 1902—1911*, Harvard University Press, 1971.

学生，探讨了他们(她们)如何成为革命党的核心，也探讨了他们(她们)与秘密结社的关系。她尤其强调了这一运动的城市性质，作为都市革命的晚清革命场景。在此意义上，该书也与笔者所强调的晚清革命拥有学生运动与知识分子革命的一面这一观点，有着相通之处。但是，该书并未留意到上海、浙江地区的激进知识分子与革命党海外总部所在地东京之间的重要关系，也因此未能进一步看到章太炎作为晚清激进青年导师的中心位置与重要性。这也难怪，因为该书的副标题便已表明，该书所要探讨的本来就是激进知识分子与上海、浙江地区的关系。

对"东京"这一场景的强调，也是为了强调"文"的力量，是为了观察不同的场域在革命中所扮演的不同角色。革命的几个基地中，大致说来，香港是早期的宣传地和后方之一，广州(含惠潮两州)和武昌则是清季武装的革命之实施地。同时，东京(含横滨)在革命成功前的相当长一段时间里实则是革命党人的总部与革命派的言论基地，同时也是戊戌变法失败后偏于改良的知识分子的言论基地。北美、南洋的华侨对革命的作用亦不能忽视。如果我们跳开狭窄的范围去看待清季革命的话，湖南是戊戌变法失败前新政的重要推动与实践之地，湘鄂两地更是包含唐才常自立军在内的革命活动的重要开展地区。浙江则是许多激进学生与知识分子的故乡与革命实践之地。①1908 年 10 月日本政府应清政府要求关闭了同盟会机关杂志《民报》及《四川》等留学生革命派杂志后，情况开始改变，东京的作用

---

① 这一点，正如 Raskin 的研究所强调的。见 Mary Backus Rankin, *Early Chinese Revolutionaries: Radical Intellectuals in Shanghai and Chekiang, 1902—1911*。

相对来说在下降，但上海租界的《民呼》《民吁》《民立》三份报刊一跃成为这些革命杂志的继承者，因此上海也成为一个重要的言论基地，由此亦可窥见东京革命者与上海革命者之关系的紧密性。

强调东京作为海外革命基地尤其言论基地的重要性，也涉及章太炎在晚清革命中的定位问题。1903 年的"苏报案"揭开了清末革命的序幕。6 月 30 日邹容、章太炎因"苏报案"诋毁清帝被捕。邹容狱死，章太炎则在身陷囹圄三年后，于 1906 年 6 月 29 日(五月初八)刑满出狱。孙逸仙、黄克强旋即派人将太炎接往东京，抵达东京后的 7 月 15 日(五月二十四日)，七千余人冒雨集会迎接章太炎。①武昌起义后章太炎继续滞留东京，进行其文字工作，以响应革命的新形势。11 月 3 日上海革命党人发动起义，7 日上海军政府成立，章太炎旋即带领十多名青年学生乘火车离开东京至神户，11 月 11 日在神户乘船回国，离开了他旅居五年零四个月的东京，11 月 15 日到达上海。②滞留东京的五年零四个月间章太炎的著述对清季革命青年——某些人也是日后的"五四"新文化运动旗手——影响可谓至大至巨。

因此，强调晚清革命的文化革命、思想革命性质，也旨在凸显以学生运动为基础的清季革命性质，正如以东京为据点的改良派运动，其主体亦不乏主张改良的学生(如旗人留学生杂志《大同报》群体)。无论革命派学生抑或改良派学生，创办于东京的大量留学生杂志就说明了这一晚清思想文化运动乃是以学生为主体的学生运动性质。章

---

① 以上史实，参照汤志钧编：《章太炎年谱长编》上册，第 208 页。但是，太炎演讲会出席人数，据冯自由《革命逸史》记录则为"两千余人"。(《革命逸史》上册，新星出版社 2009 年版，第 51 页。)

② 以上史实，据姜义华：《章太炎思想研究》，第 368—369 页。

太炎在日期间的宣传对象其实主要是以学生为主的年轻一代。即使在国内,作为学生运动的清末革命的主体,比如南社同人,他(她)们不同程度上也是受章太炎影响的(这在下文将会谈及)。

被誉为"辛亥三杰"之一的黄兴,于1906年12月2日在中国同盟会机关报《民报》创刊周年庆祝大会上的简短讲话中,亦提及晚清革命的学生运动的性质:"诸君现在都是学生,就拿学生的责任来说",他言及1817年奥地利利用沙皇势力组织神圣同盟压制革命,也是因了学生抗议革命党才得以大盛;日本的西南战争中西乡隆盛的主力同样是鹿儿岛私立学校的学生;黄兴呼吁"诸君莫要说今日做学生的时候,是专预备建设的功夫,须得要尽那革命的责任……誓要尽这做学生的本份"。①

长期以来我们知道五四运动是学生运动,却忘了清季革命同样是学生运动;正如我们长期以来知道五四运动是思想文化运动,却全然不察晚清的运动也是思想文化运动一样,更不觉"五四"的思想文化运动是晚清的思想文化运动的延伸。学生运动的表现形态未必就是上街示威游行、请愿。青年学生以报纸杂志等"文"的形式为武器,可能是更为理性、更加和平、更有思想色彩的学生运动,这也更有利于主张改良与主张革命的学生之间进行和平而理性的交流与对话。长期以来我们只知道暴力革命的有效性,但是却因之忘却以语言为媒介的"文"的革命之重要性。以语言为武器的抗争运动是中国革命至为重要的组成部分。1905年废除了几乎延续一千多年的科举考试,这一决定应该说为清季学生运动输送了源源不断的革命与改良的新鲜血液,直至"五四"新文化运动。在此意义上,清廷为现代化

---

① 湖南社会科学院编:《黄兴集》,中华书局2011年版,第5页。

(西化)而废除科举,可谓自掘坟墓,为自身的灭亡唱响了挽歌。

以"文"为手段的革命之所以在中国历史上第一次得以出现,如再三强调,太平天国持续的武力革命之作用以及西力扩张带来的影响不容忽视。在此意义上,清季革命成功乃是漫长革命的结果。清季革命也只有置于长时段中方能得到合理的解释。近年对革命史观矫枉过正,忽视太平天国的深远影响,其本身是非历史的。同时,清末以"文"为手段的革命,也多少得益于近代由印刷技术的发达而带来的出版业的发展,因为它形构了"大众"的主体。这正是语言的力量。在这个过程中,日本的东京地区扮演了重要的角色。某种意义上说,主张改良的海外言论基地主要在紧邻东京的横滨。康有为本人的改革思想与明治日本的关系,早有多种专著论及,此处不赘。① 早在 1889 年 3 月 18 日,广东籍的康有为便借助以广东华侨为主的华侨力量在横滨创立横滨大同学校。1901 年至 1904 年间,偏于改良的五份杂志中的两种(《清议报》《新民丛报》)在横滨出版,其余在上海出版;而同一时期的革命派杂志与书籍,如《国民报》《游学译编》《大陆》《新湖南》《湖北学生界》《浙江潮》《童子世界》《江苏》等,除《大陆》《童子世界》外,都在日本出版。②1907 年中国人在日本创刊的杂志为二十一种,较该年在中国出版的杂志为多。③在东京的出版册数

---

① 汉语论著比如朱忆天:《康有为的改革思想与明治日本》(上海人民出版社,2011 年版);日文著述甚夥,如坂出祥伸:『康有為——ユートピアの開花』(东京集英社,1995 年版),村田雄二郎:「康有為と東学」(孔祥吉、村田雄二郎:『清末中国と日本』所收,研文出版 2011 年版)等。

② 《辛亥革命前十年间时论选集》第三卷,张枬、王忍之编,第 6、9 页。

③ 实藤惠秀:《中国人留学日本史》,谭汝谦、林启彦译,北京大学出版社 2012 年版,第 294 页。

亦十分可观，其中革命派杂志《浙江潮》第一(1903年阴历一月)至第四期(1903年阴历四月)三版共五千册，第五(1903年阴历五月)至六期再版为五千册，第七期(1903年阴历七月)亦为五千册。[①]以省为单位的留日学生群体所创办的冠以省名的革命杂志成为主力之一。鲁迅曾发表一系列重要论文的《河南》(1907年12月至1908年12月，共九期)即为一例。其他发行于东京的革命杂志，以1905年至1907年为例，尚有《二十世纪之支那》(1905年6月创刊)、《醒狮》(1905年9月创刊)、《复报》(1906年5月创刊)、《云南》(1906年10月创刊)、《鹃声》(1906年创刊)、《汉帜》(1905年6月创刊)、《四川》(1907年11月创刊)等，不胜枚举。章太炎主笔的同盟会机关杂志《民报》更因革命的海外总部在东京，而就地编辑和发行。

据实藤惠秀统计，留日学生的数量从1896年的13名迅速增长至1903年的100名，并在1905年达至8 000名；[②]而汪向荣统计的数字为1902年500名，1905年则增至7 285名[③](李喜所统计的数字则为1902年608名，1903年1 300名，1904年2 400名[④])，而1906年为12 000名，1907年为10 000名；[⑤]小岛淑男根据当时各种媒体资料推算出，1908年为5 500名，1909年5 200名。[⑥]不管怎样，最为重要的并非数

① 实藤惠秀：《中国人留学日本史》，第294页。

② 同上书，第318页。亦请参考《有关中国留学生的五个统计表》(附录)。

③ 汪向荣：《日本教习》，三联书店1988年版，第117页。沈殿成《中国人留学日本百年史：1896—1996》上(辽宁教育出版社1997年版，第115页)同此数字。

④ 李喜所：《近代中国的留学生》，人民出版社1987年版。本书转引自小岛淑男：『留学生の辛亥革命』，东京青木书店2005年版(1989年初版)，第13页。

⑤ 李喜所：《近代中国的留学生》，转引自小岛淑男：『留学生の辛亥革命』，第13页。

⑥ 小岛淑男：『留学生の辛亥革命』，第13页。

量而是质量，因为这些学生都成为建立民国、建设民国最为重要的政治文化精英。同样重要的是其传播能力。留日学生出版物的影响力远远超出留日旅日士人的范围，而延及国内，比如聚集于《国粹学报》杂志、近代中国最大的文学社团的南社等的革命青年。这些人正是改变了中国命运的“新青年”。他们(她们)中的许多人也是有着深厚的传统学养、伦理情操，同时又融合了西方思想学术，并且敢为天下振臂一呼的复古的新文化运动中的“新青年”。

事实上，无论是改良派学生还是革命派学生，都借助了东京这一晚清思想文化最为重要的海外基地，他们都是晚清思想文化运动的重要构成。我们往往忘记了如下基本事实：除了胡适等不多的新文化运动导师外，其他被誉为新文化运动导师的陈独秀、鲁迅、周作人、钱玄同等，莫不是留日的中国留学生，莫不是广义的“清季革命青年”。他们之所以成为“五四”新文化学生运动的精神领袖，正是因为他们是晚清学生运动的革命学生。换言之，他们都是由广义的“辛亥革命青年”而成为“五四新文化青年”的中年领袖和精神导师。

另一方面，以“文”为手段的晚清革命与以武为手段的晚清革命，这两类晚清革命与青年学生的关系又未必是可以划分得那么清楚的。比如，小岛淑男的著述《留日学生的辛亥革命》(1989 年)明确了留学生在东京或回国后在这场晚清革命中的重要作用，他探讨了包含黄花岗起义在内的武装起义中学生的作用，也探讨了在反对铁路国有化运动的省的独立(如四川)等运动中学生的领导作用。①1904 年 5 月，湖南绅士王先谦等六十一个湖南地方领袖发动运动，试图避免为

① 小岛淑男：『留学生の辛亥革命』。

修建从广州至汉口的铁路而以有利于美国的条件向美国借债，主张废除合同，自主修建铁路。1904年秋，来自两湖的留日学生举行集会，并发电支持。①从上面的事实看，无论武装起义抑或沟口雄三、周锡瑞所强调的一省之力的地方市民运动，都有着不同程度的学生运动性质。但是，如本书一再强调的那样，如果以长达十数年的时间跨度来看待晚清革命的话，武装起义所占的比例则是有限的。附带指出，如叶文心教授所留意的那样，章开沅、严昌洪两教授所主编的辛亥革命七十周年纪念文集《辛亥革命与中国政治发展》（华中师范大学出版社2005年版）显示出如下新的动向：首先，作为历史变化的推动力量，思想的觉醒取代了阶级的利益（这符合笔者视晚清革命同时为思想文化运动的立场）；其次，革命的遗产并非在于昭示革命是如何发生的，而在于因之而导入的共和思想及共和制度；最后，之前认为武装起义及宣言是一个预告新时代到来的划时代的大事件，而现在则转而认为更早之前的重要变化才是促使传统的帝国向近代民族国家转化的要因（这与本书视晚清革命同时也是为以“文”为手段的革命，以及强调这场革命与之前的太平天国起义等与帝制崩溃之间的连续性的立场，也有一定的相通之处。）②

2. 太平天国与晚清革命的重要关联

本书并不否认暴力的武装起义与非暴力的“一省之力”的地方精英领导的市民运动对革命成功的贡献。但是，亦如笔者再三强调的那样，“文”并非是这两部分革命的侍妾或奴仆。长期以来我们的历

---

① 周锡瑞：《改良与革命》，第101页。

② 叶文心（Wen-Hsin Yeh）：「辛亥革命史の歴史叙述と中間層」（岩间一弘译），辛亥革命百周年纪念论集编辑委员会编：『総合研究辛亥革命』，第573页。

史叙述将章太炎所代表的以“文”为手段的革命矮化为暴力革命的附庸。“文”(宣传)对这两种革命的巨大推动作用是不可否认的,正如这两场革命也推动了以“文”为手段的革命一样。但是,语言是有其自立性的,“文”并非仅仅是武装起义的催生婆。“文”也自在自为地影响着人民的政治选择与政治判断,动摇着外强中干的统治者的意志。晚清思想文化运动,尤其是晚清思想革命掀起了一场跨幅达十数年的以“文”为手段的人心的革命。暂且抛开与太平天国的暴力革命之连续性不论,这是一场耗时不短的近乎和平的革命。《清帝逊位诏书》暗示着统治者被迫选择了以和平的方式交出权力,而这正是包含以“文”为手段的和平革命在内的复数的革命所共同作用的结果。

本书强调太平天国革命(或叛乱)与晚清革命的连续性,综合而言,主要是在如下几点。首先,一如前述,这是在对清朝政权破坏的意义上来讲的。其次,太平天国革命与晚清革命的连续性也表现在晚清革命派视太平天国为种族革命的先声的意义上。同盟会机关杂志《民报》第四号开篇图像便是《太平天国战胜清兵之真景》(1906 年 5 月),次月第五号开篇则是洪秀全肖像,1907 年 12 月《民报》十八号则刊有署名“信川”的文章《哀太平天国》,1907 年 4 月的临时增刊号《天讨》则有插图《太平天国翼王夜啸图》,等等,不一而足。革命派对于太平天国的认同可谓一目了然。

再次,太平天国革命与晚清革命的连续性还表现在太平天国与乡绅势力壮大之间的因果关系上。乡绅势力的壮大对后来的保路运动、1907 年之后省咨议局的建立与运转,乃至革命后十四省宣告独立等方面有着特殊的意义,因此这也是乡村自治与晚清革命之关联的问题。前面提及,何炳棣在其 1959 年出版的研究中,根据判读地方资料而得出太平天国叛乱导致了人口大量下降的结论，甚至认为其程度远远超出当时通商口岸的西方居民估计的二、三千万。①在此之前，张仲礼在其1955年出版的乡绅研究中曾比较了太平天国前后各省绅士、绅士家庭成员的人数及其在人口中的比例变化。按照他的研究，以江苏为例，绅士在太平天国前占人口比例为1.3%，而在太平天国后则为2.5%；浙江的绅士人口在太平天国之前为1.4%，之后竟上升至5%。②这里必须注意的是张仲礼对“绅士”的定义。他将19世纪的中国绅士阶层分为“正途”与“异途”两个集团，“正途”经过科举考试取得资格，“异途”则是指那些通过捐纳取得功名者；按上下层的等级划分的话，下层绅士包含“正途”与“异途”两种，前者是经过初级考试的各类生员，后者是捐纳而来的捐监生和例贡生，③因此其绅士定义是以科举制为基本制度性标准的。另一方面，按照何炳棣的研究，1953年江苏的总人口与1850年相比，其增长率为7.5%，这是由于上海作为最大的城市兴起才有此增长(江苏人口含上海人口)；与之相对，同时段(1850—1953年)浙江人口的增长率则为−23%。综合张仲礼与何炳棣的研究数据，可以得出一个结论，经过太平天国之乱后长江下游人口大幅下降；但是，与之相对照的是，张仲礼所定义的绅士在人口中的比例却大幅增加。换言之，绅士阶层在太平天国之

① 何炳棣：《1368—1953中国人口研究》，第273页。

② 张仲礼：《中国绅士：关于其在十九世纪中国社会中作用的研究》，李荣昌译，上海人民出版社1991年版，第166页(表32)(Chung-li Chang, *The Chinese Gentry: Studies on Their Role in Nineteenth-Century Chinese Society*, Introduction by Franz Michael, Cambridge, Mass.: Council on East Asian Studies, Harvard University; Harvard-Yenching Institute, 1955)。

③ Ibid., pp.1—5.

乱中力量有所壮大。而孔飞力在其1980年出版的书中,就1796年至太平天国被镇压的1864年为止的期间,地方组建武装活动的形成和发展与地方社会结构之间的关系所做的研究显示,太平天国很难与地方精英合作,缺乏控制地方的能力;在太平天国革命(或叛乱)期间地方精英的权力反而得到更大的扩大。①孔飞力关于乡绅(地方精英)的研究当然也是在上述研究的发展线上的(他关于绅士[gentry]或精英[elite,或译为名流]的定义比张仲礼的"绅士"为广,主要指的是在各种各样的社会组织拥有一定权力与名望的精英层,其中又分为国家精英[national elite]与地方精英[provincial elite],因此其定义是一种功能性定义②)。韩国中国史家闵斗基在1973年出版的研究虽然在绅士与太平天国的关系上涉及有限,但是在绅士(生监)的政治层面上着墨甚多,也是一本出色的强调绅士与晚清革命关联的著述。③上述研究与同时代日本关于乡绅研究的结果都高度吻合,凸显了地方自治传统与晚清革命的密切关联,表明地方精英的成长对晚清的革命有着实质的意义。在此意义上,完全可以说,太平天国革命与晚清革命是密切关联的。

最后,太平天国革命与晚清革命的连续性更表现在晚清各当事方都不同程度地共享了以太平天国之乱为鉴,对可能出现的大规模的暴力破坏尽力回避、克服的意图。晚清襄助段祺瑞兴办北洋陆军

---

① Philip A.Kuhn, *Rebellion and Its Enemies in Late Imperial China: Militarization and Social Structure, 1796—1864*, Cambridge, Mass.: Harvard University Press, 1980.

② Ibid., pp.3—4.

③ 闵斗基:『中國近代史研究:紳士層의思想과行動』,首尔一潮阁1973年版。该书收入六篇论文。除《清代社会的生员监生层(生监)》(第21—50页)外,另外三篇直接涉及晚清革命:《清代的政治封建论》(第89—136页)、《晚清的省咨议局》(第137—180页)、《苏杭宁铁路风波》(第181—220页)。

学校的前驻日外交官廖宇春(字少游,1870—1923)曾秉承段祺瑞之命,以袁世凯做总统为先决条件,于辛亥年十一月初一日(1911年12月17日)与代表黄兴的同盟会会员顾忠琛(顾忠深,1880—1945)在上海秘密商定推翻清政府。为此,袁世凯之子袁克定、段祺瑞、北洋军人靳云鹏(1877—1951)等秘密串联北洋各军,胁迫清政府赞成共和。①关于此一过程,廖宇春以日记体录之甚详,该日记后以《新中国武装解决和平记》为题出版(陆军编译局1912年版)。革命党在接受北洋方面公举袁世凯为临时大总统条件后,协议条件的正式书面表述有五:"(一)确定共和政体;(二)优待清帝;(三)先推覆清政府者为大总统;(四)南北满汉出力将士,各享其应得之优待,并不负战时害敌之责任;(五)同时组织临时议会,恢复各省秩序。"②和平革命之愿望清晰可见。而这一愿望似乎多少又与包括长达十三年的太平天国之乱在内的一系列社会大动乱不无关系。比如在此之前,廖宇春吁恳清帝逊位奏疏中便有"台城之惨,可为殷鉴"之表述。③台城者,六朝古都南京之谓,此处指建都南京的太平天国。奏疏提醒清帝:"与其顾惜宗庙,虚与委蛇,势将生灵涂炭,同胞流血,种族相仇";若顺应大势,则"化满汉为一族,杜外族之觊觎,实行民主立宪,不血刃而天下平"。④廖宇春代表的是北洋的立场,他恳请清帝顺应和平大势的

---

① 中国社会科学院近代史研究所《近代史资料》编译室主编《辛亥革命资料类编》所收录廖宇春《新中国武装解决和平记》"编者按",知识产权出版社2013年版,第302页。

② 廖宇春:《新中国武装解决和平记》,中国社会科学院近代史研究所《近代史资料》编译室主编:《辛亥革命资料类编》,第320页。

③④ 廖宇春《新中国武装解决和平记》所录,同上书,第311页。

奏疏，显然不无吸取前车之鉴(太平天国等)，以及对列强势力介入之提防。由结果观之，这一北洋的立场也反映了包括革命派、清帝在内的所有当事方的共识。在此意义上，晚清革命有着不可忽视的和平革命的一面。在另一意义上，我们也可以看出太平天国革命与晚清革命的连续性。

3. 被遗忘的以“文”为手段的清季革命

本书的目的之一是还原清季革命与“五四”新文化运动的关联，并且以“复数的革命”这一概念，重新强调晚清中国革命的意义，强调晚清共和革命、社会主义革命的重要性。与此相关，本书将强调“晚清革命青年”(或出于便利的“辛亥革命青年”)这一概念，并且探讨“晚清革命青年”(或“辛亥革命青年”)与“五四革命青年”之间的连续性。此举无意忽视“晚清革命青年”(或“辛亥革命青年”)与“五四革命青年”之间的断裂，但是，首先应了解“五四”时期的“清季革命青年”就是“五四革命中年”(如鲁迅)，而“五四革命青年”正是处于“五四革命中年”的影响之下的，正如“晚清革命青年”(或“辛亥革命青年”)是处于清季革命导师的影响之下一样。“五四新文化运动”并非是凭空自生，它无非是处于清季思想文化运动之既有继续又有断裂的转变性关系之中。其次，正如辛亥革命的目的是为了建立共和国一样，“五四”新文化运动正产生于共和的危机之中(日本军国主义后来之所以能够入侵中国，与这一共和危机的持续、恶化不无关系)。这一共和的危机是如此漫长、如此惨烈(甚至引来外敌侵略以及之后的内战等)、如此跌宕起伏，为人类历史所罕见。而欲观察这一漫长的危机，就必须探讨共和的起源；探讨共和的起源，则章太炎的存在便不可忽视。视中间过程之“五四”新文化为“起源”，是非历史的设定。但是，这也并非要抹消

“五四”新文化运动的意义。恰恰相反，本书的意图之一正是从晚清与“五四”新文化运动的连续与断裂中重审“五四”新文化运动在追求民主、平等、自由上的重大意义。

在革命的海外基地东京，章太炎所代表的“文”的革命，与以往对辛亥革命的主流解释中以暴力为手段反抗专制的革命，以及与沟口雄三解释所强调的地方之“一省之力”所实现的革命，三者之间在诉求与政治目标上一致。但是它们中任何一个都并非是这场持续了十几年的革命的唯一。以“文”为手段的革命以及类似于市民运动的“一省之力”的革命，令以暴抗暴的武装起义以最少的流血代价而达于胜利，令清朝政权解体。以“文”为手段的晚清革命，与“一省之力”的市民运动的晚清革命和晚清的军事起义一起，共同构成了广义的晚清革命。而这一广义的晚清革命是建构在太平天国革命（或叛乱）这一被遗忘的历史延续性之中的。这一广义的晚清革命带来了《清帝退位诏书》这一政治妥协，并在没有导致人民生灵涂炭的意义上拥有重要意义。

20世纪80年代对青年学子影响至巨的著名思想家李泽厚先生与著名文艺批评家刘再复先生于1995年出版的对谈录《告别革命》，在反思革命的暴力性上有其意义。[①]但是，该书首先并没有认识到中国革命的多元性或复数性，其所指的“革命”只是武装的、暴力的革命（这一中国革命认识为一般人所共有，因此这一不足也可视为笔者的苛责），而且该书的思想前提基本是在“革命”与“改良”的二元对立中高扬改

① 李泽厚、刘再复：《告别革命：回望二十世纪中国》，香港天地图书公司1995年版。

良(必须承认,即使在当今,这一立场亦为相当多中国知识分子所认同,甚至类似立场便见于冯友兰[1895—1990]《中国现代哲学史》[1990]一书。因此,笔者这一评述亦可视为苛责)。事实上李泽厚先生与刘再复先生的对谈集延续了晚清"革命"与"改良"的二元对立框架。在这一框架下李泽厚先生的立场在许多场合似乎更倾向于康有为(康有为研究者干春松也许是第一个留意到康有为与李泽厚的关联的——他指出康有为是李泽厚最为持续重视和发生兴趣的思想史人物①)。另一方面也必须认识到,革命之所以可以将暴力加以美化、合理化,是因为革命具有巨大的伦理性,可以因此赋予暴力以道德的外貌——这正是反革命也喜欢自诩为革命的原因之一。在此意义上,甚至可以悖论性地说,革命的20世纪也是伦理以暴力方式展露自身、实践自身的世纪。缘此也可以反过来说,"告别革命"固然告别了革命所蕴含的暴力性,但同时也带有告别革命的伦理性的危险。告别伦理,当然不可能是李泽厚先生、刘再复先生的本意。但是,悖论的是,在革命话语及其植根的意识形态被告别的同时也就意味着革命的伦理性也将被告别。正是在此意义上,非暴力的以"文"为手段的革命便成为我们观察"告别革命"话语以及革命本身的另一有效视角。

无独有偶,我们在民国时代的鲁迅那里,也看到了拒绝"告别革命"的一面(详见本书第四编)。如前所述,章太炎与鲁迅无疑都是近现代中国典型的以"文"为手段的革命者,他们的"文"的革命是和平主义的,他们与暴力革命有着一定的距离。但是,他们也并没有过于理想主义地否定以暴易暴的革命,因为现实中的专制权力是武装的、暴

---

① 李泽厚、杜维明、干春松等:《李泽厚与中国八十年代思想界讨论》中干春松发言,《开放时代》2011年11期(总第233期),第20页。这一事实常常不被人留意。

力的。因此,他们的文章既与暴力革命有着一定的关联,又有高度的独立性与自立性。尽管如此,无论章太炎还是鲁迅,都对革命成功后的归结,表现出高度的谨慎与警惕。这一警惕贯穿着他们的叙述,并令他们成为中国过去百年拥有深刻洞察力的两位伟大的思想家——两位以“文”为手段的革命家。

第三章　章太炎与“复古”的新文化运动

章太炎在晚清“复古”的新文化运动中是不二的旗手，其“复古”的新文化思想建立在批判性地重审、重构中国传统学术、传统思想文化的基础上。因此，严格说这一“复古”的是应加双引号的。在此以概略方式，从制度典章现代化、“辨章学术、考镜源流”的学术史重构、“文学复古”、“建立宗教”四个角度介绍章太炎的“复古的新文化运动”。这四个角度的问题都很大，作为总论仅简述之。

一、制度典章现代化与“复古”的新文化运动

首先，从制度典章之现代化方面，可见章太炎复古的新文化运动思想的大概。比如，章太炎 1906 年 7 月 15 日《在东京留学生欢迎会上之演讲》中曰：“我们中国政治……都有一定的理由，不好将专制政府所行的事，一概抹杀。就是将来建设政府，那项需要改良？那项需

要复古？必得胸有成竹，才可以见诸施行。”[①]在法律思想上，章太炎在《五朝法律索隐》(《民报》第二十三号，1908年8月10日)等文章中批判唐律而褒扬五朝律，认为唐律删去了五朝律某些抑制权贵的条文，是一种倒退。[②]这是对于当时如何在法律传统基础上进行中国法律现代化的具体回应。

在《五朝法律索隐》中，章太炎批判当时的潮流说：“空尊尚西方，或沾沾欲复《唐律》”，又评价五朝说：“五朝之法，信者有数端：一曰重生命，二曰恤无告，三曰平吏民，四曰抑富人。”(无告，有疾苦而无处诉者。《全集》(四)，第79页。)章太炎持论的根据在于五朝之律更为利民、平等。在该文中，章太炎逐条比照汉律、五朝律与唐律，认为汉律、五朝之律优于唐律。在此试举例说明章太炎在《五朝法律索隐》中的论断。是五朝法规定“走马城市杀人者，不得以过失杀人论”。“走马城市”者非富则贵，非官则绅。这一法律显然是抑制权贵，保障平民的。章太炎列举张裴《晋律序》说明五朝法“重生命”：“张裴《晋律序》曰：都城人众中走马杀人当为贼，贼之似也”。又诋之曰：“若无走马杀人之诛，则是以都市阬阱人也。……如何长国家者，惟欲交欢富人，诡称公益，弛其刑诛，立宪之国，亮无足敉耳矣。汉土法律虽敝，自昔未有尊宠富人

① 《在东京留学生欢迎会上之演讲》，载于《民报》第六号(1906年7月25日)。本书据章念驰编订：《章太炎演讲集》，上海人民出版社2011年版，第7页。

② 这一问题见小林武日文论文『章炳麟の中国法に対する評価——「五朝法律索隠」の視点』(上·下两篇)(『中国研究集刊』总第五十八号及第五十九，2013年12月及2014年12月)、『章炳麟「五朝法律索隠」とその周辺』(『中国研究集刊』总第六十号，2015年2月)等论文。汉译见氏著《章太炎反功利思想与近代法制改革》(暂题)，白雨田译，上海人民出版社待刊。亦请参考王玉华关于章太炎法律创制与礼俗改良的详细论述。王玉华：《章太炎思想的阐释：多元视野与传统的合理化》，中国社会科学出版社2004年版，第398—431页。“道古”与“便新”的讨论，尤是王著详论之处(第三章)。

者。”(《全集》(四),第79—80页。“亮”:信也。见《尔雅》。)章太炎甚至认为,与日本之类物质上相对发达的国家相比,五朝法亦有其优越性。比如日本电车“岁死电车道上者,几二三千人。将车者才罚金,不大诃谴”,但“汉土旧法,贤于拜金之国远矣”!(《全集》(四),第80页。)章太炎此处融其对资本主义商业主义的批判(“拜金之国”)与其批判古典的古典学于一体。

在章太炎看来,唐律已包含着许多不平等因素。小林武透过对章太炎该文章的解读指出,清末法制史研究并未很好研究汉律、五朝法而只是专注于唐律研究;当清末士人在这种情况下意图导入近代法制体系时,章太炎便独树一帜批判这一倾向,并说明五朝法有着更为重要的意义。①小林武指出,章太炎《五朝法律索隐》的要旨之一,在于批判唐律赋予官僚法定特权,同时因儒教的长幼尊卑而有不同的法律运用,因而章太炎主张抑制富人。②章太炎对中国法制史的态度,也体现了他作为复古的新文化运动者在法律思想方面的复古以求新的志向。这也说明他的复古并非是意识形态导向或偏执狂式的唯古是复,章太炎的“复古”立足于对古典学术、思想批判性理解之上,以及对现实的文化、政治、伦理的判断之上,是批判“古代”的“复古”。同时,这一植根于利民、平等思想的观点,也与其法律典章现代化的意图直接相关。

二、“辨章学术,考镜源流”的学术史重构与“复古”的新文化运动

在学术思想上章太炎也体现了以复古为革命的清季思想革命特

① 这方面论述,請参考小林武:『章炳麟「五朝法律索隱」の歴史的位置』,『中国研究集刊』总第五十六号,2013年5月,第146—166页。

② 小林武:『章炳麟「五朝法律索隱」の歴史的位置』,第148页。

点。在中国学术史、中国思想史上，章太炎批判汉代董仲舒以来儒学中心的中国学术思想传统叙述架构，而高扬更为古老的先秦诸子学，并认为儒家虽尤为重要，但也只是诸子学中重要的一员，而非唯一，由此为被压抑千年的诸子学之复兴而振臂一呼。诸子学的复兴很大程度上来源于汉学演化的内在逻辑，尤其源于17世纪与18世纪儒学对宋明理学经典阐释的批判①（正因为如此，荀子热在江户日本出现，正是批判幕府官方儒学之宋学的结果，而且，江户日本的荀子热远早于乾隆嘉庆年间的荀学热②）。对于偏向汉学的章太炎来说，振兴诸子学，也是甚为自然的。

章太炎复古的新文化运动，也最大限度地调动起先秦诸子学的资源，尤其是荀子、庄子的哲学资源，也是作为诸子之一的儒学走向现代过程中的重要人物。有关这一点，章太炎以及刊行于上海的《国粹学报》，正是晚清诸子学运动最为重要的存在。晚清诸子学的重构正与中国士人对西学的融会贯通直接相关。这一性质，一如《国粹学报》第一年乙巳第九号《社说》（光绪三十一年[1905年]）所言："诸子之书，其所含义理，于西人心理、伦理学、社会、历史、政法、一切声光化电之学，无所不包，任举一端，皆有冥合之处，互观参考，而所得良多。故治西学者，无不兼治诸子之学。"③章太炎亦尝言："原来我国底诸子学，就是西洋底所谓哲学。"④章

① 张灏：《危机中的中国知识分子：寻求秩序与意义》，第13页。

② 笔者曾经从汉字圈学术史角度，整理、比较过清朝与江户日本的荀学热。见拙著《"文"与日本学术思想：汉字圈1700—1900》，中央编译出版社2012年版，第58—91页。

③ 《国粹学报》第一年乙巳第九号《社说》，光绪三十一(1905)年。邓实、黄节主编《国粹学报》，广陵书社2006年影印本第三卷，第115—116页。

④ 章太炎：《在四川演讲之九：研究中国文学的途径》（夏丏尊记录，《宗圣学报》第三卷二册第二十五号，1922年5月出版），见章念驰编订：《章太炎演讲集》，第188—189页。

太炎所代表的晚清诸子学复兴运动，也与消化、融合西学关系密切，正是在此意义上该运动成为晚清复古的新文化运动的重要构成。

中国的目录学，有别于西方的图书馆学，是一种独具特色的有关学术史梳理的学问领域，旨在“辨章学术，考镜源流”（清代章学诚[1738—1801]《校雠通义·自序》①）。在目录学思想上，章太炎亦存复古之见，反对经史子集四部分类这一“现代”分类，主张复汉代刘向、刘歆父子之《七略》。班固《汉书·楚元王传》中誉刘向曰：“《七略》剖判艺文，总百家之绪。”②《汉书·艺文志》中言及刘向卒，子刘歆承父业曰：“歆于是总群书而奏其《七略》，故有《辑略》，有《六艺略》，有《诸子略》，有《诗赋略》，有《兵书略》，有《术数略》，有《方技略》。”《七略》之后，西晋时期，秘书监荀勖[xù]（？—289）承魏秘书郎郑默（213—280）《中经》，编纂国家藏书目录《中经新簿》。《中经新簿》将图书分为甲乙丙丁四部。此为四部分类之始（就此《隋书·经籍志》有详述③）。至隋文帝之时，官修目录发达，④如《开皇四年四部目录》，再至唐初修《隋书·经籍志》时，此一甲乙丙丁之四部为经史子集四部所替代。乾隆三十七年旨开四库书馆，乾隆三十八年（1773年）开始编纂《四库全书》，历时九年成书。而经史子集四部在四库中得到空前强化。余嘉锡先生（1884—1955）指出，章学诚曰“辨章学术，考镜源流”，“由此言之，则目录学者，学术之史也”⑤。章太炎承接此一学术史梳理之

① 章学诚：《校雠通义》，见王重民通解：《校雠通义通解》，上海古籍出版社1987年版，第1页。

② 班固：《汉书》，中华书局点校本2009年版，第1972—1973页。

③ 魏徵、令狐德棻等：《隋书·经籍志一》，第906页。

④ 来新夏：《古典目录浅说》，中华书局2003年版，第116页。

⑤ 余嘉锡：《目录学发微》，第28页。

目录学源流，而主张广义的目录学（校雠学）。

章太炎对四部的批判，频频见于其《国故论衡》（1910 年）中的《明解故》。比如章太炎说：

> 自隋以降，书府失其守，校雠之事，职诸世儒。其间若颜师古定五经、宋祁、曾巩理其书籍，足以审定疑文，令民不惑，斯所谓上选者。然于目录，徒能部次甲乙，略记梗概，其去二鐂（刘）之风远矣。①

在此，章太炎批判了隋唐以后与刘歆迥异的“徒能部次甲乙，略记梗概”的狭义目录学（校雠学），但止于审定疑文。章太炎《国故论衡·原经》也多从校雠角度谈论学术史：

> 经与史自为部，始晋荀勖为《中经簿》，以甲乙丙丁差次，非旧法。《七略》《太史公书》在《春秋》家。其后东观、仁寿阁诸校书者，若班固、傅毅之伦未有变革，讫汉世依以第录。见《隋志》。虽今文诸大师，未有经史异部之录也。今以《春秋经》不为史，自俗儒言之即可。鐂（刘）逢禄、王闿运、皮锡瑞之徒，方将规摹皇汉，高世比德于十四博士，而局促于荀勖之见。荀勖分四部，本已凌杂，丙部录《史记》，又以《皇览》与之同次，无友纪，不足以法。（庞俊注：高世，高超卓绝，超越世俗；比德，私相比附也。）②

《太史公书》在四部分类中入史部，在汉代《七略》分类中却归入《春秋》，《国语》等史籍亦入《春秋》，而《春秋》入六艺略。以上引文中

---

① 章炳麟：《国故论衡》，浙江图书馆刊《章氏丛书》本，1919 年，第 77 页。括号及其内文字为笔者所加。

② 章炳麟：《国故论衡》，第 69 页。另“讫汉世依以第录”之“讫”，浙图本为“訖”，本书依据庞俊、郭成勇《国故论衡疏证》，中华书局 2008 年版，第 299 页。括号内为引者所加。

章太炎批判了四部之文史异部。他所提及的傅毅(? —约 90)为东汉辞赋家,与班固共校典籍。而东观乃东汉宫廷中贮藏档案、典籍和从事校书、著述之所。在此章太炎不仅反对四部,也批判今文经学,两个批判不可二分,上文中章太炎驳斥刘逢禄、王闿运、皮锡瑞等今文学派"局促于荀勖之见"亦可见此。章太炎尤其强调:连汉代今文派经师皆经史不二分,清代以后的今文派为何又强分?章太炎此处意在力抵清代直至清末康有为等今文派。清代今文派视六经非史,经史相对,并且视孔子为六经作者,自然排斥《七略》。因《七略》以历史为中心、为根本的框架,与今文派之微言大义、视《春秋》为后世制法之类的观点格格不入。如章太炎所言,刘逢禄(1776—1829,申受)、王闿运(1833—1916)、皮锡瑞(1850—1908)等今文学家遵循荀勖的经史子集四部分类,则经、史异部。在此意义上,《七略》本自古文派之说,四部偏于今文派之见。章太炎视六经为史,事实上是清末民初传统经学的终结者,是变经学为广义的史学者。这与其目录学(校雠学)见解不无关系。笔者强调目录学的复古思想与新文化运动的关联,也是在此意义上。缘此,章太炎的复古的新文化要得以实现,必以批判传统为手段。

三、"文学复古"与"复古"的新文化运动

在文学上,章太炎批判唐宋以来的中国文学(韩愈则例外),并且批判骈文大盛以来偏于音律和审美的文学概念,主张"文学者,以有文字著于竹帛,故谓之文",①提倡周秦以来广义的文学概念,认为后

---

① 章太炎:《文学总略》,章太炎《国故论衡》所收,浙江图书馆刊《章氏丛书》本,第55页。题目原为《文学论略》,刊于《国粹学报》第九号(光绪三十二年八月)、十号(同年九月)、十一号(同年十月)。

者更能“修辞立其诚”，更能文质相得益彰。关于章太炎文学复古的新文化运动观，其《革命道德说》（原题《革命之道德》，刊《民报》第八号，1906年10月8日）中曰：“彼意大利之中兴，且以文学复古为之前导，汉学亦然，其于种族固有益无损。”①章太炎在此强调的是，意大利文艺复兴运动正是以文学复古为先导，而中国学术（“汉学”）亦必须在此意义上学习欧洲。这一“文学复古”的态度也见于《国粹学报》创办人之一邓实所言“欧洲古学复兴于十五世纪，而亚洲古学不复兴于二十世纪也？呜呼，是则古学之复兴者矣。”②《国粹学报》是处于章太炎影响之下的杂志。这里所说的“古学复兴”即相当于吾人今天所谓之欧洲的文艺复兴（“欧洲古学复兴”），亦即是章太炎所说的“文学复古”。郑师渠指出，1879年出版的沈毅和《西史汇函续编·欧洲史略》中便是以“古学复兴”翻译“文艺复兴”（the Renaissance），并在很长的时间延续了这一翻译；③罗志田也指出，“文学复古”“文学复兴”“古典兴复”“古学复兴”等皆是今日所谓之“文艺复兴”之不同译法。④

尽管章太炎借用了 the Renaissance（今译“文艺复兴”），但也只是类比其“古”与“复兴”而已，并非要谈意大利的“文艺复兴”。但是，章太炎的“文学复古”受到了欧洲的“文学复古”（文艺复兴）的启发显然是事实。换言之，更为重要的，是他的“文学”内涵。如上所述，事实

---

① 《章太炎全集》（四），第277页。

② 《国粹学报》第一年乙巳第九号《社说》，光绪三十一年（1905年）。邓实、黄节主编：《国粹学报》，影印本第三卷，第117—118页。

③ 郑师渠：《晚清国粹派文化思想研究》，北京师范大学出版社1997年版，第122页。

④ 罗志田：《国家与学术：清末民初关于“国学”的思想论争》，三联书店2003年版，第92页。

上章太炎持广义的“文”的概念。“凡云文者，包络一切箸于竹帛者而为言，故有成句读文，有不成句读文，兼此二事，通谓之文。”[①]所有写在竹简、绢布上的文字都是“文”，只是分有无句读（句逗）两种而已。至于其“文学”概念同样也是广义的，因为章太炎认为“文”之“法式”即为“文学”，[②]一反今人所用之源自西文 literature 翻译词的“文学”概念。[③]因此，章太炎这一广义的“文学复古”之“文学”，不可与今天的“文学”等同，虽然它也包括了今天狭义的“文学”。这一事实对理解章太炎的复古的新文化运动是至为重要的。

在狭义的文学意义上，章太炎在前引《在东京留学生欢迎会上之演讲辞》中亦提及，唐代以前因文人深通小学（文字音韵训诂之学），故善于遣词造句，而两宋之后因小学衰落导致文章缺乏动人之处。他接着说：“但由我们看去，自然本种的文辞，方为优美。可惜小学日衰，文辞也不成个样子。若是提倡小学，能够达到文学复古的时候，这爱国保种的力量，不由你不伟大的。”[④]文学复古与文学革命的不可二分的关联，日本的木山英雄教授述之甚详。[⑤]木山指出，“文学复

---

① 章太炎：《文学总略》，见《国故论衡》，第 52 页。

② 同上书，第 49 页。

③ 鲁迅 1934 年 8 月在《门外文谈》中说：“用那么艰难的文字写出来的古语摘要，我们先前叫做‘文’，现在新派一点的叫‘文学’，这不是从‘文学子游子夏’上割下来的，是从日本输入，他们的对于英文 Literature 的译名。”《鲁迅全集》第六卷，人民文学出版社 2005 年版，第 95—96 页。就中国传统的“文学”概念，请参考彭亚非《中国正统文学观念》（社会科学文献出版社 2007 年版）及王齐洲《中国文学观念论稿》（湖北教育出版社 2004 年版）。

④ 《在东京留学生欢迎会上之演讲》，章念驰编订：《章太炎演讲集》，第 6—7 页。

⑤ 木山英雄：『「文学復古」と「文学革命」』，『中国—社会と文化』第十二号（1997 年 6 月），东京中国社会文化学会，第 211 页。汉译收录于木山英雄著、赵京华编译：《文学复古与文学革命》，北京大学出版社 2004 年版，第 209—238 页。

古”在晚清作为“Renaissance”的译词而普及，而章太炎是第一个将之转换至中国固有的文学概念脉络中的人。①

与之相关，章太炎的复古还表现在他对汉字废除论以及排他性白话文主张的批判，他主张以小学为基，以文字为本。这里，“排他性的白话文”为笔者所撰之用语，白话文中国自古即有，白话文与文言文本来便是相对的概念。今人所见之禅宗公案、《朱子语录》、前近代白话小说等，莫不是白话文，但这是非排他性的白话文。排他性白话文则史无前例，在晚清由改良派人士及部分革命党人（如《新世纪》同仁）所倡议。“排他性白话文”在中国的出现是作为思想运动的白话文运动的产物，其出发点自有其伦理性。但是，它在排他性、误读明治日本、②语言的声音中心主义等方面也有其不可否认的局限。③

---

① 木山英雄：『「文学復古」と「文学革命」』，『中国—社会と文化』第十二号（1997年6月），东京中国社会文化学会，第211页。汉译收录于木山英雄著、赵京华编译：《文学复古与文学革命》，北京大学出版社2004年版，第209—238页。

② 关于晚清士人对日本言文一致（日语白话文运动）的误读，详见拙稿『近代中国の誤読した「明治」と不在の「江戸」——漢字圏の二つの言文一致運動との関連』，收入日本国文学研究资料馆编：『もう一つの日本文学史』，东京勉誠出版2016年版，第218—239页。

③ 排他性白话文之排他性如下：第一，在历史观上立足于线性的（不断上升）的历史发展想象，因而绝对性地排斥过往之传统，视传统为落后的代名词。第二，在语言上它表现出语言进化论思想，即以“文明对野蛮”的语言观，认为罗马字母、拉丁字母之类的表音文字为文明的文字，而排斥汉字，因此视汉字之类的以表意为主的书写体系为野蛮、落后的文字。第三，在民族主义原理上是排他的，因此，在民族主义与语言相合的语言民族主义意识形态上，在理念上区别（排斥）于其他民族。第四，在理念上排斥古文，认为古文以及所承载的文明不利于中国现代化。第五，现代性及其政治上之实践的现代意义上的民族国家理论必须建构在均质性上。因此排他性白话文在理念上排斥汉语方言的多元性（地方性）。见前引拙著『「修辞」という思想：章太炎と漢字圏の言語論的批評理論』，第15—16页。

四、“建立宗教”与“复古”的新文化运动

章太炎主张以印度传入中土的佛教而非传统中国宗教的道教来重振中国宗教，亦不赞同康有为以儒教而达于重振。但他也主张改良佛教，[①]并且在晚清的语境中主张以一个重构的、广义的宗教概念去糅合诸子学资源尤其是道家哲学资源，而这一广义的宗教概念吸取儒学之伦理性及入世精神，旨在提升士人的道德与伦理水平，以树立新时代独立无畏的革命主体。在此过程中，章太炎的选择是，以佛教重构中国包括儒教在内的诸子学传统。这一点，在前引《在东京留学生欢迎会上之演讲》(1906 年)中，章太炎明言：“佛教最重平等，所以妨碍平等的东西，必要除去。……所以佛是王子，出家为僧，他看做王就与做贼一样。这更与恢复民权的话相合。所以提倡佛教，为社会道德上起见，因是最要；为我们革命军的道德上起见，亦是最要。总望诸君同发大愿，勇猛无畏。”[②]视“做王”为“做贼”，显示了章太炎对权力的否定与不屑，这又是与其追求民权的意识相连的。在此，章太炎暗示释迦牟尼乃是一个伟大的解放者。

19 世纪末以来，以杨文会(1837—1911，字仁山)为代表的世俗知识分子为复兴大乘佛学所做的努力，构成了章太炎这一“建立宗教”构想的背景，也构成了前面提及的谭嗣同思想中的佛学背景。在此强调杨文会，是因为其佛学振兴建立在主张古法、提倡复古的基础上，而且杨文会振兴佛教直接与知识分子对当时中国危机的反应有关。

---

① 章太炎认为佛教也必须改良的观点，见章太炎：《在东京留学生欢迎会上之演讲》，章念驰编订：《章太炎演讲集》，第 4 页。

② 章念驰编订：《章太炎演讲集》，第 5 页。

陈继东指出，清末旅日的杨文会在日本近代佛教学确立、西方佛教学的发展以及基督教的刺激下，认同清代龚自珍（1792—1841）、魏源（1794—1856）对禅宗的批判，反省唐宋以来禅宗因主张不立文字而疏于经典编纂、钻研的倾向，并因此主张“古法”。①

杨文会于1910年设立“佛教研究会”，并在《佛教研究会小引》中明言：“今时盛言维新，或问佛学研究会维新乎？曰：非也。然则守旧乎？曰：非也。既不维新，又不守旧，从何道也？曰：志在复古耳。”②杨文会年长于章太炎，章太炎曾与杨有亲交，被同样推崇唯识法相之学的杨门弟子欧阳渐（1871—1943，字竟无）目为同门。③此处杨文会将“守旧”与“复古”相区别，而且主张必须批判守旧，方能复古。

而章太炎与晚清佛教振兴运动有着密切的关系，这与他的政治实践息息相关。在批判佛教旧法、复兴佛学古法问题上，章太炎也有着明确的自觉。杨文会重视被认为是马鸣（Aśvaghoṣa，公元1、2世纪）所作的《大乘起信论》，意欲建立马鸣宗，以究明性宗为旨，兼顾法相宗。因为在杨文会的理解中，“《起信论》虽专诠性宗，然亦兼唯识法相。盖相非性不融，性非相不显”。④因此，《起信论》重视性，而唯识

① 陈继东：『清末仏教の研究：楊文会を中心として』，东京山喜房佛书林2003年版，第296—298页。关于杨文会的贡献，陈著述之最详。陈著尤其在杨文会与日本近代佛教学确立者南条文雄（1849—1927）等日本学僧交往、并由此探讨杨文会佛学思想特点上着力最多。楼宇烈先生亦就杨文会及受其影响者多有着墨，见楼宇烈：《中国佛教与人文精神》，宗教文化出版社2003年版，第3—62页。

② 《杨仁山全集》，黄山书社2000年版，第337页。陈继东也在书中提及杨文会这一“复古”主张（『清末仏教の研究：楊文会を中心として』，第278页）。

③ 欧阳渐：《杨仁山居士传》，见《杨仁山全集》，第587页。

④ 《起信论疏法数别录跋》，《杨仁山全集》，第389页。

法相宗则偏于相,杨文会则欲性相并立。①与杨文会不同,虽然章太炎亦融合华严与法相宗,但是他偏于重视法相宗(唯识宗),而且章太炎更明确地与革命相结合。无论如何,他们心中的佛教,尤其章太炎心中的佛教,是一种入世而脱俗的另类“世俗化”的“宗教”。章太炎在《在东京留学生欢迎会上之演讲辞》(1906 年)中如是说:“我们今日要用华严、法相二宗改良旧法。这华严宗所说,要在普度众生,头目脑髓,都可以施舍与人,在道德上最为有益。这法相宗所说,就是万法唯心。……佛教里面,虽有许多他力摄护的话,但就华严、法相讲来,心、佛、众生,三无差别,我所靠的佛祖仍是靠的自心,比那基督教人依傍上帝,扶墙摸壁,靠山靠水的气象,岂不强得多吗?”②《大方广佛华严经》卷六十曰:“又见弥勒佛于过去世修菩萨行,布施头、目、髓、脑、手、足、肢节。”③章太炎的话源于此。“心、佛、众生,三无差别”则是《华严经》常被引用的偈颂,原文曰:“如心佛亦尔,如佛众生然。心佛及众生,是三无差别。”④“万法唯心”则是唯识法相宗的核心思想。这里显示出章太炎对华严、法相两宗的融合。章太炎对基督教的批判,与他对所有宗教中求神拜佛式的功利性都持否定态度有关,并不意味着他对基督教有着特别的否定之意,因为他也批判净土宗与密宗之“援鬼神”、依他不依自。⑤欧洲思想史

---

① 坂元ひろ子:「中国近代思想の一断面」,收入坂元ひろ子:『連鎖する中国近代の“知”』,第 27 页。楼以烈亦言及杨文会贯通空有二宗、性相二家、教宗二派的特点。前引楼著,第 49 页。

② 章念驰编订:《章太炎演讲集》,第 4 页。

③ 《大正新修大藏经·9·法华部/华严部上》,大正新修大藏经刊行会 1985 年版,第 781 页。

④ 《大方广佛华严经》卷十。同上书,第 465 页。

⑤ 《章太炎全集》(四),第 369 页。

中也有主张高扬主体、主体地面对上帝以恢复个体尊严的思想家如克尔凯郭尔(1813—1855, Søren Kierkegaard)。①在此章太炎所说的人与佛祖的平等关系,则是基于万法唯心,心、佛、众生无差别的平等的佛教理论,而且直接关乎高度的现代的革命主体的塑造。

在道德上,章太炎认为宋代以后中国在退化。他在《俱分进化论》(《民报》第七号,1906年9月5日)中说:"中国自宋以后,有退化而无进化,善亦愈退,恶亦愈退。"②这也可以看出他的复古的新文化运动是建立在批判自身的传统之上的。章太炎认为中国自宋以后退化的观点,与其批判进化论及进步主义有关。他认为善恶并进,不存在只有善进而恶不同进的进步,指出道德的纯白之心与革命的成功密切相关。因此,他在《革命道德说》中说:"方今中国之所短者,不在智谋而在贞信,不在权术而在公廉。其所需乃与汉时绝异。楚汉之际,风尚淳朴,人无诈虞,革命之雄起于吹箫编曲。"③此处的"复古"或许可视为作为批判现在、现代之方法的"复古"。

就此,章太炎在其《建立宗教论》(《民报》第九号,1906年11月15日)一文中说:"世间道德,率自宗教引生。彼宗教之卑者,其初虽有

---

① 克尔凯郭尔被称为西方哲学史上第一个以高扬主体性对黑格尔哲学举起叛旗的思想家,他主张以高扬的主体性,去面对上帝、面对现实。主张通过人与上帝的新的关系,去恢复个体的尊严。克尔凯郭尔的这一思想主要见于 Søren Kierkegaard: *The Concept of Irony*, ed. and trans. Howard V. Hong and Edna H. Hong(Princeton UP, 1989)。与克尔凯郭尔的个人相对,在黑格尔哲学中,个人并非是一个可以自由选择的个体,而是某一特定时空内在理念展开之完全的承担者而已。Niels Thulstrup:『キルケゴールのヘーゲルへの関係』(Kierkegaards forhold til Hegel 之日文翻译),大谷长、山下秀智、细谷昌志、桝形公也译,大阪东方出版1980年版,第251页。

② 《章太炎全集》(四),第391页。

③ 同上书,第278页。

僧侣祭司，久则延及平民，而僧侣祭司亦自废绝。则道德普及之世，即宗教消镕之世也。于此有学者出，存其德音，去其神话，而以高尚之理想，经纬之以成学说。若中国之孔、老，希腊之琐格拉底、柏拉图辈，皆以哲学而为宗教之代起者。"①章太炎在此谈及宗教与哲学之相生关系，认为哲学乃是将宗教之伦理性抽象出来并将之理论化。章太炎期许以宗教提升士人道德，与康德(1724—1804)的观点有相通之处。康德认为在有利于提升道德的前提下宗教应该得到大力提倡，并说："道德因为宗教而扩大为具有人以外之力量的道德立法者。"②章太炎在《建立宗教论》中认为宗教"要以上不失真，下有益于生民之道德为其准的。"③此一说法与康德不无相通之处。同时，章太炎"世间道德，率自宗教引生"的说法，也与马克斯·韦伯(1864—1920, Max Weber)的观点有相通之处。韦伯认为，如佛陀那样的先知本身是一个模范人物，这一模范人物作为"模范性预言(examplarische Prophetie)"，不需提伦理义务之服从，而只是向信众推荐自己走过的路。④韦伯认为宗教即是由此普及伦理道德。

但是，佛教流派众多，理论上多有差异。有选择、有批判地重构，是章太炎复古的新文化建构之关键所在。就此，章太炎在《答铁铮》(《民报》第十四号，1907 年 6 月 8 日)一信中对革命党人龚铁铮如是说：

---

① 《章太炎全集》(四)，第 418 页。

② 类似的思想，见于康德《纯属理性之界限内的宗教》(*Die Religion innerhalb der Grenzen der bloßen Vernunft*, 1793)，本书依据日译本，北冈武司译：『単なる理性の限界内の宗教』，『カント全集』第十卷所收，东京岩波书店 2000 年版。引文自康德《第一版序言》，日译本第 11 页。

③ 《章太炎全集》(四)，第 408 页。

④ 马克斯·韦伯：《宗教社会学》，韦伯《宗教社会学/宗教与世界》所收，康乐、简惠美译，广西师大出版社 2011 年版，第 73 页。

王学岂有他长？亦曰“自尊无畏”而已。其义理高远者，大抵本之佛乘，而普教国人，则不过斩截数语，此即禅宗之长技也。仆于佛学，岂无简择？盖以支那德教，虽各殊途，而根原所在，悉归于一，曰“依自不依他”耳。……（“支那德教”与佛教）拘通异状，而自贵其心，不以鬼神为奥主，一也。佛教行于中国，宗派十数，独禅宗为盛者，即以自贵其心，不援鬼神，与中国心理相合。故仆于佛教，独净土、秘密二宗有所不取。以其近于祈祷，猥自卑屈，与勇猛无畏之心相左耳。……是故推见本原，则以法相为其根核。①

章太炎批判佛教净土宗与密宗专事诵佛、一心于加持祈祷。他认为这与培养“勇猛无畏之心”相左，认为禅宗与法相宗可“自贵其心，不援鬼神”，而“禅宗诚斩截矣，而末流沿袭，徒事机锋，其高者止于坚定无所依傍”②。同时，章太炎虽然认为华严宗暗取老庄旧说以明佛法，并因之称为“支那佛法”，但是中国的思想虽“高远”，“却没有精细的研求；许多不合论理、不通俗谛的话，随便可以掩饰过去，这就是印度所长，中国所短”。③故章太炎只有以法相宗（唯识宗）为根本。章太炎对禅宗的批判，与同时代杨文会、乌目山僧黄宗仰上人（1865—1921）等为了纠正禅宗不立文字、排斥经典的缺点而决意刊行《大藏经》的反省风气，④也许不无关系。章太炎认为，中国历史上儒学各派与佛教禅宗、法相宗殊途而同归，均可归结为“依自不依他”。自然，这是无神论的佛学。尽管如此，章太炎仍然认为“子不语怪力乱

①② 《章太炎全集》（四），第369页（括号内小字为引者所加）。

③ 《佛学演讲》，1911年10月于日本，章念驰编订：《章太炎演讲集》，第107页。

④ 陈继东：『清末仏教の研究：楊文会を中心として』，第61、298页。

神”的儒学难以担起重振道德的大任，解决问题的方策在于以佛教“建立宗教”。就此，他在《人无我论》(《民报》第十一号，1907 年 1 月)一文中说：“民德衰颓，于今为甚，姬、孔遗言，无复挽回之力，即理学亦不足以持世。且学说日新，智慧增长，而主张竞争者，流入害为正法论；主张功利者，流入顺世外道论。恶慧既深，道德日败。矫弊者，乃憬然于宗教之不可泯绝。”①“顺世外道”是梵文 Lokâyatika 的翻译，原为 6 世纪印度的一个物质主义流派名字，意即世俗、爱奢华享受、享乐主义。②在此章太炎一方面批判了主张弱肉强食的竞争论，另一方面批判了追求物质享受的功利论。

章太炎进一步谈及他对佛教提升中国民德的期待，他在《答梦庵》一文(《民报》第二十一号，1908 年 6 月 10 日)中如是说：

> 以勇猛无畏治怯懦心，以头陀净行治浮华心，以唯我独尊治猥贱心，以力戒诳语治诈伪心。此数者，其他宗教伦理之言，亦能得其一二，而与震旦习俗相宜者，阙惟佛教。是固非语言文字所能成就，然方便接引，非文辞不为功。以是相导，令学者趣入法门以自磨厉，庶几民德可兴。③

章太炎此处所论，无非革命与佛教之关系也。民德兴，革命方兴，因为革命需要勇猛无畏，质朴无华，并且高扬“唯我独尊”，亦即个体的自主性。

《人无我论》(《民报》，1907 年 1 月 30 日)是章太炎的一篇贯穿法相

---

① 《章太炎全集》(四)，第 429 页。

② 东京大学大藏经 Text Database 研究会著：*Digital Dictionary of Buddhism* (http://www.buddhism-dict.net/ddb/，检索日期：2017 年 4 月 1 日)。

③ 《答梦庵》，《民报》第二十一号，1908 年 6 月 10 日，影印本第五卷，第 3401 页。

宗(唯识宗)理论且文义艰涩的文章,其以印度佛教重构中国传统,以服务于革命的目的清晰可见。在介绍这一篇文章基本观点之前,有必要对法相宗(唯识宗)稍作介绍。唯识学起源于3至5世纪印度大乘佛教瑜伽行派(Yogâcāra school)。中国佛学史上最重要人物之一的玄奘(602—664)从贞观三年(629年)至贞观十九年(645年)留学印度十六年,[①]主攻唯识学,创立了中国唯识宗(因玄奘在西安慈恩寺弘法,又名慈恩宗)。唯识宗被认为是最接近印度佛教的中国佛教宗派,基本上继承了瑜伽行学派。[②]唯识宗认为,我、法都只是识的幻影,我、法二空,我空即无起主宰作用的灵魂,法空即谓无客观实在。[③]"法"dharma源自印度语支(Indic,梵文等)词根的dhr,有"保存、维持"之意,尤其有保持、维持人的活动之意,但常常在有实体、属性的"万物"意义上使用。[④]唯识宗的基本观点是"万法唯识",因此,"法"对于唯识宗来说,即人们常言之比喻,如镜中像、水中月、空中花,莫非空幻,世界上只有内识,并无外境。对此,《成唯识论》卷一如是说:"愚夫所计实我实法,都无所有,但随妄情而施设故,说之为假。"[⑤]所谓万法唯识是也。英文将唯识宗翻译为Mind-Only school或Consciousness-only School,[⑥]这可能有助于

① 韩廷杰:《序言》,玄奘译,韩廷杰校释:《成唯识论校释》,中华书局2011年版,第5—7页。

② 吕澂:《中国佛学源流略讲》,中华书局2011年版,第183、187页。

③ 韩廷杰校释:《成唯识论校释》,第3页韩注。

④ 前引东京大学大藏经Text Database研究会制作:*Digital Dictionary of Buddhism*,英文解释者Charles Muller。

⑤ 护法等菩萨造,玄奘译:《成唯识论》,台北老古文化事业公司2011年版,第3页。(光绪二十二年金陵刻经处版本复刻本。发行人:南怀瑾。)

⑥ Vasubandhu & Hsüan-tsang, *Three Texts on Consciousness Only*, trans. Francis H. Cook, Berkeley, Calif.: Numata Center for Buddhist Translation and Research, 1999; Charles Muller, *Digital Dictionary of Buddhism*, The University of Tokyo, 1995; etc.

今天的读者理解“唯识”含义。唯识学百法中的第一种“心法”略有八种，这也是唯识学最重要的“八识论”。关于这八识，印度唯识论创立者之一世亲（Vasubandhu，400—480①）在其著名的《唯识三十颂》中曰：“由假说我法，有种种相转，彼依识所变，此能变唯三：谓异熟、思量，及了别境识。”②韩廷杰将此诗翻译成现代文曰：

> 《唯识三十颂》称：我和法都是假设而有，有各种各样的形状，它们都是识变现的。能变之识只有三种：第八阿赖耶识称为异熟识，第七末那识称为思量识，眼、耳、鼻、舌、身、意前六识称为了别境识。③

这里所说的“异熟识”就是第八识的阿赖耶识（ālayavijñāna），思量识则是第七识的末那识（梵文 Manas，英 Consciousness；mentation），是在深层起作用的自我执着心（深层的自我心），④其作用是连接第六识的“意识”（the *mano*-consciousness）与第八识的阿赖耶识（藏识）。第七识也是意识之意，但它是连续的，故为了区别于有着间断特征的第六识的意识才进行了音译。第六识与第七识都属于“我执”。章太炎《人无我论》指出，“我者即自性之别名。此为分别我执，属于遍计所执自性者。”⑤唯识法相宗的核心思想之一是其三性说，遍计所执自性（分别性）、依他起信性（依他性）、圆成熟实性（真实性）。章太炎将“分别我执”视为“遍计所执自性”，此

---

① 世亲的生年有 320—400 说、350—400 说、350—430 说。本书转引自 Zhihua Yao, *The Buddhist Theory of Self-Cognition*, London & New York: Routledge, 2005, p.163。姚志华则据日本学者宇井伯寿、加藤纯章、平川彰及 Lambert Schmithausen 诸说。

② 《成唯识论》卷一，第 8 页。

③ 《成唯识论校释》，第 7 页。

④ 中村元、福永光司、田村芳郎、今野达编：『岩波仏教辞典』，东京岩波书店 1993 年版，第 759 页。

⑤ 《章太炎全集》(四)，第 419 页。

话应该是依据玄奘编译的《成唯识论》来表述的:“我执略有两种:一者俱生,二者分别。”第七识相当于俱生我执,第六识相当于分别我执。①了别境识则是前六识:眼识、耳识、鼻识、舌识、身识、意识。②总而言之,唯识宗认为,对于人来说世上无物,唯有“识”耳。此“识”有三层结构。第一层是六识之眼、耳、鼻、舌、身、意;第二层为第七识之末那识,即自我意识;第三层为阿赖耶识,即深层意识。那么,三性与八识是什么关系呢?《成唯识论》解释说:“若唯有识,何故世尊处处经中说有三性?应知三性亦不离识。”③如佛学家郭朋(1920—2004)所言,唯三(三性),是就类而言;八识,是就数而讲。④

章太炎在《佛学演讲》(1911年10月)中指出,大乘只分般若、法相两家,般若不立阿赖耶识,又说“心境皆空”,但是,“般若所破的‘心境’,即是法相的‘见相’,也没有直破真心。法相宗提出阿赖耶识,本是补般若宗的不备。”⑤此处章太炎对般若宗的看法基于有宗(有教)的法相宗(唯识宗)对空宗(空教)的看法。有宗虽然认为万法如流如幻,却终有着难以去除的性质。日本佛学家上田义文指出,玄奘的唯识论以外的大乘佛教,如般若、中观、三论、天台、禅宗等,都是相融没

---

① 《成唯识论》曰:“然诸我执略有两种:一者俱生,二者分别。俱生我执,无始时来,虚妄熏习内因力故,恒与身俱,不待邪教及邪分别,任运而转,故名俱生。此复两种:一常相续,在第七识,缘第八识,起自心相,执为实我;二有间断,在第六识,缘识所变五取蕴相,或总或别,起自心相,执为实我。”《成唯识论》,第8—9页。亦参照了林国良:《成唯识直解》,复旦大学出版社2007年版,第24页。

② 《成唯识论》卷二,第49页。

③ 《成唯识论》卷八,第329页。

④ 郭朋:《玄奘》,收入《郭朋佛学论文选集》,社会科学文献出版社2011年版,第323页。

⑤ 章念驰编订:《章太炎演讲集》,第106页。

于性中，基于性相相融通的思想，唯有玄奘的唯识宗以性相永别为其理论的根本。①有宗与空宗的分别，源于唯识宗（法相宗）将佛陀学说分为三期：（1）小乘时期，认为法有（事物）是真实的；（2）般若（prajñā）时期，教导法空；（3）华严时期，教导中道教。②章太炎在《国故论衡》（1910年）的《明见》一章中自注阿赖耶识曰：

> 玄奘译义为藏识，校其名相，亦可言处，亦可言臧，当此土区宇之义。如山名希饕罗邪（hima-laya），希饕为雪，阿罗邪为处，合之为希饕罗邪。译言雪处，亦得译为雪臧。③

也就是说，阿赖耶识得名与喜马拉雅山有关，因喜马拉雅（Hima-laya）山在梵文中为“储藏着雪的山”之意，为Hima-（雪）与alaya（藏）之相加，亦即在自己不察之下人的内心储藏着许多所思、所为、所历。因为它是一切有为法和无为法依持的根本，又称为“本识”，它接受和储存种子于此仓库中，这些又被称为“种子”（梵文bīja，英文the seeds of karma即业种子④），它们是未来的现象世界和意识活动生起的因缘。用《成唯识论》卷二的话则是：“阿赖耶，此识具有能藏、所藏、执藏义故，谓与杂染互为缘故。有情执为自我故。此即显示初能变识所有自相。”⑤

章太炎为何要将《人无我论》这样一类晦涩的佛学理论文章发表

---

① 上田义文：『大乘仏教の思想』，东京第三文明社1980年版，第53页。

② 前引东京大学大藏经Text Database研究会制作会，Ditgital Dictionary of Buddhism，“空教”条目。

③ 章太炎著，庞俊、郭诚永疏证：《国故论衡疏证》，第550页。

④ 本节关于唯识论用语的英译解释，参照了前引东京大学大藏经Text Database研究会制作：*Digital Dictionary of Buddhism*。

⑤ 《成唯识论》，第51页。

在《民报》这一同盟会的机关报？此举的目的，首先便是破此我执。关于这一虚妄的“我”或“自性”，章太炎如是解说：“则所谓依他起之我者，虽是幻有，要必依于真相。譬如长虹，虽非实物，亦必依于日光水气而后见形。此日光水气是真，此虹是幻。所谓我者，亦复如是。”①然而“世尊说一切法皆无自性”，②“我”(自性)亦即是幻。既然遍计所执之我，本是幻有，那么，真我何在？他认为阿赖耶识的“我”方为真我：“我为幻有，而阿赖耶识为真。即此阿赖耶识，亦名为如来藏。”③

《人无我论》破除我执的进一步目的，是因为章太炎试图通过文义奥衍的唯识论法相宗理论，重构一个“依自不依他”的个体。这对清末革命就有了特殊意义。在该文下面的叙述中章太炎很快将此理论联系上儒教。他进一步说：

> 明其所谓我者，亦此幻形为我之阿赖耶识而已。此方古志，本有克己复礼为仁之说。儒者优柔，故孔子专以循礼解之。推其本意，实未止此。《传》曰：“克者何？能也。何能也？能杀也。”是则克己云者，谓能杀己云尔。仓颉作字，我字从𠂹，𠂹即古文杀字。推此，而克己之训，豁然著明。夫使执此形体以为我，礼云仁云，皆依我起，我既消灭，而何礼与仁之云云。故知其所谓我者，亦即阿赖耶识。彼虽不了此识，而未尝不知识所幻变之我。其意固云：仁者我之实性，形体虽亡，而我不亡，故仁得依之而起。④

---

① 《章太炎全集》(四)，第424页。
② 《成唯识论》卷九，第345页。
③ 《章太炎全集》(四)，第427页。
④ 同上书，第425页。

在此章太炎明确地以其唯识论理解去解释儒教的“克己复礼之为仁”(《论语·颜渊》),并以小学知识加以佐证。他宣称我为幻有,阿赖耶识为真我,目的在于“令众生不怖解脱”①,不留恋世俗之利禄功名,以献身革命,其“克己复礼”的解释旨在叙说舍生取义、杀身成仁之人生意义。对儒家“杀身成仁”思想的推崇,早在《訄书》初刻本(1900 年)所录的《儒侠》中便有所表露:“且儒者之义,有过于‘杀身成仁’者乎? 儒者之用,有过于‘除国之大害,扞国之大患’者乎?”②(扞,音义同“捍”。)这里也可以看出章太炎以“文”为手段的革命在晚清语境中肯定最低限度的暴力——在以上引用中,更加重要的是,章太炎设定的是如何面对针对反抗者本人的暴力问题。“杀身成仁”语出《论语·卫灵公》“志士仁人,无求生以害仁,有杀身以成仁”,指的是为了“仁”、为了他人而不惜舍弃一己生命。这与章太炎《在东京留学生欢迎会上之演讲》所说的“要在普度众生,头目脑髓,都可以施舍与人”③,完全相通。由此可以清楚地窥见章太炎在《人无我论》中是如何以佛教糅合中国传统的儒家思想的。其重构革命理论与思想的意图,一目了然。一如日本的晚清思想研究者近藤邦康先生所指出的那样,“他的宗教论对于读者来说,是促使革命行动进行的革命理论。……菩萨从来就是革命家”④。

章太炎的政治佛学的影响,也见于青年太虚(1890—1947)于其

---

① 《章太炎全集》(四),第 424 页。

② 《章太炎全集》(三),第 11 页。

③ 章念驰编订:《章太炎演讲集》,第 4 页。

④ 近藤邦康:《救亡与传统——“五四”思想形成之内在逻辑》,丁晓强、单冠初、姜英明译,山西人民出版社 1988 年版,第 76 页。关于章太炎主张以“依自”的宗教“自贵其心”,请参考王玉华:《章太炎思想的阐释:多元视野与传统的合理化》,第 448—456 页。

《自传》中言及:“我的政治社会思想,乃由君宪而国民革命,而社会主义,而无政府主义,并得读章太炎《建立宗教论》《五无论》《俱分进化论》等,意将以无政府主义与佛教为邻近,而可由民主社会主义以渐阶进。”①章太炎糅合传统的庄子、佛教思想于一体的政治哲学,又在一定程度上比照、吸收了西学,同时却又反映出高度的时代政治实践性,足可见章太炎复古的新文化运动之独特之处。这可能也是青年太虚心仪之处。②

章太炎在《答铁铮》一信中谈及佛教法相宗曰:“然仆所以独尊法相者,则自有说。盖近代学术,渐趋实事求是之途,自汉学诸公分条析理,远非明儒所能企及。逮科学萌芽,而用心益复缜密矣。是故法相之学,于明代则不宜,于近代则甚适,由学术所趋然也。”③章太炎重视佛教法相宗,乃是认为法相宗切合实事求是的科学精神,乃是以复古法相唯识宗,以追求其科学性,不可谓不新。此亦本书复古的新文化之意。章太炎《齐物论释》(1910 年成书)则是糅佛教法相宗哲学与庄子哲学为一,两者互释,自成一体。章太炎挚友、乌目山僧宗仰上人 1911 年 10 月在《齐物论释后序》中曰:“近人或言自《世说》出,人心为一变,自《华严》出,人心又为一变,今太炎之书见世,将为二千

① 转引自楼宇烈:《太虚大师小传》,太虚:《太虚卷》,河北教育出版社 1996 年版,第 2 页。

② 另一方面,梁漱溟在《我的学术小史》中谈及的章太炎则耐人寻味:“再就是章太炎先生(炳麟)的文章,曾经极为我爱读,且惊服其学问之渊深。我搞的《晚周汉魏文钞》,就是受他文章的影响。那时我正倾心佛学,亦相信了他的佛学。后来才晓得他于佛法竟是外行。”《梁漱溟全集》第二卷,山东人民出版社 1990 年版,第 695 页。笔者佛学知识不及判读梁氏之见当否,此处聊备一说。章太炎佛学问题复杂,但期他日可全面解读。

③ 《章太炎全集》(四),第 370 页。

年来儒墨九流破封执之扃，引未来之的，新震旦众生知见，必有一变以至道者。”①此序足以说明章太炎的糅佛教与庄子哲学于一体的《齐物论释》思想，正是典型的复古的新文化运动的思想。这一体系虽古犹新，虽新亦古。

王汎森下面的一段话也很适于描述章太炎所代表的复古的新文化运动中佛教的位置及意义：“章氏不满足于旧的，也反对新的（西方的‘新学’与‘新理’）……章太炎在思想最为活跃的时候，既反对毫无保留地吸收西学，却又对传统重新加以塑造。但是他举出一个重要的资源，认为有一个更大、更深刻、更具涵盖性的体系可以将中西之学都置放在它的掌中。他心目中的这个体系是佛学、印度哲学。只有拥有一个更广、更强、更犀利的系统，才能在积极意义上将晚清以来强势的西学及萎靡不振的中学问题做一个有生机的解决。……对章太炎而言，佛学与印度哲学不只是在哲学层面上，同时也在政治、社会方面提供资源。”②王氏这段话对于理解章太炎思想中的佛教位置有启发之处。张志强则从明清思想史脉络中指出，与朱子学排佛不同，阳明心学的兴起一方面以佛教为助力，而另一方面也促进了佛教心学的发展。张志强视包括章太炎、欧阳竟无在内的近代佛教唯识学的重构为这一数百年脉络中的一环，视近代佛学为探讨在现实层面上重建成德之学的努力。③张志强的问题意识之一正在于探讨孔佛在近代中国转化为新文化的可能。在此意义上，其问题意识亦

---

① 黄宗仰：《后序》，《章太炎全集》（六），上海人民出版社1986年版，第58页。

② 王汎森：《章太炎的思想》，上海人民出版社2012年版，第11—12页。

③ 张志强：《朱陆孔佛现代思想——佛学与晚明以来中国思想的现代转换》，中国社会科学出版社2012年版，第18、31—34页。

在一定程度上契合于本书所要探讨的章太炎所引领的复古的新文化运动。

姜义华也曾指出，章太炎以佛学为基础糅合庄子思想、德国哲学，是一场“夭折的哲学革命”①。应注意的是姜义华对章太炎与德国哲学关系的强调，这也是理解章太炎之“新文化”的一个角度（关于章太炎与明治日本语境中的德国思想的关系，小林武的研究是开创性的。慕唯仁[Viren Murthy]在某些方面有着一定的深化②）。该问题也说明了“复古”与“新”之间的张力，同时还质疑了某些论者漫不经心地将“文化保守主义”冠之于章太炎身上的做法（章氏文本艰涩，偶有浮光掠影者，亦情有可原。究其原因之一，也许如朱维铮所指出的那样，也有人误将清末战斗的“国学”与服务于权力的“君学”相混淆③）。殊不知在章太炎的“古”中占有主要位置的佛教，实非完全的“国粹”之“古”。

章太炎的“建立宗教”与革命的关系如上所述。但是，耐人寻味的事实上是其“宗教”与其“哲学”的关系。众所周知，“哲学”是西方用语 philosophy，而章太炎的“宗教”其实不无与西方的“哲学”对应、对话、甚至对抗的性质。这一点见于其对栖庵道人（妻木直良）《灵魂论》（1906 年，东京文会堂）的书评《读灵魂论》（1911 年 7 月）：

> 小乘欲离烦恼障，大乘乃欲离所知障。……所知障者，凡苦

① 姜义华：《章太炎思想研究》，第六章标题。

② 小林武：『章炳麟と明治思潮：もう一つの近代』，东京研文社 2006 年版；Viren Murthy, *The Political Philosophy of Zhang Taiyan: The Resistance of Consciousness*, Leiden: Brill, 2011, pp.110—156；小林武、佐藤丰：『清末功利思想と日本』，东京研文出版 2011 年版，第 321—326 页。

③ 朱维铮：《国学岂是君学？》（1996），收录于朱维铮：《走出中世纪二集》，复旦大学出版社 2008 年版。

乐善恶诸见，一切足以障碍正智，求证圆成实性。故欲离所知障，积聚万善，惟是方便，令心无疑怖，则自平等，以趣真如。岂徒蹩躠为仁义，澶漫以为道德耶？世人不达，云佛法务在化人为普。其稍深云佛法惟欲令人求乐。求乐不过小乘之见，为善不过随俗之门，皆非其本旨然也。故余称佛法为宗教为道德，不如称为哲学之求实证者。①

栖庵道人(妻木直良)(1873—1934)为日本著名佛学家、道教研究者，尤精真宗。“所知障”为二障之一，又称知障，妨碍正智的生起的因素，为所知障。它由对实法的执着而起，以劣慧为体。②“则自平等”之“平等”，应该理解为基于“空”的无差别。由以上章太炎文字观之，若为革命求道德，则求道德于佛教，此为章太炎之“宗教”；若为求实证于佛学，则为其“哲学”。换言之，佛教对他来说是有着这两种功用的，而且这两面在章太炎那里不可二分。正如侯外庐所言：“章太炎一方面将古老的唯识论现代化，另一方面又从极抽象的哲学问题引导到最迫切的现实问题。”③

另外，就章太炎所提及“实证”一词的意思，章太炎在《佛学演讲》(1911年10月讲于日本)中说：“一切大乘的目的，无非是‘断而知障’‘成就一切智者’，分明是求智的意思，断不是要立一个宗教，劝人信仰。细想释迦牟尼的本意，只是求智，所以发明一种最高的哲理出来。发明以后，到底还要亲证，方才不是空言。象近人所说的物如、

① 栖庵道人(妻木直良)「章太炎を訪ふ」之附录：章炳麟《读灵魂论》，刊载于(日本)政教社『日本及日本人』第556号(1911年9月15日)。笔者因高田淳先生著作得知此文的存在(高田淳：『辛亥革命と章炳麟の斉物哲学』，研文出版1984年版，第20页)。

② 吴汝钧编著：《佛教大辞典》，商务印书馆国际有限公司1992年版。

③ 侯外庐：《中国思想史纲》，上海书店出版社2008年版，第612页。

大我、意志，种种高谈，并不是比不上佛法，只为没有实证。所以比较形质上的学问，反有逊色。”①至少在1903年后章太炎所关心的“西方”大凡都是“哲学”的“西方”，这在清季士人中是很特别的。在他那里，唯识宗佛学是融合西方哲学、对话西方哲学、甚至对抗西方哲学的理论装置。章太炎将佛法视为“哲学”而非宗教，也有其佛教本身的道理。比如，也有人主张按佛教原有说法，称佛教为“依慧学”或“增上慧学”，②或简称“慧学”。③此一说法，恰合西文 philosophy 之本意。在上面的引用中章太炎又指出，与西方形而上学(“形质上的学问”)相比，比如，与以物自体(“物如”)等概念建构的康德哲学相比的话，佛法具有一定的实证性。唯识宗这类的瑜伽行派哲学也被认为是有着独特步骤与发展的“自证”的理论史(自证，梵文 *svasamvedana* 或 svasamvitti，英译 self-cognition、self-awareness, reflexive awareness，“自我认知”之意)。④这一点，也见于章太炎在《佛学演讲》所说：“大乘发挥的的道理，不过‘万法唯心’四个字。因为心是人人所能自证”。⑤准此说法，重视“万法唯心”，且求自证，也就不致脱离现实了。

总之，章太炎无处不显露出其以“复古”为方法、以“复古”为武器的战斗精神。朱维铮质疑中国存在着一成不变的传统的说法，他以清末《国粹学报》与章太炎为例，认为其时的“国学”正是批判传统、重

① 章念驰编订：《章太炎演讲集》，第102—103页。

② 《杂阿含经》卷三十：“若比丘，此苦圣谛如实知，此苦集圣谛、此苦灭圣谛、此苦灭道迹圣谛如实知，是名增上慧学。”见吴汝钧编著：《佛教大辞典》，第512页。

③ 川田熊太郎：『仏教と哲学』，京都平乐寺书店1970年版，第2页。

④ 比如姚志华便持此论，将之与英语圈的分析哲学对话。Zhihua Yao, *The Buddhist Theory of Self—Cognition*, London & New York: Routledge, 2005.

⑤ 章念驰编订：《章太炎演讲集》，第104页。

构传统的“国学”。[①]对复古与革命的二元对立这一历史观的批判，也见于韩子奇的书名《以复古为革命》(*Revolution as Restoration*)，[②]该书的研究对象是章太炎影响之下的《国粹学报》。也就是说，复古的新文化运动，之所以是运动，是因为它在晚清有着一定的规模，是一个知识群体主流的共同的取向。

---

① 朱维铮:《国学岂是君学?》(1996)，收录于朱维铮《走出中世纪二集》。不过，朱维铮先生书名多少予人囿于线性现代主义框架、囿于欧洲近代中国认识框架的印象。但是，事实上未必如此，它只是暗喻中国专制传统与欧洲“中世纪”相类。

② Tze-ki Hon, *Revolution as Restoration*: *Guocui xuebao and China's Path to Modernity*, Leiden: Brill, 2013.

结语 “亡天下”与“文”

一、“亡国”与“亡天下”之别——观察以“文”为手段的清季革命的视角

总而言之，在清季复古的新文化运动中，章太炎整个问题意识或者可以归结为“亡天下”的危机感。“亡天下”的说法源于明末清初思想家顾炎武（1613—1682，号亭林）。章太炎对顾炎武的拳拳服膺，见于其号“太炎”取自顾炎武的事实。顾炎武在其《日知录》卷十三《正始》中曰：“有亡国，有亡天下。亡国与亡天下奚辨？曰：易姓改号，谓之亡国；仁义充塞，而至于率兽食人，人将相食，谓之亡天下。……是故知保天下，然后知保其国。保国者，其君其臣肉食者谋之；保天下者，匹夫之贱与有责焉耳矣。”①“亡天下”，亦即是国之仍存却士之不在，支

① 《日知录集释》，黄汝成集释，栾保群、吕宗力校点，上海古籍出版社 2006 年版，第 756—757 页。

撑“天下”的伦理、道德、正义、仁爱、信仰等“文”的要素行将丧失；甚至物质层面上国之犹强，而“天下”(文化)却奄奄一息。就本书的用语而言，即“文”之亡矣。“亡天下”指的是在此有着一定普遍主义色彩的道德、政治秩序之消亡。它不仅仅是指国内为政者的无道以及精英们之自私、功利，同时也是指世界秩序的无道。Don C. Price 在一本研究俄国因素与中国晚清革命的关联的著述中指出，民族主义固然是了解中国革命的重要视角，也却不足以成为观察、理解中国革命的整体视野，普遍主义道德秩序的重构才是始于晚清的中国革命的重要特点。而且，该书作者认为，对于整个 20 世纪的中国革命运动来说，普遍主义的一面远远大于排他性民族主义的一面。①这也是章太炎强调“光复”与“革命”之别的一个背景。在他看来，“光复”只是种族革命的问题，是更为深入的革命的准备，而这一革命更涉及如何重振“天下”的问题，也就是说是一个思想的、文化的革命问题。因此，将章太炎的“光复”仅仅看成是一个汉族中心的革命，将其“光复”等同其“革命”，而且将其“革命”只等同于暴力革命的话，显然是简化，甚至误读了他的思想。

章太炎面临的危机远远甚于顾炎武的时代。因为顾炎武在发出上述警告之时，一来没有西力冲击，二来晚明士风犹烈。而且，顾炎武发出此声音时，也不无华夷意识。然而，在章太炎的时代，令“文”濒死的，主要是明朝专制，复加以清朝近三百年专制，士风萎靡不振，士人奴性，工于利禄。除此之外，尚有携不同的文明骎骎东来的西力

① Don C.Price, *Russia and Roots of the Chinese Revolution, 1896—1911*, Cambridge, Massachusetts: Harvard University Press, 1974, p.3, pp.213—214.

之威胁，加之以席卷全球的西方资本主导之全球资本主义大潮，工业后进国沦为这些西方资本主义帝国主义国家掠夺的对象。迨至1900年义和团事变，八国联军开抵北京，清季士子始知“天朝”之外强中干，“亡国”的意识也愈来愈强，同时，“亡天下”的意识也隐隐而现。在这一亡国与亡天下的双重危机面前，在章太炎看来，欲力挽狂澜，其关键在于重构“天下兴亡，匹夫有责”之“文”（“天下兴亡，匹夫有责”为梁启超祖述顾炎武之八字文。《饮冰室合集·文集之三十三·痛定罪言三》）。在这场以士人为主体的、以“文”为手段的清季革命中，章太炎扮演了先知先觉的领导者以及理论家的双重角色。在民族国家的现代体系下，“国”通常被放得很大，大至成为一个超越者。“文”的挽歌或“亡天下”的危机反而容易因之被遮蔽。对此，章太炎在他的时代发出了振聋发聩的最强音。章太炎与晚清的士人们一起，展示了“文”的巨大力量。“亡天下”的危机意识也决定了清季革命同时有着以“文”为手段的革命的性质。谭嗣同、康有为、梁启超等晚清思想家也在广义的晚清的思想文化运动中以各自不同的立场展示了他们在不同时期对危机的应对方式。

在此需要重申的是，以章太炎为代表的复古的新文化运动与“五四”时期鲁迅所代表的反复古的新文化运动之间并非完全对立、二中择一的一对概念，在时间上也并非处于线性的先后关系那么简单，它们有时是并存的。比如清末反复古的新文化运动之代表莫若革命党人的《新世纪》杂志群体，章太炎与同时代的这一群体之间相互多有驳难。又比如民国成立前鲁迅偏于复古的新文化运动，之后则偏于反复古的新文化运动，但仍不时可以窥见民国后的鲁迅难以完全拂拭复古的新文化运动的影子。与“五四”新文化运动的倡导者相比，既有差别，又有迭合，其关系颇为复杂。就其断裂和不同之处而言，章太炎的“新文化”与“五四”青年的“新文化”的重大区别，表现在“五四”新文化运动主流之线性进步主义(目的论历史想象)、科学主义、西化主义、排他性白话文主张。同时，“五四”之后的文化批评，因马克思主义的影响而导入阶级这一政治经济视野。这又是章太炎所没有的。此外，妇女问题虽然在康有为《大同书》，何震、刘师培的《天义》杂志等中早已有所体现，但作为文化批评的重要视角，尤其作为广泛的社会运动，却有待“五四”。尤其在妇女问题上，章太炎似乎一直是缺席的。

另一方面，章太炎作为复古的新文化运动之领军人物，批判了儒教中心的中国文化，其古典学亦因之成为批判性的古典学，这又多少与高喊“打倒孔家店”口号的“五四”青年之间既有着某种连续性，同时又有着某种明显的断裂。此外，其古典学又为胡适等“整理国故”者所敬仰、所实践，虽然他们之间学理框架迥异，古典学养亦不可同日而语。章太炎以思想革命为己任，谋求一新士风、提升士人革命道德，这又多少与以鲁迅为代表的文化思想革命的使命一脉相承。更加重要的是，“五四”新文化运动本来便是内部的共和危机、外部的帝国主义蚕食与瓜分的危机，以及第一次世界大战后全球思想文化之变化延及中国的结果。也就是说，它本身便是晚清革命的延续和变化的结果。因此，不可断章取义地看待“五四”新文化运动，将之虚构为“起源”，这本身是非历史的。

钱穆于 1978 年的一篇文章中曾谈及章太炎的《国故论衡》，多少也可以说明章太炎的新文化与“五四”的新文化之间复杂的关系：

太炎深不喜西学，然亦不满于中学，故其时有《国粹学报》，而太炎此书特称“国故”，此“国故”两字，乃为此下提倡新文化运动者所激赏。季刚之赞，亦仅曰“国闻”，则其于中国文化传统之评价可知。“论衡”者，乃慕效王充之书。太炎对中国已往二千年学术思想文化传统，一以批评为务。所谓“国故论衡”，犹云批评这些老东西而已。故太炎此书，实即是一种新文化运动，惟与此下新文化运动之一意西化有不同而已。①

钱穆言及章太炎不喜西方，如果这一“西方”指的是西方帝国主义殖民主义的话，钱穆所指是对的。但是学术上却不然。章太炎滞日期间对西学不仅关注，而且有所吸收。从上述引用可以看出，钱穆可谓章太炎影响之下一位深刻的学术理解者。钱穆指出章太炎对传统文化的批判，以及其这一富于批判性的“国故”为“此下新文化运动者所激赏”，倒是道出了章太炎与西化的新文化运动者之相合与相别。钱穆的上述说法，动摇了“复古与革命”之对立结构或者直线性历史想象的“革命”概念，也说明了章太炎并非唯古是尊的“国学大家”，而应该是一位批判传统的传统重构者。总之，钱穆的上述评价，一方面令“新文化”之标签不为“五四”一代所专美，两者既相关联，却又同时令两者的“新文化”有一定程度的区分；另一方面，亦令其“国学”与唯古是尊、自外于西学的保守的复古主义者相区别。

《太炎文录续编》中之《伯夷叔齐种族考》定伯夷叔齐为鲜卑人，曰：“种类不同，礼俗素异之人，有能化及中原，永为世范者，自释迦以前，未有过于伯夷者也。”②“种类”意思不同于现代汉语，在中国的史

① 《太炎论学述》，钱穆：《中国学术思想论丛》（八），三联书店 2009 年版，第 394 页。

② 《章太炎全集》（五），上海人民出版社 1985 年版，第 88 页。

书中常用“类”“种”“部”“氏”“帐”等描述游牧民族之民系分支。[①]此处“种类”即属此用法。也就是说，异族如印度的释迦牟尼及游牧民族之鲜卑人的伯夷，虽然礼俗与农耕的中原文化不同，但却永远被中原人民视为典范。章太炎言伯夷为鲜卑人的说法确否，笔者无法判断，但是，此处无疑显示出了他开放的态度：中国的文化传统建立在融合不同文化之上，商代末年不食周粟而死、抱节守志的伯夷、叔齐，以及佛教，都成为中国之世世代代的典范，而究其起源却是外来者。也就是说，中国文化包含着“素异”之“礼俗”，融合了“翻译”的部分。

章太炎反对排他性白话文，容易被误解为狭隘地排斥外来文化。章太炎对西方哲学、社会学等西方学术、思想的关心贯穿其一生。他反对的是排他性的白话文，而并非反对白话文本身，正如他反对的是全盘西化，而并不反对西学本身一样。钱穆解读曰：“此亦太炎感于当时新文化运动盛倡西化而发。夷、齐是否鲜卑人，不深论，要之太炎之崇重释迦至老不衰。其意亦谓当时提倡新文化运动者，不能如伯夷、释迦，故亦无以达其所期望也。”[②]事实上，“五四”新文化运动时期章太炎自己难掩对这一运动的批判：“有云新道德新文化者，专己自是，以拂民之旧贯。新法行二十余年，如削足适履，民不称便，而政亦日紊”(《王文成公全书后序》，1924 年)。[③]

但是，只关注断裂者往往也是囿于古/今、中/西之二元对立。这

---

① 比如《晋书》卷九七曰：“北狄以部落为类，其入居塞者有屠各种、鲜支种……凡十九种，皆有部落，不相杂错。屠各最豪贵，故得为单于，统领诸种。”房玄龄等撰：《晋书》，中华书局点校本 1974 年版，第 2549—2550 页。

② 《太炎论学述》，钱穆：《中国学术思想论丛》(八)，第 404 页。

③ 《太炎文录续编》，《章太炎全集》(五)，第 119 页。

方面章太炎又如何呢？在进入本书的具体叙述时，不妨先看看章太炎在其早年的论文《变法箴言》(1897年8月2日)中的一段话。章太炎说："民不知变，而欲其速化，必合中西之言以喻之。……人莫信其覭髳阔略之声而信其目睹，是故陈古而阂，不如道今；有独喜其覭髳阔略之声者(覭髳，míngmáo，草丛茂密状，引申为不明；阔略，简省，粗疏，简略，疏放)，与道今而不信，则又与之委蛇以道古(委蛇，音、义皆通'逶迤')。故合中西之言以喻民，斯犹慈石之引铁，与树之相近而靡也。"①(括号内为引用者注释。)此处显然可见，章太炎在学术文化上与古/今、中/西之二元对立无缘。只不过戊戌变法失败后帝国主义对中国的威胁变得更加明显，危机意识下知识分子的议论更加激烈，对传统的态度更加虚无，此种情境之下，章太炎才在批判性继承的前提下高扬古典学术。而且，从上述分析中也可以看到，对古典的高扬，与章太炎的革命精神也是相呼应的。晚清民初尤其"五四"新文化运动以来，"复古/革新""保守/进步"等二分法愈演愈烈，至"文革"期间更加如是。章太炎研究亦难逃此窠臼。论者若据此而框定章学，则难免简单片面。对章太炎晚年趋于保守之论断，也与此二分法不无关系。

二、关于本书

本书是一本透过对章太炎清季革命中的思想、实践的研究而展开的近代中国思想史论。章太炎是清末民初中国最有影响的革命家与硕学，尤其在清季革命中，其思想、理论的影响至为深远。本书将聚焦于1900年至1911年章太炎的思想，尤其聚焦于章太炎旅居东

① 汤志钧编：《章太炎政论选集》上册，第23页。

京的五年零四个月期间(1906年7月15日至1911年11月11日)作为清季革命导师、清末思想文化运动旗手的影响,特别是集中于他担任同盟会机关报《民报》主笔时期(1906年6月至1908年10月)的思想。

本书欲置章太炎这一时期的思想于全球史的视野之中。"全球史"之第一层意思是,将20世纪第一个十年章太炎的思想及政治置于国际政治格局之中。比如,章太炎思想及实践与英国、印度政治的关系,尤其印度的问题一直为章太炎研究中一个不太被留意的问题。①本书也旨在探讨20世纪第一个十年章太炎思想的复杂性。一方面章太炎主流的叙述表现出他超越狭隘民族主义的思想特质,另一方面,章太炎也在个别文章中高调鼓吹"排满",甚至不无汉族中心的民族主义的一面。②当然后者也是时代要求和时代局限所致。这也展示了章太炎种族革命话语中对西方种族话语的吸收甚至利用。这也与他对现实政治的考量与需要有关。但是,章太炎在东京时期的文章主调有着浓郁的超越国家、民族的色彩。本书无意回避章太

---

① 留意到章太炎思想中"印度"的作用的,是坂元弘子的论文「章炳麟における伝統の創造」。坂元论文主要留意到章太炎的佛教思想重构中的"印度"因素。坂元弘子『連鎖する中国近代の"知"』所收,东京研文出版2009年版,第106—115页。而本书主要关注的是章太炎所认知的现实中的印度。

② 章太炎这方面的叙述甚为个别,主要集中在其论文《中华民国解》(《民报》第十五号,1907年7月5日)。这方面的批判,见上面坂元弘子论文,坂元弘子『連鎖する中国近代の"知"』所收,第115—119页;以及氏著『中国民族主義の神話』,东京岩波书店2004年版,第76—82页。以及佐藤丰「清末における民族問題の一側面」,『愛知教育大学研究報告』人文・社会科学四十五号(名古屋爱知教育大学,1996年)。另一方面,张志强从章太炎"历史民族""政治民族"与"无生主义"出发,试图证明章太炎的汉民族主义经由"排满"的环节而最终超越"排满"的狭隘性,汉民族主义只是其"物各付物,不齐而齐"的平等思想的必要环节。张志强:《一种伦理的民族主义是否可能?——论章太炎的民族主义》,章念驰编:《章太炎生平与学术》下卷,上海人民出版社2016年版,第1016—1035页。

炎在边疆话语上存在的问题，并欲将其作为今后的课题。由于篇幅所限，本书将主要展示章太炎在全球政治语境中对弱小亚洲民族的关怀、对帝国主义及殖民主义的批判，以展示其政治思想中所具有的超越国家、民族之狭隘框架的伦理性、政治性。

本书置20世纪第一个十年的章太炎思想于“全球史”语境中的第二层意思，主要是指将章太炎的学术及政治置于西学东渐的学术语境中，尤其将其置于明治日本的知识、政治场景中，试图探讨章太炎与西方政治以及西方学术的关系。这方面有日本的章太炎研究者小林武教授的开创性贡献，①但是，仍然有许多问题有待进一步探讨。此举无疑也是对章太炎作为一般意义上的国学家形象的相对化。本书置20世纪第一个十年的章太炎思想于全球史语境中的第三层意思，也是要强调“东京”这一的场域的作用。

如上所述，总论旨在提供一个全书的叙述框架，以此为基础再进入具体的讨论。这一新的叙述框架由“晚清思想文化运动”“以‘文’为手段的清季革命”“复古的新文化运动”“亡天下”等关键词构成。本书试图透过此种新的叙述框架，向读者展示重新解释中国现代性的可能，并试图探讨章太炎在其中的历史定位。②

---

① 小林武『章炳麟と明治思潮：もう一つの近代』及小林武、佐藤丰『清末功利思想と日本』中小林武的著述部分。

② 几位中国留学生对总论曾经有过很好的反馈。他们是东京大学博士生陈飞，前来东京大学留学的北京大学博士生吕存凯、吴键等。

第一编

章太炎与中国国内的清季革命青年

第一章　章太炎与南方话语
——章太炎影响下的清季革命青年①

一、革命的南方对改良的北方——南北二元对立话语的建构、历史叙述与革命

1. 引子——“南方”与正统性的确立

晚清的变革势力一般可划分为南方派的革命派与北方派的君主立宪派。比如，一般认为，以章太炎为代表的革命派与以杨度、梁启超为代表的君主立宪派的民族、国家论对立，同时也是南方农耕区域与塞外游牧社会的二元对立。虽然实现清帝退位与共和国家是南方亦即革命派的胜利，但是在继承多民族复合国家这点上，则可说实现

① 本章初稿及第二章的初稿为 2012 年 11 月 9 日至 11 日中国人民大学举办的“章太炎思想世界的新开拓”学术会议提交论文。本章的讲评人刘纪蕙教授提及连横(1878—1936)与台湾南社、章太炎的关联，因篇幅等原因，拙著尚无法论及。2013 年 12 月亦曾在日本中央大学举办的日本华南学会年度会议上发表，民国史研究者深町英夫教授提出相关修改意见，获益良多。顺此致谢。

了北方亦即君主立宪派的目标，辛亥革命因而显示出南北两大异质文化的较量。[①]按地区出身构成的浙江派、湖南派、广东派三大辛亥革命的主体，按其特点划分如下：以每个人的革命道德为基础的浙江派（章太炎所代表的重组的光复会），以一省自治为要求的湖南派（黄兴所代表的华兴会），以一国革命为方略的广东派（孙文所代表）。[②]此一划分法，自然是为了强调革命派之间不同的侧重，笔者借用这一便宜的划分，意在强调清季革命浓郁的南方色彩。准上述南北划分，主张君主立宪的代表杨度、梁启超虽然出身于湘、粤，但其政治活动的展开舞台在北方，北方少数民族与汉族的关系为其政见考虑的要点之一，因此自然被视为北方派。这一点，从留日旗人学生杂志《大同报》第三、四、五号上连载湘人杨度的《国会与旗人》（1907 年 10 月 15 日至 1908 年 1 月 12 日），便可窥见一斑。

在光绪二十九年（1903 年）的论文中，梁启超视章太炎的革命主张为激进，斥之为“复仇主义”[③]。梁氏比照德国政治理论家伯伦知理（Johann Kaspar Bluntschli，1808—1881）的民族定义之“同地同血统同面貌同语言同文字同宗教同风俗同生计”之结合体，并与章太炎之民族主义等量齐观，称之为“小民族主义”，而将提倡民族联合、民族融合称之为“大民族主义”，即“合汉、合满、合蒙、合回、合苗、合藏组成

---

① 比如村田雄二郎：《辛亥革命在中国历史上的地位》，《读书》2011 年 8 月号，第 106 页。

② 村田雄二郎「解説」，村田雄二郎编：『新編・原典中国近代思想史・3・民族と国家』，东京岩波书店 2010 年版，第 9—13 页。

③ 梁启超：《政治学大家伯伦知理之学说》，《饮冰室文集》之十三，收入《饮冰室合集》第二卷，中华书局 2003 年版，第 75 页。

一大民族”①。伯伦知理是明治初年至明治中期(1880年代)风靡日本的政治哲学家。②梁启超的“大民族主义”目的在于建构基于均质性的国民之上的民族国家,这一均质性也见于其所介绍的伯伦知理学说:“十八世纪以来之学者,以国民为社会,以国家为积人而成,如集阿屯以成物质似矣。”③(阿屯,即原子atom。)梁氏虽然充分考虑到了与其他民族和平共处的问题,但似乎有意掩盖了当时国内民族差异、掩盖了这一差异带来的政治对立和压迫,在这一点上,依然可以说是一种温和的、因而适合改良的“民族主义”。它在“民族”之成员数量、规模和涉及成员的地域空间规模上固然是“大”,但在政治力度上则无疑是“小”;与之相比,“小民族主义”因执着于这一差异、彰显政治上的对立,以强调革命之势在必行,在数量规模上自然是“小”,但是在力度上无疑又是“大”。梁启超光绪三十一年(1905年)的《开明专制论》中第一章第一节题为《中国今日万不能行共和立宪制之理由》,④而视自己的主张为“政治革命”,以贬斥章太炎等的种族共和革命,⑤与此时已经因鼓吹革命、身陷囹圄的章太炎形成鲜明对照。

---

① 梁启超:《政治学大家伯伦知理之学说》,《饮冰室文集》之十三,收入《饮冰室合集》第二卷,中华书局2003年版,第75—76页。

② 明治初年至明治中期伯伦知理的日文译著计有:J. C. Bluntschli著:『国法泛論』,加藤弘之(1836—1916)译,东京坂上半七1876年版;Bluntschli著:『独逸法律政治論纂』,饭山正秀纂译,东京荒川邦蔵1882年9月—1883年6月版;Bluntschli著:『国家論』,平田东助译,东京岛屋一介1881—1882年版;Bluntschli著:『公瀍会通』,Martin W. A. P.译,岸田吟香训,1881年版;Bluntschli著:『政当論』,汤目补隆译,东京九春社1883年11月版,等。

③ 梁启超:《政治学大家伯伦知理之学说》,《饮冰室合集》第二卷,第70页。

④ 《开明专制论》,梁启超《饮冰室文集》之十七,收入《饮冰室合集》第二卷,第50—77页。

⑤ 《开明专制论》,《饮冰室合集》第二卷,第75页。

其实,“南方”话语,早已经隐隐出现于戊戌变法失败之前,甚至更早。杨念群在他的书中曾经以清朝为例指出,“江南”这一地理概念与文化隐喻,也因之是道统的隐喻,而清朝的统治正是建立在其江南治理策略上,这一策略并非可以用传统的所谓“汉化”模式所能理解;杨著展示,“江南”士人最终丧失自我,变异为建构大一统意识形态的协从者。①时过境迁,本书展示的“南方”与之略微有别。这一“南方”话语,比如至少可见于筹议于1897年冬、正式成立于1898年2月21日的湖南的南学会。清季晚世,“南方”话语暗流涌动,自义和团之变、自立军失败后,更是蔚为大观。清末之“南方”话语,固然有明末清初“南方”话语的历史记忆,但更是戊戌变法失败后政治变动的直接结果。章太炎的实践及其学术、政论,也与这一“南方”话语,尤其与清季革命青年的“南方话语”,不无关系。章炳麟取自顾炎武名字之别号“太炎”之“炎”,为火也,主南方,是典型的“南方”话语。章太炎与“五四”青年的关系学界已经多有述及,但是,与清季革命青年的关系则似乎被忽略,即使被论及,也是由“五四”上溯而论之。本书的目的正是通过探讨章太炎与清季革命青年“南方”话语的关联,进而探讨章太炎与清季革命年轻一代青年之间的关联及断裂,也借此顺便简单论及清季革命青年与“五四”革命青年之间的断裂与关联。戊戌变法改良运动失败后,1903年“苏报案”象征着革命思潮显现,大量的南方话语出现,绝非偶然。“苏报案”某种意义上也是时代最强音,它宣告了改良之虚空,而预示革命的到来。因此,“南方”话

① 杨念群:《何处是江南?——清朝正统观的确立与士林精神世界的变异》,三联书店2010年版。

语，在此意义上也是种族主义革命话语，在清末的话语空间中，“北方”就是清廷，它有不具正当性正统性的“鞑虏”（汉族革命者对北方异族统治者的蔑称）等意味，也因此，“南方”成为“革命”“正统”“种族革命”等隐喻。

2. 历史上的“南方”——革命与南明史之唤起

章太炎为了激起国人革命之志，对明亡而抗清的历史，尤多着墨。南明史这一清初的“南方”被调动为晚清“南方话语”资源之一。对明亡之介怀，亦见于章太炎《訄书》初刻本目录后叙中言及该书结集完成的时间为“辛丑后二百三十八年十二月”。辛丑，指南明桂王永曆十五年，当西元1661年。这一年，桂王政权被清军攻灭，这被章太炎视为奇耻大辱。其“后”，即从壬寅年（清康熙元年，1662年）起算，下及第二百三十八年。据朱维铮考证，《訄书》初刻本当成稿于1899年。①所谓南明，指的是清朝入主中原后明朝宗室在南方建立的抗清政权。“南明”这一称谓出现于19世纪中叶。②正如南宋称谓一样，它暗示着正统，故清朝学者提及1644年至1662年这段历史时总是称为明末、明季、南疆。③章太炎对南明史心有戚戚，由上可见。“太炎”之号即取自明末顾炎武（1613—1682，号亭林），章太炎此举，实是自然而然。王夫之（1619—1692，号船山）、顾炎武、黄宗羲（1610—1695，字梨洲）本为清末士人调动南明史记忆之“南明三大儒”（说法见柳亚子《柳亚子南明史料书目提要》，王夫之《永曆实录》附录所收④）。

① 《章太炎全集》（三），朱维铮《前言》，第4页。

②③ Lynn Struve, *The Southern Ming, 1644—1662*, Yale University Press, 1984. 本书据司徒琳：《南明史》，李荣庆、郭孟良、卞师军、魏林翻译，严寿澂校订，上海古籍出版社1992年版，第1页《英文版序言》。

④ 《船山全书》第十一册，岳麓书社1996年版，第573页。

前面提及章太炎在光绪二十九年闰五月十二日(1903年7月6日)《苏报》刊文《狱中答新闻报》曰:“昔为间接之革命,今为直接之革命。”①他视自己昔日对改良的期待为某种“间接之革命”,而与邹容的行动,才是“直接之革命”。章太炎的南明遗民史叙述,也正是此“直接之革命”的表现。章太炎丙午(1906年)九月为《南疆逸史》作序,曰:

> 明之史,自万季野述之。季野东南之献民,义无北面,局促虏汉之间,怀不自遂,其述《明史》,讫于思宗之季,圣安以降三叶二十年之纪传,不能悉具。上援承祚之法,《后明史》则不可以不作。温睿临者,与季野同居京邸,愤官书之丑正,而集《绥寇纪略》等四十余种,为《南疆逸史》。②

万季野即史学家万斯同(1638—1702),曾师事黄宗羲。与其师梨洲先生一样,万斯同拒绝仕清,只以布衣身份任职明史馆,手定《明史》,《明史》其后在清乾隆初由大学士张廷玉等奉诏刊定,即取王鸿绪史稿为本而增损之,王稿本大半出自万斯同手。③章太炎指出,《明史》只能记录至明朝亡国之君明崇祯皇帝朱由检(1610—1644,庙号思宗),1644年崇祯皇帝自缢后,至1683年清朝攻占台湾的三十九年,《明史》则无法记述。西元280年,晋灭东吴,结束分裂局面,西晋史家陈寿(233—297)开始撰写《三国志》。上文中的“承祚”,即陈寿。对万氏,章太炎颇为敬重。在此章太炎称万斯同为“东南之献民”,“献民”即遗民。而“南方”也是“遗民”的身份认同之不同表述。在《〈南

---

① 汤志钧编:《章太炎政论选集》上册,第233页。

② 《〈南疆逸史〉序》,收入《太炎文录初编·文录二》,《章氏丛书》,浙江图书馆1919年版,第63页。

③ 赵尔巽等撰:《清史稿》第44册,第13346页。

疆逸史〉序》中章太炎回忆说:“余昔搜集季明事状,欲作《后明史》以继万氏。”①也就是说,章太炎欲仿效陈寿,承接万斯同作《后明史》。《南疆逸史》也正是被章太炎作为另类的后明史而被看重。

《南疆逸史》,原名《南疆佚史》,纪传体南明史,康熙乙酉(1705)年举人、浙江温睿临(字邻翼,一字哂园)撰。万氏与温睿临相交甚笃,这一点章太炎《序》亦有提及。《南疆逸史》约成稿于康熙后期(1702—1722),保存了南明纪年以及大量的抗清事迹,因而在清政权下未能正式印行,只以抄本流传。②温睿临《序》开门见山曰:“《南疆逸史》者何? 纪南明弘光、隆武、永曆三朝遗事也。何以不言朝? 不成朝也。何以谓之南疆? 皆南土也,势不及乎北也。”③弘光帝朱由崧(1607—1645)在位于1644年至1645年;隆武为南明绍宗朱聿键的年号,在位于1645年(乙酉年闰六月)至1646年八月;永曆则为桂王朱由榔的年号,始于1646年,及永曆十六(1662)年朱由榔被吴三桂弑杀于昆明,但占据台湾抗清的郑成功(1624—1662)政权自遣所署光禄卿陈士京朝桂王后则一直承接永曆年号,④直至1683年郑克塽(1670—1707)降清。在温睿临那里,此一“南”无疑也是明朝、汉族政权之隐喻,而“北”当然是清政权。字里行间,温睿临南明“不成朝”之亡国之恨,隐约可见。温睿临之用词,不可谓不大胆。

在这样的语境中,“南方”同时又是反抗清廷暴政的隐喻。这一

① 《〈南疆逸史〉序》,收入《太炎文录初编·文录二》,《章氏丛书》,浙江图书馆1919年版,第63页。

② 以上《南疆逸史》情况,据温睿临:《南疆逸史》上册上海图书馆《前言》,中华书局上海编辑所1959年版,第1—2页。

③ 温睿临:《南疆逸史》上册上海图书馆《前言》,第1页。

④ 赵尔巽等撰:《清史稿》第30册,第9160页。

点见于章太炎《讨满洲檄》。文中章太炎历数清廷十四大罪状。下面仅举其罪状之四如下：

> 自流寇肆虐，遗黎彫丧，东南一隅，犹自完具。虏下江南，遂悉残破，南畿有扬州之屠，嘉定之屠，江阴之屠，浙江有嘉兴之屠，金华之屠，广东有广州之屠。复有大同故将，仗义反正，城陷之后，丁壮悉诛，妇女毁郭，汉民无罪，尽为鲸鲵。①

清初清政权对南方士人尤其东南士人的迫害，进一步催生了政治化的"南""北"话语。于是，"南方"作为清廷入关屠杀汉人的记忆，被章太炎在反清种族革命中被再次调动。"南方"也成为冷目北廷的话语装置和政治隐喻。章太炎 1906 年 9 月为同盟会会员黄世仲(1872—1913)所撰之《洪秀全演义》作序，亦可作如是观。但是，必须指出的是，清军入关后长驱直入、屠杀南方汉人，借助的却正是汉人降将降臣的通力合作。这一令人唏嘘的史实却并非是满汉二元对立话语便可以了断的。

二、章太炎小学研究中的"南方"

也必须指出的是，章太炎的"南方"不仅仅是政治的，又是学术的。这表现在他对方言，尤其南方方言的研究上。一般说来，北方方言属今音(大致为元明以来的音韵)范畴，南方方言，特别是闽语、粤语、客家话等近于中古音范畴(中古音大致为隋代至宋，大约包括西元 581 年至 1278 年的语音②)。相对来说，这些南方方言去古音较近，对研究上古音(《诗经》音

① 《章太炎全集》(四)，第 191 页。

② 李新魁：《中古音》，商务印书馆 1991 年版，第 1 页。

为代表的周秦两汉的汉语语音系统[①])有一定裨益，而上古音的研究又与经典解读直接相关。因此，方言不仅有音韵价值，也有训诂上的价值，更有史料价值。一如章太炎1908年在《民报》上所言："中国方言，传承自古，其间古文古义，含蕴甚多。"[②]章太炎《新方言》(1909年)即为此一关心的成果。该书成稿于1908年旅居辛亥革命基地之东京期间。《新方言序》曰："然自戴、段、王、郝以降，小学声均炳焉复于保氏，其以说解典策，謋然理解；独于今世方言，丘盖如也。"[③](声均，均为韵古字，即声韵。保氏，《周礼·地官·大司徒》中官名，教育国子之官。丘盖如也，《论语·子路》：子曰："野哉由也！君子于其所不知，盖阙如也。"孔丘以不知者为阙如，不知者即空缺也。)在此章太炎高度赞扬清朝小学研究自戴震(1724—1777)至段玉裁(1735—1815)、王念孙(1744—1832)、郝懿行(1757—1825)的音韵研究谱系，但是，章太炎也批评这一谱系忽视了"今世方言"。将现行口语方言视为小学家的研究对象，章太炎也因此被后人解释为"现代汉语语言学"的"开创者"。这一后人的解释未必符合章太炎的本意。但是，无意中章氏打下了现代汉语语言学的某些基础，却也是事实。章太炎将方言口语导入小学研究，固然与重视口语的现代汉语语言学有着一定的重叠，但是，章太炎导现代方言入小学的做法，其出发点及理论框架，实与现代意义上的汉语语言学多有不同。尤其是现代汉语语言学重视语法轻视文字、笃信普遍语法观、重语轻文等方面，[④]与章太炎更

---

① 唐作藩编：《上古音手册》，江苏人民出版社1982年版，第1页。

② 章太炎：《博征海内方言告白》，《民报》第二十一号，影印本第五卷，第3409页。

③ 《章太炎全集》(七)，上海人民出版社1999年版，第3页。

④ 这方面的批评，详请参考潘文国：《汉语研究：世纪之交的思考》，《语言研究》2000年第1号(总第38号)，华中科技大学中国语言研究所，2000年1月(该论文收入氏著《字本位与汉语研究》，华东师范大学出版社2002年版)。强调字本位的汉语研究，也请参考更早提出类似主张的徐通锵《汉语研究方法新探》(商务印书馆2004年版)。

是南辕北辙。

章太炎的方法论，具体说主要是将戴震的小学方法论中的音转理论用于方言研究。章太炎《新方言序》中开头便大幅引用戴震佚书《转语二十章》之序曰："昔人既作《尔雅》《方言》《释名》，余以谓犹阙一卷书，创为是篇，用补其阙，俾疑于义者以声求之，疑于声者以义正之。"①《新方言序》大段引用戴震之语，这绝非偶然，其实章太炎是在介绍其方言研究的方法论。章太炎的方言研究，首先是依据戴震的以声求义、因义求声的原理，当然这也是清代音学研究的路径。其次是章太炎应用的是戴震的"转语"（音转）原理。戴震的"转语"研究，主要是研究六书假借（实包含转注）中的"音近义同"现象。戴震认为意义相同而声音有一定关系的词，是语词的声音变转所致。②《转语二十章》已为佚书，惟存一序。③戴震《转语二十章序》之例曰：

> 尔、女、而、戎、若，谓人之词。而如、若、然，义又有交通，并在次十有一章。《周语》（引者按：《国语》所收）"若能有济也"，注云："若，乃也。"《檀弓》（引者按：《礼记·檀弓》）"如曰然"，注云："而，乃也。"《鲁论》（引者按：汉代传本《鲁论语》）"吾未如之何"，即"奈之何"，郑康成读"如"为"那"。④

---

① 《东原文集》卷四，《戴震全书》第六卷，黄山书社1994年版，第305页。

② 曹述敬主编、谢纪锋副主编：《音韵学辞典》"转语"条，湖南出版社1991年版，第322页。

③ 王国维《高邮王怀祖先生训诂音韵书稿叙录》中曰："昔戴东原先生作《转语二十章》，其书不传，惟有一序。"见王国维：《观堂集林》上卷，中华书局2006年版，第396页。

④ 《戴震全书》第六卷，第305页。

戴《序》言及，其将“六书依声托事，假借相禅”的原理，划分为“二十章”，“各从其声，以原其义”。也就是依声近义同的原理，溯源某一字的本义。章太炎在《新方言序》中引用戴震，正是因为他将戴震的“转语”原理运用于方言研究，而开了前人未能为之的新的方言研究，一如《新方言》一名所示。就这一点，章门弟子沈兼士（1887—1947）有言，“章氏以为今言与古语，其质本同。今世笔札常文所不能悉的说话，只是声音有流变耳。倘以古今声韵通转之定律推之，皆可于《尔雅》《说文》之中得其本字。较之扬雄《方言》之但列同训而不辨本字者为澈底，其他诸家更无论矣。”①也就是说，章太炎方言研究的目的，在于考察今之方言俗语与字词之关联，上探语源，下明流变。其方言研究方法论乃是依据声韵转变的原理，博引古代字书，旁及先秦、两汉古籍。蒋礼鸿（1916—1995）指出，《新方言》乃是就今语依据声韵转变的条理，以考察语源的语源学著作。②因此，《新方言序》以引用戴震“转语”之说开头，是颇有其深意的。

戴震此处所说的“尔、女、而、戎、若、如、然”诸字中，“而、戎、若、如、然”今音普通话标准音除“而”外皆以[r]为声母。章太炎在《国故论衡》之《古音娘日二纽归泥说》一文中早得出“娘、日二纽，古并归泥”的著名论断，意即中古之“娘”“日”二纽，上古都归入“泥”纽。章太炎自己就此一贡献于音学史自我定位曰：“古音纽有舌头，无舌上；有重唇，无轻唇，则钱大昕所证明。娘、日二纽，古并归泥，则炳麟所

① 沈兼士：《今后研究方言之新趋势》（1923），收入《沈兼士学术论文集》，葛信益、启功整理，中华书局2004年版，第44—45页。

② 蒋礼鸿：《〈新方言〉〈岭外三州语〉〈吴语〉校点说明》，《章太炎全集》（七），第1页。

证明。”①也就是说，中古汉语的舌上音知、彻、澄三母，上古分别归为端[t]、透[t']、定[d]三纽；②中古读轻唇音之非[f]、敷[f']、奉[v]、微[ɱ]四纽，上古（汉魏以前）则应为重唇音声母，亦即帮[p]、旁[p']、并[b]、明[m]四纽。③这是清人钱大昕（晓徵，1728—1804）的重要发现。以今人的汉语常识，娘母归泥，这很自然，因古今无大变。但是“日”母归于“泥”，今人可就费解了。查“日”之现代汉语方音中，赣语、客家话同为[ȵit]或[ngit7]，与上古拟音“娘”为[niaŋ]、④“日”为[ȵĭet]⑤或[ȵĭět]、⑥“泥”为[niei]⑦几乎同；闽东话为[nih]，则留上古声母而失去上古入声。⑧方言作为古音化石的作用，此处一目了然。顺便指出，日语中“日本”的汉字音为[nippon]，亦可证章太炎见解（韩、越、日文中多存汉字古音）。

回到戴震上述例子，“尔、女、而、戎、若”五字中，“尔”之上古音为[ȵĭei]，⑨客家话为[ŋi]；“女”上古音为[nĭa]，⑩因与今天之北方音声母无变化，此处从略；“而”上古拟音为[ȵĭə]，⑪现代汉语方言似乎不

---

① 章太炎：《古双声说》，收入《国故论衡》，第33页。

② 《舌音类隔之说不可信》，钱大昕：《十驾斋养新录》卷五，杨勇军整理，上海书店出版社2011年版，第100页。

③ 《古无轻唇音》，钱大昕：《十驾斋养新录》卷五，第90页。

④ 李珍华、周长楫：《汉字古今音表》（修订本），中华书局1999年版，第322页。

⑤ 同上书，第190页。

⑥ 郭锡良编著：《汉字古音手册》（增订本），第92页。

⑦ 李珍华、周长楫：《汉字古今音表》（修订本），第120页；郭锡良编著：《汉字古音手册》（增订本），第129页。

⑧ 李珍华、周长楫：《汉字古今音表》（修订本），第190页。

⑨ 郭锡良编著：《汉字古音手册》（增订本），第97页。李珍华、周长楫：《汉字古今音表》（修订本），第57页。

⑩⑪ 同上书，第50页。

见存其声母者；[①]“戎”字上古音为[ȵǐuŋ][②]或[ȵǐwəm]，[③]现代汉语方言不见存此原有声母的方言；[④]“若”字上古拟音有[ȵia]、[⑤][ȵiak][⑥]两个拟音，今日闽东话则为[nuɔk]。[⑦]“若”之古音，除了闽东话外，当然也可以从形声字“诺”的北方音中窥见，“诺”的北方音不为[ruò]而为[nuò]，显然保留了上古音。

戴震的“转语”理论甚为重要，这一理论在段玉裁、王念孙那里被实践和发展，硕果累累。章太炎秉承此一乾嘉朴学传统，进而提出“娘日归泥”说。笔者简略叙述章太炎所承之乾嘉朴学谱系，更主要在于证明，章太炎的方言研究，其动机不仅仅是学术的，同时也是政治的。或许可以说，他的方言研究正因为是高度学术的，所以其政治性也变得高度有效。

章太炎在《新方言》中曰：“世人学欧罗巴语，多寻其语根，溯之希腊、罗甸(按，拉丁)，今于国语顾不欲推见本始，此尚不足齿于冠带之伦，何有于问学乎？”[⑧]也就是说，方言有利于循音而求本字，而知道词族由词源演变之轨迹，上溯词源。而上溯源流，即可窥见某一方言与古代历史、文化的关系(如移民史等问题)，而明白方言承接古代的功用，进而明白方言使用者与古代文明、与古代其他民族的断裂或关

---

① 李珍华、周长楫：《汉字古今音表》(修订本)，第50页。

② 同上书，第6页。

③ 郭锡良编著：《汉字古音手册》(增订本)，第450页。

④ 李珍华、周长楫：《汉字古今音表》(修订本)，第6页。

⑤ 同上书，第317页。

⑥ 郭锡良编著：《汉字古音手册》(增订本)，第48页；李珍华、周长楫：《汉字古今音表》(修订本)，第347页。

⑦ 李珍华、周长楫：《汉字古今音表》(修订本)，第347页。

⑧ 《新方言》，《章太炎全集》(七)，第3—4页。

联。故章太炎以“冠带之伦”言之。如果这是出于学问动机的话，所谓“冠带之伦”，亦即服制，引申为教化、礼仪，显然可以看出章太炎对方言的研究，一定程度上也为其立足于华夷之辨观念的民族主义意识所用。如黄宗羲所言“自髡髮令下，士之不忍受辱者，之死而不悔”[①]（髡：音 kūn，刑罚之一种，剃也）。赵园留意到“衣冠”之类的词汇在清代的特殊含义，因为清代之贬服毁形，对士人意味着奇耻大辱。[②]章太炎此处强调“冠带之伦”正是为了凸显满洲之异族性，以服务于种族革命。一如章太炎自己所言：“博考方言，寻其语根，得其本字。”《新方言》又序曰：“余少窥扬、许之学，好尚论古文，于方言未遑暇也。中更忧虑，悲文献之衰微，诸夏昆族之不宁壹，略细殊语，徵之古音，稍稍得其鰓理。”[③]至中年方觉得古文献传承衰竭，章太炎认为方言内藏古音，是研究古典的门径之一。同时，也与其对“文言合一”（言文一致，即白话文运动）的批判有关，章太炎认为“文言合一”是“遏绝方言，以就陋儒之笔札”。[④]

假如说《新方言》出于学问动机，政治动机只是附带的话，《新方言》附录之《岭外三州语》，则可谓学问与政治意识交融的方言研究。语言学家罗常培（1899—1958）据正史及客家族谱指出，客家迁徙的动因主要有三：第一次是晋永嘉乱后元帝渡江；第二次是唐僖宗黄巢起义；第三次是南宋末年元人入侵。罗常培并根据这一路线从语言角度证实赣方言与客家话的关系，并作出赣方言为第二期客家所留

① 黄宗羲：《两异人传》，《黄宗羲全集》第十一册，浙江古籍出版社 1993 年版，第 53 页。

② 赵园：《明清之际士大夫研究》，北京大学出版社 1999 年版，第 308—317 页。

③ 《章太炎全集》（七），第 4 页。

④ 章太炎：《博征海内方言告白》，《民报》第二十一号，影印本第五卷，第 3409 页。

下的语言这一假定。[①]周振鹤、游汝杰认为，客家人成型于汉人三次大南迁中第二次的唐代中期、以及第三次的两宋之际北方南迁赣、闽、粤移民，而客家话成型于唐末，最终于两宋之际成熟于江西而后扩展至闽、粤。[②]因此，章太炎的客家话本字研究，也作为“南方”话语的一环，被再次赋予学问和政治的双重意味。完全可以想象的是，与早于客家南迁的其他汉人一样，[③]尽管程度不同，南迁后汉人与南方民族的融合应不可避免。遑论南迁之前民族的融合问题了。[④]但是，这一问题自然也就有意无意地被高扬种族革命旗帜的章太炎忽略不计了：

> 广东惠、嘉应(今梅州)二州，东得潮之大阜(疑大埔之误)、丰顺，其民自晋末踰岭，宅于海滨。言语敦古，与土著不相能，广州人谓之客家，隘者且议其非汉种。余尝问其邦人，雅训旧音往往而在，即著之《新方言》。其后得嘉应温仲和所次州志，有方言一卷，自言与惠、潮客籍通。杨恭桓者，亦嘉应人，作《客话本字》。仲和能通音韵转变，其言覼审。恭桓稍凉驳，然本语皆实录也。因剌取二家言凡六十余事，颇有发正，别为一篇。察其语柢，出

---

① 罗常培：《从客家迁徙的踪迹看客赣方言的关系》，收入罗常培：《语言与文化》，北京大学出版社2009年版，第175—190页。

② 周振鹤、游汝杰：《方言与中国文化》，上海人民出版社1986年版，第41—42页。

③ 周振鹤、游汝杰指出，从移民史等史料看，古吴语可上溯至三千年前，古粤语初步成型于秦代，古闽语初步成型于汉末三国晋初，古代赣语、客家话成型最晚，为中唐以后，成熟于两宋。周振鹤、游汝杰：《方言与中国文化》，第38—42页。

④ 罗常培在其《从姓氏别号看民族来源和宗教信仰》中令人信服地勾勒了许多“汉姓”实出于中亚细亚、鲜卑等异族；又在另一论文《从地名看民族迁徙的踪迹》认为，许多今日汉族居住地的地名都显示古代民族交通、交融的痕迹，有些本非汉语地名，久之不察而已。前揭罗常培：《语言与文化》，第58—78、79—93页。

于冠带，不杂陆梁鄙倍之辞，足以斥攻者褊心之言，则和齐民族所有事。[①]（不相能，不和睦。审，周密、详细。凉驳，浅薄芜杂。语柢，语根也。褊，音 biǎn，狭小。）

秦时称五岭以南为陆梁地。《史记·秦始皇本纪》："三十三年，发诸尝逋亡人、赘婿、贾人略取陆梁地，为桂林、象郡、南海，以适遣戍。"司马贞《索隐》："谓南方之人，其性陆梁，故曰陆梁。"张守节《正义》："岭南之人多处山陆，其性强梁，故曰陆梁。"[②]杨恭桓的《客话本字》（1907 年）以《广韵》所代表的中古音系统为准，考察客家方言。温仲和《嘉应州志》成书于 1898 年，卷七为章太炎所依据之《方言》。[③]章太炎强调客家人来自中原，因而是"冠带之伦"，其证明的手段是学术的，而其目的却不仅是学术，也是政治的。这从其上面为"和齐民族所有事"，而强调客家人的"冠带之伦"，也是为了强调南方汉人的正统性，以彰显北方亦即清廷的夷狄性。章太炎的话语，毕竟是晚清种族革命语境中的言论。也可以看出，章太炎显然不仅基于华夷意识，至少还利用了源自西方的"种族"话语，以及源自西方的民族主义理论资源。[④]

章太炎对《岭外三州语》客家话本字的研究，在此试举数例。

---

① 《章太炎全集》（七），第 139 页。括号内文字为引者所加。

② 司马迁：《史记》，中华书局 2010 年版，第 253 页。

③ 孙毕：《章太炎〈新方言〉研究》，华东师范大学出版社 2006 年版，第 4 页。

④ 关于近代以前的中国有无民族主义，是一个有分歧的话题。本书无法介入这一问题。主张近代以前便有民族主义的代表，有著名史学家葛兆光先生。见氏著《宅兹中国：重建有关"中国"的历史叙述》（中华书局 2014 年版）第一章《"中国"意识在宋代的凸显：关于近世民族主义的一个源流》以及《绪说》等章节。笔者以为，无论何种持论，在相对化史学已有框架上这一类讨论都有着非常重要的意义。葛兆光先生在这一问题上挑战已有主流看法外，近年也在"中国"的自他问题、东亚语境、疆域框架等问题上诸多探讨。

如章太炎文中曰:"《说文》:'嬻,白好也'。则旰切。三州人谓白好曰嬻。"[①]"则"的上古拟音为[tsək],[②]"旰"的上古拟音为[kan],[③]则旰反切,则"嬻"的古代音应为[tsan]。将《说文》中的反切用字以上古音去构拟,然后相切而得出《说文》正篆的上古音,这样的方法也许欠妥,但却可以大致以此对照客家今音。今客家话音为[zǎn],音大致同上古音,意思亦切合章太炎解释。章太炎文中又曰:"《毛诗·周颂》传曰:穰穰,众也。三州谓众多为穰。"[④]"穰"的上古拟音为[ȵǐaŋ],[⑤]今客家话则为[jœŋ4]。段玉裁《说文解字注》解释为假借用法,音为汝羊切。据前述章太炎"娘、日二纽,古并归泥"之说,"汝"(今音[rǔ])的上古拟音为[ȵǐa][⑥]或[ȵīa],[⑦]则客家话"穰"因古今音转稍微变其原音声母,但韵与意义则保持不变。此证明了章太炎客家话"穰"之本字音训。附带指出的是,"汝"今客家话音为[ŋi],意为"你",而"你的"客家今音则为[ȵīa]。这一用法似乎可为章太炎的方言本字研究提供例证,这一本字"汝"的客家话发音,也可为章太炎"娘、日二纽,古并归泥"的论断,提供了方言的语音例证。

章太炎对包含方言在内的语言文字研究的重视,与其对历史的重视,并不矛盾,因为他视方言、文字为历史的重要构成部分。比如

---

① 《章太炎全集》(七),第140页。
② 李珍华、周长楫:《汉字古今音表》(修订本),第402页。
③ 同上书,第232页。
④ 《章太炎全集》(七),第141页。
⑤ 李珍华、周长楫:《汉字古今音表》(修订本),第326页。
⑥ 同上书,第100页。
⑦ 郭锡良编著:《汉字古音手册》(增订本),第161页。

其客家话研究，也可归于构成其南方话语之下，而“南方”又始终是历史中的“南方”。章太炎视语言文字为历史之重要构成，也见于其《致吴君遂书》(1902年8月8日)中。在信中，章太炎反驳章学诚对戴震的攻讦，然后说：“试作通史，然后知戴氏之学，弥仑万有，即小学一端，其用亦不专在六书七音。……惟文字语言间留其痕迹，此与地中僵石为无形之二种大史。”①此处太炎所发，应是针对章学诚于《书〈朱陆〉篇后》中诋戴震为“其于史学义例，古文法度，实无所解”，言戴震为“空说义理”②。显然章太炎将文字语言视为“大史”之重要构成。

章太炎《新方言》的政治意图，也在附录的刘师培《后序一》中，被进一步阐发：

> 抑自东晋以还，胡、羯、氐、羌入宅中夏，河、淮南北，间杂夷音。重以蒙古、建州之乱，风俗颓替，虏语横行。而委巷之谈，妇孺之语，转能保故言而不失。此则夏声之仅存者。昔欧洲希、意诸国受制非种，故老遗民保持旧语，而思古之念沛然以生，光复之勋蘿蕍于此。今诸华夷祸与希、意同，欲革夷言而从夏声，又必以此书为嚆矢。此则太炎之志也。③(建州，明于1408年设建州卫，辖女真，亦即后来之满洲。蘿蕍，音 quǎnyú，萌芽、盛开之意。)

刘师培的“注解”，显然属于晚清和明治日本受欧洲影响之下的语言民族主义话语，同时，又有着传统的本文化中心主义的夷夏之防

---

① 汤志钧编：《章太炎政论选集》上册，第172页。

② 章学诚著，仓修良编注：《文史通义新编新注》，浙江古籍出版社2005年版，第132页。

③ 《章太炎全集》(七)，第134—135页。

色彩。当然，对于清朝小学之集大成者章太炎来说，他对方言的关注应该说首先是学问的，附带才是政治的。但是，对于晚清种族革命者来说，这一政治的层面更有着其意义。因此，如刘师培那样，这一政治层面被高扬、放大，彰显了刘师培本人的反清种族革命意识。而章太炎对此解读，料也是乐观其成，否则《新方言》就不会收进这一附录了。在刘师培的解释中，"夏声"亦即与上古关联更为密切的汉语，被东晋以来的"北声"，亦即"河、淮南北"因"胡、羯、氐、羌入宅中夏"而被改变。章太炎自己也在《新方言序》中夫子自道曰："读吾书者，虽身在陇亩，与夫市井贩夫，当知今之殊言，不违姬、汉。既陟升于皇之赫戏，案以临瞻故国，其恻怆可知也！"①(姬，周朝之国姓，代指周朝。陟，音 zhì，登高。赫戏，光明、美盛貌，语出屈原《离骚》"陟升皇之赫戏兮，忽临睨夫旧乡"。)

另一方面，章太炎运用古今音转原理整理方言，固然在学术上受到很高评价。比如罗常培便认为章太炎的方言研究，比之古人续补扬雄(前 53—公元 18)《方言》或考证常言俗语的著作更有价值。②但是，章太炎过求方言与古代典籍、《尔雅》、《说文解字》之间的对应，亦即求方言的本字，进而证明"今之殊言，不违姬、汉"。③假如将之推至绝对，自然容易受到质疑。罗常培便评价章太炎以口语为研究对象，延续扬雄以来的问题意识，同时也批判其"拘泥固执没有发展观念"，而认为其弟子沈兼士"来得高明"。④沈兼士 1923 年对章太炎的批评

---

①③　《章太炎全集》(七)，第 5 页。

②　罗常培序，周祖谟校笺：《方言校笺》，中华书局 2011 年版，第 4 页。

④　同上书，第 4 页。章沈在文字研究上的关系，亦请参考许嘉璐先生论文《章太炎、沈兼士二氏语源学研究之比较》，氏著《语言文字学论文集》，商务印书馆 2005 年版，第 229—239 页。

中有一条被认为较有说服力，即认为“后起的语言，不必古书中都有本字”。[①]沈兼士另一条批评指出，汉语方言与异族语的关系也是章太炎的方言研究的短缺之处。[②]就前一点，章太炎1929年4月为弟子马宗霍(1897—1976)所作的《〈音学通论〉题辞》曰：“妄者乃以今音特殊者悉为古音，此诬之甚者也。宗霍受吾言，退而求方域殊语，乃知其合者半，不合者半也。”[③]此处章太炎既是为马著作序，但也可理解为回应那些对自己方言研究的批评，为自己的既有观点做某种补充，有其说服力。但是，就其未论及汉语方言与少数民族语言的交互关系上，与其说沈兼士之言是对开创者前出未精的苛责，不如说章太炎本身便有意无意予以忽视。毕竟章太炎的方法论是探讨方言、音转与汉语文字之间的关系，而与文字没有关系的部分自然忽略不语而已，更不必说章太炎的方言研究本身就带有一定的民族主义政治动机。

关于章太炎的方言研究的反应和评价，孙毕著有《章太炎〈新方言〉研究》，[④]相信为第一本系统研究章太炎方言研究及其影响的论著，对章太炎的贡献与局限以及学界的评价，多有详述，此处不赘。[⑤]

---

① 沈兼士：《今后研究方言之新趋势》，收入《沈兼士学术论文集》，第45页。

② 同上书，第48页。

③ 《太炎文录续编》，《章太炎全集》(五)，第134页。

④ 就章太炎《新方言》的概括性评价，请参考孙毕的全面的梳理，孙毕：《章太炎〈新方言〉研究》，第19—21、23—29、368—384页，以及该书的吴金华《序一》(第3—5页)。以上页码不含孙毕本人的《新方言》等章太炎方言研究著作的细节研究。

⑤ 本书交稿前曾就本章小学部分以及第八章小学部分请教原北京大学、北京语言大学的张猛教授。在此感谢他的专业意见。

三、《国粹学报》与“南方”话语——与章太炎的关系

1. “南方”与批判的“国学”

国学保存会为邓实(1877—1951，枚秋)、黄节(1873—1935，晦闻)于1905年2月23日(农历正月二十日)于上海创立(邓实《国学保存会小集序》)，该会并创旬刊《国粹学报》。《国粹学报》也是靠近革命党的学术团体国学保存会的机关刊物。邓实、黄节主具体编务。创刊号撰稿者有邓实、章太炎、刘师培(申叔)、黄节、陈去病(1874—1933，巢南)、马叙伦(夷初)。而《国粹学报》第一期的撰稿人，除了章太炎，几乎都是南社的发起人。从运营经费上看，据1906年《国学保存会报告》第一号，国学保存会第一次的特别捐款人有四位，第一位邓实捐开办费三百元大洋，黄节捐开办费二百大洋，其他尚有刘师培捐洋五十元，林畏庐捐洋二十元。①显然邓实、黄节为创办骨干，尤以邓实为经济上的主要支持者。

毫无疑问的是，章太炎是《国粹学报》最主要的撰稿者之一，他许多重要学术论文，都是发表在《国粹学报》上的。比如，上面论及的章太炎《新方言》，便是以章绛的名字连载于《国粹学报》第三十三期至第四十三期，另第四十九期有其《新方言补》。章太炎与《国粹学报》的关系，学界已经有一定的研究。本章将从“南方话语”出发，进一步探讨《国粹学报》与章太炎的关系，并将之比照早期南社与章太炎、早期南社与《国粹学报》的关系，最终探讨章太炎与辛亥革命青年一代

① 《国学保存会报告》第一号，本书据邓实、黄节主编：《国粹学报》，影印本第六册，第2993页。

之间的关联及断裂。

《国学保存会报告》第六号（丙午[1906 年]）所列会员名录计有十九名，按其原有顺序罗列如下（有 * 者，未曾加入南社）：广东黄节、江苏刘师培（申叔）、江苏陈去病（巢南）、广东邓实、浙江诸宗元（真长）、江苏恽桀森（菽民 *）、浙江马叙伦（夷初）、浙江陆绍明（良丞 *）、江苏高旭（字天梅、号剑公）、江苏朱少屏（名葆康，别号天一）、广西马君武（马和）、江西文永誉（公达 *）、江苏王钟麒（毓仁 *）、江苏沈咏韶（屋庐）、江苏柳亚子（人权）、江苏吴钦廉（一青）、江西张桂辛 *、广东卢爵勋（艺亭 *）、江西胡素（薛宾 *）。[①]1906 年的十九名会员中，如果算上参与筹办但是没有正式加入南社的邓实与刘师培，后来成为南社成员的国学保存会会员共有十二名。另外，郑师渠的考证显示，1908 年国学保存会会员人数应为二十三人，超出了《国粹学报》1907 年第三十二期的"附启"之二十一人，多出来的四人为：安徽黄质（宾虹）、蔡哲夫（寒琼）、湖北黄侃（季刚）、安徽胡玉韫（朴安）。[②]值得注意的是，章太炎并非会员。近年多有人将章太炎说成是《国粹学报》的创办者，其实不然。《国粹学报》创办之时，章太炎已经因"苏报案"入狱，章太炎与《国粹学报》编辑、运营上的关系，也不见于《国粹学报》《国学保存会报告》以及章太炎本人的著述、回忆录。[③]就本文的意图，我们可从中读出至少两个事实：一是国学保存会成员清一色的南方色彩，这与辛亥革命中革

① 《国学保存会报告》第六号，本书据邓实、黄节主编：《国粹学报》，影印本第六册，第 3003—3004 页。

② 郑师渠：《晚清国粹派文化思想研究》，北京师范大学出版社 1997 年版，第 15—16 页。

③ 郑师渠曾指出章太炎既未参加发起国学保存会，亦非会员，更非《国粹学报》编辑。见郑师渠：《晚清国粹派文化思想研究》，第 20—21 页。

命派的南方色彩吻合；二是上述十九位会员中，后来成为南社发起人的柳亚子（1887—1958，名慰高，号亚卢、人权）、陈去病、高天梅（1877—1925，高旭）三位皆列其中，此外尚有后来成为南社骨干会员的朱少屏（1882—1942）、马叙伦、马君武，而黄节、沈咏韶（屋庐）、吴钦廉（一青）亦是国学保存会会员。

在上述国学保存会会员名单中，后来传闻为清臣端方（1861—1911）线人的刘申叔（刘师培），不知何故未正式加入南社，但却是南社最早的筹办者之一。①此外，国学保存会发起人之邓实早在1907年冬便与刘师培、黄节等，一道参与酝酿南社，但最终不知何故邓实却未正式入籍。②又，画家黄宾虹（1865—1955，名质，字朴子、朴存）与蔡哲夫（1879—1941，成城）俱为南社首批雅集的十七人之一，两者皆是《国粹学报》主笔。③另外，南社创办人陈去病1907年在上海曾主持国学保存会，并编辑《国粹学报》。参与1910年4月10日杭州西湖第二次雅集的马叙伦（1885—1970，夷初）经章太炎介绍加入同盟会，也是第一期《国粹学报》撰稿人。后来成为南社骨干之一的胡朴安（1878—1947）更是《国粹学报》编辑之一。1907年至1908年新增加的四名会员，后来均成为南社成员。准此，则二十三名国学保存会会员中，后来介入南社的，计有十六人。由此可知，南社早期成员与《国粹学报》在成员上有相当的重叠。

黄节《国粹学报叙》（《国粹学报》乙巳第一号，光绪三十一年［1905年］正月二十日社说）云：

---

① 柳亚子：《我和南社的关系》，柳无忌编：《柳亚子文集·南社纪略》，第3—4页。
② 同上书，第3、10页。
③ 同上书，第13—14页。

> 一旦海通，泰西民族麕至，以吾外族专制之黑闇，而当共和立宪之文明，相形之下，优劣之胜败立见也，则其始慕泰西。甲午创后，骇于日本（骇：xiè，义同“骇”）。复以其同文地迩情洽，而收效为速也，日本遂夺泰西之席而为吾之师，则其继尤慕日本。呜呼！亡吾学者不在泰西而在日本乎！何也？日本与吾同文而易淆也。譬之生物焉，异种者虽有复杂，无害竞争。惟同种而异类者，则虽有竞争，而往往为其所同化。泰西与吾异种者也，日本与吾同种而异类者也。是故不别日本，则不足以别泰西。然不别夫吾累朝外族专制之朝廷，则又何别日本？夫吾累朝外族专制之朝廷，固皆与吾同种而异类者也，亡吾国吾学者也。①

黄节这篇文章，颇可窥《国粹学报》宗旨。首先，“泰西”是被作为率先实现共和立宪的先进国家而被认识，而与晚清之独裁专制相对比，优劣高下立见，因而为中国知识分子所向往。无论偏于革命抑或改良，此为晚清知识分子之共识。其次，值得留意的，是黄节的“国学”定义。在本文中，黄节认为中国自秦以来，乃“专制之统一而不国而不学”，故国学不彰已经数千年。②黄节在此隐含着将“国学”定义为与专制相对的传统学术。再次，值得注意的是，黄节所提及的“东学”对中国学术现代化所蕴含的巨大影响。所谓“东学”，亦即明治时期日语化的西学以及在前近代汉学基础上糅合西学的日本学术。准黄节之见，西学透过“东学”而“亡吾学”，是因为明治日本学术与中国学术“同种而异类”“同文而易淆”，因而易以同化“吾学”。亦即是说，

① 《国粹学报》乙巳第一号，影印本第三卷，第8页。

② 同上书，第5页。

西学对中国学术的影响，因语言相隔，有一定的难度，而透过日本，中西学术的异质性容易被淡化，日语化的西学更易实现改变中国学术传统。“国学”既是晚清对西学、西化潮流的反动，同时，也是源自西方的民族主义意识形态影响的产物。这一点，正如章太炎在《国粹学报祝辞》(1907年正月)曰：“自弃其重，而倚于人，君子耻之焉，始反本以言国粹。”①但同时，必须指出的是，清末的“国学”又是“东学”之副产品。于两层意义上可如是持论：一是因为“国学”一词源自日本江户文化民族主义硕学本居宣长(1730—1801)，其强调日本文化独特性的“国学”在明治二十年代(约19世纪90年代)日本文化学术的民族主义化过程中被再发现；二是因为章太炎所介怀的西学潮流，相当部分又是处于明治日本学术、明治日本的言文一致运动的影响之下的。事实上，“国学”话语的意识形态乃是直接引自明治日本的。

《国粹学报》虽然以民族主义为诉求，却并非排斥西学。这一点见于《国粹学报发刊辞略例》之一：“本报于泰西学术，其有新理精识、足以证明中学者，皆从阐发。阅者因此可通西国各种科学。”②在《国粹学报》第一年第七号中，许守微的社说《论国粹无阻于欧化》批判将国粹与欧化视为对立的说法，曰：“国粹也者，助欧化而愈彰，非敌欧化以自防，实为爱国者须臾不可离也云尔。”③另一方面，《国粹学报》排拒明治日本学术，实际与排拒明治新文体影响之下的半文半白文

① 《章太炎全集》(四)，第208页。

② 邓实、黄节主编：《国粹学报》，影印本第三卷，第4页。

③ 《国粹学报》第一年乙巳第七号《社说》，光绪三十一年(1905年)7月20日，影印本第三卷，第100页。

体(以梁启超为代表)有关。这可见于《国粹学报发刊辞》另一略例:“本报撰述,其文体纯用国文风格,务来渊懿精实,一洗近日东瀛文体粗浅之恶习。”①杂志规定来稿的文体,委实罕见。这一点,正如老报人戈公振(1890—1935)曾指出的,《国粹学报》等杂志因东文体泛滥而抗之,“注重旧学,而实寓种族革命思想,是其特色也”。②准此言之,则至少在晚清一段时间内,改良者喜浅近之东文体,而革命者反而多主张复古。此实颠覆了复古与革命的二元对立。

《国粹学报》与章太炎的关联,至少可以列举如下数点。首先,《国粹学报》不可不提的另一个特点,是其作为晚清诸子学据点的作用,而这一点与章太炎不无关联。章太炎、邓实等力主诸子学为中国学术史主流,而儒家仅为其中一派,尽管是最有影响的一家。在他们的笔下,中国文化更具备某种多元性。与此相反,康有为立足于今文学派立场的孔子中心主义(孔教),则将这一本来多元化的中国文化以孔教一统之。③与章太炎的“国学”一样,黄节等的批判性国学也反对独尊儒学。章太炎、邓实等持此见解,除了古文派立场外,更是出于其史家立场,尤其是学术史家的立场,这与特权化、神学化孔子、儒学的见解,自然是矛盾的。邓实《古学复兴论》认为“我周末诸子,本其所自,各自为学,波谲而云诡,不可谓非吾国学术史一代之光矣。学之衰也,其自汉武之罢黜百家乎?”④邓实高扬诸子,与章太炎的影响

---

① 邓实、黄节主编:《国粹学报》,影印本第三卷,第 4 页。

② 戈公振:《中国报学史》,岳麓书社 2011 年版。

③ Rebecca Karl, *Staging the World: Chinese Nationalism At the Turn of the Twentieth Century*, Durham and London: Duke University Press, 2007, p.146.(高瑾等译:《世界大舞台:十九、二十世纪之交中国的民族主义》,三联书店 2008 年版。)

④ 邓实、黄节主编:《国粹学报》,影印本第三卷,第 113 页。

应有一定关系，也是古文派共同的主张。章太炎认为汉代的官方儒学中心是公羊学，是为专制主义服务的，①攻讦官方儒学而以诸子学为中心的学术史，也就戴上了政治色彩。国学保存会复兴古代学术，也是为了从学术史角度复兴长期被体制（尤其是科举）排斥在外的诸子学。

其次，以《国粹学报》所代表的清末诸子学，也是以"国粹"为器，去应对学术盲目西化之潮。但这不可简单化为排斥西学，因为邓实等鼓吹诸子学复兴，恰恰与西学的刺激相关。这一点，一如《国粹学报》第一年乙巳第九号《社说》所言："诸子之书，其所含义理，于西人心理、伦理学、社会、历史、政法、一切声光化电之学，无所不包，任举一端，皆有冥合之处，互观参考，而所得良多。故治西学者，无不兼治诸子之学。"②在这一点上，章太炎也是一样的。章太炎透过日本明治学术去融合西学，这早有研究明证。③比如章太炎亦尝言："原来我国底诸子学，就是西洋底所谓哲学。"④

再次，邓实们的"国学"对西学开放而又不盲目西化，以传统为资源批判政治，以及其所植根的另一个传统——光大传统学术而又自

---

① 井上进：『中国出版文化史』，名古屋大学出版社 2003 年版，第 24—25 页。

② 《国粹学报》第一年乙巳第九号《社说》，光绪三十一年（1905 年），影印本第三卷，第 115—116 页。

③ 章太炎透过明治日本融合西学的问题，请参考小林武：『章炳麟と明治思想：もう一つの近代』（东京研文社 2006 年版）；小林武、佐藤丰：『清末功利思想と日本』（东京研文社 2011 年版）。章太炎与德意志观念论的关系，慕唯仁的下述著作也一定程度论及：Viren Murthy, *The Political Philosophy of Zhang Taiyan: The Resistance of Consciousness*, Leiden: Brill, 2011，第三、四、五章。

④ 章太炎：《在四川演讲之九：研究中国文学的途径》，章念驰编订：《章太炎演讲集》，第 188—189 页。

我批判传统学术，这些特点与今人对“国学”所持有的封闭、保守的印象，实大相径庭。这些特点可以清楚地从《国粹学报》主要撰稿人章太炎及其追随者中窥见。章太炎与国学保存会会员之间所共有的，正是这一批判意识。最后，与章太炎略有区别的，是邓实所定义的，以诸子学、儒学等所构成的汉字圈传统学术，邓实称之为“亚洲古学”。邓实预言“欧洲古学复兴于十五世纪，而亚洲古学不复兴于二十世纪也？呜呼，是则古学之复兴者矣。”①邓实明确指出西学导入与诸子学复兴之间互动的问题，②也指出了日本的诸子学热与晚清诸子学热之间的关系。③文中屡言“亚洲古学”，而非“中国古学”，也显示出他对日本等汉字圈国家学术的意识，这是不太见于章太炎的意识中的。但是，邓实将诸子学为主的古典学术复兴等同于欧洲的文艺复兴，这也彰显出国学保存会以复古而求新的意识，这又是与章太炎相通的。黄节的“亚洲古学”，也显示了逾越狭隘的国族框架的开放意识。这些都属于本书所彰显的晚清复古的新文化运动的重要构成。

2. 章太炎与清季革命青年——《国粹学报》的“国粹”与“南方”

章太炎1906年6月出狱来到东京后加入同盟会，同盟会机关报《民报》自第六期起便由章太炎主持。从《民报》第五期广告部分，便可见《民报》为《国粹学报》东京代办。就章太炎与《国粹学报》的关系而言，首先，对1903年入狱、1906年起流亡日本的章太炎来说，《国粹

① 《国粹学报》第一年乙巳第九号《社说》，影印本第三卷，第117—118页。

② 刘东、文韬编：《审问与明辨：晚清民国的“国学”论争》上册编者解说，北京大学出版社2012年版，第139页。

③ 《国粹学报》第一年乙巳第九号《社说》，影印本第三卷，第117页。

学报》是其重要论文的国内发表阵地，其许多重要文章都在其上发表（事实上章太炎在狱中时便是《国粹学报》重要撰稿人）；对于《国粹学报》来说，章太炎本人不仅是有反体制前科的人物，也是以东京为基地的革命杂志《民报》主笔。正如《民报》是《国粹学报》的东京代办处一样，《国粹学报》某种意义上甚至是章太炎在国内的代理。其次，对于辛亥一代来说，1903 年“苏报案”后毅然赴狱的章太炎与邹容，政治上就是革命的象征人物，而学术上章太炎更是传统学术之殿军，对《国粹学报》来说，章太炎是最受推崇的硕学象征。章太炎在《国粹学报》第一期上便发表《致刘申叔书》《再与刘申叔书》，第二期上发表《释真》，第三期上发表《读佛典杂记》。言章太炎为《国粹学报》精神领袖亦不为过，其关系显然非同一般。再次，就章太炎—《国粹学报》—南社三者的关系而言，假如说《国粹学报》是派生南社的母体的话，章太炎也就与早期南社拥有了间接的关系，章太炎与南社的关系也就不难想象了。这一点将在本书有关的南社部分进一步讨论。

章太炎对邓实及《国粹学报》的评价，也见于革命成功后的 1913 年 4 月章太炎《稽勋意见书二》。章建议临时稽勋局为明末以来的历史人物授勋：联明抗清武将李定国（1621—1662）、郑成功（1624—1662）等；腾说光复之清末以来的耆儒硕学，如顾炎武、王夫之、吕留良（1629—1683）、戴名世（1653—1713）等。同时，章太炎也建议为辛亥革命捐躯者如孙文同志杨衢云（1861—1901）、黄花岗之役司令赵声（1881—1911）等授勋，而在世者则建议授勋予邓实。章太炎叙述邓实功绩曰：“著《国粹学报》，发挥民族主义甚详，鼓吹革命，足与《民报》比肩，以出版上海，故不能明斥清廷，然其流衍于人心者至矣。其同志有黄节。"①此处有意思的是，章太炎将立足上海的《国粹学报》与流亡东京的同盟会机关报《民报》相提并论，足见《国粹学报》在章太炎心目中的位置。其次，在上一封给临时稽勋局的信中，章太炎建议的授勋者中，除了牺牲的人外，在世者计有蔡元培（1868—1940）、于右任（1879—1964）、阎锡山（1883—1960）等十数位，②在第二封信中，邓实为章太炎建议授勋者中唯一的生存者，足见邓实在章太炎心目中的位置。临时稽勋局在宋教仁被袁世凯刺杀的3月20日后，于7月被袁世凯取消，③此乃后话。

章太炎虽既非编辑亦非会员同仁，但显然对《国粹学报》在学问上政治上具有巨大影响力。流亡日本期间，章太炎曾写有《致国粹学报社书》（1909年11月2日）一文，刊发于《国学保存会报告》第三十九号，文中章太炎如是批评《国粹学报》说：

> 《国粹学报》社者，本以存亡继绝为宗，然笃守旧说，弗能使光辉日新，则览者不无思倦。略有学术者，自谓已知之矣。其思想卓绝、不循故常者，又不克使之就范。此盖吾党所深忧也。弟近所与学子讨论者，以音韵训诂为基，以周秦诸子为极，外亦兼讲释典。盖学问以语言为本质，故音韵训诂，其管籥也；以真理为归宿，故周秦诸子，其堂奥也。……汉学中复出今文一派，以文掩实，其失则巫。若复甄明理学，此可为道德之训言（原注：即伦理学），不足为真理之归趣。（原注：理学诸家皆失之汗漫，不

---

① 汤志钧编：《章太炎政论选集》下册，第643页。

② 《稽勋意见书一》（1913年4月），汤志钧编：《章太炎政论选集》下册，第639—640页。

③ 《稽勋意见书一》汤注，汤志钧编：《章太炎政论选集》下册，第643页。

能置答则以不了语夺之。)惟诸子能起近人之废,然提倡者欲令分析至精,而苟弄笔札者,或变为猖狂无验之辞,以相诳耀,则弊复由是生。……贵报宜力图增进,以为广大国学之原。①

在此,章太炎以长者的身份谈到了《国粹学报》在"存亡继绝"上之不足,并寄托了自己的期待。说白了,就是章太炎认为《国粹学报》必须避免重复宋明理学之空疏,同时要改变低不就高不成的现状,以引领中国学术界,复古而求新。在此,章太炎谈到了自己当时的学术重心:"以音韵训诂为基,以周秦诸子为极,外亦兼讲释典。"以音韵训诂为基,则因"学问以语言为本质";以周秦诸子为极,则因诸子深求义理,以真理为归宿;"外亦兼讲释典",则是指章太炎对唯识佛教的钻研,这也与其阐发义理的学术、思想动机有关。也就是说,章太炎在谋求一种以语言为基础的、并非蹈空骛虚的学问体系,以给中国学术注入新的活力。亦即本于小学训诂的原则,实事求是,却不失义理的关心。章太炎担心《国粹学报》只是流于守旧而不能创新,也担心《国粹学报》重复宋明理学的空疏之论。

章太炎具体批判的是哪一篇论文,不得而知。至少,在之前一年,广东出身的黄节发表题为《岭学源流》的社说于《国粹学报》(第四十期,戊申年[1908年]),详细介绍了广东学术自明代以来如何上溯濂、洛(周敦颐濂溪先生、程颢程颐兄弟),下开陈白沙(陈献章,1428—1500),而湛若水(1466—1500,甘泉先生),言及粤人心学大家踵现,而令岭南成为心学重镇。②黄节并因此生造出"岭学"(岭南学术之意)一词。其实,

① 章太炎:《通讯》,《国学保存会报告》第三十九号,本书据邓实、黄节主编:《国粹学报》,影印本第拾贰册,第7489页。

② 邓实、黄节主编:《国粹学报》,影印本第九册,第4479—4492页。

陈白沙及其门人湛若水皆列于《明史》之“儒林”，然“岭学”“粤学”之类说法，皆未有所见。①“岭学”一词，固然属于本章所说的晚清“南方话语”。这一生造的词，大概是模仿朱熹（1130—1200，字元晦，号紫阳、晦庵）及其门徒之“闽学”“徽学”（徽州学术及文化），以清朝江永、戴震为代表、包含其江苏金坛段玉裁、凌廷堪、郝懿行、阮元等的“皖学”（皖派学术），以及以惠周惕、惠士奇、惠栋、钱大昕、江声、江藩、王鸣盛、洪亮吉等为代表的“吴派”之类学术史用语。②黄节并非理学心学门徒，学术主张毋宁说与章太炎相类，并受太炎影响。因此，上文可能仅是表明了粤人黄节“吾爱吾乡”之类意识或者对东南学术兴盛的羡慕而已。但是，理学与心学毕竟有违于章太炎这一时期所倡导的语言文字学与诸子学。章太炎所倡导的诸子学以小学为基，阐发义理，或兼融西学、佛教唯识学于诸子学之中。虽然没有证据显示章太炎的文章是批判黄节，但章太炎上述的批判，显然是适用于黄节这一篇社说的。至少黄节这一类的文章在学术上无法满足章太炎对《国粹学报》的期许。

那么，《国粹学报》是如何对待章太炎的批评呢？在《国学保存会报告》第四十二号上以学会的名义刊出《国粹学报明年之特色》，虽然并非提及章太炎的文章，但从时间和内容来看，显然不无响应章太炎该信的意思：

今年十三册幸已告成，虽未敢谓巨制鸿篇，国学之粹，尽在

---

① 张廷玉等撰：《明史》第 24 册，中华书局 1974 年版，第 7261—7262 页，7266—7268 页。

② 此一划分，见支伟成：《清代朴学大师列传》，上海人民出版社 2014 年版（1925 年初版）。

于是。然撰述之大旨，则力避浮华而趋于朴学，务使文有其质，博而皆要，非关于学术源流、有资考古者，不录。庶几韩子所云“惟陈言之务去者”(韩愈《答李翊书》)。至于保存古物、不遗故闻，训释周秦诸子之书，使尽可读，引申乾嘉诸儒之学，不绝其绪；铨明小学，以为求学之门径，谨守古谊，以毋越先民之训。五年于兹，抱兹坠绪，未敢或渝，是则本报区区之志，所欲与天下共见之者也。①

无论是邓实等人对诸子学的态度，还是其对西学的态度，特别是复古而求新的态度，无不可见《国粹学报》中章太炎投下的影响。尤其《国粹学报》在延续乾嘉学风、梳理以诸子学为中心的学术史、融通西学、复古以求新等方面，与章太炎的主要关心遥遥呼应。如果说章太炎为晚清以来最大的学术史家，那么，《国粹学报》则为晚清以来最主要的辨章学术、考镜源流之中心。章太炎的学术史拥有鲜明的个人框架，这一鲜明个人色彩显然也影响了《国粹学报》。章太炎、邓实、黄节等在政治上以“国粹”对照满洲统治者文化、政治上之“非我族类”，在道德意识上彰显士人“行己有耻”的意识。故国内的《国粹学报》与东京的《民报》，实一隐一显，相得益彰。

① 《国学保存会报告》第四十二号，本书据邓实、黄节主编：《国粹学报》，影印本第拾贰册，第7495—7496页。括号内文字为引者所加。

第二章 “南方”话语典型之南社
——章太炎、“文”的革命与清季革命青年

一、章太炎与清季革命青年或“五四”新文化中年——以南社为例

晚清“南方”话语之典型，莫过于晚清的南社，顾名可思其义也。与1905年2月创办的《国粹学报》相比，虽然南社成立的时间晚四年，但两者关系密切，尤其人员上高度重叠，这一点前面已经有所论述。从人员上，从南社与《国粹学报》的密切关系来看，言早期南社为《国粹学报》派生的文学团体，似不为过。也因为南社成员与国学保存会成员的高度重合，南社也因此与章太炎有了一定的联系。

就章太炎与晚清新一代的关系而言，南社成员与章太炎的联系，虽然并非如《国粹学报》般直接，章太炎似乎也从未直接与南社发生过联系。但是，如本书将论及，创办南社之前的青年柳亚子、陈去病等，其时确是处于章太炎巨大的影响之下。章太炎、《国粹学报》、南

社三者之间最根本的联系，主要在于复古的精神与反清种族革命的结合。南社的复古态度与这一夷夏之防的华夷意识，是密切相关的。南社因为认同明末的江南文学结社复社、幾社，[①]而复社、幾社认同文学复古，不喜公安派，因此，至少在字面上南社在文学和学术上容易因章太炎的"复古"话语而产生共鸣。其"复古"，更多是政治、文学上复明之"古"。在这一点上，南社的"复古"，与其成员的文化身份认同、民族主义认同有关，也与作为修辞策略的"复古"有关。他们的"复古"，除了个别成员如胡朴安外，未必如章太炎、邓实般主要是以小学为基，由古音韵而先秦诸子、周秦原儒，也更未必如章太炎、邓实般以诸子学相对化儒学中心的传统，以复古而创新。本章这一部分的主旨，也正在于探讨章太炎及邓实们与南社之间的关联及断裂。

据孙之梅统计，南社 1911 年正月编发的《南社社友通信》有 193 人，最高峰的 1916 年柳亚子《南社纪略》所统计的社友计 1 170 人，其中最多为江苏 437 人，浙江 226 人，广东 172 人，湖南 119 人，安徽 54 人，福建 23 人，苏浙粤湘约占五分之四强。[②]南社之"南"，一目了然。

在此，笔者欲就柳亚子与章太炎的关系，进而探讨章太炎对南社的影响，以进一步说明章太炎对辛亥革命年轻一代的影响。章太炎与柳亚子有直接的师生之谊。柳亚子在《南社纪略》中提及，1903 年(光绪二十九年)春，因好友、后来成为南社创办人之一的陈去病(巢南)与同邑金鹤望先生的介绍，他加入中国教育会做会员，到了上海进了

① 关于明代活跃的文学、学术、政治结社，谢国桢《明清之际党社运动考》(台湾商务印书馆 1967 年版)述之最详。

② 孙之梅：《南社研究》，第 50—60 页。

爱国学社，而认识章太炎等。[①]柳亚子的老师金鹤望(金松岑，1873—1947)为章太炎好友，江南宿儒，也是人们熟知的清末小说《孽海花》的作者。因此，章太炎的影响，也似可推而广之为章太炎对南社的影响。就柳亚子而言，认识章太炎与柳亚子自己确定革命立场之间，是有着直接关系的。

柳亚子《自撰年谱》中言及：1903 年十七岁时“入上海爱国学社，识章太炎、邹威丹(邹容)、黄中央、蔡孑民(蔡元培)、吴稚晖诸先生，始确定革命宗旨”。[②]章太炎等革命先行者的巨大影响，显而易见。柳亚子在《我和言论界的姻缘》一文中提及，1903 年进了爱国学社后，“和章太炎、邹威丹两位先生很接近”，章太炎写《驳〈革命驳议〉》反驳一篇主张君主立宪改良主张的文章《革命驳议》，“开了一个头，他不高兴写了，叫我续下去，我续了一段，同邑蔡治民先生也续了一段，末尾是威丹先生加下去的。”(《逸经》创刊号，1936 年 3 月 5 日)[③]章太炎、邹容在爱国学社时代与柳亚子的密切关系，也由此可以窥见。

章太炎早在“苏报案”发生前的 1903 年 5 月便曾有《致陶亚魂、柳亚庐书》，曰：

> 简阅传文，知二子昔日曾以纪孔、保皇为职志。人生少壮，苦不想若，而同病者亦相怜也。鄙人自十四五时，览蒋氏《东华录》，已有逐满之志。丁酉入《时务报》馆，闻逸仙亦倡是说，窃幸吾道不孤，而尚不能不迷于对山之妄语。《訄书》中《客帝》诸篇，

---

① 柳亚子：《南社纪略》，柳无忌编：《柳亚子文集 · 南社纪略》，第 9—10 页。

② 《自撰年谱》，柳无忌、柳无非编：《柳亚子文集 · 自传、年谱、日记》，上海人民出版社 1986 年版，第 9 页。括号内文字为引者所加。

③ 转引自汤志钧编：《章太炎年谱长编》上册，第 168 页。

即吾往岁之覆辙也。今将是书呈览。二子观之，当知生人智识程度本不相远，初进化时，未有不经纪孔、保皇二关者。①

该信也与上面的信同刊于东京《复报》第五号（刊载时太炎已出狱流亡东京）。据朱维铮、姜义华解释，陶亚魂为柳亚子爱国学社同学，1904年去世；“传文”指的是章太炎在爱国学社任国文教员时出题《××× 本纪》，要学生模拟帝王立传的“纪”的体裁，为自己立传，暗暗嘲弄皇权。“对山”则是明朝文学家、弘治十五年（1502年）状元康海（1475—1547，字德涵）的别号（康海著有《对山集》），此处则借指改良派代表康南海。②从此信中也可以看出，章太炎自己也曾经历选择改良至选择革命的转变，而柳亚子等爱国学社学员由选择改良向选择革命的转变，确实是在迈向革命实践的章太炎、邹容巨大的影响之下的。

早在1902年，十六岁的柳亚子曾以“亚庐”笔名，作《郑成功传》，从国内投稿，于1903年刊于日本出版的《江苏》杂志。文中誉郑成功为“数百年来”“无人过问之英雄”，“永为黄族好男儿模范”。③柳亚子对郑成功精神的弘扬，不独视其作为“反满”之遗民，亦意识到新的世界格局里中国的危机而呼唤“英雄”。而柳亚子重述过往历史尤其明末清初遗民史的两个动机，如上面所述，贯穿于章太炎、《国粹学报》、南社的叙述中。这是国内文化、政治双重危机中对历史的重述。这一点清晰地见于柳亚子《郑成功传》中的叙述：

---

① 朱维铮、姜义华编注：《章太炎选集》（注释本），上海人民出版社1981年版，第149页。

② 柳亚子：《五十七年》，柳无忌、柳无非编：《柳亚子文集·自传、年谱、日记》，第152页。

③ 中国革命博物馆、上海人民出版社编：《柳亚子文集·磨剑室文录》上册，上海人民出版社1987年版，第6页。

以渺渺一欧罗巴，地不满四千，人不满四亿，率其所谓民族主义、民族帝国主义者，以凭凌世界，风潮磅礴，日月惨淡，异族殊类，低首贴耳，夷为欧隶。

吾读亚洲史而愧，愧其无英雄也。吾读欧洲史而羡，羡其有英雄焉。……则所谓民族主义、民族帝国主义者，方将出现于皇汉之历史，又何至为欧人之专有物也。①

此文发表时，章太炎已经因“苏报案”于6月30日被捕。②1903年10月章太炎于狱中在杂志《江苏》上偶然读到爱国学社弟子柳亚子此文，致信激赏曰：

见弟所为《郑成功传》，曩吾睹弟之面，而今睹弟之心矣。杂志草创时，辞颇噎塞，数期以来，挥斥慷慨，神气无双。进步之速，斯为极点。而弟所纂《郑传》，亦于斯时发现，可谓智勇参会，飙起云合者也。③

该信后来发表于《复报》第五号（1906年8月25日）。章太炎对柳亚子的关注，自然与柳亚子作为爱国学社学员身份有关，但从上面的叙述中可以看到，柳亚子本来便深受太炎的革命思想影响。

章太炎因“苏报案”身陷囹圄，此案震惊中外，对柳亚子一代影响巨大。柳亚子《自撰年谱》中曰：“苏报案”后，“嗣闻章、邹入狱之耗，书空咄咄，为不怡累月”。④悲愤之情，跃然可见。柳亚子在自传《五十七年》中亦提及，太炎、邹容入狱后柳亚子曾去探监，但因为只能探

① 中国革命博物馆、上海人民出版社编：《柳亚子文集·磨剑室文录》上册，第5、14页。

② 汤志钧编：《章太炎年谱长编》上册，第169页。

③ 章太炎：《致柳亚庐书》，《章太炎政论选集》上册，第249页。

④ 柳无忌、柳无非编：《柳亚子文集·自传、年谱、日记》，第9页。

望一人，而未能探望邹容，而未料从此天人相隔，引以为憾。柳亚子并提及，“太炎先生后来还和我相见几次，虽然因种种的关系，彼此不能融合无间，重修‘爱国’时代的旧好”①。这里柳亚子写得含糊，不知其与太炎“不能融合无间”具体指的是什么。无论如何，柳亚子《自撰年谱》中却也提及，丙午年（1906 年）“章太炎先生出狱，迎赴吴淞中国公学，旋送别东渡”。②柳亚子于 1906 年在《复报》第三至十期连载的《中国灭亡小史》中，专门为“苏报案”列一节，《小史》结尾部分曰：“读章炳麟《革命军序》，能无愤愤欤！今者时局一变，又在文学时代矣。胡焰既衰，绝不能以文字之狱杀我同胞。则鼓吹不患其中止，特视我民之实行何如耳。”③柳亚子对章太炎的景仰之情，也是不能小觑的。值得留意的是他所使用的广义的“文学”概念。

如前所述，初期南社与国学保存会人员约三分之二为重叠，其关系确实密切。因此，言初期南社为《国粹学报》所派生之文学团体，似不为过。同时，也因南社成员与国学保存会成员的高度重合，南社便与章太炎获得了直接的联系。假如以 1903 年为中国革命的转折关头的话，这一转折的彻底实现则是之后日俄战争的爆发。日俄战争（1904 年 2 月至 1905 年 9 月）令中国士人在国内政治层面上进一步认清清政府之软弱无能，在国际政治层面上担心被开除“球籍”，这一焦虑愈演愈烈。章太炎、邹容在狱期间，世界、中国发生了巨大的变化。这些都是柳亚子一代辛亥青年转向革命的外部环境。1905 年创办

① 柳亚子：《五十七年》，柳无忌、柳无非编：《柳亚子文集・自传、年谱、日记》，第 186 页。

② 柳无忌、柳无非编：《柳亚子文集・自传、年谱、日记》，第 10 页。

③ 中国革命博物馆、上海人民出版社编：《柳亚子文集・磨剑室文录》，第 71 页。

的《国粹学报》也可以说脱胎于这一时代的大潮之中。南社则可以说是偏于学术史的《国粹学报》在文学领域的延伸发展，更是革命浪潮愈演愈烈的表现。1903年这一革命的转折，其象征性的表现之一，正是由邹容、章太炎所代表的以文字鼓吹革命为特征的“文的革命”。这一以语言为炸弹的“文的革命”，对新一代影响深远，令“文”的革命成为汹涌狂潮，摧枯拉朽。章太炎“文”的实践所起的革命作用，与千军万马之威力相比，又何逊之有？其实，正如李鸿谷所指出，辛亥革命的力量因得到留学生群体等知识分子之助，由边缘而核心，超越从前。①而章太炎正是统合这些海内外革命知识青年的关键人物。

二、章太炎与柳亚子——清季革命青年导师与“五四”新文化运动老人之间断

上面探讨了章太炎对柳亚子的巨大影响，由此彰显章太炎对早期南社成员的影响，以说明章太炎与清季革命青年之间的关联。此处则要探讨章太炎与柳亚子之间的断裂，由此凸显章太炎与早期南社成员之间的差异，推而广之，与部分清季革命青年之间的不同。

首先，如上面所论，柳亚子政治上投身革命，与他受章太炎、邹容的影响不无关系。但是，此处也想提出的是，柳亚子以及其他早期南社成员在文学上毋宁说更受梁启超、黄遵宪等文学改良的影响。就此，柳亚子曾在《我对创作旧诗和新诗的感想》(1933年6月)中回忆说：

> 直到十六岁那年，读了梁启超《新民丛报》内的《饮冰室诗话》和《诗界潮音集》，热心于诗学革命，便把以前所作的东西，付

① 李鸿谷：《国家的中国开始：一场革命》，三联书店2012年版，第16页。

之一炬。……梁启超和龚自珍,在当时可说是我脑海中的两尊偶像。自从《国民报》提倡“排满”、反对保皇,《大陆报》又攻讦康、梁的私德,我的信仰心渐渐摇动。十七岁读书在上海爱国学社,认识了章太炎、邹威丹,此后反对梁氏,不过他的诗我至今还是有几句喜欢的。①

如前面论述,柳亚子开头在政治上是认同改良的,后因章太炎、邹容的影响而转向革命。从上面的回忆中可以看到,柳亚子年轻时在文学上认同梁启超的诗界革命,后来则是因不喜欢梁启超的政治改良主张而自我压抑了文学上对梁氏的喜爱。尽管如此,柳亚子在文学上认同梁启超、黄遵宪的主张,这在南社诗歌多用西典、间用口语的特点中还是明显可见。从上述引用中也可以看出“苏报案”对柳亚子一代决定性的影响,它令许多年轻人从改良的幻想中彻底醒悟过来。袁进指出,以柳亚子为代表的南社士人,集梁启超的“诗界革命”与南社所标榜的复古主义于一身,“诗界革命”所倡导的引西典、“旧风格含新意境”等改良主张在他们作品中都很明显。甚至可以说“诗界革命”的探索,主要在南社身上。②柳亚子 1907 年(光绪三十三年)冬的诗曰:

慷慨苏菲亚,艰难布鲁东。
家人真绝世,余子亦英雄。
忧患平生事,文章感慨中。
相逢平一醉,莫放酒樽空。③

① 中国革命博物馆、上海人民出版社编:《柳亚子文集·磨剑室文录》下册,第 1144 页。

② 袁进:《中国文学的近代变革》,广西师大出版社 2006 年版,第 205—206 页。

③ 柳亚子:《我和南社的关系》,柳亚子:《南社纪略》,第 3 页。

引俄国女虚无党(无政府主义党)苏菲亚(Sophia Lvovna Perovskaya, 1853—1881)、法国无政府主义者布鲁东(Pierre—Joseph Proudhon, 1809—1865)入诗,这正是诗界革命的影响。Don C.Price 指出,远在十月革命影响中国之前,晚清时俄国对中国革命的影响便不容忽视。晚清革命宣传物中,关于反沙皇俄国革命分子虚无党(民粹派)投掷炸弹的描述,比比皆是。[①]而苏菲亚的形象,当时也为不少晚清志士如康门弟子罗普(1876—1949,原名文梯)的《东欧女豪杰》(以笔名岭南羽衣女士出版)等所热衷。[②]同盟会机关报《民报》第二号开篇的第一幅图像为《法国第一次大革命之真景》,第二幅画像为苏菲亚,第三幅为陈天华,这一图像组合颇具象征意义。其时,这一诗界革命的文学改良主张,不独柳亚子,同时也是早期南社许多成员的特征之一。而且,这一共同的特征也能说明他们的"复古"与《国粹学报》的"复古"之间的不同。比如,高旭(钝剑)《愿无尽斋诗话》最能表达早期南社与诗界革命的文学改良主张之间的关系。高旭曰:"作诗不可不学古人,亦不可太学古人。""世界日新,文界诗界当造出新天地。此一定公例也。黄公度诗独辟异境,不愧中国诗界之哥伦布矣。""诗文贵复古,此固不刊之论也。复古者在乎神似,不在乎形似。……故诗界革命者,复古之美称也。"[③]

民国建立后,清政权不存,清末汹涌澎湃、作为种族革命话语的

---

① Don C.Price, *Russia and Roots of the Chinese Revolution, 1896—1911*, p.2.

② Ibid., pp.124—125.

③ 高旭(钝剑):《愿无尽斋诗话》,《南社丛刻》第一卷,江苏广陵古籍刻印社 1996 年版,第 37、39、41 页。南社研究者林香伶也在其著作中就南社与维新派的复杂关系,有过详细的描述。林香伶:《南社文学总论》第七章《南社与新旧文学的拔河拉扯》,台湾里仁书局 2009 年版,第 493—572 页。

"南方"话语也因为"北方"之不存而最终成为历史。章太炎对柳亚子的影响(或者说柳亚子对章太炎的评价)，也有了很大的变化。至少我们可以看到柳亚子在1925年5月11日在致信新南社成员任梦痴的信中开始对章太炎略有微词：

> 像章太炎一流人，只讲狭隘的民族主义，以为排去满洲，就把民族主义达到了。孙先生的民族主义，却主张"国内诸民族一律平等(所以容许蒙古自治)，中国民族世界上独立自由(所以主张打倒帝国主义，废除不平等条约)"，那岂是讲狭隘的民族主义的人所能了解的呢？①

从柳亚子此处对章太炎的微词，可以看出他对章太炎思想的理解过于简单，因为这里显然可以看出他显然未必读过(或读懂)章太炎的思想理论类的著述，比如他未必理解章氏名著《齐物论释》批判国家对个人压抑、批判国家主义、尊重差异性的思想。②也许这一"简单"为许多辛亥革命青年所共有，也未可知。试想，章太炎晦涩的文章，又有几个人可以读懂？

柳亚子的态度转变也许和他与孙文所领导的国民党的关系有关。尤其1924年国民党改组后，章太炎更对国共两党开火。章太炎对共产党的批判，至少见于共产党成立四周年之时，而他的批判也同时指向联俄联共的国民党，认为共产党和国民党都是"借着俄人的势

---

① 《柳亚子文集·书信集录》，上海人民出版社1985年版，第55页。

② 这方面的研究，尤以汪荣祖的研究最为详尽。Wong Young—tsu, *Search for Modern Nationalism; Zhang Binglin and Revolutionary China 1869—1936* (Hong Kong: Oxford University Press, 1989); Wong Young—tsu, *Beyond Confucian China: The Rival Discourses of Kang Youwei and Zhang Binglin* (London and New York: Routledge, 2010)，及其相关的汉语著作。

力，压迫我们中华民族”。[①]国共两党联俄的策略，自有史家评论，此处存而不议。身为国民党左派的柳亚子对章太炎的批判是否因章太炎批评孙文，则不得而知。就章太炎对孙文的批判而言，比如说1928年10月21日章太炎在演说中说：“孙中山后来的三民主义，乃联外主义、党治主义、民不聊生主义。今日中国之民不堪命，蒋介石、冯玉祥尚非最大罪魁，祸首实属孙中山。他们现在说以党治国，也不是以党义治国，乃是以党员治国，攫夺国民政权，而对外仍以中华民国名义。”章太炎认为党国化与袁世凯称帝相去不远，本质就是“一个党要做皇帝”。在这一演讲中，他甚至批判孙文和蒋介石此举就是“叛国”，并借用1925年逝世的孙文遗嘱用语说：“叛国者国民应起讨伐之。故吾谓革命尚未成功，国民尚须努力，应共奋起。”[②]章太炎在此呼吁继续革命，结束党治，指出了国权、党权与民权三者之间可能的对立。一个月后的1928年11月24日，上海特别市党务指导委员会第五十八次常会通过了议案《呈请通缉反动分子章太炎案》。[③]此时此刻，曾与孙文、黄兴并列辛亥革命“三杰”之一的章太炎，显然已成为国民党的敌人。柳亚子对章太炎批判国民党持何样的态度，不得而知。但可以猜想，柳亚子作为孙中山忠实的追随者，是不可能同意章太炎激烈的批判的。而且，毫无疑问的是，此时的柳亚子与章太炎之间已经有了很大的距离。

---

① 比如章太炎：《我们最后的责任》(1925年10月31日于上海国民大学的演讲)，章念驰编订：《章太炎演讲集》，第293页。

② 章太炎：《在招商局轮船公司股东会上的演说》(1928年10月21日)，章念驰编订：《章太炎演讲集》，第296页。

③ 1928年11月25日《申报》“本埠新闻”《市指委会五十八次常会》，转引自前引汤志钧编：《章太炎年谱长编》下册，第899页。

民国建立以后，就柳亚子与新文学的关系而言，新文学方面的胡适在1916年《白话文言之优劣比较》中曾揶揄南社的“名士诗”，认为杨杏佛的白话诗远胜之。①旅美期间的胡适对南社多有攻讦。②柳亚子也在1917年4月25日所刊之《与杨杏佛论文学书》中直言胡适“所作白话诗，直是笑话”。③但是，有史料显示，柳亚子事实上至少在1924年以后在文学上便转向赞同新文学，一反他以前对白话文的批判。比如1924年6月16日致吕天民信中便对新南社成员、后来任国民党政府立法委员的文友吕天民（吕志伊，字旭初）攻讦新诗表示不以为然，信中也对时任国民党中央监察院委员的友人张继（字溥泉）反对白话文颇有微辞。④这一态度在1930年代变得更为激进。如1935年12月“上海中文拉丁化研究会”所发起的《我们对于排行新文字的意见》中，柳亚子与蔡元培、孙科（1891—1973）、鲁迅、郭沫若（1892—1978）、陈望道（1891—1977）等一起为开头的几个签名者。⑤所谓“新文字”，就是拉丁化的汉字（汉字音）。虽然此举大概与其时救亡运动的氛围不无关系，也与近现代的声音中心主义不无关系，但柳亚子毕竟曾是国学保存会成员。也许这也是顺理成章的变化，因为早期南社人虽然认同复社、幾社的明末传统，但又同时又渴望参与以西方为代

---

① 胡适：《胡适留学日记》（四），台湾远流出版公司1986年版，第46—47页。

② 林香伶：《南社文学总论》，第561页。

③ 收于中国革命博物馆、上海人民出版社编：《柳亚子文集·磨剑室文录》上册，第451页。

④ 《柳亚子文集·书信集录》，第51—52页。

⑤ 倪海曙：《中国拼音文字运动史简编》，时代书报出版社1948年版，第139—141页。

表的“世界”，①而这一“世界”的主流是由拉丁、罗马字母构成的。柳亚子等许多早期南社人主张“复古”，其实更多是政治层面的，亦即“复明”而已。他们的“南方性”是在这一层面上的。由此亦可窥见章太炎以及邓实、黄节与早期南社人之间的重大差别或断裂（文字训诂方面颇有建树的胡朴安应是一个例外）。

第一次世界大战对中国知识分子带来的重大影响之一，就是为谋求某种国际化，而建构某种新的国家认同。②一如徐国琦所指出，“民族主义的国际主义”（nationalist internationalism）或“国际主义的民族主义”（internationalist nationalism）成为谋求国际化的中国民族主义的新的认同。③在新的时代氛围中，“国粹”“复古”势必成为边缘，从中不难想象章太炎、国学保存会的命运：国学、复古，不再成为年轻读书人的身份认同的内容，取而代之的，是更易于“翻译”或“接轨”西方的新文学的白话文，甚至拉丁化、罗马化文字，被认为更容易与“现代”“世界”“文明”等新的价值相连。这些新的价值成为年轻一代追求新的身份认同的重要构成。章太炎、南社一代的民族主义中尚可见的夷夏之防意识，此时已经荡然无存，也算是与时俱进。口语、西化文体等，意味着中国进一步既是被迫又是主动地自我纳入这一西方军事和文化所主导的

---

① 关于这一点，Rebecca Karl 的著作标题清楚地说明了世纪之交包括南社在内的中国民族主义是如何处于全球化语境中世界的相互联系性之中。前引 Rebecca Karl, *Staging the World: Chinese Nationalism At the Turn of the Twentieth Century*。Rebecca Karl 著作的题目，并非别出心裁。陈去病主编的《二十一世纪大舞台》杂志（1904 年 10 月创刊于上海）便说明了这一点（该杂志出了两期便被封禁）。

② 徐国琦：《中国与大战：寻求新的国家认同与国际化》(Xu Guoqi, *China and the Great War: China's Pursuit of a New National Identity and Internationalization*, Cambridge University Press, 2005)，马建标译，上海三联书店 2008 年版。

③ 同上书，第 58—64 页。

世界体系。于是,现代性与文化的自我殖民之间也就有了不易清洗的复杂关联。“南方”以及其面对的“北方”,这些关键词越来越不足以说明世界。迨至1919年五四运动时期,章太炎弟子如鲁迅、钱玄同(1887—1939)等纷纷出走,这也即是从传统出走。也有如周作人者,努力诀别这一传统却又不得不与之若即而若离。柳亚子等清季革命青年已经慢慢敬章太炎而远之,又更何况“五四”青年?

三、作为中国史结构的“南方”及其再生产

1. 作为“方法”的“南方”

总而言之,清末的“南方”话语,首先当然是一个空间概念。从国内的层面看,是一个区别“北方”、对抗北廷的话语装置。其次,清末的“南方”又是一个时间概念。它有着“南明”“历史”“传统”“遗民”等意涵。此外,这一“南方”话语也是在全球空间(global space)中的空间配置实践。这一全球空间当然也是19世纪第一次全球化资本主义、殖民主义语境中的空间。晚清“南方”这一空间配置实践所表现出来的,也是文化上学术上与“西方”的差异性关系。从这个意义上说,这一“南方”空间,也是国族空间(national space)的隐喻。假如说“南方”也与体现了辛亥革命之动力之一的地方之力相呼应的话,①清末的“南方”话语其实在有着国族色彩的意义上又是有着一定人工性、建构性的“地方”话语。②这一国族空间直接见于清末的国学话语,也直

① 前引沟口雄三论文《辛亥革命新论》,《中国历史的脉动》所收。

② 类似的地方性,也见于清末民初如“广东文化话语”之类的“地方”话语的虚拟性,因为这一地方话语无非又是以国族话语为前提的。关于清末民初的“广东文化”话语的建构,见程美宝:《地域文化与国家认同:晚清以来“广东文化”观的形成》,三联书店2006年版。

接间接地见于南社的诗文等话语中。“南方”，正如《国粹学报》的“学术”与南社的“文”一样，也就成为某种动词性的词汇，亦即是“文”的实践和“文”的行动。同时，这一实践或行动之所以成为可能，是借助了某种过去的时间：亦即某种中国历史叙述。这一时间性的高扬，与西来的普遍化的西方的时间，处于紧张关系之中。在此意义上，这一“南方”不仅是空间化，也是时间化。它之所以是某种政治实践，是因为它在“文”与“学术”中重构，并且在与出版资本主义的结合中，建构某种语言公共空间，以影响政治。

其实，“南对北”、“南”优于“北”之类的话语结构，因中国历史的特殊性，其实由来有自。这里所说的中国历史的特殊性，指的是中国史由两部分构成的互动的中国：北中国的游牧、半游牧社会对应南中国的农耕社会(秦一统中国后其中间线则是长城)；或者说，在管治制度方面秦汉之后北中国的羁縻制度对应南中国的郡县制。又由于“北”中国游牧民族在军事上对以汉族为主的“南”中国农业社会的明显优势，南北二元区分又被这一事实所强化。可想而知这一南北区分在南宋时期自然会被常常言及。但是，实际上类似的“南北二元结构”早出现于郡县制出现的秦汉之前，至少是见于汉代。比如《礼记》卷三十一《中庸》中有如下一段：

> 子路问强。子曰：“南方之强与？北方之强与？抑而强与？”“宽柔以教，不报无道，南方之强也，君子居之。衽金革，死而不厌，北方之强也，而强者居之。故君子和而不流，强哉矫。中立而不倚，强哉矫。国有道，不变塞焉，强哉矫。国无道，至死不变，强哉矫。”

(抑，语助词。而，言女，汝也，子路也，此处孔子反问子路，“强有多种，女今所问，何者之强？”衽，rèn，卧席也。金革，军戎器械也。［以上孔疏］流，犹移也。塞，犹实也。国有道不变以趋时，国无道不变以辟害，有道无道一也。矫，强貌。塞，或为色。［以上郑玄注］）①

《中庸》一般被认为是战国时代子思的著述。上面的引用展示了“武”因而“无道”的“北方”，对应“文”因而“有道”的“南方”的结构。孔颖达疏：“北方沙漠之地，其地多阴，阴气褊急，故人性刚猛，恒好斗争。……云南北不云东西者，郑冲云：是必南北互举，盖与东西俗同，故不言也。‘故君子和而不流，强哉矫’，此以下皆述中国之强也。”（褊，音扁，褊急，气量狭隘，性情急躁。）②

类似的“南方”话语演变成明末清初的遗民政治文化。明末清初顾炎武、黄宗羲、王夫之等，为这一遗民谱系提供了范例。就“南方”话语而言，明清之际便有王夫之、黄宗会（1618—1663，字泽望，号缩斋）激烈的南北论，将反清情绪借地域概念表达为“夷夏—南北”论。③与之相关联的是，明末清初的“南方”也是某种文化认同、政治认同的表述和实践。借赵园的说法，这是明末清初遗民的“自我形象制作”。④在晚清的媒体空间中，这一文化认同、政治认同在公共空间中的表达，更拥有了高度的政治性。但是，也应该注意到，清代作为满洲入主中原、由“北”至“南”的王朝，清末的“南北”问题已经无法像明末清初那样清晰。对于晚清革命者来说，重新回复明末清初的南北话语是一个重要的动员策略。当然，源于西方的种族主义话语也起着重

---

①② 《十三经注疏·礼记》（清阮元校勘，嘉庆二十年重刊宋本），日本京都中文出版社1974年版，第3527页。括号内注释择汉郑玄注、唐孔颖达疏综合而成。

③ 赵园：《明清之际士大夫研究》，第90页。

④ 同上书，第256页。

要的作用。

另一方面，南社同人们所解读的“南方”当然并非全然是章太炎的“中国”，但是它却构成了以南社为中心的清季革命青年的“南”，亦即他们所理解的“中国”。章太炎对清季革命青年的巨大影响固然重要，但是，他们所理解的这一“章太炎”只是章太炎的某一面，因而不无“放大”、偏颇之处。这一理解不足以解释《民报》时期章太炎充满战斗气息的文章中频频流露的对民族之狭隘性的超越、对弱小民族的深切的同情。关于这些问题，后文将进一步讨论。

2. “操南音不忘其旧”——近现代最广泛的革命文学实践之南社

南社最初酝酿于1907年，正式成立于1909年11月13日（宣统元年十月初十），以上海为活动中心，发起者为陈去病、高旭和柳亚子。江苏人高旭（1877—1925，字天梅，号剑公）1909年10月17日（己酉九月初四日）发表《南社启》于同盟会会员于右任（1879—1964）创办的《民吁日报》，文曰：

> 中国国学中之尤可贵者，端推文学，盖中国文学为世界各国冠，泰西远不逮也。而今之醉心欧风者，乃奴此而主彼，何哉？余观古人之灭人国者，未有不先灭其言语文字者也。嗟乎痛哉！伊吕倭音，弥漫大陆，蟹形文字，横扫神州。此果黄民之福乎？……然则社以南名，何也？乐操南音，不忘其旧，其然岂其然乎？南之云者，以此社提倡于东南之谓。“率土之滨，莫非王臣”，原无分于南北，特以志其始也云耳。……今者不揣鄙陋，与陈子巢南、柳子亚卢有南社之结，欲一洗前代结社之积弊，以作海内文学之导师。余惟文学之将丧是忧，几几乎忘其不自量矣！试问今之所谓文学者何如乎？呜呼！今世之学为文章者、为诗

词者，举丧其国魂者也。①

宁调元（1873—1913，字太一）《南社集序》中又曰：

吾友高子钝剑、柳子亚庐等既以诗词名海内，复创南社，以网罗当世骚人奇士之作，蔚为巨观。钟仪操南音，不忘本也。……斯编何取乎？曰：辑诗非选诗也。于先王之书，《乐记》道之曰：治世之音安以乐，乱世之音怨以怒，亡国之音哀以思。故哀乐感夫心，而咏叹发于声。斯编何音？斯世何世？海内士夫，庶几晓然喻之，而同声一慨也夫。嗟嗟！小雅尽废，四夷交侵。子夏序诗，是以君子谓之知言。②

高旭、宁调元两文，足可窥南社之宗旨。首先，高、宁二氏皆提及的“操南音不忘其旧”，“钟仪操南音，不忘本也”，典出《左传》成公九年（西元前582年）。被郑国献于晋国的楚囚钟仪，在晋侯（晋景公）面前，南冠而礼，晋侯问其能乐乎，对曰：“先父之职官也，敢有二事？”（“敢有二事”，杜预注曰：“言不敢学他事。”）晋侯使人与之琴，钟仪坦坦然操南音而应。南音者，杜预注曰“楚声也”，即楚国音乐。钟仪虽为囚身，其不背本，令人感其仁；其不忘旧，令人感其信；其无私，则令人感其忠。故范文子曰：“楚囚，君子也。言称先职，不背本也；乐操土风，不亡旧也。”③宁调元为湖南人，楚人也。“南音”不仅指南方的音乐，至少在宋代，吴方言、闽方言、楚方言等也被称为“南音”。④这些方言，尤其吴音，都与南社成员关系密切。这一典故

---

① 《国民日日报》1903年8月23日，转引自孙之梅：《南社研究》。

② 《南社丛刻》第一卷，江苏广陵古籍刻印社1996年版，第139—140页。

③ 以上见《重栞宋本左传注疏》（《十三经注疏》第五卷，清阮元校勘，嘉庆二十年重刊宋本），日本京都中文出版社影印1974年版，第4134页。

④ 李新奎：《中古音》，第13页。

可窥见南社人的文化认同意识和政治意识。此当是暗示不敢遗忘异族入主中原的亡明之恨。南社对革命的态度此处炳然可窥,也可由此联系其与南方革命派的关系。在宁序中,引《诗经·小雅》中“小雅尽废,则四夷交侵,中国微矣”,既含有影射清政权之意,又可理解为清末西力东渐对中国形成的威胁,融传统华夷之辨意识与现代民族主义于一体。

其次,寄予“文学”如此高期待,亦是南社的一大特点。显然,这也是文学的社会实践和政治实践,是典型的文学行动,而非文人闲适趣味。此一“文学”,从其开始之时便有着高度的公共性。再次,高旭所言之“文学”,是狭义之以传统诗文为主的“文学”,与《国粹学报》不同。因为《国粹学报》的“文学”概念,是章太炎无所不包的广义文学概念,比如说美术、金石等亦囊括于其中。①此一如庞俊注释所言,“律令、军法、章程、礼仪,皆为文学,盖即周秦文学之义”。②此见于章太炎《文学总略》开篇所言:“文学者,以有文字著于竹帛,故谓之文。论其法式,谓之文学。”③但是,如高旭所言,这一“文学”既为“国学”之构成部分,因此,也可理解为弥补《国粹学报》之不备。此一“文学”的提倡,是有着抗衡西方文学和日本文体(东文体)用意的,因为在高旭看来,中国的“文学”为国学之精髓,其传统雄立于世界文学之林。

---

① 王风指出,刘师培发表于《国粹学报》第三年第五、六号(1907 年 6、7 月)的《中国美术学变迁论》除了区分“蹈虚”与“徵实”外,亦将“美术之学”与“实用之学”对举,由此,“文学”、“蹈虚”被统一至“美术”中。王风:《世运推移与文章兴替:中国近代文学论集》,北京大学出版社 2015 年版,第 76 页。

② 庞俊、郭诚永疏证:《国故论衡疏证》,第 261 页。

③ 《国故论衡》,第 55 页。

与章太炎"文学"概念一样,《国粹学报》的"文学"概念也是有所针对的。从国内政治的层面看,"欧风"和日本文体所表征的,正是以梁启超等为代表的改良派路线,而《南社》的立场,一定程度上类似于章太炎所代表的、将传统学术资源用于政治目的的南方革命派。在此意义上说,《国粹学报》主学术,南社主文;《国粹学报》的"文学"概念如章太炎的"文学",以小学为基,以诸子学为主,囊括学术史、政治史、美术史等于此广义的"文学"于一体。与此不同,南社的"文学"则是以诗文为主、相对狭义的"文学"。尽管如此,虽然南社容易予人诗社的印象,但事实上南社以狭义的诗文为主,旁及戏剧、美术、遗民史、学术史、书信、文学批评等。比如说,首批雅集者中,黄宾虹与俞剑华(1895—1979)都是美术界人士,都是后来中国近现代美术史上的重要人物。虽然早期南社多少也涉及包含学术史在内的历史,但在质与量上皆无法与《国粹学报》比,影响甚微。

从政治上看,在第一次雅集者十七人中,十四人皆是同盟会会员。①第三次雅集者十九人也同样能说明南社与革命的直接关系。除了发起者三人外,雷铁厓(1873—1920)曾任孙文秘书,为辛亥革命的宣传家;范鸿仙(1882—1914,名光启)曾任光复时期铁血军司令,后被袁世凯(1859—1916)暗杀;林白水(1874—1926,原名林獬)后来为奉系军阀枪杀;张佚凡(林宗雪,字逸凡,随母姓)曾任女子北伐队队长,②等等,不一而足。足证南社乃天下豪迈之士聚集之所。

① 柳亚子:《我和南社的关系》,收入柳无忌编:《柳亚子文集·南社纪略》,上海人民出版社1983年版,第3、11—14页。

② 同上书,第22页。

从中国文学史传统角度看，南社延续了明末崇祯二年(1629年)成立的江南文学结社复社、幾社复古的文学传统，政治上光大复社、幾社名士以死抗清的政治气节，以传统砥砺种族革命之意志。从中国近现代文学史尤其是革命文学史来看，可以说南社之文的实践性质，实无出其右者。汪兆铭(汪精卫，1883—1944)《〈南社丛选〉序编》中也回顾了南社文学作为革命文学的自觉。在此意义上，可以说南社是中国现代革命文学、民族主义文学之开始。冯自由在《革命逸史》中《革命初期之宣传品》一文也曾指出，在兴中会初期，宣传品只有《扬州十日记》《嘉定屠城记》之类，因痛感缺乏文人墨客而不利宣传，故于1899年派陈少白在香港创办《中国日报》；迨至1903年至1904年留日学生的革命书报方臻高峰(据《革命逸史》所收《革命留学界革命书报的最盛时期》一文)。[①]仓田贞美认为，从纯文学的角度看，留日学生的《湖北学生界》《浙江潮》《江苏》应被视为近代中国革命文学的滥觞。[②]《湖北学生界》活跃于壬寅(1902年)东京，《浙江潮》则活跃于次年癸卯(1903年)的东京，创办人员有孙翼中、蒋智由(1865—1929)、蒋方震(蒋百里，1882—1938)等，同年的《江苏》编辑者有秦毓鎏(1880—1937)、张肇桐、汪荣宝(1878—1933)等。[③]南社则是在这些革命文学积淀基础上规模更为集中、更为广阔的发展。

南社不仅是近现代革命文学的早期形态，似也可谓其高峰之一。南社的文学，与20世纪30年代的左翼革命文学相比，无疑同属革命

---

① 这一事实为仓田贞美所留意。仓田贞美:『清末民初を中心とした中国近代詩の研究』，东京大修馆书店1969年版，第434页。

② 仓田贞美:『清末民初を中心とした中国近代詩の研究』，第435页。

③ 冯自由:《革命逸史》中，新星出版社2009年版，第487页。

文学，但是他们之间也有着如下的区别。

首先，20 世纪 30 年代的革命文学，既有如鲁迅所代表的以个人为单位、追求个性和解放的左翼文学，也有植根于现代党派集体意志的革命文学（如左联中的核心部分）。虽然左联无疑以批判现实为己任，但一定程度上这是在党的文艺路线、政治路线的统筹之下进行的，所体现的是党派的路线与方针（虽然也有非党派左翼文学、文艺人士参与，如鲁迅等）。与之相比，南社是传统的文学结社，因而依然是更为明显的由个人所组成的自发的文学社团。而早期南社主流成员政治上所认同的同盟会与现代的政党不同之处，在于其传统的政治结社性质。①

其次，20 世纪 30 年代左翼文学在文化上主张反传统的同时，伦理上政治上主张走向农村、关心民众，因而不可避免地主张某种新的文化，这一新的文化强调民俗性、民众性、通俗性。这也是中国的白话文运动的一个背景。这固然与左翼文学服务于发动大众的政治主张相配套，但又有某种浪漫的政治乌托邦色彩。②与之相比，南社有着更为直接的延续"文"之传统的自觉。这清楚地见于他们对明代复社、幾社的热望与想象。南社成员政治上意欲唤醒历史中（如明代）遗民之凛冽刚健的精神，以服务于反清的政治目的。他们作为个体强烈地意识到了历史，并有意识"演出"这一历史，以谋求这一"演出"可

① 传统结社与现代革命的结合，请参考孙江：『近代中国の革命と秘密結社：中国革命の社会史的研究（一八九五～一九五五）』之《序言》，东京汲古书院 2007 年版。

② 这方面请参考 Hung Chant—tai, *Going to the people: Chinese intellectuals and Folk Literature in 1918—1937*, Cambridge, Mass.: Council on East Asian Studies, Harvard University, 1985（汉译本参洪长泰：《到民间去：1918—1937 年的中国知识分子与民间文学运动》，董晓萍译，上海文艺出版社 1993 年版）。

以觉民反清。

再次，1930 年代左翼文学植根于马克思主义的阶级意识以及与国际主义方针处于协调关系中的民族主义（或可悖论性地称之为“国际主义色彩的现代民族主义者”）。与之相比，虽然南社的民族主义也属于 20 世纪初期肇端于西方、流行于世界各地的民族主义话语的一环，但是，南社的民族主义又高度结合了《春秋》以来讲究夷夏之防、华夷之辨的传统的本文化中心主义。在此意义上，较之 1930 年代左翼文学对立面的、官方扶持的“民族主义文艺运动”，南社的民族主义也是有区别的。

最后，1930 年代的革命文学受直线型的目的论史观统治，而南社的革命文学即使一定程度上受进化论影响，但与 1930 年代的左翼文学相比，直线性史观在南社那里并非主流。这一区别亦见于后来的文学史对南社、1930 年代革命文学的描述。一般文学史称南社为“资产阶级文学团体”。这一说法蕴含着低于后来的“无产阶级”的党派的革命文学之意。这固然有马克思主义影响之下阶级分析法对文学史写作的影响，也与党派中心的历史观有关，但是，根本上说，这一说法更与源于西方的包含马克思主义在内的目的论进步主义的线性史观相类。也是以欧洲史观解释中国史的一种表现。

结语　以“文”上演“南方”

就本编着眼的“南方话语”而言，《国粹学报》无疑也是国内最重要的阵地之一。后来成为南社主将的陈去病在《国粹学报》第二十八期至第三十六期（1907年）上连载了《明遗民录》，高扬夷夏之防意识，暗示自己的遗民身份，与《国粹学报》上连载的黄节《黄史》之类的叙述相呼应。陈去病在《明遗民录叙》中曰：“窃谓世变至此，无复相加，若循是不返，将人道不复可睹，而乾坤几乎或息。然则尚乌所谓内外之防与志节之可贵哉！故发愤编纂成《明遗民录》若干卷如下方，亦蕲类族辨物之圣，知所敬爱以自譬况。则神洲纵陆沉，而人兽其倘堪判乎！”，并于《凡例》中曰：“遗民心系故国，衣冠正朔，自与新朝不同，……吾侪所以崇拜遗民者，谓其感戴旧君，耻臣新主也。”①矛头直指清廷。此与章太炎对顾炎武（亭林）、王夫之（船山）之遗民意识之

① 《国粹学报》第三年丁未第二十八号，邓实、黄节主编：《国粹学报》，影印本第七册，第3243—3244页。

推崇，如出一辙，也暗示了戊戌变法失败后士人对腼颜事清的汉族官僚之鄙夷，同时也看出陈去病如何以遗民自况。赵园指出，明清之际的“遗民史论”，是遗民用以自我界定、阐释的常用方式，是寻求某种自我象征，以至寻求将自身经历纳入史述的途径，①乃是一种道德实践。②这些都适用于描述章太炎、《国粹学报》同人以及后来的南社初期同人的遗民意识。事实上，1903 年章太炎、邹容被捕的“苏报案”后，革命党人的“南方”话语都带有浓烈的遗民意识。这一遗民意识在晚清较早地见诸章太炎等的南明史叙述，更延续于后来的《国粹学报》、南社作品。南社成员更感兴趣的古学其实也只是被禁毁散佚的明遗民史实和著作，并延及宋遗民的诗文。③在革命大潮愈涌愈烈之际，晚清的“南方话语”戴上了浓烈的政治意味。

以现代的复社、幾社自任的南社，其实又有着明显的现代色彩。从现代的角度看，南社同时又结合报纸等新媒体，启蒙大众（“觉民”）。要而言之，南社同人将文言诗这一古老的形式，化作独特的大众传媒，以唤醒革命精神，激起国人“排满”抗清的志气。南社成员与媒体之密切关系，更说明了其“文学”与公共性的关系。自古文言诗便有应酬往来之公共性质，但至南社之时，现代出版资本主义的确立，印刷技术的提升，令南社这一文学结社有了与明代复社、幾社迥然有异的公共性。而媒体的力量，在南社成立之前对其成员群体有着巨大影响的章太炎更是深明于心。近现代新闻学家戈公振（1890—1935）指出，柳亚子于东京所办杂志《复报》与同盟会机关报《民报》的言辞

① 赵园：《明清之际士大夫研究》，第 270 页。
② 同上书，第 273 页。
③ 孙之梅：《南社研究》，人民文学出版社 2003 年版，第 37 页。

最为激烈，尤其《民报》改由出狱东渡的章太炎主笔后，“一时有纸贵洛阳不胫而走之概”。①其实，言辛亥革命前的南社史亦为中国近现代新闻史之重要部分，亦不为过。②

南社对媒体公共性的意识，也表现在他们对戏剧改良的重视上，戏剧的公共性，亦为南社人所重视。张春田曾留意到“舞台”对于南社来说是一个重要的意象，与此相关的关键词则是“表演”。他指出南社的“舞台”不仅指南社的戏剧改良，更是指中国被迫登上世界资本主义的“舞台”。③戏曲在明清时代的中国曾经有过巨大的影响，这一独特的大众媒体联系起整个社会尤其普通民众的情感。但是，南社的“舞台”是独特的。“舞台”这一南社的重要意象，无疑意味着其

① 戈公振：《中国报学史》，岳麓书社 2011 年版，第 134 页。

② 南社成员所参与之报纸、杂志，大致有如下各种：癸卯（1903 年）林獬（万里，别号白水）于上海创办的《中国白话报》，同年南社发起人高旭于松江创办的《觉民》，苏曼殊（1884—1918）参与的《国民日日报》（癸卯，1903 年），陈去病甲辰（1904 年）于上海所办的杂志《二十一世纪大舞台》，蔡元培、刘师培、陈去病甲辰（1904 年）于上海创办的《俄事警闻》，南社成员陈去病、林獬、刘师培与蔡元培等甲辰（1904 年）于上海创办的《警钟日报》（《俄事警闻》后身），柳亚子丙午（1906 年）于东京所办杂志《复报》，刘师培、何震夫妇丁未（1907 年）于东京所办的《天义报》，高旭丁未于东京所办的《醒狮》，南社同人为主要撰稿人、位于上海的《国粹学报》（1906—1911），南社成员陈去病、陈毓川、陈其美己酉（1909 年）于上海创办的《中国公报》，等等（以上数据的整理，参考了冯自由《革命逸史》中册，第 481—489 页）。以南社 1910 年 8 月 16 日上海第三次雅集者十九人为例（名单据柳亚子《我和南社的关系》，柳无忌编：《柳亚子文集・南社纪略》，第 21—23 页），曾任孙文秘书的雷铁厓（1873—1920）为辛亥革命的宣传家，为报业巨子；包天笑（1876—1973）为晚清著名小说家和报人；曾任光复时期铁血军司令、后被袁世凯暗杀的范鸿仙（1882—1914，光启）也是上海《民呼》《民吁》《民立报》主笔；亦是小说家的王无生（1880—1914）为《神州日报》《民吁》《民立报》主笔；林白水（林獬）亦为革命报人；孙蔼如为商务印书馆编辑，等等。

③ 张春田：《革命与抒情：南社的文化政治与中国现代性（1903—1923）》第四章《“表演”革命：戏剧、仪式与摄影》（香港科技大学博士论文，2012 年）。拙稿的写作后期，有机会拜读了张春田的博士论文，其论文对拙稿的修改不无启示。该学位论文已出版，书名不变（上海世纪出版集团 2015 年版），请参考第四章。

广义的“文学”，有着高于任何一个时代的“表演性”。这一“表演性”时刻意识到观者的反应，时刻诉诸观者的政治判断，其最终目的则是“觉民”，唤醒民众，并提升士人的革命道德。它在唤起人们对古典文学、古典学术记忆的同时，也将现实的革命意识寄予其中。表演者是投入整个生命、整个存在去表演，甚至甘愿为之抛头颅洒热血，他们的“表演”也足以令敌人不寒而栗。因此，南社的“表演”证明了美的公共性及其政治的可能性。晚清民初志士们“演出”“遗民”、实践“遗民”，从而令遗民形象获得更高度的公共性。这一“演出”和“实践”，当然也拜晚清公共媒体发达所赐。“文”是一个他者可以共享的空间，因为它植根于美这一既是普遍又是高度个体的、情感的、心理的结果之上。政治的信息是在这样的语言媒体中被传播的。可以说，晚清才是真正的文学的时代：因为它最大地实现了文学的伦理价值，改变了一个时代。章太炎、邹容的“文”为其先导，《国粹学报》等承接其后，而南社则是其波澜壮阔的延伸。

章太炎对清季革命青年的影响之一，也正是“南方”问题。秦燕春留意到，1936 年 6 月 14 日章太炎病逝时，《制言》半月刊第二十至二十六期上发表了许多挽联，最引人注目的，是近三十副对联，将章太炎与明季遗民相提并论。①此固然为盖棺定论之言。但是，从章太炎思想的丰富性来看，这一印象却不无单一之感。此一单一、单纯的“章太炎”，也许正是清季革命青年一代眼中的“章太炎”。大概未必是章太炎的学术，而是章太炎与晚明遗民相联的气节，才是清季革命青年最受章太炎影响之处。也许章太炎自己对此“定论”始料未及。

---

① 秦燕春：《清末民初的晚明想象》，北京大学出版社 2008 年版，第 103 页。

无论如何，奋笔高扬清末士气、毅然以死赴狱而一振晚清士风者，舍太炎其谁也！

就南社而言，他们“演出”、实践了中国“士”与“文”传统上最后的一幕。在“文”与革命的结合中，也留下其独特的一页。从中可以看出，士气高扬令中国的士的传统与文的传统臻至极致。然后，中国进入了“现代”这一貌似热闹无比、实则整齐划一而了无个性的温顺的“现代”。外敌的入侵，令人们呼唤一个强大的国家，纷繁的个人也渐趋划一，并且慢慢在强国梦之前变得渺小、黯淡。即使进入和平时代，这一整齐划一的沉寂变得不言自明而未被质疑。甚至，对这一整齐划一的维护，也成为新的压抑本身。无论如何，晚清革命凛冽之文，也许可以视为中国士人“文”之实践的绝唱，同时，这也许又是进入“现代”前最后的挽歌。

另一方面，“南方”只是一个语言策略，而不是一个范畴。如果将之范畴化的话，这一“南方”必然也将带上某种局限。事实上，在以柳亚子为代表的“章太炎”“读者”的清季革命青年中，许多人便将章太炎的“南方”误读为一个范畴。这一误读的框架便是汉族中心的种族革命框架。其局限首先表现在：以明代十八省为框架的汉族中心的南明史观，无法还原一个真正的历史的“中国”。这一中国以长城为分界线，北以游牧社会为主，兼以如入关前的女真人般以狩猎、采集经济为主，游牧为辅；而南则为农业社会，亦兼以狩猎、渔业、采集经济为主的南方少数民族。这一二分也许只是为着便利。比如宋时契丹、金人即非纯然游牧。在此意义上“北方”，尤其东北地区亦是多元的。异族统治常出于并非纯游牧的东北，许非偶然。就长城以南而言，历史上看，自 317 年北方沦入北方民族之手后，不到百年时光，人们才开始不再使用“南人”这一名词来表达对“土著”的轻蔑之意。[①]也就是说,之前的“南方”是被歧视的;也就意味着,南北在颠倒。显然不仅“南方”是这一“北方”军事、政治力量所促成的民族融合的结果,整个汉族何尝不是如此?在漫长的中国历史中,汉族这一“南方”将游牧等“北方”部分地融合于其中,反之亦然。南北是处于互动之中的。[②]

---

① 杜希德、费正清主编:《剑桥中国史》第三册《隋唐篇(上)589—906》,张荣芳主译,高明士总校订,台北南北书局1987年版,第55页。

② “互为边疆”的观点对汉族中心史观的启示,请参考欧文·拉铁摩尔(Owen Lattimore):《中国的亚洲内陆边疆》,唐晓峰译,江苏人民出版社2010年版。

第二编

东京的章太炎与中国革命中的“民族”“国家”问题

第三章　东京的章太炎
——力图超越民族国家的民族主义者

本章将聚焦于清末民初著名思想家、革命家章太炎 1897 年至 1910 年间的亚洲联合思想。章太炎一直都主张联亚以抗衡西方霸权，其关心很早便见于戊戌变法之前、中日甲午战争之后，而中日甲午战争似乎并未改变章太炎的亚洲联合思想。初期章太炎的亚洲联合思想实为东亚联合，以中日联手为主干，而且不无源自欧洲种族思想的“黄种”联合的色彩。这一点与他在国内政治层面上同情改良的思想相呼应，因为清末改良亦多以日本为范本。随着后来国际国内形势的变化，加上章太炎个人思想、学术也不断在演变，在国内政治层面上，章太炎在戊戌变法失败后也彻底批判改良，并成为清末革命的最大宣传家，因此，在国际政治层面，章太炎亚洲联合的内涵也在发生变化。其中，日英同盟、1904 年至 1905 年的日俄战争等，对构成章太炎亚洲联合思想内涵之“印度”“日本”“佛教”“古学”等之定位、理解，颇有影响。章太炎的联亚思想主要是在辛亥革命的海外基地东京展开的，其联亚思想及实践，与明治日本的无政府主义及社会主义思想有着直接关联，也与明治日本的亚洲主义话语之间有着直接关系。①章太炎的亚洲主义也变为联合弱小民族、抗衡帝国主义、殖民主义，理论上呈现出独特的面相。尤其“印度”的定位日趋重要。

笔者试图指出，“印度”在章太炎的联亚思想中有着特别的意义，而这一重要性又与章太炎联亚思想中“日本”的位置变化不无关系。本章也试图展示，章太炎作为一名理论上批判国家的民族主义者(anti-state-nationalism)，其联亚思想植根于其政治哲学核心之“自主”概念，是立足于“个体”及“民”的“自立”的亚洲自立思想，有着超越国家的面相。这一亚洲连带思想以中印革命者的联合为主体，乃是亚洲革命者及民众的联合，它不仅是政治的联合，更是文化的联合。而这与章太炎以复古求革命的思想不无关系。在此意义上，章太炎清楚地展示了其反现代的现代性。在方法论上本章也将精读章太炎《民报》时期有关印度的文本。

一、章太炎早期的中日主体的亚洲联合构想——与“黄祸”论的关联

1. 章太炎早期的亚洲联合思想与日本

这里所说的“早期”只是大概的说法，主要指的 1900 年 6 月中旬

---

① 关于日本由明治至昭和初期的日本亚洲主义，请参考王屏：《近代日本的亚细亚主义》，商务印书馆 2004 年版。赵军的日文著作『大アジア主義と中国』(东京亚纪书房 1997 年版)在探讨亚洲主义与中国的关系上更是一本值得参考的著作，其中以世界系统论来探讨孙文的亚洲主义，也富于启发(第 213—222 页)。

义和团事件中八国联军进犯北京及1900年7月27日自立军被镇压后的1900年秋天前。章太炎这一时期明确地由同情改良一变为主张革命。①“亚洲主义”话语可谓是近代日本思想史的产物。另一方面，似乎尚未有证据显示章太炎直接使用过“亚洲主义”的表述。但是，章太炎一直都主张联合亚洲、同情弱小、抗衡殖民主义、帝国主义霸权。

章太炎戊戌变法前的“亚洲主义”，只是停留于国家联合这一国际政治层面，未必涉及从文化、理论角度对帝国主义的批判，对“国家”本身在理论上尚不见建构起批判理论，因此，尚难说思想上有多独特。戊戌变法前，章太炎在《论亚洲宜自为唇齿》(1897年2月22日)一文中如是说：

> 乃者法、俄合从，南北为罗，且夹沟而瘠我。我在亚洲，犹鱼之濡沫于九罭，虽日本亦有戒心焉。为今之计，既修内政，莫若外昵日本，以御俄罗斯。两国斥候，这道于东海，势若檠榜，无相负弃，庶黄人有援，而亚洲可以无蹶。②

由此可以看出，章太炎此时的亚洲联合构想，是以中日为主体，并以此构成“黄人”的共同体。他此时以中日为核心的“亚洲”，显然更多基于肤色与安全保障考虑。章太炎此时明显接受了源自西方民族主义学术这一生物学的“人种”观念，并且由此自然而然接受了黄种人白种人之对立意识。后者的背景是其时西方甚嚣尘上的“黄祸”言论。妖魔化黄种人的“黄祸”言论催生了黄种人的认同意识，这是

① 相关事实见汤志钧编：《章太炎年谱长编》，第108—111页。

② 《时务报》第十八册，1897年2月22日出版，引自《章太炎政论选集》上册，第6—7页。

自然不过的。在国际政治层面上，黄白对立也可以理解为以东亚与欧洲列强尤其与俄罗斯、法国之间的对立，但另一方面，“黄”“白”对立客观上也遮蔽、掩护了模仿欧洲列强之新列强日本的扩张主义，以及亚洲内部的帝国主义与弱小民族主义间的对立。

在此黄祸论框架下，此时章太炎思想的“亚洲”是否包含印度，尚不明显，窃以为并不包含在内。甚至可以说，戊戌变法前的章太炎与同时代知识精英相比，虽然学问上是清代小学之集大成者，思想上也是最前沿者之一，但与其他前沿者差别不大，谈不上独特。本章将会论及，后来章太炎的“亚洲”中“印度”的位置急剧地获得中心位置，并且有了亚洲联合的构想，除了与国际形势的变化（日英同盟的签订、日俄战争的爆发等）有关外，也与下列他本人的变化不无关系：比如章太炎本人1903年至1906年对佛教哲学的深入钻研，他对“宗教”概念的重构，以及他对宗教的可能性的期待，以佛学及西学重构自己原有的诸子学，等等。

这一由欧洲的“黄祸”言论以及欧洲在中国的扩张而催生的东亚“黄种”认同，也清楚地见于戊戌变法前章太炎的文章《论学会有大益于黄人亟宜保护》（1897年3月3日）。章太炎在近代中国思想史上独特的贡献之一，是在理论上解构了西方所谓“文明”话语，指出了“文明”对“野蛮”二元对立的话语与帝国主义、殖民主义之间的因果关系，以及指出了这一类话语与进化论、进步主义以及西方中心的启蒙观念之间的关联，并且在理论上质疑这一“文明”价值之一的国家对个人可能的压抑。他这一类文章见于其1903年因轰动一时的“苏报案”入狱之后，尤其出狱之后流亡日本时期。但在《论学会有大益于黄人亟宜保护》一文中，章太炎对所谓“文明”话语，显然尚未能予以批判。如文章开头便曰：“血轮大小，独巨于禽兽，头颅角度，独高于生番野人，此文明之国种族所同也。”[①]这一时期，章太炎显然对源自欧洲、植根于生物进化论的种族歧视言论没有批判而“照单全收”。[②]这与他后来的观点大相径庭。尤其是在1906年出狱后，章太炎的理论，有力地批判了“文明”话语本身的意识形态性。

2. 章太炎与明治日本及晚清中国的亚洲主义及“黄祸”论

类似的亚洲联合之“种族”框架，其实不过是其时中国、日本知识界的一种流行框架。比如孙文早在1897年时便曰：“余固信为支那苍生，为亚洲黄种，为世界人道，而兴起革命军，天必助之。”[③]在此，孙文将中国革命与“支那”和“亚洲黄种”的解放直接联系。这里的“世界人道”与“天”的关系，也可以看出孙文的“革命”不无儒家天下意识的道德主义、普遍主义色彩。迨至1913年时，孙文言及类似的亚洲联合思想，仍说：“亚细亚者，为亚细亚人之亚细亚也。中日两国人民，互为亲交。”“亚细亚为吾人之一家”，强调中日同文同种，并呼吁中日提携对东亚和平甚至世界和平的意义。[④]此时孙文的讲话是在“种族”“文化”等同构型上，仍不出当时流行的社会达尔文主义的种族理论的范围。

在考察中国近代与日本“亚洲主义”话语的关联时，孙文

---

① 汤志钧编：《章太炎政论选集》上册，第8页。

② 包含章太炎在内的清末知识分子与生物进化论话语的关系，请参考坂元弘子：『中国民族主義の神話：人種・身体・ジェンダー』第一章，东京岩波书店2004年版。

③ 《与宫崎寅藏平山周的谈话》（1897年8月下旬），《孙中山全集》第一卷，第174页。

④ 《总理民初游日在东亚同文会假华族会馆欢迎席上演说词之一节》，《孙中山全集》第二卷，第15—16页。

1924 年在日本的演说广为人知。孙文在这一演讲中提出“大亚洲主义”概念，这一概念立足于“王道”，以对付“霸道”(《对神户商业会议所等团体的演说》，1924 年 11 月 28 日)。在该演讲中，孙文明确地说：

> 我们讲大亚洲主义，以王道为基础，是为打不平。美国学者对于一切民众解放的运动，视为文化的反叛，所以我们现在所提出来打不平的文化，是反叛霸道的文化，是求一切民众和平等解放的文化。你们日本民族既得到了欧美的霸道的文化，又有亚洲王道文化的本质，从今后对于世界文化的前途，究竟是做西方霸道的鹰犬，或是做东方王道的干城，就在你们日本国民去详审慎择。①

上面言及三次孙文就亚洲联合意识的表述，三次之间显然都有一定的变化。第一次的 1897 年，其“黄种”自然是因“白种”而起的，是孙文对这一时期欧洲的“黄祸”话语的反应。这与同时代的章太炎无异。第二次的 1913 年，这一“黄种”意识渐渐隐去，但是与日本“同文同种”这一强调文化、种族同构型的意识依然很明显。这与此时期章太炎的联亚言论之间，已经出现很大的区别。第三次的 1924 年，孙文的“大亚洲主义”已经发生了更大的变化，虽然传统儒家的思想资源再次被高扬，但来自欧洲的反帝话语、解放话语等左翼革命话语明显糅合其中。孙文在这一次演讲中以其“大亚洲主义”概念，对比了儒家政治秩序的“王道”文化与帝国主义的“霸道”文化。前者所强调的是伦理的价值，是求民众解放、求政治

---

① 《孙中山全集》第十一卷，第 409 页。

公义的文化。此处孙文的演讲暗含其对西方帝国主义以及追随这一帝国主义的日本的批判。其“大亚洲主义”之“大”，正是立于儒家普遍主义色彩的仁义道德的浩然之“大”，以对照缺乏道德特质的狭隘之“小”。另一方面，此时的孙文似乎依然没有完全放弃中日联合、和平共处的期待，其选择中日传统共同的儒家伦理语言，似乎多少也可窥见孙文的苦心。

就欧洲的“黄祸”话语与东亚的亚洲认同之间的关系，之后在中国的发展也展示出某种路径。对此问题有着显著影响的，一是1914年6月至1918年11月爆发的第一次世界大战；二是马克思主义开始进入中国。1917年章太炎召集亚洲古学会之后两年，李大钊在《国民》杂志上发表《大亚细亚主义与新亚细亚主义》(《国民》杂志第1卷第2号，1919年2月1日)与《再论新亚细亚主义》(《国民》杂志第2卷第1号，1919年11月1日)。汪晖曾探讨过《东方杂志》代表人物杜亚泉(1873—1933)关于第一次世界大战的讨论如何影响了《新青年》，指出《东方杂志》介绍了欧战催生了欧洲自身民族国家主义逻辑的两种反思：一种是以种族主义为逻辑，但是却放大这一逻辑，而提出白种联合论；另一种则是以基督教的普世主义为中心，提出以文明为单位的文明冲突论，这一逻辑相对化了民族—国家的逻辑，而置之以整体的“文明”单位，并且以欧洲文明和宗教为中心，展示了最终“人类之联合”的愿景。但汪文也指出，这两种逻辑根本上仍不出种族主义的逻辑。①另一方面，汪文提到，欧洲的白种人联合论，也强化和转换了日本和中国的亚洲主义话语，但

① 汪晖：《文化与政治的变奏：重新思考“五四”文化运动的形成》，《中国社会科学》2009年第4期。

1905年后，以黄种文化为中心、以中日联合为内涵的亚洲论逐渐退潮，代之而起的，是用帝国主义范畴观察包括日本在内的霸权国家之扩张策略，而因应之道，也必然展现为捍卫国家权益的政治民族主义。①这一点对观察章太炎就联亚思想所展示的论述变化，也不无裨益。在另一篇论及亚洲主义的论文中，汪晖指出了列宁的民族自决理论（1914年）与之前发生的辛亥革命的关联，进而指出了列宁影响之下的李大钊（1889—1927）—孙文"亚洲主义"谱系，②在此意义上，汪文展现了列宁的叙述与中国革命之间的互动关系。③这一点也可以视为我们理解孙文1924年"大亚洲主义"演讲的一个思想史语境。

因1914年的第三次《日英同盟条约》签订而参加一战的日本，觊觎德国在山东利益，并虎视东三省及蒙古利益等。翌年（日本大正四年）1月18日大隈重信内阁提出对华二十一条，帝国主义面目毕露。李大钊1919年的文章《大亚洲主义与新亚细亚主义》与章太炎的观点有着一定的关联，此见于李大钊批判日本的"大亚洲主义"为"大日本主义"，并号召亚洲被压迫民族的联合。

另一方面，如果说孙文的"大亚洲主义"背景中有着列宁"十月革命"影响之下的"新欧洲"想象，那么，孙文所展示的正是与这一"新欧洲"相对应的"新亚洲"；如果说李大钊的"新亚洲主义"是马克思主义国际主义影响之下的"新亚洲"的话，无论孙文与李大钊，都共享了"欧洲"这一背景，同时，又批判性地继承了日本亚洲主义

① 汪晖：《文化与政治的变奏：重新思考"五四"文化运动的形成》，《中国社会科学》2009年第4期。

② 汪晖：《亚洲想象的政治》，见氏著《亚洲视野：中国历史的叙述》，香港牛津大学出版社2010年版，第23—29页。

③ 同上书，第15—22页。

话语的思想资源。就章太炎而言，他似乎顶多使用“亚洲自主”之类的说法，①而似乎从未直接使用过“亚洲主义”的表述——可以说，迄今为止，我们也只可以从章太炎《论亚洲宜自为唇齿》一文中看到其联合日本的思想外，章太炎其他有关联亚思想的文章与日本的“亚洲主义”话语则若即若离。

1903年7月俄国控制的东清铁路北满支线与纵贯整个东北的南满支线完工，标志着俄国势力在东北长驱直入。日本也因此忧虑俄国扩张影响到日本在朝鲜的殖民利益以及在华的扩张。亚洲主义主张者、贵族院议长、亚洲同文会创办者（1898年）兼会长近卫笃麿（1963—1904），标榜亚洲主义的国家主义团体玄洋社的头山满（1855—1944）等也成立了“对露同志会”（1903年，“露西亚”，俄国之谓）；在中国，俄国的扩张也引发了中国学生的反政府运动与抗俄运动合二为一的运动，这也是当时中日亚洲主义话语的重要语境。②必须指出的是，日本的联亚主义的主流不无偏于国家利益的权宜色彩，尤其是中日甲午战争后因应形势的权宜色彩。比如日本学者缬缬厚指出，明治时期的思想家德富苏峰（1863—1957）在中日甲午战争之后以杂志《国民之友》为舞台，宣扬中国为日本扩张之最大威胁，其中其文章《日本国民之扩张性》（《国民之友》1894年6月号）成功将大部分国民转化为扩张主义

① 如章太炎《支那印度联合之法》（《民报》第十九号，1908年4月25日），《章太炎全集》（四），第368页。

② 石井刚梳理了章太炎、刘师培与日本标榜亚洲主义却又积极推进兼并韩国的武田范之（1863—1911）、权藤成卿（1868—1937）等黑龙会成员之间的关系。石井刚：「章炳麟と劉師培——東アジア地政学下の革命理論」，赵景达、原田敬一、村田雄二郎、安田常雄编：『講座東アジアの知識人・2・近代国家の形成』，东京有志社2013年版，第194—195页。

的拥护者，进而德富苏峰认为日本为了应对甲午战争后列强的反应，就必须将日、清、韩三国联合，以日本为盟主抗衡西方。缬缬厚指出，这一种“联合”无非是日本之作为国家自私自利的一种表露。①

二、东京时期章太炎联亚构想的变化——亚洲和亲会

1. 亚洲首个反专制反帝跨国革命运动倡导者

前面提及，章太炎因“苏报案”而身陷囹圄三年后，于1906年6月29日刑满出狱，孙文、黄兴旋即派人将太炎接往东京。章太炎入同盟会，并主持同盟会机关杂志《民报》，直至1908年10月10日《民报》第二十四号出版为止。《民报》自1905年12月8日首刊，至章太炎主持的二十四号止，每一号必刊载《民报》社宗旨：“本社主义如下：一颠覆现今之恶劣政府，一建设共和政体，一维持世界之平和，一土地国有，一主张中国日本两国之国民的联合，一要求世界列国赞成中国之革新事业。”其中“主张中国日本两国之国民的联合”的字眼，固然有革命基地在东京的因素，但其与亚洲联合思想的关联，仍值得注意。之后因章太炎与孙文的争执，加之日本政府禁刊，最后两期《民报》复由汪精卫主持，但此宗旨则不知何故不复刊载。

章太炎数年身陷囹圄，失去自由，于狱中钻研佛学唯识论，思想基本成型。再加上来到日本后吸收明治日本学术与西学，②也结交日本无政府主义者、社会主义者等知识、思想精英，并与印度独立运动知识分子相往还，其联亚思想也发生了巨大的变化。

---

①　缬缬厚：『侵略戦争と総力戦』，东京社会评论社2011年版，第43页。

②　章太炎与明治思想的关联，请参考小林武：『章炳麟と明治思潮：もう一つの近代』。

章太炎联合亚洲思想的变化至少见于其1907年4月亲笔起草的《亚洲和亲会约章》。①1907年4月，章太炎于东京青山成立亚洲和亲会，英译为Asiatic Humanitarian Brotherhood，字面上不无手足之情之意。据近代日本著名的社会主义人士竹内善朔（1885—1951）1948年时追忆此事，犹言：“Humanitarian Brotherhood，此语有着千钧之重。”②据竹内善朔回忆，该倡言汉英两文正反面印刷，英文稿由“印度同志”“起草”，“与华文有异，但主旨相同”。③该会意在网罗中国、印度、安南、缅甸、菲律宾、马来亚、朝鲜、日本等志士，但竹内印象中并无朝鲜志士参与，“即基于日本人出席，我们（引者注：朝鲜志士）就不出席的原则”。④即使这是社会主义者的聚会，显然也无法完全跨越作为统治民族的日本人与作为被压迫民族的朝鲜人的意识鸿沟，尤其对于被统治方的朝鲜社会主义者来说更是如此。但是，关于朝鲜志士是否参加了和亲会，本有争议，比如从事亚洲主义研究的韩国学者便认为朝鲜志士赵素昂参加了和亲会。⑤1902年第一次日英同盟、1905年第二次日英同盟的签订，日本已在国际层面确立了对朝

① 日期据朱维铮、姜义华编注：《章太炎选集》（注释本），第427页。

② 竹内善朔：「明治末期日中革命運動の交流」，中国研究所编：『中国研究』，东京日本评论社1948年版，第76页。

③ 同上书。很遗憾该英文倡言一直未能觅得。姜义华先生曾言及苏曼殊等三人将之翻译成英文本，1961年由浙江省政协征集得到，现存于全国政协资料办公室。可惜尚未有机会一览。姜义华：《章太炎思想研究》，第169页注。

④ 竹内善朔：「明治末期日中革命運動の交流」、中国研究所编：『中国研究』，第74—95页。朱维铮、姜义华编注《章太炎选集》（注释本）收入《亚洲和亲会章约》时，谈及朝鲜也曾参加（第427页），应该是竹内资料疏忽所致。这方面也感谢同事石井刚先生提供的竹内资料。

⑤ 李京锡：「アジア主義の昂揚と分岐：亜州和親会の創立を中心に」，『早稲田政治公法研究』69号，2002年5月。

鲜的绝对支配体制，至亚洲和亲会成立的 1907 年，日本兼并朝鲜也已经暗地进行中。这是朝鲜人士没有参加的一个背景。

中国方面热心倡导者除章太炎、张继（1882—1947，字溥泉）、刘师培（1884—1919）、何震（殷震，刘妻）外，据参加者陶冶公（1886—1962）回忆，中国方面其他参加者有苏曼殊（1884—1918，字子谷）、陈独秀（1879—1942，字仲甫）、吕复（1879—1955，字剑秋）、罗黑子（1898—1927，原名象陶）等数十人。①附带指出，刘师培 1907 年《天义》杂志第十一至十二合卷上发表《亚洲现势论》，言及日英同盟，其论点与太炎相似。

竹内善朔忆及，亚洲和亲会成立于东京青山六七名印度流亡志士合宿之 Indian House（“印度会馆”），第一次只有中国、印度、日本的参加者。日本第一次的参加者有后来日本共产党首任委员长堺利彦（1870—1933）、后被宪兵杀害的无政府主义者大杉荣（1885—1923）、后来成为日本共产党创立者之一的山川均（1880—1958）、1900 年（明治三十三年）曾因讨论皇室婚事而被控所谓“不敬罪”（不敬天皇罪）而入狱三年的社会主义者守田有秋（1882—1954）、②竹内本人（幸德秋水没有出席）。第二次会议在一个教会举行，参加者除了中国、印度、日本的志士外，还有安南的革命党人、菲律宾的志士，“不幸还是没有朝鲜人士”（竹内回忆）。③日本的参加者除大杉荣、堺利彦、竹内外，还有社会主义者森近运平（1881—1911）等。附带指出，在 1911 年镇压日本社会主义者、无政府主义者的所谓企图暗杀天皇的“大逆事件”中，幸德秋

---

① 汤志钧据陶冶公旧藏中文抄稿录出，见汤志钧编：《章太炎年谱长编》，第 244 页。

② 朱维铮、姜义华编注《章太炎选集》（注释本）收入《亚洲和亲会章约》时或将“守田有秋”误植为“守田有秩”（第 127 页）。

③ 同竹内前揭文，第 78 页。

水作为“首犯”被处死，森近运平也是十二名被处死刑者之一。[1]显然近代日本左翼运动史上的著名人物几乎都参加了这一盛举。竹内回忆说：“当时昂扬鼓舞中国革命党员士气者，与其是孙文的言说，莫若说是章太炎的笔力。”[2]

2. 章太炎构想中的亚洲革命运动联合体——“印度”的意义

竹内在此处提及的“Indian House”（“印度会馆”）有着特殊的含义，因为这是印度独立运动中激进派学生的海外据点标志，比如伦敦的激进派学生有活动据点为“The Indian House”，1910 年激进派学生领袖 Tarak Nath 被逐出温哥华后，在西雅图也成立了“The United Indian House”（印度团结会馆），并每周六在馆内给二十五名印度劳工上课。[3]由是观之，东京青山的“Indian House”，显然不仅是独立运动的东京据点，亦是海外独立运动的一个象征性符号。

《亚洲和亲会约章》曰：

> 曩者天山三十六国，自遭突厥、回鹘之乱，种类歼亡。异日支那、印度、越南、缅甸、菲律宾辈，宁知不为三十六国继也。仆等鉴是，则建“亚洲和亲会”，以反对帝国主义而自保其邦族。他日攘斥异种，森然自举，东南群辅，势若束芦。集庶姓之宗盟，修阔绝之旧好，用振我婆罗门、乔答摩、孔、老诸教，务为慈悲恻怛，以排摈西方旃陀罗之伪道德。令阿黎耶之称，不夺于哲种，无分

---

① 同竹内前揭文，第 78 页。

② 同竹内前揭文，第 80 页。本章关于亚洲和亲会的整理主要借助了竹内这一珍贵的回忆文章。

③ Bipan Chandra, *India's Struggle For Independence 1857—1947*, New Deli: Viking(Penguin Books India Ltd.), 1988, p.147.

别之学,不屈于有形。凡我肺腑,种类繁多,既未尽集,先于印度、支那二国组织成会。亦谓东土旧邦,二国为大,幸得独立,则足以为亚洲屏蔽。十数邻封,因是得无受陵暴,故建立莫先焉。一切亚洲民族,有抱独立主义者,愿步玉趾,共结誓盟,则馨香祷祝以迎之也。①

“天山三十六国”指的是西元前138年张骞奉命出使西域时发现的西域三十六国,主要有乌孙、龟兹、楼兰、若羌、且末、高昌、尉犁、蒲类等古国,班固《汉书》曰:“西域以孝武时始通,本三十六国,其后稍分为五十余,皆在匈奴之西,乌孙之南。”②三十六国《汉书》一一俱有详载。“突厥”指的是在6至8世纪活跃于中国北方尤其西北的游牧国家突厥汗国(552—630, 682—745, Turkic Khaganate),由北朝的东魏(534—550,都晋阳)、西魏(535—556,都长安)、北齐(550—577,都邺城)、北周(557—581,都长安),经隋而至唐,突厥汗国在军事上皆是诸朝威胁。突厥汗国在583年(隋文帝开皇三年)分化为东西突厥,630年(唐太宗贞观四年)突厥第一可汗国(东突厥)为唐所灭,颉利可汗被俘,因没有了君主,东突厥变成唐间接统治的羁縻州。657年西突厥武将阿史那贺鲁(?—659)叛乱为唐所平定,以此为契机,唐朝将统治延伸至天山北部,将中亚的商业权益置于唐朝的掌握之中。682年突厥政权脱离唐代羁縻体制,成立突厥第二可汗国(史上亦称东突厥后汗国)与唐相抗。“回鹘”即回鹘汗国(原称回纥,788年更为回鹘,Uighur, Uigur, Uygur,建国前其族名汉语史籍称铁勒、敕勒,外人又称高车),原臣服突厥

① 朱维铮、姜义华编注:《章太炎选集》(注释本),第429页。

② 班固:《汉书》,中华书局2009年版,第3871页。

汗国，743年几乎将东突厥后汗国灭国（745年唐玄宗彻底将东突厥后汗国歼灭），840年回鹘瓦解。“天山三十六国”说法似不见于《汉书》，且《汉书》卷九十六《西域传》所载西域诸国多达五十一家（含匈奴）。范晔《后汉书》则言及“武帝时，西域内属，有三十六国。汉为置使者、校尉领护之。”①料为章太炎所指。至于三十六国何以消失，多有不详。章太炎则将之归于突厥与回鹘。

从上面引用可见，亚洲和亲会正是旨在谋求亚洲弱小民族之独立的一个国际组织，这一反帝国主义理念，也令文中的“皙种”（白种之意）之类的种族概念变得淡薄，不过由此多少也可以看出，东西二元对立这一框架依然存在。这也几乎为所有泛亚洲主义话语所共享。必须指出的是，正如狭间直树所指出的那样，“虽然亚洲和亲会的核心是反对帝国主义，但只是指消灭其他民族意义上的帝国主义，与列宁所说的帝国主义略微有别。”②在章太炎等发起亚洲和亲会之后的十年，列宁出版了著名的《作为资本主义最高阶段的帝国主义》(1917)一书，列宁以19世纪末期以来的战争，尤其以1914年以来的战争为背景，如是指出：“本书已经证明，1914年至1918年的战争，从双方来说，都是帝国主义的（即侵略、掠夺、强盗的）战争，都是为了瓜分世界，为了分割和重新分割殖民地、金融资本的‘势力范围’等等而进行的战争。”③列宁认为资本的原理在于通过扩大再生产而扩张，而帝国主义就是扩张的结果，这一帝国主义为资本主义的最高及最后阶

---

① 范晔：《后汉书》，中华书局2011年版，第2909页。

② 狭间直树、松本健一：「章炳麟と明治の『アジア主義』」，『知識』（世界平和教授アカデミー編）1990年8月号，第249页。

③ 列宁：《〈帝国主义〉法文版及德文版序言》，中央编译局译，人民出版社1964年版，第3页。

段。章太炎的帝国主义定义与列宁有重叠之处，但显然未必有资本主义的视点。章太炎与同时代“帝国主义”理论、研究之间的关系，有待今后探讨。

在上面的纲领中，章太炎明确提出，“先于印度、支那二国组织成会。亦谓东土旧邦，二国为大，幸得独立，则足以为亚洲屏蔽。”一取中印之历史悠久，二取中印之幅员辽阔。章太炎提出了与戊戌变法失败前有所区别的新的亚洲联合构想，其亚洲联合构想之新，在于这一亚洲联合已经由以前的中日联合为主体，变为以中印联合为主体。另外值得注意的是，章太炎此处不仅从地缘政治角度希望中印构成亚洲安全保障上的屏障，显然也从文化传统角度希冀将中印悠久的文化凝为文化的主体，同时，这一文化的联合又是植根于道德的。后者见于章太炎所说的“用振我婆罗门、乔答摩、孔、老诸教，务为慈悲恻怛，以排摈西方旃陀罗之伪道德。”革命必须植根于道德，这是章太炎由始至终不曾有变的立场。此多少类于孙文 1924 年所提出的“大亚洲主义”概念中以立足于仁义之王道对抗霸道的模式，但章太炎与儒家话语多少有些距离，虽然其内涵与儒家相去不远。章太炎也提出以“慈悲恻怛”对抗“西方旃陀罗之伪道德”。“旃陀罗”为梵文 *cāṇḍāla* 屠夫之音译，为佛道中十恼乱之一，起源自“暴力”一词，也解释为“恶人”。①同样，“令阿黎耶之称，不夺于晳种”，也代表了与西方(“晳种”)相对之意。“阿黎耶”(ārya)意即梵文尊者、圣者之意。②“旃陀罗”所代表的暴力，正是孙文所批判的“霸道”，“西方旃陀罗之伪道

①② 东京大学大藏经 Text Database 研究会制作：*Digital Dictionary of Buddhism*，The University of Tokyo，1995(http://www.buddhism-dict.net/cgi-bin/xpr-ddb.pl?q=旃陀罗)。

德”，正是帝国主义“霸道”之文化部分。也可以发现，章太炎在基于佛学资源上与孙文有异。这与章太炎思想上对“宗教”的定义及广义重构不无关系。

在此章太炎“我婆罗门、乔答摩、孔、老诸教”构成其“宗教”的内涵，并且赋予这一“宗教”以反帝使命。也就是说以中国原有的以孔子、老子为主的诸子思想，糅合来自印度的佛教，重构其“宗教”概念。婆罗门(Brahmanism)为一称呼古印度雅利安(Indo-Aryans)社会、文化、宗教体系的总名，一般认为土著印度人的精神信仰与婆罗门的融合大约在5世纪左右发展为印度教(Hinduism)。[①]而乔答摩(Gautama)则是佛陀原姓，此处自然指的是佛教。这里也可以看出章太炎的亚洲联合构想中对宗教所寄予的期待。章太炎的“宗教”多偏于世俗色彩，而且，他认为革命必须立足于道德，只有道德方能培养刚毅不屈的精神，去面对强权、暴力甚至死亡。这些想法见于其1906年出狱后的文章，如《革命道德说》。这也是他推崇儒家狂狷概念的原因。有意思的是，章太炎此处将儒教与老子哲学都视为“宗教”。在其他论文中他甚至用佛教作为其革命理论的资源，并以此糅合老庄哲学，建构自己的政治哲学理论。章太炎之“宗教”有着浓重的世俗道德主义及革命色彩，这是他对“宗教”概念重构的结果。

章太炎此时的亚洲联合构想，并非是一个金字塔状权力等级森然的联合体，而提倡在反帝这一理念上的平等联合，这也可以从章程中看出：

---

① 东京大学大藏经 Text Database 研究会制作：*Digital Dictionary of Buddhism* (http://www.buddhism-dict.net/cgi-bin/search-ddb4.pl?Terms=%E5%A9%86%E7%BE%85%E9%96%80)。

> 会中无会长、干事之职，各会员皆有平均利权，故各宜以亲睦平权之精神，尽相等之能力，以应本会宗旨。无论来自何国之会员，均以平权亲睦为主。①

此时章太炎的亚洲构想，正是一个反帝反殖民共同体。故《亚洲和亲会》章程中明确表示："本会宗旨，在反抗帝国主义，期使亚洲已失主权之民族，各得独立。"②此外，也应留意到，章太炎的帝国主义批判，也是文化批判，其矛头所指，部分也包含戊戌变法前章太炎本人并未能意识到的一些"现代"概念，亦即其时源自西方的概念以及由此建构的框架，如"种族""人种"等社会达尔文主义话语的问题。相反，章太炎此时已经成为这一类"现代性"话语最有力的批判者，因为他锐利地看出，"进步""文明""人种"等"现代"话语与帝国主义、殖民主义行径之间的呼应。这一点，与国内政治层面上章太炎的革命不无关系，因为章太炎所主张的革命也是文化的革命，而且是以复古为创新的革命，而这一"复古"，也包含了古代文化本身的批判，如对专制文化的批判、章太炎与康有为论争中对其儒学某些部分的批判、对唐代之后的文学的批判，等等。最后，也应留意到，章太炎经过1903年至1906年身陷囹圄期间对佛学的攻读，令他将佛教的奥义与革命的实践得以结合，惟因此，他对自己所理解的"宗教"于中国革命的可能性，充满憧憬。毫无疑问，他的文化革命，也是与宗教密切相关的。因此，他所构想的"亚洲和亲"，也是以亚洲各国的宗教为基础，以抗衡西方的"伪道德"，亦即帝国主义的"屠夫"（旃陀罗）之"伪

① 朱维铮、姜义华编注：《章太炎选集》（注释本），第431页。

② 同上书，第430页。

道德”。

三、日英同盟与亚洲和亲会的成立

1. 催化剂之一的日英同盟

亚洲和亲会成立于日俄战争(1904年至1905年)后的1907年。该会成立于此时，固然与1906年章太炎出狱流亡东京有一定关系，但是，某种意义上说，正是1902年第一次日英同盟缔结之后，日俄战争的结果以及第二次日英同盟的签订等国际形势的变化进一步促成了亚洲联合运动。日英同盟对亚洲主义、亚洲连带思想的影响以往似乎鲜有论及。这一军事同盟几乎规定了之后的东亚局势，其对亚洲联合以及日本亚洲主义思想的影响，实不可小觑。日英同盟于1902年1月30日经英国外交大臣澜斯登(Henry Maurice Lansdowne, 1845—1927)与日本驻英公使林董(1850—1913)签订，性质为军事同盟，规定当缔约国一方与两国以上进入战争状态时，另一方也必须参战。1902年的日英同盟条约规定：“鉴于两缔约国的特殊利益，即于大不列颠国之于清国，于日本国之于清国利益以及于韩国之政治、商业及工业上所拥有之特殊利益”，日英两国对涉及“该等利益”之“列国侵略行为”负有共同的保护责任。①也有日本的外交史家认为，虽然第一次日英同盟明显是对抗针对意欲进一步南下的俄国，但是，对日本来说该同盟未必是为了与俄国一战，而只是为了在与俄国交涉的过

① 日本国外务省编纂：『日本外国年表並主要文書』上卷，日本国际联合协会1955年版，第203页。并参照英文条款：“Appendix A: Text of The Anglo-Japanese Alliance, January 30, 1902”, in Wood, Ge-Zay, *China*, *The United States*, *and the Anglo-Japanese Alliance*, New York, Chicago, London and Edinburgh: Fleming H. Revell Company, 1921, p.143。

程中获得谈判筹码,以保障日本外交的一贯方针之“满韩交换”(日本认可俄国在中国东北利益以换取俄国承认日本在朝鲜半岛的利益)。①日俄战争后的1905年8月12日于伦敦签订的第二次日英同盟的第四条中,明确加进了如下字眼:“鉴于大不列颠国于印度国境安全之一切事项有着特殊利益,日本国承认大不列颠国于前述国境附近采取其认为必要之保护大不列颠国或其印度领地之措施。”②

在第一次日英同盟的保障下,日本成功击败俄国,正式跻身于世界列强俱乐部,与欧美列强平起平坐。第二次日英同盟签订时俄国南扩已不复存在、而英国在印度利益开始为德国所觊觎。第二次日英同盟意在保护两国在华、朝鲜半岛以及印度的既得利益,并保障两国共同防止俄国、德国等列强在瓜分亚洲上的竞争。因此,日英同盟对士人之敏锐者还是带来了不小的冲击。比如梁启超在日英同盟签订后不久即撰《日英同盟论》一文于《新民丛报》第二号(1902年2月),对日英同盟中有“保全支那、高丽之独立主权及其土地”之类表述,颇为在意。梁启超警言曰:“言保全人者,是谓侵人自由;望人之保全我者,是谓放弃自由。”批判日英同盟条约的虚伪,以及国人对此条约的麻木。③梁启超宣统二年(1910年)之长文《将来百论》中亦有“日英同盟”一节,言及日英同盟既为日本外交之“莫大之成功,亦是英俄为争

① 鹿岛守之助:『日本外交史・6・第一回日英同盟とその前後・満韓交換主義と英露の選択』,东京鹿岛研究所出版会1970年版,第5页。

② 日本国外务省编纂:『日本外国年表并主要文书』上卷,第241页。并参照英文条款:“Appendix C: Text of The Anglo-Japanese Alliance, August 12, 1905”, in Wood, Ge-Zay, China, *The United States, and the Anglo-Japanese Alliance*, p.151。

③ 梁启超:《饮冰室合集集外文》上册,夏晓虹辑,北京大学出版社2005年版,第80页。

霸亚洲而相冲突，英国为保全其于印、华等亚洲既有利益之产物”①。之后的孙中山对日本的扩张多有抨击。比如孙中山 1920 年 6 月 29 日《致田中义一函》：“今则时局益迫矣，其恶化之原因，颇关系日本之政策。……近代日本对于东亚之政策，以武力的、资本的侵略为骨干，信如世人所指。”②

就日英同盟的影响，王芸生(1901—1980)指出：

> 日英同盟之胚孕及其诞生，一以中国问题为背景，其影响于远东局面尤其巨大。盖有日英同盟之成立，日本始有对俄备战之勇气。迨一战之后，日人将俄国势力驱出辽东，进而取得割据朝鲜、垄断南满之地位。庚子事变以后之远东局面，直可视为由此为出发点，日本国际地位之巩固与增强，亦以此为关键。无怪日人对此同盟至今犹讴歌不已也。③

张忠绂(1901—1977)在其《日英同盟》(1931 年)中也如是概括了日英同盟之觊觎中国：

> 日英同盟——在他的有效期中，是日本侵略中国的护符。无日英同盟，则日俄战争无由实现；无日英同盟，则美国必将在华采取积极政策，以保卫中国的领土完整和门户开放原则；无日英同盟，则英政府必不致持缄默与旁观政策，听日俄二国宰割中国。日俄战争如未实现，则日本的势力将无由侵入东三省及中国其他各部，举凡二十一条、山东问题及日本在中国之一切侵略

① 梁启超：《饮冰室合集》第三卷，中华书局 2003 年版，第 180 页。

② 《孙中山全集》第五卷，第 275—276 页。

③ 王芸生：《六十年来中国与日本：由一八七一年同治订约至一九三一年九一八事变》第四卷(1932 年)，三联书店 1979 年版，第 144 页。

行为，均将无由实现。①

上述两书皆在日本于华扩张成为既成事实后，回望此过程中日英同盟的作用。

2. 印度独立运动的兴起与清季中国革命——“印度”表象之变化

另一方面，自1903年至1908年英国在印度的统治也第一次面临极大挑战，这就是印度独立运动的兴起。运动起因于英国殖民者1903年提出计划将孟加拉分割为二(Partition of Bengal)。关于这一分割的目的，借用英国的印度殖民地总督卡松爵士(Lord George Nathaniel Curzon，任期1898—1905)的话来说，就是“废黜”加尔各答作为“中心的位置”，因为“在整个孟加拉，实际上在整个印度，国民大会党就是被这一中心所操纵的。是一个成功的阴谋中心”，“以分化(divide)说孟加拉语的人口”。②(加尔各答，Calcutta，为西孟加拉首府。)而英国印度殖民政府内政部长(The Home Secretary to Government of India)Risley在1904年12月6日的话说得更加露骨：“统一的孟加拉就是一股力量。但是如果孟加拉被分开的话，则会被引向不同的路向。……我们其中一个目的，就是分化(split up)进而弱化反对我们统治的坚实的群体。”③成立于1885年的印度国民大会在世纪之交时可分为激进派(the Extremists)及温和派(the Moderates)，激进派由著名的独立运动家提拉克(Bal Gangādhar Tilak，1856—1920)领导。温和与激进联手反抗孟加拉分割，

---

① 张忠绂：《日英同盟》之《中文本自序》，上海新月书店1931年版，第1—2页(Chung-Fu Chang，*The Anglo-Japanese alliance*，Baltimore：Johns Hopkins Press，1931)。

②③ 转引自Bipan Chandra，*India's Struggle For Independence 1857—1947*，p.125。

运动的主要表现形式为声势浩大的抵制英货、提倡国货的群众运动，史称"Swadeshi 运动"（Swadeshi 意为"自给自足"[self-sufficiency]）。但是随着运动声势浩大地开展，温和派与激进派的分歧增大，对激进派来说，组织分割孟加拉，此时已经成为"所有政治目标中最为微小、最为狭窄的目标（pettiest and narrowest of all political objects）"，而温和派对此持有异议。①激进派希望将运动推广至全国，而且不仅抵制外国商品，也抵制所有形式与殖民政府的合作，将运动转化为全面的群众性的不合作运动，而温和派则只是希望将运动局限于孟加拉，总的来说反对将不合作延及政府。②简言之，激进派事实上趋向通过革命谋求印度的彻底独立。英国政府原本认为温和派主导的印度国民大会容易对付，因为温和派弱势且缺乏群众基础，印度总督卡松爵士直至 1904 年还认为国民大会无能而以拒绝接见国民大会代表的方式加以羞辱。③但是，随着 1905 年其激进派在抵制洋货运动获得压倒性的影响力，情况便开始改变了，因为激进派的力量开始在国民大会中上升。④

表面上看，1903 年至 1908 年间的印度独立运动与晚清中国无多大关系，但是，当印度独立运动延伸至海外据点时，情况就并非如此了。它对晚清士人的影响其实不可忽视，这清楚地见于这一时期章太炎的著述。事实上，印度的问题并非是章太炎首先论及，无论改良派还是革命派，"印度"都成为投射中国命运的一个"装置"。Rebecca Karl 留意到，早在魏源（1794—1857）的《海国图志》中便以"亚细亚"为

---

① 转引自 Bipan Chandra, *India's Struggle For Independence 1857—1947*, p.128。

②④ Ibid., p.138.

③ Ibid., p.137.

框架,将中国与印度等而齐观。魏源通过其对英国人主导的鸦片贸易的观察,论及外国来袭与商务中印度与中国命运的相似性。①魏源在《海国图志》中言及印度"鸦片盛行,英夷岁收税银千余万,俄罗斯觊觎之"。②魏源自然是念念难忘刚过去的中国之"夷变"。Rebecca Karl 曾在其书中多处论及"印度"在戊戌变法之后如何成为中国人"亡国"的象征。③这一"印度"印象直至 1905 年后因中国志士在东京直接有机会接触印度流亡人士才得到一定改变,同时,这一新的"印度"也给了晚清士人新的期待,亦即由"奴隶"一变而为充满革命可能性的"人民"。④在晚清的语境中,章太炎正是第一位构筑新的"印度"想象的思想家。在这一点上,章太炎的"印度"与康有为的"印度"形成鲜明的对照。正如日本的中国史家岛田虔次(1917—2000)所指出的那样,章太炎对印度的同情,不是空洞的,是基于其对印度佛教、文化的景仰,而章太炎持论也正与康有为认为印度不可能自立的言论有关。⑤(康有为 1901 年曾游印度,并著有《印度游记》一书。)而这一新的期待正明显地见于章太炎主理之下的同盟会机关报《民报》的编辑内容以及章太炎本人的叙述中。

尽管魏源书中卷三收有《亚细亚各国图》,并且开篇就是《亚细亚

---

① Rebecca Karl, *Staging the World: Chinese Nationalism At the Turn of the Twentieth Century*, Durham and London: Duke University Press, 2007, p.12, p.155.汉译本参高瑾等译:《世界大舞台:十九、二十世纪之交中国的民族主义》,三联书店 2008 年版。

② 魏源:《海国图志》卷一,《魏源全集》第 4 册,岳麓书社 2004 年版,第 25 页。

③ Rebecca Karl, *Staging the World: Chinese Nationalism At the Turn of the Twentieth Century*。

④ Ibid., pp.159—163.

⑤ 岛田虔次:『中国革命の先駆者たち』,东京筑摩书房,第 267 页。

洲全图》，但是他的《亚细亚各国图》更收有《亚细亚洲内俄罗斯国图》、《奥大利亚洲专图》等；《海国图志》卷五有原本无收入而后来辑录的《亚细亚洲总说》一文（原题如此。《海国图志》道光二十二年［1842］初刻后曾于道光二十七年、咸丰二年［1852］大幅增补①）。文章开头援引明代意大利传教士艾儒略（Julio Aleni，1582—1649）《职方外纪》之“亚细亚者，天下一大州也”，其范围则只有“俄罗斯藩属国之西伯利”而无俄罗斯本土，更无澳大利亚。②无论如何，魏源的“亚细亚”表述，只是一个含糊的地理概念，而远非文化、政治的范畴，而也正是西方的黄祸论及西方进一步的扩张，慢慢在亚洲催生了被描述为有着一定均质性的、同时作为文化、政治范畴的“亚洲”。耐人寻味的是，自 1903 年 4 月俄国撕毁《东三省交收条约》，留日中国学生发起抗俄运动，1904 年至 1905 年日俄战争暴发，但是俄国国内的革命似乎并未进入章氏的视野。这与其对印度的强烈关注形成对比。

四、章太炎与印度

1. 章太炎与印度独立运动革命派

章太炎《记印度西婆耆王记念会事（丁未）》（《民报》第十三号）一文，记述了 1907 年 4 月 20 日印、日、中、英等国人士在东京举行的一次西婆耆王节纪念集会。文章开头曰：

> 阳历四月二十日，印度游学者开西婆耆王记念会于虎门女学馆，其领袖者为法学士钵逻罕氏。初钵逻罕自美洲来，访余于

---

① 《〈海国图志〉校点说明》，《魏源全集》第 4 册，第 1 页。

② 《海国图志》，《魏源全集》第 4 册，第 344—345 页。

《民报》社，言英政府遇印度人，较往日蒙古为甚，学者不得讲政治、法律，虽之他国犹被禁遏，独在美洲得自由，以此获法学士之号。其友人保什氏能为日本语，重译应对。①

在此，我们根据日本、印度的资料及研究，确认并补充章太炎所提及的印度人士，以明确章太炎文章的背景。上文之“蒙古”即莫卧儿帝国（The Mughal Empire），据说是成吉思汗后裔巴布尔（Bâbur, 1483—1530）由乌兹别克南下入侵印度而建立的伊斯兰教帝国。根据刊载于《警钟日报》（1904 年 5 月 21 日）文章《亡国之学生》，当时在东京的印度学生有二十人。②而印度方面的数据显示，1898 年只有两名印度学生去日本留学，1903 年为十五名，日俄战争之后，印度留日学生逐年增加，1906 年有五十四名，③1910 至 1911 年之间日本有超过一百名的印度学生，而东京与神户则有许多印度商人。④甚至有印度学者指出，早于 1900 年，日本便成为印度民族主义的重要基地，在日的印度学生 1900 年便已成立了东方青年协会（Oriental Youngmen's Association），虽然英国驻日代表“对其政治意义掉以轻心”，但是英国印度殖民政府却注意到了他们的成员在日本媒体上的反英言论，⑤而印

① 《民报》第十三号，1907 年 5 月 5 日，影印本《民报》第四卷，第 2217 页。

② 转引自 Rebecca Karl, p.267。

③ Sant Nihal Singh, "Indian Student in Japan," *Indian Review*, September 1906, p.673. 本章转引自 Birendra Prasad, *Indian Nationalism and Asia*, Delhi: B. R. Publishing Co., 1979, p.45。

④ Arun Coomer Bose, *Indian Revolutionaries Abroad 1905—1922: In the Background of International Development*, Patna: Bharati Bhawan, 1971, p.66.

⑤ J.B. Whitehead to W. Cunnigham, 28 June 1900. 转引自 T. R. Sareen, *Indian Revolutionary Movement Abroad (1905—1920)*, New Delhi, Bangalore & Jullundur: Sterling Publishers PVT Ltd., 1979, p.145。

度总督卡松爵士(Lord Curzon)“强烈反对印度学生赴日”，因为印度学生“容易被灌输不满及不忠情绪”。①

章太炎文中提及的“钵逻罕氏”，乃是本次会议的领袖。日本学者近藤治考证其表记应为 Muhammad (或 Mohammed Barkatullah，? —1928)。②早在此之前，研究印度的日本学者长崎畅子曾在一篇介绍日本亚洲主义与印度民族独立运动之关系的文章中提及一位名为 A. H.Mohammed Barkatullah 的印度激进派领袖，他 1909 年来日，是一位在东京外国语学校教授印度乌尔都语(Urdu)的外籍教师，并多与日本政界人士往来，同时在东京运营一份反英英文周报 *Islamic Fraternity*，后英国驻日使馆给东京外语学校校长村上直次郎(1868—1966)施压，该周刊被迫停刊；唯因 Barkatullah 之后继续进行反英宣传，遂于 1912 年被东京外校解职，1914 年离日。③类似的记述亦见于印度学者的描述(来日日期为 1909 年 2 月)，只是名字表记为 Maulavi Barakatullah。④上述数说基本相吻合，指的应该正是上文所说的“钵

① Note by Curzon 31 July 1905. Foreign Department, Internal B, August 1905, No. 420. N.A.I.转引自 T.R. Sareen, *Indian Revolutionary Movement Abroad* (*1905—1920*), p.145。

② 小野川秀美不太肯定推测其人名表记为 Pradhan(小野川秀美编《民报索引》下卷,《欧汉译名对照表》,京都大学人文科学研究所 1970—1972 年版,卷末第 6 页)。上述西文表记见近藤治:『東洋人のインド観』,东京汲古书院 2006 年版,第 223 页。

③ 长崎畅子:「日本のアジア主義とインドの民族運動」,收入大形孝平编:『日本とインド』,东京三省堂 1978 年版,第 72 页。人名日文原文发音为ムハンマド・バルカトゥラー。

④ Arun Coomer Bose, *Indian Revolutionaries Abroad 1905—1922: In the Background of International Development*, p.67.另一印度学者的表记亦为 Maulavi Barakatullah,但是言及其任教于东京大学,则应是错误。T.R. Sareen, *Indian Revolutionaries, Japan and British Imperialism*, New Delhi: Anmol Publications, 1993, p.13. T. R. Sareen, *Indian Revolutionary Movement Abroad* (*1905—1920*), p.146.

逻罕氏”。印度学者曾谈及 1906 年秋印度人 Lucas Joshi 与 Maulavi Barakatullah 创办于纽约的第一份带有政治目的的组织 The Pan-Aryan Association(泛雅利安协会)以进行反英宣传,但因 Barakatullah 1909 年 2 月赴日,Joshi 尔后赴英而令该协会结束。①

而章太炎所说的“保氏”又是谁呢?印度激进派设于温哥华的机关报《自由印度报》(*The Free Hindusthan*)1908 年 7 月号上曾指出,独立运动人士的 Surendramohan Bose 为第一个赴日印度革命者,他 1906 年到达日本,并且在东京青山 Gondwarmmachi(Gondwarm 町)十七号租有一座房子作为组织的中心,并命名为 Indian House。②此说正与竹内善朔上面的回忆吻合,因此,Surendramohan Bose 正是章太炎所说的“保氏”。据印度学者指出,保什与另一独立运动分子 Taraknath Das 在美国组织“美国印人会”(Indo-American Association),以争取更多人同情地理解印度的事业,《自由印度报》也正是由钵逻罕氏与保氏二位创办。③《民报》从第二十期(1908 年 4 月 25 日)起开始刊登章太炎撰写的有关印度独立的文章,从第二十一期(同年 6 月 10 日)起译载《印度自由报》《印度社会报》(*Indian Sociologist*)等印度独立派报章新闻,此后每期必刊,直至章太炎编辑的第二十四期(同年 10 月 10

---

① Arun Coomer Bose, *Indian Revolutionaries Abroad 1905—1922*: *In the Background of International Development*, pp.30—40.

② *Free Hindusthan*. July, 1908, J. & P. 4803 of 1911 with 275 vol. 1129 of 1912.笔者转引自 Arun Coomer Bose, *Indian Revolutionaries Abroad 1905—1922*: In the Backgound of International Development, p.67。暂时未觅得此原始资料。西顺藏、近藤邦康编译『章炳麟集:清末革命の思想』亦援引该印度学者的研究作出同样推测(东京岩波书店 2004 年版,第 250 页)。

③ Arun Coomer Bose, *Indian Revolutionaries Abroad 1905—1922*: *In the Background of International Development*, p.50.

日)。由此可看出章太炎对印度独立运动的高度关注,这些报章大概也是独立运动活动家赠给章氏的。

在汉语圈比较早论及章太炎与甘地(Indira Gandhi, 1917—1984)以前的印度革命关系的丁则良推测与章太炎接触的,应都是国民大会中人,而且很可能都与提拉克领导下的极端派有关。①这一点也可以从《民报》翻译登载激进派的刊行于温哥华的机关报《自由印度报》(*The Free Hindusthan*)文章得到证实。《自由印度报》1908 年 3 月创办于温哥华,为双月刊,后于 1908 年秋天移去西雅图,于 1910 年 11 月停刊。②笔者觅得的 1908 年 4 月号应为其创刊号,该号的 *The Free Hindusthan* 之刊名下标有该报纸性质说明:“追求自由、政治、社会、宗教改革的机关报(Organ of Freedom, and of Political, Social and Religious Reform)”,再下则有一行粗体字报纸信条:“RESISTANCE TO TYRANNY IS OBEDIENCE TO GOD(反抗暴政,就是忠顺于神!)”③,足见其激进色彩。在上述《自由印度报》1908 年 4 月号上一篇文章中有类似的政治目标表述:“我们殷切期待我们的民族领导者能在民族路线下重组国民大会,并且在民族掌握国民大会下取得我们的民族愿望之 Swara(绝对的自主《absolute-self-government》)。”④ Swaraj (self-government, self-rule 之意),也无非就是独立之意。其激进

① 丁则良:《章炳麟与印度民族解放斗争:兼论章氏对亚洲民族解放斗争的一些看法》,《历史研究》1957 年第 1 期,第 26 页。该论文也反映了这一时代中印友好的氛围。

② Arun Coomer Bose, *Indian Revolutionaries Abroad 1905—1922: In the Background of International Development*, pp.50—51.

③ *Free Hindusthan*, Vancouver B.C., April, 1908.

④ “The Lesson Taught From the German Revolution of 1840” in *Free Hindusthan*, Vancouver B.C., April, 1908, p.4.

派色彩可谓一目了然。

2. 章太炎在印度问题上对日本的批判

章太炎在《记印度西婆耆王记念会事(丁未)》中接着说:

> 西婆耆王者,当十七世纪末,自民间起,覆蒙古帝国,使印度人得独立,盖与吾国明祖相类。印度人不敢以反对英国、经画独立昌言于众,而一寓其意于记念会。观西婆耆王之反对蒙古,则今当反对英国可知。凡列会中宾席者宜无不心知其意、因其意而赞成之。人道所当然,纵不能,犹无为阻抑之也。钵逻罕氏既召余及同志三数人,而日本人参列者以百数,大隈伯亲临而演说焉。高车戾门,鼓吹讙作,参席者不哀印度之亡,而为大隈伯击掌。伯见英人士女之列坐者,鞠躬握手,曲尽恭谨。余不意著名之政党而如此也!及演说,惟言英皇抚印度,至仁博爱,不可比拟,而勖印度人以改良社会,勿怨他人,勿谋暴动。语毕,英人某复前演说,大意谓英人与印度人亲如骨肉,其语率圆滑曲媚,盖心知印度人长厚,而以是笼络之也。英人不足道,余独怪大隈伯以东方英杰,而亦为是谐媚取容之语,岂昏耄短气耶?抑以同盟之故,不欲使印度人得所藉手也?此在当轴秉政,与在野之政党首领宜为是说。伯既引退,于国政无所关系,犹作是言,是真余所不解者矣!①

西婆耆王(Chatrapati Shivājī, 1627 或 1630—1680)又译为"希瓦吉王",为印度次大陆西部王国马拉塔帝国(Maratha Empire, 1674—1818, 后改为联邦)的建立者。"覆蒙古帝国,使印度人得独立"者,指莫卧儿

---

① 《民报》第十三号,1907 年 5 月 5 日,影印本第四卷,第 2218 页。

帝国(The Mughal Empire)。1681 年莫卧儿王朝乘西婆耆王去世而入侵马拉塔,1707 年终为马拉塔击败。但马拉塔 1818 年为英国所灭。在印度的独立运动中,纪念西婆耆王的西婆耆王节被激进派领袖提拉克提升、推广为跨越西印度及孟加拉的宣传手段,试图借此使独立理念走向群众。①

章太炎在此描写了日本政治家大隈重信(1838—1922)在是次会议的演说中粉饰英国对印度之殖民统治,并不支持印度之独立革命。1907 年大隈重信辞去宪政本部总裁,并出任早稻田大学校长,在校内成立“印度学会”。他接受这一演讲邀请就在此后不久。②章太炎批判大隈曰:“伯既引退,于国政无所关系,犹作是言,是真余所不解者矣!”日英同盟对亚洲联盟思想的冲击,也可以从“抑以同盟之故,不欲使印度人得所藉手也”中窥见。章太炎对大隈重信的批判,源于同盟签订之后日本对于英国在印度殖民统治的支持,这也表达了章太炎对印度独立运动的同情。事实上大隈重信本人便是日英同盟重要的促成者。这一军事同盟冲击了亚洲联合的理想,令其他亚洲士人对日本渐失信心。而章太炎即为其中之一。

章太炎在另一文章中再次批判日英同盟后的日本。《印度人之观日本》(1908 年 4 月)中曰:

> 日本无趾人大隈重信尝演说亚洲事,支那、印度人皆往听。无趾曰:“亚洲文明之国,今以日本为第一,次即支那,若巴比伦、印度辈,往日文化虽可观,今则不足比较。”支那人皆喜,印度人

---

① Bipan Chandra, *India's Struggle for Independence 1857—1947*, p.130.

② 内藤雅雄:「近代日本の形成と英領インド」,大形孝平编:『日本とインド』,第 65 页。

> 皆怒。暇日印度人带氏过余，因道此事，带氏则哂曰：“自日露战争以来，日本人傲睨甚，以为东方龙伯，即已族矣！”……印度于日本，事鲜相涉，日英同盟，则惟恐印度有光复事，丑言诋斥，亦人情也。①

上文中的“带氏”，应为竹内善朔上述回忆中提及的起草《亚洲和亲会约章》英文稿的流亡东京的印度志士。竹内言及，他是印度志士中的领袖人物，在外语学校任教，大家称他为“Mister Das”。②“带氏”很可能是前面提及的、与保什在美国组织“美国印人会”(Indo-American Association)的独立运动活动家 Taraknath Das。大隈重信 1889 年因国家主义组织玄洋社成员来岛恒喜自杀式炸弹袭击而受伤截去右腿，故有“无趾人”之称。“无趾人”谐音“无耻人”，此一章氏恶言，足见其憎恨之情。就此集会，“大隈侯八十五年史会”所编之《大隈侯八十五年史》(1926 年)如是描述：“君明治四十年四月于印度爱国者西婆耆王节作《印度之将来》之演说。翌年七月敦促印人自省。西婆耆王节每年本只由滞留本邦印人自行举办，然明治四十年邀请日印协会及该会相关人士与会。君登上讲坛，印度人的眼中露出喜悦之光。”(明治四十年，1907 年)③这一反应与章太炎笔下的中印革命派与会者后来的反应大相径庭。第二次日英同盟(1905 年 8 月)与第一次日英同盟最大区别在于将条约的适用范围由第一次的“满韩”而扩大

---

① 《民报》第十九号，1908 年 4 月 25 日，影印本第五卷，第 3156—3157 页。

② 前引竹内善朔回忆文章，第 78 页。日文原文为“ミスター・デー”，并无罗马字表记，该英文表记为笔者杜撰，仅取近于日文发音耳，并无其他根据。笔者虽多方查找，但很遗憾尚未从日本与印度方面的资料中觅得“带氏”的资料。

③ 大隈侯八十五年史会编：『大隈侯八十五年史』(1926 年)，东京原书房 1970 年复刻本，第二卷，第 703 页。

至“远东及印度以东”。该条约令英国在印度的统治以及在华利益进一步得到保障。同时，对日本来说，日本导入日英同盟而进一步借此巩固朝鲜殖民地利益，并进一步瓜分中国，该条约为此增加了日本实现此目标的筹码，强化了其基础。而大隈重信正是扩大日英同盟范围的最主要推动者。《大隈侯八十五年史》描述了大隈如何主动向英方提出将同盟范围扩大至印度的情节，以作为大隈生平功绩之一予以彰显。①

上面提及大隈重信“翌年七月敦促印人自省”，指的是明治四十一年（1908年）七月大隈重信在日印协会上重复类似论调。大隈演讲中说：“我不敢说英国政府并未在某种程度上多多少少限制了印度的自由，但是，若要谈到印度在这一百年来的进步因何而起的话，那就是因为英国的资本的力量。”“如我屡屡重复的那样，宽大仁慈的印度皇帝，尤其最进步的英国政府，一定会乐于给予自由，我对此坚信不疑。”②此外，1911年第三次日英同盟签订之后，1915年2月15日驻守新加坡的印度裔士兵（大部分为回教徒）趁英军空虚而起义，即为印度革命党所发动。事件中日本即接受英军求援，派遣日本军舰对马舰前往，对马舰派出陆战队镇压了起义。大隈重信事后在《日印协会会报》（第二十一期，1918年）上说：“日本的舰队以同盟之谊援助英国的事绝不是少。新加坡回教徒之乱中日本的舰队是多么的努力！”③这

① 大隈侯八十五年史会编：『大隈侯八十五年史』（1926年），东京原书房1970年复刻本，第二卷，第439—440页。

② 「印度人の自省を促す」，江森泰吉编：『大隈伯百話』（明治四十二年初版），东京实业之日本社1912年版，第454、459页。

③ 转引自长崎畅子：「日本のアジア主義とインドの民族運動」，大形孝平编：『日本とインド』，第71页。

里可以看出大隈对印度的两面。一方面作为新的列强成员，与英国殖民者在现实国际政治中对印度共享了以强凌弱的强者立场，另一方面，日本作为亚洲唯一没有被列强侵略、且与列强平起平坐的一员，在面对同为亚洲之一员的印度时，“亚洲盟主”日本之“盟主意识”也就难掩于大隈的言表。这是相互矛盾的态度。

五、清季革命与印度表象

1. 章太炎的“印度”——批判日本及中国之“方法”

首先，似乎可以指出，章太炎的“印度”也是批判日本破坏亚洲团结的“方法”。这一点，见于章太炎《印度人之观日本》(1908 年 4 月)一文中：

> 带氏又曰：当日本未兴时，亚洲诸国，虽时时有小衅，犹近平和，今也反是。夫土耳其于亚洲为忮戾无仁恩矣，然不足以挠乱大势。引白人以侮同类者，则谁乎？[①]

在此，章太炎借印度知识分子之口，批判日本“引白人以侮同类”，这里显然指的是日英同盟。

其次，章太炎作为“方法”的“印度”，也表现在章太炎以“印度”作为批判中国的“方法”。这一方法势必难免特权化印度、单纯化印度(这一点，令人联想起战后日本的思想家竹内好[1910—1977]的“中国”，本章作为“方法”的“印度”这一表述，当然是借自竹内好)。此见于章太炎《印度中兴之望》(《民报》第十七号，1907 年 10 月 10 日)一文。文中，章太炎言及与印度独立分子相交所闻，并同情印度人民的命运，期望印度能早

---

① 《民报》第二十号，1908 年 4 月 25 日，影印本第五卷，第 3158 页。

日从英国的殖民统治中解放出来。同时，章太炎亦以留日印度知识分子为镜，批判了中国留日求学人士松弛、麻木的现状：“余视印度人在日本者，明允确坚，嗜学不怠，未有如汉人之惰驰者。”①章太炎又曰：

> 观今者，学术多废坠，独历史尚稍完具，令士民不骞太古，以期独立。印度阙是，故国民自觉稍晚，今果有自编通史者。呜呼！观其志行，伉慨卓厉如此，而成就学术，又远在震旦人上，自兹以往，则印度之独立可期，而吾国殆绝望矣！……由今观之，震旦之异于印度者，惟郛(fú)郭尚在，未为白人所掩耳。又其起居服食，凡诸所谓表面文明者，大较优于印度。故虽外人之觇(chān)国者，亦谓震旦在印度上。试一核实，则不逮印度远甚！诈伪无耻，一也；缩朒(nǜ)畏死，二也；贪叨罔利，三也；偷惰废学，四也；浮华相竞，五也；猜疑相贼，六也；是六者皆印度所无，而吾国之所独有。自非斵(zhuó)雕为朴，代文以忠，其曷能取济哉？呜呼！东方文明之国，荦荦(luò)大者，独吾与印度耳！言其亲也，则如肺腑；察其势也，则若辅车。不相互抱持而起，终无以屏蔽亚洲。印度志士望震旦独立者多矣，而汉人曾莫念彼。岂独不念，又鄙夷之！盖自明室不竞，汉梵相隔，几若地球与海王星。清世虽勤远略，其始皆私。……迷而不返，视比邻如草昧穷荒，又震于西人之言，矜华靡而羞质野，其视印度，盖与西羌、马来相等。由是言之，汉土弟昆，皆贾竖之见耳。②

---

① 《民报》第十七号，1907年10月10日，影印本第五卷，第2770页。

② 同上书，第2771—2772页。

在此，章太炎比较印度与中国之长短优劣，批判中国人自比印度，觉得自己在印度之上，而沾沾自喜，但在他看来，事实恰恰相反。章太炎借“印度”，批判中国人远逊印度人之处，进而批判中国士人对印度独立的傲慢、冷漠。同时章太炎也批判了中国人的势利，一方面以傲慢的态度看待周边国家如印度、西羌、马来，“视比邻如草昧穷荒”；另一方面又盲从西方，诚惶诚恐。在章太炎看来，这一类中国人都只是势利商人之见（“贾竖之见”）。在此，“印度”显然成为一个章太炎批判中国知识界的“方法”。由是观之，轻言章氏为自我特权化之民族主义者，显然失之简单。

2. “吾洲”之文化政治隐喻之“印度”

再次，章太炎作为“方法”的印度，也是某种“文化主体性”的建构方法。章太炎虽然有特权化印度之虞，但是，其对印度也并非只是一味理想化。他认为，印度与中国相比，在学术上对历史的保存不如中国，而这一点影响了印度人追求独立的自觉意识（“今者学术多废坠，独历史尚稍完具，令士民不骞太古以期独立，印度阙是，故国民自觉稍晚”①）。

章太炎在《支那印度联合之法》提出了以印度中国组成屏障、维护亚洲和平的自立方案：

> 清廷于邻国，强则佞谀，弱则骄倨，此最可嗤鄙者！近世朝鲜、安南、缅甸、琉球诸国，既属他人，独廓尔喀逼在英藩左右，犹知汉土可亲，聘问时至，而遽以囚虏待之，何其不知务哉！民间于印度人，宜念往日旧好，互相扶持，非独人道宜然，居今日而欲维持汉土，亦不得不藉印度为西方屏蔽，以遏西人南下之道。支

① 《民报》第十七号，1907年10月10日，影印本第五卷，第2771页。

那、印度既独立，相与为神圣同盟，而后亚洲殆少事矣。联合之道，宜以两国文化，相互灌输。①

这里也可以看出，章太炎认为印度的独立，与维护中国的独立直接相关。“廓尔喀”(Gurkha，Ghurka，香港又译为“啹喀”)为尼泊尔中部地区小国，原为清朝贡国，清末时廓尔喀受英国威胁，但曾抗击英军，并始终礼从清廷，但却受傲慢无知的清廷冷遇。至1908年为英国彻底控制。

章太炎在此批判了清廷对周边邻国欺善怕恶的本质，同情周边的弱小民族。由此也可以看到，“廓尔喀”这一小国的命运是如何夹在现代意义上的帝国英国与衰败的中华帝国清朝之间。同时，由上面的叙述中也可以看到，章太炎所倡导的联亚思想，并非仅仅是地缘政治的，也是文化的、道义的。他认为这一文化、政治的屏障，可以因中印民间的传统友谊而得到强化，并认为印度的独立有着世界史意义，因为这可以阻止西方帝国主义势力进一步南侵亚洲。

在另一篇文章《印度人之论国粹》中，章太炎以印度为例，言及学术上高扬国粹与培养反殖民主体性、国粹与“反满”民族革命之间的关系：

人无自觉，即为他人陵轹，无以自生；民族无自觉，即为他民族陵轹，无以自存。然则抨弹国粹者，正使人为异种役耳！②

由是观之，章太炎的国粹主张，不能只是从民族主义的排他性中

① 《民报》第二十号，1908年4月25日，影印本第五卷，第3162页。

② 同上书，第3160页。《民报》原版为“正使人为异种设耳”。浙江图书馆1919年版《太炎文录初编·别录》卷二为“正使人为异种役耳”(第56页)，改原本误植。《章太炎全集》(四)收入此文时，亦为“正使人为异种役耳”(第366页)。

去解读，显然也必须从反帝反殖民的语境中进行理解。对文化帝国主义的警惕，也构成了章太炎"战斗性文章"(鲁迅评语)的其中一面，而因此赋以"国粹"主体性的涵义。在此，他又是如此期待，印度也能以自己的"国粹"去追求"国民自觉"，亦即培养反帝反殖民的主体性。事实上，印度的抵制英货、提倡国货运动(The Swadeshi)的另一重要侧面，也是强调"自主"(self-reliance or Atmasakti)，意即重拾民族尊严、自尊及自信，进而在乡村层面上希望通过自助(self-help)手段，带来农村地带之经济及社会的新生，同时，这一"自主"(self-reliance or Atmasakti)计划也包含了国民教育。①无疑这与章太炎通过复古进行的文化革命，有着一定的相通之处，都有着文化革命的性质，而且印度的独立运动是一场更为广泛的群众运动。

从上面的引用中炳然可见的，是章太炎对印度的某种文化、政治上的认同。章太炎视中印皆为文明古国，此为文化认同的表现；其次则视中印皆为未从帝国主义、殖民主义的统治中取得完全的独立的国家，尤其印度的境况，更是引起他的同情，此则为政治认同的表现。在此意义上，章太炎所谓"方法"的印度，也不仅是借印度批判日本对亚洲联合的破坏，以及借印度批判中国人的势利、无知和傲慢，也在于借以激励中国知识分子投身革命、追求解放。

3. 章太炎的古学重构及宗教重构——革命与"印度"的意义

章太炎1917年3月4日于上海成立亚洲古学会，并召开第一次大会。②常住中国的日本人有平川清风(1891—1940，名记者)、西本省三

① Bipan Chandra, *India's Struggle For Independence 1857—1947*, p.130.

② 汤志钧编：《章太炎年谱长编》，第553页。

(1878—1928，东亚同文书院教师，其时于上海发行日语杂志《上海》)、植村久吉(《上海日报》主笔)等参加了第一届的亚洲古学会。①我们可以从文献中看到，从 1897 年至 1917 年，二十年来章太炎都持有联亚思想，而且这一联亚思想越来越带有文化、学术的色彩。在亚洲古学大会上章太炎发表了演说：

> 予在日本时即拟发起亚洲古学会，以与全洲人士提倡旧日之文明，旋以他事牵绊，未克实行。……夫亚洲之土，大于欧陆者六七倍，惟以交通不便，而情谊致多隔阂；然一般人士，对于欧美之近状，莫不了然于胸。而于同洲各国，如日本以同文之故，情谊稍为亲密，至于印度、亚剌伯等国之政俗，则瞠目不知所对，是胡可者？则亚洲学派虽多，尚无宗教之争，未若欧土教争，动致流血。诚以欧人以物为主体，以心为客体；亚人则以心为主体，以物为客体：是则两相歧异之处也。今欲保存吾洲之古学，惟有沟通各国之文字为着手，然此事殊难，行之匪易，予拟当创一种共用之语，以为彼此联络情谊之准备。如是则古学可兴，而国家亦可得其裨益。②

在此，章太炎试图强调“吾洲”这一共同体意识。为了这一共同体，求同变得至关重要。首先，清末章太炎对日本意欲作为亚洲盟主而在文化上试图主导汉字圈文化，颇多反感之处，他遍骂明治汉儒，甚至情绪化地将其反感延及江户宿儒荻生徂徕(见《汉字统一会》一文，1907 年③)。但是，章太炎在上面的演说中对日本却态度迥异。其次，此处章太炎的

① 汤志钧编：《章太炎年谱长编》，第 554 页。

② 《在亚洲古学会第一次大会上之演说》(1917 年 3 月 4 日)，载《时报》1917 年 3 月 5 日，章念驰编订：《章太炎演讲集》，第 170 页。

③ 就此问题，请参考拙著《“文”与日本学术思想：汉字圈 1700—1990》，中央编译出版社 2012 年版，第 85—89 页。

“亚洲”也含糊地包含了阿拉伯这一伊斯兰世界。也就是说，基于欧亚之二元对立的框架，他试图找出这一多元文化结合体的“吾洲”之文化共性：历史上不乏宗教之争的“欧洲”对素无“宗教”之争的“亚洲”，哲学上“欧人以物为主体，以心为客体；亚人则以心为主体，以物为客体”。此一东西二元对立、略显本质主义的框架，常见于明治日本知识分子（如现代美术史学之开创者冈仓天心（1862—1913）的美术史写作，他也是借助印度、中国，致力于建构某种均质化的“亚洲”，以抗衡欧洲①），但是，这一东西二元模式却不太见于《民报》时期章太炎的论述中。此一东西二元模式实际上频见于中国新文化人士。太炎此处没有免俗。其背景料与其时正于欧洲战场进行中的第一次世界大战有关。简化欧洲势必与简化东方互为因果，这可能与此时的章太炎试图将阿拉伯世界包含进其“亚洲”中有关，为此，一个均质性的“亚洲”便变得必要。为了建构这一“吾洲”之“全洲”共性，章太炎寄望于亚洲“古学”。而为了克服语言沟通上的障碍，章太炎更异想天开地提出“亚洲语”之构想。

亚洲古学会一个月后则假虹口日本人俱乐部举行第二次集会，在章太炎发言之前，上海日日新闻社主笔柏田忠一（1886—1958）以《亚洲之文艺复兴》为题演说。②章太炎则就佛教与亚洲古学的关系等发表演说。章太炎这一亚洲古典学，更强调佛教，但是事实上其“佛教”是世俗化的佛教，而且杂糅孔老等诸子之学：

---

①　此一问题，请参考见拙稿《明治日本美术史的起点与欧洲印度学的关系——冈仓天心的美术史与明治印度学及东洋史学的关系》，《东北亚外语研究》2016 年第 2 期（“近代日本美术与近代中国专号”），第 26—39 页。

②　汤志钧编：《章太炎年谱长编》，第 554 页。

> 吾以为凡宗教之类，上下点均相同，所异者惟中间之规则等，绝端不能相同。所谓下者如五戒等，上者如望人为善，与他教亦无不相同，若规则则各自为政。……然以予观之，若谋亚洲佛教之联合，亦非大难之事。盖就其上下两端而统一之即是。且佛教中大乘、小乘，又有天乘、人乘。所谓天乘者，即天堂等说是也；人乘者，即望人为善是也。……今中国无天乘，但有人乘而已，人乘无迷信，其入大乘甚易。①

此处所谓“人乘”，原本指佛教中“五乘”之一。“乘”的本义为将人乘渡至理想世界，五乘指的是人乘、天乘、声闻乘、缘觉乘和菩萨乘。②在此，“人乘”似乎更应该理解为佛教进入中国之前包含儒教在内的诸子学之类的中国传统思想。章太炎的“宗教”又是重构诸子学等传统学术的理论装置。由此可以看出，章太炎的“吾洲”在如何处理阿拉伯世界这一迥异的宗教文化上，仍然未能妥善处理。事实上，在章太炎的“宗教”论述中，回教文化是他一直未能处理的。因此，在此意义上，1917 年的亚洲古学会将阿拉伯世界导入，算是一定程度的自我修正，但到底又是脆弱的。其实，印度 13 世纪因伊斯兰教徒入侵只剩下零星佛教，其“印度”与佛教的等同，到底又是以日本与中国为其支柱的另类表述。因此，只要是以古学为基础、以文化认同为联合的一个基准，已经越来越帝国主义化的日本，仍然是章太炎无法回避的。显然，章太炎主张以佛教推动亚洲联合，除了在东亚有一定的实质意义外，对宗教多元化的印度，尤其是只剩下零星佛教的印

---

① 《在亚洲古学会第二次大会上之演说》(1917 年 4 月 8 日)，载《时报》1917 年 4 月 9 日，章念驰编订：《章太炎演讲集》，第 173 页。

② 中村元、福永光司、田村芳郎、今野达编：『岩波仏教辞典』，第 273 页。

度,显然也是异想天开的了。

无论如何,我们可以看到,章太炎的亚洲文化认同,更多是通过“古学”来进行这一点,也就是说,其“亚洲”是学术的人文的“亚洲”,是以亚洲的古典学建构起来的亚洲认同。此与其复古而求革命的一贯性相辅相成。尽管如此,第二次亚洲古学会会规也明确规定,须劝导亚洲人士相互敬爱,互相知会亚洲之大事,遇有侮辱、损害亚洲各国及各国人士者,予以劝告、匡正。①显然,这一亚洲的联合体依然是高度政治的。在此意义上,也可以视为其亚洲和亲会等亚洲联合实践的延续。

石井刚论及章太炎起草的《亚洲和亲会约章》时说:“章太炎呼唤重振亚洲文明的笔致,与其言其人道,莫若言其人文。”②这一植根于亚洲文明的联亚思想与章太炎的民族主义毫不矛盾。这正如狭间直树所指出的那样,“只是种族并无多大的意义,所以章太炎将民族主义内容规定为文化”,③因此,其“文化”依然是高度政治的,一如其“亚洲”。

其实,章太炎的“亚洲”既是人道又是人文的,也因此更是政治的。构成这一“亚洲”之核心部分的“印度”尤其是如此。从 1897 年起,至少至 1917 年之时,章太炎之既人道又人文、同时又是高度政治的联亚情怀,依然故我,可谓二十年如一。

---

① 山室信一:『思想課題としてのアジア』,东京岩波书店 2004 年版,第 445 页。

② 前引石井刚:「章炳麟と劉師培——東アジア地政学下の革命理論」,赵景达等编:『講座東アジアの知識人・2・近代国家の形成』,第 201 页。

③ 前引狭间直树、松本健一:「章炳麟と明治の『アジア主義』」,『知識』,第251 页。

六、人的自主与亚洲自主——作为“方法”的印度

章太炎在《印度人之论国粹》(1908 年 4 月)中说:“带氏曰:‘今日为亚洲计,独立,其先也;均平生分,其稍次也;玄同彼是,泯绝政法,其最后也。求大同于百年以后,而不为旦暮计者,斯则为不知务尔!’”也就是说,民族主义是有限度的,是一定过程中的手段,在此意义上,亚洲主义是章太炎民族主义的另类表述。而求大同,这是将来的终极目的。另外,章太炎此话也是借印度独立运动革命者的话去批判中国无政府主义者。当时在巴黎与东京的部分中国革命者提倡世界主义(cosmopolitanism),章太炎认为这一高远的目标有损当前的革命进程、缺乏现实性。

章太炎的“印度”有时是“方法”的“印度”,但更多是现实中的印度。他对印度的独立运动及英国统治下的人民,倾注了巨大的同情。此见于章太炎刊于《民报》第十三号附录《送印度钵逻罕保什二君序》(1907 年 4 月):

> 印度法学士逻钵罕自美利坚来,与其友保什走访余于东京。余固笃志于薄伽梵教,而甚亲印度人者也。平生未尝与其志士得衔杯酒之欢,亦末由知其名号。既见二君,欢相得也。已而,悲至陨涕。二君道印度衰微之状,与其志士所经画者,益凄怆不自胜!复问余支那近状。嗟乎!吾支那为异族陵轹,民失所庇,岂足为友邦君子道?①

章太炎予人印象多是刚直不阿、英勇不屈之之斗士,但上文中却

① 《民报》第十三号,1907 年 5 月 5 日,影印本第四卷,第 2221 页。

是如此柔情流露。章太炎同情殖民统治下印度人民,也与其关怀外有列强瓜分、内有清廷专制的中国民众命运而相叠合。可谓同病相怜,而断非顾影自怜,更有与印度的革命相携相励之意。这一相互扶持的想法,又见于他的《答祐民》(1908年):

> 印度民心齐一,体魄坚强,而理化工艺诸术,又远在吾民上。……以独立之期,彼此或有先后。如印度先独立耶,必当扶持中国;如中国先独立耶,亦当扶持印度。使人心有此观念,而后他日可见之施行。①

如一再强调的那样,章太炎的民族主义常常表现出强烈的超越一己之民族以及在理论上否定国家的倾向。就超越一己之民族国家而言,再举一例的话,比如他在《复仇是非论》中说:“余虽踸踔,亦不能不随俗为言,且以为民族主义非专为汉族而已,越南、印度、缅甸、马来之属,亦当推己及之。”②(踸踔[chěnchuō],《庄子·秋水》“吾以一足,踸踔而行”,行走不稳定状。)

另一方面,正如 Rebecca Karl 所指出的那样,以亚洲和亲会的组织形式将“亚洲”实体化,既意味着从之前的全球主义(globalism)的一次后退,又代表着将这一全球主义转化为具体的政治化形式。③但是,“亚洲”在这一时代毕竟是弱者的代名词。无论如何,以亚洲和亲会的成立为象征的亚洲左翼革命家们的连带,作为一个运动,它未必是成功的。除了本章前述的国际形势等变化外,日本进一步的帝国主义化与对内的专制化也是很重要的原因。就后者而言,比如 1908

① 《民报》第二十二号,1908年7月10日,影印本第六卷,第3551页。
② 《章太炎全集》(四),第273页。
③ Rebecca Karl 前揭书,第159页。

年1月17日的以堺利彦、山川均为中心在平民书房二楼召开四十人左右的演讲会，招致堺利彦、山川均、大杉荣、竹内善朔等被捕，中国的张继因此被迫流亡巴黎，日本史称“周五屋顶演说事件”；之后更发生了1910年所谓“大逆事件”，十二名日本无政府主义者、社会主义者被处极刑。日本初期社会主义运动的研究者指出，这些日本国内左翼镇压事件是导致章太炎主持的中国同盟会会刊《民报》停刊以及章太炎被处罚款，刘师培、何震夫妇关闭无政府主义刊物《天义》并被迫离日等事件的重要原因。①但是，也应该留意到，在一个不短的时间里，东京显然成为亚洲革命家聚集的中心，而这一中心事实上并不是那么坚固。正如它面临着明治日本作为一个新兴帝国的国家暴力。日英同盟一方面既是促使亚洲活动家进一步联合的因素，另一方面也是促使日本政府站在英国的立场镇压印度独立运动，而令运动趋向弱势的因素。

另一方面，正如战后日本著名史学家石母田正（1912—1986）在1953年的论文中所指出的那样，日本初期社会主义者幸德秋水在批判日本对外的帝国主义政策上不遗余力，并且积极参加与中国等亚洲革命家的活动，同时积极地传播《资本论》、无政府主义理论。但另一方面，石母田也批判了幸德秋水因为过于浓郁的无政府主义世界主义、无政府主义共产主义的色彩，而对中国、印度革命家的民族独立要求不那么热心。②应该指出的是，章太炎在其他地方讨论过缅

---

① 前引原英树：「竹内善朔论：その生涯と思想」，『初期社会主义研究』创刊号[1号]，第106页。

② 石母田正：「幸德秋水と中国」(1953)，收入氏著『続・歴史と民族の発見』，东京大学出版会1960年版(1953年初版)，第319—354页。

甸、越南等亚洲小国受帝国主义威胁的问题,[①]但是,显然其亚洲联合的思想中朝鲜问题却是模糊的。《民报》第二十一号除了刊登过印度独立运动的问题外,还刊登过《韩国人之露布》,内附《告韩侨檄文》,但总的来说,在章太炎那里还是显示出某种朝鲜问题的缺失。这是否是因为辛亥革命的基地在东京,而朝鲜问题又是日本帝国的核心利益之一,就不得而知了。

从政治的层面上看,首先,联亚思想在中国、印度总是体现着其与西方的紧张关系。而在日本,它固然也有此侧面,但另一方面,日本的亚洲主义话语与印度、中国知识分子的亚洲联合构想,皆可视为全球化语境中印度、中国、日本等亚洲知识分子对资本主义及其政治表现形态之帝国主义、殖民主义在政治、文化、学术上的反应。但是,作为上升中的新兴帝国,日本的亚洲主义更多时候又是其扩张的大陆政策的产物,也就是说,亚洲主义有时在日本也是以反西方面目出现的帝国主义话语。其次,日本部分的亚洲主义也产生于日本现代性"脱亚"的紧张关系中。这也是与中国联亚话语语境有别的一点。再次,从话语生成谱系的角度观之,"欧洲"也是生产"亚洲"话语的必不可少的条件与前提。其隐在层面(meta level)上的,是欧美这一挥之不去的他者。这一点正如汪晖所指出的那样,"如果亚洲论述始终以一个自明的欧洲概念为背景,而不是深入到欧洲历史发展内部重新理解欧洲概念得以建构的动力,那么,亚

① 比如章太炎在《五无论》中说:"呜呼!印度、缅甸灭于英,越南灭于法,辩慧慈良之种,扫地尽矣!故吾族也,则当返;非吾族也,孰有圣哲旧邦而忍使其遗民陷为台隶?欲圆满民族主义者,则当推我赤心救彼同病,令得处于完全独立之地。"《民报》第十六号,1907 年 9 月 25 日,影印本第四卷,第 2532 页。

洲论述无法摆脱它的含混性。”①汪晖又指出亚洲主义本身的歧义性：“这一概念（亚洲主义）是殖民主义的，也是反殖民主义的；是保守的，也是革命的；是民族主义的，也是国际主义的；是欧洲的，也反过来塑造了欧洲的自我理解；是和民族—国家问题密切相关的，也是与帝国主义视野相互重叠的；是一个相对于欧洲的文明概念，也是一个建立地缘政治关系中的地理范畴。”②

日本的章太炎研究者小林武教授曾指出：“简单地指出的话，也就是说，章太炎根本上的着眼点，是其政治哲学中最重要的概念之一的人的‘自主’”。③在此意义上，章太炎所说的“亚洲自主”④，也就是亚洲人民的“自主”，因此，其所言之亚洲连带，也是文化的联合，同时是由革命者之间的连带而延及人民的连带，而非政府之间的连带。章太炎这一革命者主导的人民的联合，又是建立在批判性地认同、继承传统学术、传统文化上的，并且将这一批判性重构的传统学术转化为革命的资源。惟因此，章太炎的“民”显然也与后来马克思主义影响之下的“人民”概念不同。后者植根于线性的进步主义历史观上，因而对传统文化予以否定，同时这一“人民”处于经济视野的阶级框架之中，换言之，它始终是在某种集体性政治框架之中的，是革命这一历史推进器的主体。

章太炎的“自主”或者可以表述为：只有人的自主，才有真正意义上的国家的“自主”，而非相反。这应该是理解章太炎包含联亚主义

---

①② 汪晖：《亚洲想象的政治》，收入氏著《亚洲视野：中国历史的叙述》，第56页。

③ 日本的章太炎研究者小林武探讨了章太炎的“自主”概念与叔本华之关联。小林武、佐藤丰：『清末功利思想と日本』，第326—332页。

④ 《支那印度联合之法》，影印本第四卷，第3163页。

在内的政治思想的重要角度。在此意义上,章太炎可谓是另类的民族主义革命者。

略带讽刺意味的是,本章事实上展示了两种不同的国际联合:日英同盟与亚洲和亲会等亚洲联合。但是,显而易见,两者之间有着如下本质的不同。首先,日英同盟是帝国主义者殖民主义者之间的联合,章太炎等的联亚思想是反对帝国主义反对殖民主义的联合;其次,前者也是反对革命的联合,后者却是革命者的联合,它不仅是对外的,更是对内反对专制、追求民主的;前者是国家、政府间的联合,后者是人民、革命者之间的联合,有着超越国家的一面;前者是军事、政治的联合,后者既是政治的,又是文化的联合。

第四章　批判无政府主义的无政府主义者——章太炎与早期中日无政府主义/社会主义运动的关系

一、章太炎与早期中国无政府主义革命简介——中国革命之复数性及延续性

1. 章太炎与作为辛亥革命重要构成的无政府主义或社会主义思潮

本章将讨论章太炎主笔《民报》期间与早期中国、日本无政府主义运动的关系。因为 20 世纪初日本与中国的无政府主义运动往往也是社会主义运动，也涉及与中国、日本早期社会主义运动的关系，因此，在本章中“社会主义”“无政府主义”常常不作区分地使用。但是，从下面的论述中也可以看到，虽然也这一时代日本与中国革命者中“社会主义”“无政府主义”高度重合，用法往往不作区分，但是，有时候两者之间的区别也是清晰可见。

笔者将主要着眼于章太炎有关论文与中日无政府主义运动这一语境的关系，因此将梳理章太炎发言的历史场景。“早期无政府主义运动”或“早期社会主义”主要指20世纪早期的中日无政府主义与社会主义。就中国语境而言，这一无政府主义及社会主义思潮也是辛亥革命思想最重要构成之一。孙中山在1905年末正式提出民族、民权、民生的三民主义，其中“民生主义”由“平均地权”这一条同盟会纲领扩大而成（后者见1905年8月20日《中国同盟会总章》，前者见同年10月20日《民报》发刊词①）。石川祯浩指出，1919年后半年在上海最积极研究马克思主义的，是国民党的一系列刊物，代表人物则有戴季陶（1891—1949）、沈玄庐（1883—1928）、胡汉民（1879—1936）、邵力子（1882—1967）、朱执信（1885—1920）、廖仲恺（1877—1925）等。石川指出，国民党人士关心马克思主义应该是基于如下的观点：既然孙中山的民生主义理论属于社会主义理论的系列，那么，马克思主义应该是为之提供科学根据的补充。②因此，清季革命无疑是中国社会主义运动的起源，同时它又是与共和革命一体的。它与中国后来的无政府主义运动及社会主义运动有着同中有异的关联性。同时这一清季革命历史上又是以太平天国革命为其远因的。

章太炎与早期中日无政府运动有着颇为复杂的关系。一方面，章太炎的政治理论与无政府主义理论之间有着强烈的呼应关系，也在观点上有许多相通之处，但是，章太炎的政治理论主要是糅合佛教唯识论与庄子哲学而成，颇为独特。另一方面，章太炎又不可以简单

① 《孙中山全集》第一卷，第284、288页。

② 石川祯浩：『中国共产党成立史』，东京岩波书店2001年版，第47—48页。

被归类于其时的无政府主义团体，在文本层面上也不太容易发现他与欧洲无政府主义理论的关联。这一点他与同时代的无政府主义革命党人大相径庭。更为重要的是，章太炎的许多文章明显地在批评无政府主义色彩的革命党人。在此意义上，章太炎也许可以被视为一位批判无政府主义的无政府主义者。

显然章太炎与无政府主义的关系甚为复杂。确实，章太炎的交谊圈中多为无政府主义者，如刘师培、张继便与章太炎为至交。刘师培不仅是章太炎的革命同道，也是学问上的挚友。众所周知，刘师培为著名的古典学大家，在春秋学、诸子学方面尤有建树。张继亦为同盟会会员，原本与刘师培在东京主办社会主义讲习所，与刘师培皆为中国早期社会主义、无政府主义的重要人物，后来因日本镇压左翼运动，张继被迫流亡巴黎。

章太炎与中日无政府主义的关系，也可见于如下的一个例子：德人罗列(Arnold Roller)，为德国无政府主义者，其著《总同盟罢工论》，为张、刘、章的友人、日本社会主义者、无政府主义者幸德秋水(幸德传次郎，1871—1911)据英文翻译成日文(原来日文译题为《社会的总同盟罢工论》①)，张继将之翻译为汉语，章太炎曾为之序。从该书标题上可以看出，这是一本典型的工团无政府主义(Anarcho-syndicalism)的著作。工团无

---

① 神埼清：「日本の秘密出版」，『大学』第二号。转引自『幸德秋水全集』第 7 卷(东京明治文献 1969 年版)，小松隆二导读：「『経済組織の未来』ほか——幸德秋水とアナキズム」，第 425 页。Arnold Roller 的 Der Sozial Generalstreik(英译题目：*The Social General Strike*)，日文题目本应为『社会的総同盟罷工論』。最初的日文题目为了躲过官宪耳目，改为『経済組織の未来』。1907 年 12 月秘密出版，但仍然被禁止发行，之后的 1908 年 4 月其中四章以原题在《熊本评论》上发表，反获成功(『幸德秋水全集』第 7 卷前引小松隆二解说，第 424 页)。

政府主义主张以组织性的大罢工驱逐资本所有者，以接管工厂。①幸德秋水1901年刊行的著作《廿世纪之怪物帝国主义》，批判狭隘的“爱国心”实际上正是帝国主义、军国主义的核心部分，他在中日甲午战争之后日本国家主义、民族主义情绪日益高涨中旗帜鲜明地反战。

幸德秋水于1903年刊行《社会主义神髓》，并且创办反战、反军国主义杂志《平民新闻》，以“平民”概念抗衡其时流行的、国家中心的“国民”概念。幸德秋水在日俄战争期间(1904—1905)入狱五个月，出狱后他去了美国加州，与世界产业工人协会(The Industrial Workers of the World)的无政府工团主义者有了联系。②这些正是幸德秋水翻译《总同盟罢工论》的背景。上述事例也反映出欧美无政府主义理论传入东亚的“流通链”，以及幸德秋水本人的文笔与实践在这一流通链中的重要作用。显然张继、刘师培、章太炎都与这一流通链有一定关系。迨至20世纪早期，主要的无政府主义经典几乎都可以用汉语读到(而直至20世纪20年代，任何一本马克思的主要著作都还不能做到这一点)。③与许多西方书籍的汉译一样，20世纪初日本的中转作用不容忽视。

2. 新声故语融合之复数的革命话语——章太炎与东京及巴黎的中国革命者之间

在介绍章太炎与早期中国无政府主义关系之前，先简介早期中国无政府主义的基本主张。发行于巴黎的《新世纪》周刊与东京发行的《天义》半月刊被认为是近代中国的两大无政府主义杂志。但是，有论

---

① Colin Ward, *Anarchism: A very Short Introduction*, Oxford University Press, 2004, p.2.

② Colin Ward, *Anarchism: A very Short Introduction*, p.2.

③ Arif Dirlik, *Anarchism in the Chinese Revolution*, p.27.

者指出，任何时候将这一期的“中国无政府主义”作为一个群体来谈都是不容易的，严格讲应该是两个杂志的阅读群体。①甚至还可将这一时期中国的无政府主义分为三大群体：第一与第二类为理论家，包括东京的《天义》、章太炎本人，以及巴黎的《新世纪》，最后则是行动家群体，即其他所有从事革命活动的无政府主义者，如秋瑾（1875—1907）、徐锡麟（1873—1907）、吴樾（1878—1905）等，②这是广义的划分法。而本书将在狭义层面上使用“早期无政府主义”这一用语。

《天义》第一号创刊于 1907 年 6 月 10 日，③以刘师培（1884—1919）妻子何震（原名何班，1885—？）为发行人，时年刘师培二十三、何震二十二岁。几乎同时，《新世纪》也在 1907 年 6 月 22 日于巴黎创刊。《新世纪》由因“苏报案”避难巴黎的革命党人吴敬恒（1865—1953，字稚晖），与革命党同仁张静江（1876—1950）、李石曾（李煜瀛 1881—1973）在巴黎组织世界社而创刊。《新世纪》与《天义》东西呼应，这可以从前者转载《天义》文章中看出。事实上《天义》也登载《新世纪》的广告。但是，巴黎毕竟不是中国革命的海外中心，且远离中国，《新世纪》主要通过远洋轮中国籍船员偷运回中国、日本，以流通于两地的同志之间。④《民报》为同盟会机关报，而《新世纪》与《天义》则是同盟会员自行创办，因此三个杂志皆与同盟会有着直接间接的关系。身为《民报》主笔的章太炎与他们的关系本来便很密切。

---

①　浦嘉珉（J.R.Pusey）：《中国与达尔文》，第 371—372 页。

②　同上书，第 371 页。

③　《天义》一号上未刊出版日期。此处据万仕国《刘师培年谱》，广陵书社 2003 年版，第 105—106 页。

④　平野义太郎：「新世紀解題」，『中国国資料叢書・六・中国初期社会主義文獻集①・新世紀（影印）』，东京株式会社大安 1966 年版，第 2 页。

比照《新世纪》与《天义》的宗旨，便不难看出他们之间的关联。《天义》简章第一条为：“破除国界种界实行世界主义，抵抗一切之强权，颠覆一切现近之人治，实行共产制度，实行男女绝对之平等。”英文的简章将“世界主义”翻译为 internationalism，此处的 internationalism 与后来国际共运中的“国际主义”，意思应略有不同。也就是说，对于此时的无政府主义者来说，他们可能是以“世界主义”(cosmopolitanism)去理解“国际主义”。1907 年 11 月 30 日发行的《天义》十五合卷言及《天义》十六、十七、十八、十九合卷(1908 年 1 月 15 日)中载有民鸣译、刘师培序的《共产党宣言》(*The Communist Manifesto*)之节译。显然此一时期的共产主义是作为无政府主义理论被理解的。众所周知，共产主义与无政府主义的区别尤其在早期本来就很模糊。与章太炎关系密切的日本与中国的早期社会主义者、无政府主义者在这一无政府主义、社会主义传统的影响下，都不同程度受到了以俄国的巴枯宁(M.A.Bakunin，1814—1876)、克鲁泡特金(P.A.Kropotkin，1842—1921)为代表的共产主义色彩的无政府主义影响。但是，章太炎是否受到了这些无政府主义思想家的影响，如果有的话又在怎样的层面上，仍有待考证。无论如何，欧洲的无政府主义理论在 1920 年代之前的中国显然仍然是革命理论中其中一个主要外来来源。石川祯浩指出，1920 年 12 月 23 日《广州晨报》报道，以“共产党广州部”名义印刷的宣传单张当天在广州街头散发，根据单张内容，以巴枯宁、克鲁泡特金为代表的“无政府主义共产党”被认为是“纯全、圆满、正大”；虽然也言及马克思的“集产主义派”，但只是将之定位为社会主义学说的一派。①

① 石川祯浩：『中国共产党成立史』，第 208 页。马克思主义社会主义者与无政府主义者的对立应该是出现在 1921 年(石川同著，第 200、206 页)。

1907年6月22日《新世纪》第一号《新世纪发刊之趣意》开宗明义曰：“（一）本报议论，皆凭公理与良心发挥，冀为一种刻刻进化、日日更新之革命报。（二）本报纯以世界为主义。同人之意以为，苟能发愿与世界之种种不平等者为抵抗，一切自包其中，不必支支节节。”头版首篇《新世纪之革命》开篇更似乎带有杂志同人宣言性质：“科学公理之发明，革命风潮之澎湃，实十九、二十世纪人类之特色也。此二者相乘相因，以行社会进化自然之公理。盖公理即革命所欲达之目的，而革命为求公理之作用。故舍公理无所谓革命，舍革命无法以伸公理。”（第1页）该周刊每号四页，停刊于1910年5月21日，每周一期，共出一百二十一期。

两大无政府主义杂志之间，虽然互相呼应，但是其区别也是明显的。首先，巴黎《新世纪》派受进化论影响，以植根于进化论的“公理”为准，一开始就是西化的思想运动，这不知是否与其处身于巴黎有关。关于这一点，正如浦嘉珉(J.Pusey)指出，《新世纪》的基本词汇是“科学”，而无政府主义者声称他们整个思想体系是建筑在科学之上——恰如马克思—列宁主义者一样，而巴黎的中国无政府主义者的思想体系所依据的“科学”，无非是达尔文的进化科学。①既为进化论，必将贬低中国古典学术而趋向西方中心。而且，他们视西方“公理”为普遍性，对“公理”与西方扩张之间隐秘的关系，似乎也缺乏认

---

①　浦嘉珉(J.R.Pusey)：《中国与达尔文》，第371—372、373页。此外，日本的思想家柄谷行人区分达尔文以前的进化论与之后的进化论，认为达尔文的进化论在强调体系中的个体之偶然变异，并且强调这一偶然变异进而再影响到体系；因此，达尔文的进化论有别于之前的进化论，后者有着目的论色彩。尽管如此，达尔文进化论中的偶然变异却在事后被合目地论地解释。柄谷行人：『日本近代文学の起源』，东京岩波书店2011年版，第209页（汉译见赵京华翻译：《日本现代文学的起源》，中央编译出版社2003年版，赵京华完整本翻译版即将由北京三联书店刊出）。

识。与之相比,《天义》核心人物刘师培为古学大家,传统学养深厚,甚至认为古代井田制接近现代共产主义、老子思想近于无政府主义。显然这是中国无政府主义接受欧洲无政府主义一个很特殊的传统背景。他们在老子"无为而治"的延长线上去理解无政府主义。这一点,比如在《天义》第六期(1907年8月)刘师培、何震之《论种族革命与无政府革命之得失:驳合鹤卷君某君来函》:"中国自三代之后名曰专制政体,实则与无政府主义略同。""中国之政府以消极为治,以不干预为贤。虽有政府之名,其去无政府也几何哉!"①在同一文章中,刘师培还说:"所以不敢废政府者,则由笃信儒书人人之意中悉具一阶级之观念,一若尊卑上下之分。"(影印版第139页)刘师培、何震以老庄反对儒家中心,亦有其无政府主义理解中融通道家思想的特殊语境;与之相反,儒家则典型地代表了传统中国的有政府的政治思想。

《天义》与进化论是否有关联,尚需要探讨。②但是,确实,从主流上看,这一时代进化已经转化为启蒙。③新文化运动之时启蒙(甚至进化)又被"翻译"成"赛先生"(科学)与"德先生"(民主),也就是,这一"赛先生"同样位于进化论线性时间观中,只是这一进化论色彩变得隐秘而

---

① 『中国資料叢書・六・中国初期社会主义文献集②・天義(影印)』,东京株式会社大安1966年版,第135、138页。下称"影印本"。强调点为刘师培、何震原加。

② 浦嘉珉认为刘师培的《天义》亦与进化论有关,甚至按此理解,认为《天义》一名与其英译为 *The Journal of Heavenly Rights*,莫若英译为 *The Journal of Natural Rights*(《中国与达尔文》,第425页)。也就是说,这是自然权学说意义上"义",也就是人生来有之的(比如政府之前)有着普遍意义的自由、平等、博爱或人权,亦即17世纪社会契约论所依据的自然权学说。刘师培对社会契约论曾经表示过强烈的兴趣,并与林獬(1873—1926)合著《中国民约论精义》(上海镜今书局1903年版;今人注释、解读,请参照潘光哲注、导读版,台北文景书局2014年版)。浦嘉珉此一解读聊备一说。

③ 浦嘉珉(J.R.Pusey):《中国与达尔文》,第425页。

已，只是进化论许多非伦理的要素被修正而已。同时，儒家原有的“公”“平”“均”“民”等传统政治学概念也被更有权威(legitimacy)、更富新意的“民主”取代。对于《新世纪》群体来说，“进化”也与“互助”重建人类共同体的伦理价值相连——“互助”正是克鲁泡特金一本广为人阅读的书名(*Mutual Aid*, 1902 年)。无政府主义者并不将个人置于社会之上，只有在社会压抑个人之时，无政府主义这才反抗这一社会。①重建社会，尤其追求社会的公平正义，这才是无政府主义者的伦理目标。至于“五四”新文化运动所重视的妇女权利问题，也正是《天义》的何震所致力于探讨的。如前所述，此一时期的女权主义讨论也是晚清革命话语的构成之一。②正如《新世纪》与《新青年》相似的名字一样，以上种种都提醒我们晚清激进的革命思想与“五四”新文化运动之间的关联。

另外，巴黎李石曾等无政府主义活动，也是他与法国著名无政府主义者埃利泽·何可律(Élisée Reclus, 1830—1905)家族关系密切的结果。③有论者指出，在巴黎的年轻中国知识分子如李石曾等对无政府主义的热情，是他们“皈依”西方文明的一部分。④这有一定的道理。同时也因为《新世纪》远离革命基地的东京与中国本土而略带异色。比如，与巴黎的《新世纪》相比，《天义》曾介绍马克思主义，而《新世

---

① Arif Dirlik, *Anarchism in the Chinese Revolution*, p.27.

② 这一问题详见夏晓虹:《晚清女性与近代中国》,北京大学出版社 2014 年版。

③ Arif Dirlik, *Anarchism in the Chinese Revolution*, p.25.

④ Robert Scalapino and George T. Yu, *The Chinese Anarchist Movement*, Berkeley: the University of California Press, 1961.本书据日译本『中国のアナーキズム运动』,丸山松幸译,东京纪伊国屋书店 1970 年版,第 49 页。但该书作者认为章太炎“本质上是古典主义者、佛教主义者,对西方进步思想几乎没有兴趣,反感社会主义”,笔者认为,这一武断之论显然源于对章太炎文献缺乏基本把握,其武断近乎匪夷所思。

纪》身在巴黎，与马克思主义的关系却不如《天义》直接。[①]这里可以推测的，是东京的中国革命者与当地日本左翼人士之间的互动。

但是，无论如何，在共产主义色彩的无政府主义思想上，《天义》与《新世纪》几乎没有区别。比如李石曾靠近共产主义乌托邦思想，这见于其《无政府说：书〈民报〉第十七号〈政府说〉后》，该文连载于《新世纪》。[②]文中李石曾约"无政府"的特征为如下四点，一为"无强权""反军备"，二为"无制限"(反对"政府借法律，而施制限，而行自由之实")，三为"无阶级"，四为"无私产"，"故无政府以无私产之名，反对资本，而行共产主义之实"[③]。李石曾文章，与《民报》第十七号署名铁铮的《有政府论》有关。铁铮(龚铁铮)文章直接批评无政府主义，李石曾的文章是回应该批判的。

总而言之，对革命党人来说，他们所熏染的传统中儒家天下主义，儒家的均、平、公的伦理政治思想，以及老庄无为而治的道家政治思想，本来便具普遍主义色彩。而欧洲的无政府主义则第一次为他们提供了机会，令他们传统的政治意识、政治观念、伦理价值与西方这一新的普遍性相杂合，而获得崭新的表述形式。虽新犹旧、似旧还新的内容，因为民主这一现代强力的政治伦理而让中国古老的政治思想获得新的生命。这一说法尤其也适用之后的社会主义、共产主义思潮，甚至也一定程度适用于自由主义，而令这些思想相互辉映。张灏曾指出，自1895年起，经世纪之交而直至1911年为止的中国为知识分子转型时代，这一转型不只是社会、政治和文化的，更是知识分子寻求新的伦理意义的时代，它带有

---

① 徐善广、柳剑平：《中国无政府主义史》，湖北人民出版社1989年版，第62—66页。

② 连载于《新世纪》第三十一至三十六、三十八、四十至四十一、四十三、四十六至四十七、六十号，1908年1月25日至8月15日出版，署名"民"。

③ 民：《续无政府说》，《新世纪》第六十期，1908年8月15日，第8页。

世界主义的倾向，不可将之只是还原为民族主义。[①]张先生所说的，也正是本书所强调的晚清革命中“亡国”与“亡天下”之关系。在构筑新的“民族”这一“国”的共同体同时，对“天下”这一普遍主义伦理的追求是同步进行的。1895年后，尤其1898年后，整个晚清新学接踵而现、新知纷至沓来，与旧学交相辉映，或碰撞或融合，是一个不反“复古”的“新文化时代”。如果说这是一个寻找新的伦理、政治、社会、文化语言的新时代的话，它也是寻找新的普遍性的时代，这一寻找也是旧的普遍主义(如儒家的天下主义、道家以不齐为齐的以差异为普遍的理论等)以不同的态度取向，或拒或迎，以适应、接合、磨合，最终融入这一新的世界秩序的结果。在这一大转型时代中，初期无政府主义者(或无政府主义色彩的社会主义者)无疑扮演了这一寻找激烈引发剂的先行者角色。

二、章太炎对早期无政府主义的语言观以及“文明”话语的批判——晚清无政府主义/社会主义与“五四”新文化运动的关联

1. 清季无政府主义革命者进化论语言观与“五四”的关联——章太炎的批判

章太炎与这两大无政府主义杂志的关系具体又如何呢？在此先指出如下章太炎与巴黎《新世纪》的不同，然后再讨论章太炎与张继、刘师培、何震等东京无政府主义者的关系。

第一，《新世纪》派受到浓烈的进化论影响，以及与之相表里的直线

① 张灏：《危机中的知识分子：寻求秩序和意义》导言之汉译，新星出版社2006年版(Chang Hao, *Chinese Intellectuals in Crisis*: *Search for Order and Meaning*, *1895—1911*, Berkeley and Los Angeles: University of California Press, 1987)。该书质疑革命与改良之二元对立的史观，认为革命和改良都是转型之表现。

性发展史观，章太炎与之截然不同。与社会达尔文主义进化论互为表里的，是《新世纪》的欧洲中心观。表现在语言问题上，《新世纪》提倡去除汉文汉语，改用万国新语（即世界语，Esperanto）。在世界语问题上，《天义》事实上态度略显模糊：一方面，刘师培、张继并不批判推广世界语，另一方面，刘师培、张继等积极以《天义》杂志为基地学习、推广世界语，但却不见以世界语排斥汉语汉字之论。世界语为1887年由波兰眼科医生根据拉丁语所发明，因其基础单词有限（约1 900个），语法相对简单，而成为一种人工的国际语。就在《天义》《新世纪》活跃之前一年的1906年，日本的世界语热，可从这一年"日本世界语协会"的成立中窥见。日本的世界语运动虽然在其前提、语境方面与中国知识分子对世界语的志趣未必完全一致，但是，自1894年中日甲午战争以及1904年至1905年的日俄战争之后，日本现代化模式对中国士人的影响大幅增强。而且，在语言上，日本在汉字圈率先摒弃东亚共同书写体系的汉语文言文，①而改行

① 严格说在汉字圈中越南最先摒弃文言文，甚至摒弃汉字，但这是法国殖民者主导的殖民地文化政策、语言政策的结果，并非是越南知识分子及政治精英自愿为之。在1862年法国与阮朝签订西贡条约，兼并越南三个南方省份后，法国殖民者为了尽量切断越南与中国在文化上的关系，因而推广越南语罗马字母表记法，而儒学传统熏陶之下的越南士人对此则竭力抵制；至1864年为了进一步抗衡汉语文言文以及部分使用汉字的越南语独特书写体系的"字喃"，以防备越南知识分子植根于汉字之上的文化认同，法国殖民者颁令在小学教授罗马字表记的越南语；同时，殖民者宣布法语与罗马字表记的越南语为公用语，进一步遏制越南的民族文化认同意识。有意思的是，在19、20世纪之交时，越南知识分子将这一殖民者主导、强加的罗马字表记的越南语书写体系称为"国语"，从而在这一殖民主义的结果上加上了民族主义的要素。（关于越南语言现代化历史，参照了岩月纯一：「近代ベトナムにおける漢字の问题」，收入村田雄二郎、Christine Lamarre 编：『漢字圈の近代』，东京大学出版社2005年版；William C. Hannas, *Asia's Orthographic Dilemma*, Honolulu: University of Hawaii Press, 1997. p 85。）日本的言文一致问题探讨开始于明治初年，大约于1890年后政策定型并开始推广。朝鲜1894年以来出于现代化需要而颁令公文使用汉字朝鲜语混用文记载，并称之为"国文"。至此，朝鲜语正式成为国家书写体系，汉字只起辅助作用，由此宣告了以汉语文言文为中心时代的结束，而朝鲜语（韩语）正式的言文一致运动则开始于1910年（关于朝鲜语/韩语的历史，参照了生越直树：「朝鲜语と漢字」，前引村田雄二郎、Christine Lamarre 编：『漢字圈の近代』；以及 Iksop Lee and S. Robert Ramsey, *The Korean Language*, Albany: State University of New York Press, 2000, pp.56—57）。

言文一致之日语国语白话文。上述因素足可以推测在世界语问题上日本士人对中国的影响。对社会主义者、无政府主义者而言，世界语也与超越国家的世界主义愿景密切相关。

对《新世纪》消灭汉字以使用世界语的主张，章太炎于《民报》第二十一号(1908年6月10日)发表《驳中国用万国新语说》长文，直斥其背后之进化论观："其所执守，以象形字为未开化人所用，合音字为既开化人所用。且谓汉文纷杂，非有准则，不能视形而知其字，故当以万国新语代之。"①也就是说，《新世纪》同仁认为"象形字"(汉字)为"未开化"的野蛮人所用，而"合音字"(欧洲的字母文字)则为"开化"(文明人)所用。显然这是以"文明对野蛮"的二元对立结构，视欧洲使用的表音文字为文明，而不察"文明对野蛮"二元对立所掩盖的意识形态。在章太炎看来，语言的问题与"文明""野蛮"毫无关系，而是平等与否的政治问题。章太炎曰："是知国人能遍知文字以否，在强迫教育之有无，不在象形、合音之分也。"并斥责曰："今之持无政府主义者，欲废强权，岂欲废学术耶？"②章太炎复于《民报》第二十四号(1908年10月10日)刊登《规新世纪》，重申此文意旨："万国新语者，本以欧洲为准，于他洲无所取。前所论撰，有云大地富媪博厚矣，殊色异居，非白人所独有，明其语不足以方行世界，故命为万国新语，不如命为欧洲新语。"③章太炎在此质疑世界语主张者的"世界"，其实也不过是"欧洲"。在此二文中他援引《庄子·齐物论》："是故吹万不同，使其自己。前者唱喁，后者唱

① 影印本《民报》第五卷，第3323—3324页。

② 同上书，第3323、3324页。

③ 影印本《民报》第六卷，第3773页。

于，虽大巧莫能齐也。”①“吹万不同，使其自己”是庄子对“天籁”的定义，意即“风唯一体，窍则万殊”(窍：qiào，孔，洞)，“于喁，皆是风吹树动前后相随之声也”(以上为唐代成玄英疏②)。庄子认为风吹过大自然不同的地表所发出的不同声音，就是“天籁”。也就是说，最高的境界(即天)，就是对万物之差异性之无条件的尊重。章太炎以此以反驳无政府主义者以万国新语代替汉语汉字的逻辑。

在东京的章太炎之批判，引发了在巴黎的《新世纪》杂志的革命党人的反论。吴稚晖在《新世纪》上署名“燃”刊登了《新语问答之杂答》(第四十四号，1908 年 4 月 20 日)、《续新语问答之杂答》(第四十五号，1908 年 5 月 2 日)、《书驳中国用万国新文字说后》等文章反驳章太炎。其中在《书驳中国用万国新文字说后》中吴稚晖如是反驳：“故作者满肚皮之不合时宜，欲取已陈之刍狗，将中国椎轮大辂、缺失甚多之死文，及野蛮无统之古音，率天下而共嚼甘蔗之渣，正所谓‘无当玉卮’。”(第五十七号，1908 年 7 月 25 日，署名“燃料”。刍狗：古代祭祀时用草扎成的狗，用后即弃；椎轮大辂：由简至繁之意。)这里依旧是“文明”对“野蛮”的进化论模式。耐人寻味的是，“五四”新文化运动中白话文主张者批判传统文学为“死文学”，白话文为“活文学”的说法，早已可以从上述吴稚晖的话中窥见。吴稚晖所说的“无当玉卮”(无底的玉杯，亦即中看不中用)，是借章太炎的话讥讽章太炎。章太炎在《排满平议》(《民报》第二十一号，1908 年 6 月 10 日)中，将无政府主义高远的共产主义色彩比喻为“玉卮无当”，批判无政府主义者好高骛远。吴稚晖在此是

---

① 影印本《民报》第六卷，第 3323 页。

② 郭庆藩：《庄子集释》上，王孝顺鱼校点，中华书局 2010 年版，第 50、48 页。

反唇相讥。章太炎与反复古的新文化运动者之对立由此可见一斑。

2. 从《新世纪》至《新青年》的谱系——与刘师培、章太炎的不同

章太炎此处的批判，当然涉及他厌恶进化论文明话语。他在《定复仇之是非》(《民报》第十六号，1907年9月)一文中曰：“今之言文明者，非以道义为准，而以虚荣为准。持斯名以挟制人心，然人亦靡然从之者。”① 在他看来，只有基于道义为准，才是真正的文明，而且今日之“文明”，也不过是“挟制人心”的话语装置。章太炎在《民报》同一期的文章《五无论》中又曰：“望进化者，其迷与求神仙无异。今自微生以至人类，进化惟在智识，而道德乃日见其反。张进化愈甚，好胜之心愈甚，而杀亦愈甚。”②由此道德标准，映照在章太炎眼中的进化论者推崇的文明野蛮二元对立框架中的“文明”，却是一个危险的世界：“智识”提升而“道德”沦丧，人与人之间只有竞争之心而无仁无义，杀戮之气日盛。章太炎在许多地方提及文明话语与帝国主义行径之间的呼应关系。比如在同一篇《五无论》中，章太炎如是说：“综观今世所谓文明之国，其屠戮异洲异色种人，盖有甚于桀、纣。桀、纣惟一人，而今则合吏民以为之；桀、纣无美名，而今则借学术以文之。”③今日的帝国主义者异于历史上的暴君之处，是前者以狭隘的民族主义、人种主义等集团性话语装置作为动员手段，同时，现代的学术文化，比如说与进化论相关的学术，也隐秘地在合理化西方的扩张，后者即是文化帝国主义的问题。

附带指出，在革命的、战斗的激进精神上，“五四”新文化运动的领袖们深受章太炎影响，也部分地“挪用”章太炎重构的、立足于传统

---

① 影印本《民报》第四卷，第2559页。

② 同上书，第2551页。

③ 同上书，第2544—2545页。

思想新解的激进的政治理论和学术思想（如孔教的问题、胡适的“国故”的概念、胡适的诸子学研究，等等）。但是，在基本否定传统的文言文书写体系、树立起排他性白话文上，“五四”新文化运动旗手们却与章太炎有着重大区别。尤其在直线性进化论史观以及否定传统的态度上，他们中的主流与章太炎可谓南辕北辙。书写语言上的声音中心倾向、文化上的欧洲中心取向、历史想象上的直线性进步主义史观、全面否定传统等方面，《新世纪》可以说构成了新文化运动的某种前奏。而在这些问题上，章太炎一直力诋不已。

总之，《新世纪》从“世界主义”与“文明对野蛮”二元对立角度观察语言、文化，其实不无矛盾之处，因为这一观念的背后隐约可见的，是人种优劣观念，由人种优劣而文化优劣，并且这一优劣的序列全部被置于时间之线性进化上。而章太炎不仅抨击其中所蕴含的欧洲中心主义以及进化论思维，还将之视为政治、公平正义问题；同时章太炎也指出，这一文明野蛮话语，其实正是与19世纪西方军事、经济扩张相配套的文化表象，而中国其时无政府主义者则未能察之。

此外，《新世纪》攻击儒教，攻击传统家庭观，甚至攻击整个中国思想传统。虽然章太炎学说某种程度上也是建立在传统批判，尤其儒教批判上，从而重构传统，但是，他只是选择性地批判某些传统（如批判制度性儒学的功利性、保守性，攻讦今文派等），却并非否定儒教本身。戊戌变法失败后随着章太炎慢慢由支持改良变为趋向革命，其儒教批判更多是为了批判改良派代表性思想家康有为以儒学为中心，仿照基督教，树立相当于国教的孔教。至《民报》时期随着革命渐成主流，改良主张已经不合时宜，相对来说批康的必要性变得不如以前紧迫。此外，章太炎的儒教批判，尤其集矢于批判儒教中心以及康有为模仿基督教的孔教运动。虽然他也批判儒学某些方面，但是，即使在与康有为论争时期，他对儒学也有很高的评价（比如孔子对教育平等的贡献，如孔子主张“有教无类”，孔子编纂六经等古代文献的贡献，狂狷的儒学批判精神，等等），他从未全面否定儒学本身，而是主张将儒教视为诸子中的一家，这与其主张复兴诸子学相关。因此，章太炎的“传统”亦视佛教、老、庄哲学、史学著述等为重要构成。

章太炎对“宗教”所寄托的厚望，也与革命尤其与革命道德有关。这一点见于章太炎回应日人梦庵于《东亚月报》的载文。梦庵批判章太炎将《民报》办成过时的“佛声”，而非“民声”，不利于革命（梦庵即日本黑龙会成员、曹洞宗后人武田范之[1863—1911]①）。章太炎曰：“然则三纲六纪，无益于明德秋毫，使震旦齐民之道德不亡、人格尚在，不在老庄则在释氏，其为益至闳远矣。”章太炎言及“三纲六纪，无益于明德秋毫”，是因为他批判儒学中心的中国思想史解释。章太炎认为儒学虽然有革命儒学的一面，但毕竟也有着一定的与体制合作的一面。因此，章太炎将重构革命道德的希望更多寄望于佛学与老庄思想。“吾所为主张佛教者，特欲发扬芳烈，使好之者轻去就而齐死生，非欲人人皆归兰若。”（《民报》第二十一号附录，1908 年 6 月 10 日）②“兰若”为梵语“阿兰若”（*āraṇyakāḥ*），即寺庙之意。③也就是说，章太炎所重构

---

① 梦庵（武田范之）与东亚政治的关系，请参考石井刚：「章太炎と劉師培——東アジア地政学下の革命理論」，收入赵景达、原田敬一、村田雄二郎、安田常雄编：『講座東アジアの知識人・2・近代国家の形成』，东京有志社 2013 年版，第 199 页。

② 章太炎：《答梦庵》，影印本《民报》第五卷，第 3400、3042—3043 页。

③ 东京大学大藏经 Text Database 研究会制作：*Digital Dictionary of Buddhism*，The University of Tokyo，1995. http://www.buddhism-dict.net/，2014 年 6 月30 日进入。

的佛学是世俗化的佛学。在此世俗化意义上，章太炎所重构的糅合佛家道家的革命思想其实又与革命儒学息息相通。在此，我们可以看出，章太炎试图糅合唯识宗佛教与庄子哲学，将之重构为革命的、解放的宗教。这正是章太炎重视传统学术的政治意图。章太炎是有选择地批判传统，同样有选择地主张复古传统，也有选择地吸取西方文明。以复古而求革命，进而救中国于专制与帝国主义威胁之中。正是在此意义上，本书一直强调，章太炎的革命是以“文”为手段的革命，是复古的新文化运动者。①

在与《新世纪》对立上，章太炎在《民报》上致信《新世纪》中心人物吴敬恒（吴稚晖）曰：“足下恶言国粹者，利人之愚。利人之愚者，将以掩己之失。……仆则素志已定，愿自署为守旧党、顽固党矣。”（《民报》第十九号附录，1908 年 2 月 25 日）②在对传统的态度上，与吴稚晖所代表的巴黎《新世纪》相比，刘师培所代表的东京《天义》却是批判西方中心主义的。比如《天义》第七号社论《女子解放问题论著二》（署名“震述”，即何震）：“欧美日本仅有伪文明，若衡其政治，则较中国为尤恶。即人民无形之自由，亦较中国之尤减（惟物质文明似较中国为进步然）。”（《天义》第七号，1907 年 9 月 14 日）。这与《天义》复古的无政府主义思想有关。何震认为古代“人民更有自由”，是典型的刘师培观点。刘师培认为中国的政治思想传统有老庄思想，是更接近无政府主义的社会。这一点，章太炎也持类似见解。章太炎在《五无论》中说：

---

① 对复古与革命的二元对立这一历史观的批判，也见于韩子奇对章太炎有着巨大的影响力的《国粹学报》研究：Tze-ki Hon, *Revolution as Restoration: Guocui xuebao and China's Path to Modernity*, Leiden: Brill, 2013。

② 章太炎：《覆吴敬恒函》，影印本《民报》第五卷，第 3107—3108 页。

“鲍生好老、庄之书，治剧辩之言，以为古者无君，胜于今世，与抱朴子相难。中国言无政府者，前有庄子，后有鲍生，为其最著。语见《抱朴子·诘鲍》篇。”（《民报》第十七号，1907年9月25日）[①]此即是引用刘师培见解。由此可以窥见《天义》与《新世纪》的微妙差别。（鲍生即鲍敬言，一般认为是葛洪（284—364）稍前或同时代人，其佚书《无君论》持无君之政治思想。《抱朴子》为葛洪著作。）

另外，尽管《天义》尤其刘师培与章太炎在学术、政治上交谊非比寻常，但章太炎从未在《天义》刊文，也可以窥见章与《天义》的距离。[②]（惟一的例外是1907年8月10日出版的《天义》第六号上的《梵文典序》，署“仪征何震辑录”，而“章居士”的“序”只是《梵文典序》第一小部分而已。）

要而言之，假如《天义》的无政府主义代表了欧洲无政府主义理论与中国传统思想的融合的话，《新世纪》的无政府主义则更多代表了进化论意识形态以及植根其上的西方中心主义框架。这一区别无损于他们之间政治理念上的高度重合：反国家权力、反资本权力、反清廷专制、追求民主、追求社会主义、追求民众的解放。在这些方面，章太炎与他们又都是一致的。

三、章太炎、刘师培与同时代日本无政府主义/社会主义运动

1. 帝国主义时代的幸德秋水与清季革命者

珍妮弗·皮茨（Jennifer Pitts）指出，在18世纪即将结束的几年

---

① 《章太炎全集》（四），第434页。

② 关于章太炎与刘师培在无政府主义立场上的细微的差异以及与东亚地缘政治之间的关联，请参照石井刚：「章太炎と劉師培——東アジア地政学下の革命理論」。

里，英国经济学家亚当·斯密（Adam Smith，1723—1790）、英国功利主义思想家边沁（Jeremy Bentham，1748—1832）、英国思想家伯克（Edmund Burke，1729—1797）、德国哲学家康德（1724—1804）、法国启蒙主义思想家狄德罗（Denis Diderot，1713—1784）等都在批判欧洲对其他民族的统治；但是，大致在1830年之后，下一代欧洲卓越的政治思想家中，却再没有人质疑欧洲帝国主义的问题了。也就是说，这一批判帝国主义扩张模式，“在19世纪30年代被帝国自由主义所取代”，“这些理论让位于关于‘落后’更加轻蔑的观念，以及野蛮与文明之间更为粗暴的二元划分”①。皮茨将这一转变称为自由主义往“帝国自由主义”（imperial liberalism，或称“自由帝国主义”）的转向（liberal turn to empire）。②事实上这一情况在东亚的日本也同样出现。在19世纪80年代左右，启蒙主义思想家福泽谕吉（1835—1901）也成为这一类“文明对野蛮”话语在日本的代表。明治日本作为后起的帝国主义国家，自然不存在批判殖民主义、帝国主义的问题，因此严格说也就不存在“转向”。福泽谕吉这位日本现代化的设计者、一位著名的自由主义思想家，他有许多高扬个人价值、实现自由的发言，也深刻影响了明治日本，但是，他的部分言论却不难与“自由帝国主义”联系在一起。其后，明治政府官僚竹越与三郎（1865—1950）在明治三十三年（1900年）在《世界之日本》杂志上介绍英国自由主义色彩的帝国主义，并建言日本政府应该效法这一自由主义的帝国主义，以进一步扩张。与

---

① Jennifer Pitts, *A Turn to Empire: the Rise of Imperial Liberalism in Britain and France*, Princeton, N.J.; Oxford: Princeton University Press, 2006, p.1.引用依据许鸿艳译:《转向帝国》,江苏人民出版社2012年版,第1—3页。

② Jennifer Pitts, *A Turn to Empire: the Rise of Imperial Liberalism in Britain and France*, pp.1—2.

福泽谕吉相比，竹越与三郎是一位官僚，他更可以全面拥抱这一“自由主义的帝国主义”，并将之表露无遗。

但是，抗衡这一世界性保守潮流，尤其勇敢地批判所在国日本的帝国主义倾向的，则有同时代的日本无政府主义者、社会主义者幸德秋水。幸德秋水的这一批判，见于1901年（明治三十四年）4月20日刊行的著作《廿世纪之怪物帝国主义》（以下简称为《帝国主义》，赵必振译，1902年）。该书受英国自由主义政治家John Robertson（1816—1891）《“爱国心”与帝国》（*Patriotism and Empire*，1899年）启发。但是，幸德秋水却主要依据孟子的王道论，以孟子的政治伦理批判帝国主义的霸道，并进行了独特的分析。①本书比著名的帝国主义理论研究霍布逊（J.A.Hobson）的*Imperialism*：*A Study*（George Allen & Unwin LTD，1902年）早一年，较之另一本著名的对帝国主义的理论阐发、列宁的《作为资本主义最高段阶的帝国主义》则早了十五年。②

18世纪末期近代帝国主义在其发祥地的欧洲思想界被容纳甚至肯定，其结果之一是进化论作为遮蔽帝国主义、殖民主义的话语装置流通于世界。社会达尔文主义在斯宾塞（Herbert Spencer，1820—1903）那里本来便在主张个人自由竞争上表达了资本主义的时代特质。在这样的时代风潮之中，无论是在理论还是在实践上，社会达尔文主义都是以集团（民族、国家）为单位，而主张弱肉强食、适者生存。

① 关于幸德秋水的帝国主义批判与孟子的关系，请参考井出和起：「幸德秋水『廿世紀之怪物帝国主義』」（《京都大学人文学報》第二十七号）；大原慧：「儒教倫理と非战論」（『幸德秋水と大逆事件』，东京青木书店1977年版，第70—91页）。

② 这一事实常为幸德秋水的研究者所提及。比如，Robert Tierney，“Kōtoku Shūsui：From the Critique of Patriotism to Heiminsim”，载于『初期社会主义研究』第25期，东京初期社会主义研究会2014年版，第37页。

这也表明了资本主义本身转向与殖民主义、帝国主义的结合。幸德秋水与章太炎对帝国主义、殖民地主义的批判必须从这一全球的时代大势中去观察。

幸德秋水与张继、刘师培、章太炎在东京的革命活动中相往还,由这一事实,也就不难想象幸德秋水的帝国主义批判与章太炎之间的某种关联,但这一问题本书无法论及。在此将通过进一步明确章太炎与幸德秋水的关系,以观察章太炎与处于幸德秋水影响下的中国无政府主义者之间的关系。

幸德秋水与日本早期的社会主义者、无政府主义者堺利彦(1870—1933,后来首任日本共产党委员长)、山川均(1880—1958,后来成为日本共产党创立者之一)、无政府主义者大杉荣(1885—1923,后被宪兵杀害)等,都与在东京的中国早期无政府主义者、社会主义者过从甚密。比如,幸德秋水将以汉语文言文写就的读后感投书《天义》(刊于第三号卷首,1907 年 7 月 10 日)。由刘师培与张继所发起的"社会主义讲习会"成立大会于 1907 年 8 月 31 日举行,有九十名以上参加者与会,其中也匿名提及幸德秋水,这些都详细记载于《天义》第六号(1907 年 8 月)的《社会主义讲习会第一次开会记事》(影印本第 152 页)。《记事》曰:"次由日本○○○○君演说(原稿另刊)。"(同前第 154 页)此处隐去的名字便是幸德秋水。①上述记事的邻页载有《日人社会主义讲演会广告》,这正是幸德秋水、堺利彦、山川均所发起的"社会主义金曜讲演会"的宣传广告(金曜日为日文"周五"之意)。广告曰:"于论及社会主义外,旁及无政府主义,会费五

① 这为日本早期社会主义者竹内善朔(1885—1951)所证实。竹内善朔:「明治末期における中日革命運動」,中国研究所编:『季刊中国研究』第五号,东京日本评论社(中国研究所编),1948 年 9 月,第 74 页。

钱，中国留学界不问男女，届时均可前听，并可质疑问难云。”①

《天义》将幸德秋水演讲稿之汉译以附录单张方式散发（1907年10月30日《天义》第十一、十二号合卷的广告）。广告曰：“幸德先生应社会主义讲习所之招，演说数小时，诠明无政府主义，深切著明，为吾国人士所未闻。”（影印本第334页）巴黎《新世纪》第二十五号与二十六号也分两期连载了幸德秋水的文章。②章太炎是否出席这一创立大会不得而知，很可能也在场。另外，章太炎与张继曾联名于1907年旧历三月二十六日（西历4月）以明信片方式修书幸德秋水，上书：“拜启。明日午后一时往贵宅，敬聆雅教，乞先生勿弃。”章太炎偕同刘师培、何震夫妇一起，由张继带路，访问了幸德秋水。③但是，耐人寻味的是，就笔者阅读所及，章太炎在自己著作中提及幸德秋水的，只有一处而已（即开篇提及的张继所翻译的《社会的总同盟罢工论》之章序，刊于《民报》第二十号，1908年4月）。

2. 反抗者共同体之亚洲和亲会——章太炎与幸德秋水的距离

另一方面，章太炎的帝国主义批判，不止于文笔，亦见于行动，而且这些行动得到了日本无政府主义、社会主义者的全力支持。本书前面提及，章太炎与日本无政府主义者、印度独立运动的革命者一起于1907年4月在东京青山成立亚洲和亲会，章太炎起草《亚洲和亲会约章》。中国方面除了章太炎以外，尚有张继、刘师培、何震等数十人。④

---

① 《天义》第六号，影印本第155页。

② 幸德秋水发言，见前揭《新世纪》第二十五号（1907年12月7日）与二十六号（同月14日）（影印本第99—100、104页）。

③ 坂本清马（1885—1975）：「我観中国七」，『中国』1970年3月号（总76号），第91—92页。

④ 《亚洲和亲会约章》（陶冶公旧藏抄稿，陶冶公所拟之《跋语》，1954年4月），汤志钧编：《陶成章集》附录，第458页。

日本的参加者除大杉荣、堺利彦、竹内善朔外，还有社会主义者森近运平(1881—1911)等，但是幸德秋水未与会，第二次日方出席人员也一样。这一段时期章太炎主笔的《民报》上关于印度独立运动的文章频现，直至章太炎离开《民报》。而耐人寻味的是，《天义》却几乎看不到这方面的文章。

《亚洲和亲会约章》上书和亲会宗旨曰："凡亚洲人，除主张侵略主义者，无论'民族主义''共和主义''社会主义''无政府主义'，皆得入会。"①这里将"民族主义""共和主义""社会主义""无政府主义"四者并列，显然在章太炎看来，它们之间是有着某种重叠和关联的。也就是说，以民众、革命者联合的"民族主义"，去反抗帝国主义，以追求被压迫民族的独立，(《约章》曰："故本会义务当以互相扶持，使各得独立自由为旨。")然后建立共和主义的社会主义国家，在章太炎看来，这些应该是无政府主义者的目标。(章太炎认为立国与无政府主义并非矛盾，这一点将后叙。)

试对照《民报》六大"主义"："一颠覆现今之恶劣政府。一建设共和政体。一维持世界真正之和平。一土地国有。一主张中国日本两国之国民的联合。一要求世界列国赞成中国的革新事业。"(这一"六大主义"见于1905年12月8日《民报》创刊号，直至1908年10月10日章太炎最后一期任主笔的第二十四号。不知何故，之后的《民报》便没有刊载这"六大主义"了。)此处只是想指出，《亚洲和亲会约章》与幸德秋水在社会主义讲习所演讲之间有着微妙不同。两者之所以可以比较，是因为约章的订立与演讲的进行事实上几乎是同时的。

---

① 朱维铮、姜义华编注：《章太炎选集》(注释本)，第430页。

在1907年8月31日“社会主义讲习会”成立大会上幸德秋水演讲开宗明义曰：“今日演讲之大旨为社会主义中一部分之无政府主义。”①有意思的是，幸德秋水将无政府主义视为社会主义思潮之一部分。在这一不短的演讲结尾部分中他如是描绘了无政府主义政治的愿景：

> 盖无政府主义，在于视世界万国为一体。无所谓国界，亦无所谓种界。主义相同则爱之若兄弟，主义相背则抗之若仇敌。故势力蔓延日广。……各国政府团结力量，远处于无政府党之下。故知无政府主义至于异日必为万国所通行。加以中日两国地域相近，诸君如抱此旨，则此后两国国民均可互相扶助，均可彼此互相运动及联合。②

然后，幸德秋水接着说：“抑尤有进者，无政府党与社会党之人格决不相同。……予素抱社会主义。及游美洲各国，与各国民党游，见无政府党人之人格远出社会党人之上。由是于仅持社会主义者颇抱不满之意思。然居己国之中，鲜克抒发己意。今承诸君之召，故不惮举平昔所欲言者。”③值得留意的，是幸德秋水此一时期视无政府主义为高于社会主义的观点。事实上在演讲的开头幸德秋水即致力于阐明社会主义与无政府主义的关系，尤其强调无政府主义与社会主义之

---

① 《社会主义讲习所第一次开会记事》(录《天义》附张)，《新世纪》第二十五号，1907年12月7日，影印本第100页。

② 《续社会主义讲习所第一次开会记事》(录《天义》附张)，《新世纪》第二十六号，1907年12月14日，影印本第104页。译者不详。引用时标点符号改为今日通用形式。

③ 同上。笔者日文原稿此处误读为幸德秋水强调社会主义与无政府主义无区别，为疏忽所致，在此订正。

不同部分。①

这里想指出如下几点。首先，在当时中日的革命者中，显然存在着无政府主义与社会主义之间观点上的微妙区别。幸德秋水在一个以中国知识分子为对象的演讲中由始至终滔滔不绝地谈及这一区别，似乎不无向无政府主义质疑者解释之意。章太炎以及《民报》的许多作者即属此类疑问者。其次，幸德秋水在此呼吁中日人民尤其中日无政府主义者的大联合，自然也包含中日两国社会主义者与无政府主义者的联合。也许这更是幸德秋水的本意。与此相对，章太炎在亚洲和亲会上呼吁亚洲反帝、反殖民的民族独立解放运动的大联合，但是，却并未使用“无政府主义者”或“社会主义者”“大联合”之类的字眼。章太炎当然是社会主义者，思想之根本部分亦抱无政府主义的理念，但是，在实践层面上却不时批判无政府主义。同时，亚洲和亲会在该演讲会四个月前成立，与幸德秋水讲演几乎同一时期的秋天，章太炎发表了《亚洲和亲会约章》。②《约章》旗帜鲜明地祭出反帝国主义、独立的大旗。与之相比，幸德秋水的演说中却未提及这一点。最后，秋水在演讲中提及无政府主义在将来实现的愿景，多少有些目的论色彩。他在演讲开头为自己只能通过翻译进行演讲而致歉时，并乐观地说：“世界言语通行之期，当亦不远。”③幸德秋水指的正是世界语。这些似乎都可以理解为章太炎与幸德秋水的不同。

研究亚洲主义的旅日韩国研究者李京锡将明治时期日本的亚洲主义分为两类，一派是玄洋社系列，虽然玄洋社也支持中国的孙

---

①③ 《社会主义讲习所第一次开会记事》，《新世纪》第二十五号，影印本第100页。

② 前引竹内善朔：「明治末期における中日革命運動」，第76页。

文、朝鲜所谓开化派政治家金玉均(1851—1894)等,但其联亚的目的根本上服务于日本扩张的国家利益;另外一个是东亚同文会系列,该系列有日清贸易研究所、兴亚会、东亚会、同文会等,主张“支那保全论”(意即从日本自身利益出发,并非参与列强共同瓜分中国,而是暂时主张保全中国的独立完整)。李京锡指出,亚洲和亲会与幸德秋水等走在一起,其原因之一是亚洲各国的革命者认识到既有日本亚洲主义团体所谓的“支那保全论”的欺骗性,而与幸德秋水的直接行动派接近。①所谓直接行动派是指日本社会主义阵营内部发生了分裂,分为片山潜(1859—1933)代表的议会政策派与幸德秋水所代表的激进的直接行动派。这一分裂也与同盟会内部的分裂相呼应。1907年同盟会内部在孙文派接受日本政府资助、孙文与黄兴一派在华南的武装起义路线等方面,与以光复会系列为主的同盟会会员之间意见相左,后者集中了激进社会主义者与无政府主义者。也在此内部背景下,章太炎、张继、刘师培等一派与幸德秋水的直接行动派走向联合。②

3. 章太炎与幸德秋水的帝国主义批判——短期的亚洲革命中心之东京

1907年4月亚洲和亲会成立的背景中,应该涉及如下几个事件。比如1905年11月日本政府在清政府授意下露骨地骚扰革命派学生、1907年日本政府接受法国政府请求对在日越南志士抗法活动施压等事件。此外,如日本著名的朝鲜史专家梶村秀树指出,革命派中

① 前引李京锡:「アジア主義の昂揚と分岐:亜州和親会の創立を中心に」,第174—182页。

② 同上书,第182页。

孙文一派对美日尚心存幻想，而章太炎早就锐利地看出，这些不过是帝国主义的表现而已。①这肇因于更大的国际背景，即笔者前面强调的英日同盟所带来的国际形势变化：1902年签订的第一次日英同盟令日俄战争(1904—1905年)有了某种保障，1905年8月签订的第二次日英同盟等。不仅章太炎的《民报》，刘师培的《天义》也对此有了明确的反应。刘师培以社论形式，发表《亚洲现势论》(《天义》第十一、十二号合册，1907年11月30日)，明确指出："惟日本政府，则为亚洲之公敌。现白种各邦，虑亚洲属地之谋叛也，又虑日本之谋吞其土也，由是欲利用日本之兵力，以镇压己国在亚洲之属土。"②刘师培的主要根据，除了日本吞并朝鲜的企图外，还有英日同盟等一系列日本参与的国际同盟所具有的帝国主义性质。就前者刘师培借朝鲜友人之口曰："彼国自有史以来，虽经蒙古诸族之虐遇，未有甚于今之日本者。"对于后者，刘师培则曰："如日英协约，乃英人联日以制印度以死命也；日法协约，乃法人联日以制安南以死命也；而日法、日俄二协约，又为法俄联日以瓜分中国之兆。"③一份在日本发行的杂志如此大胆批判日本政府，同盟会机关报《民报》也许不便如此直言。在这一国际形势下，中国与印度成为亚洲和亲会的主体并非偶然。④同时，更

---

① 梶村秀树：「亜洲和親会をめぐって——明治における在日アジア人の周辺」，『梶村秀樹著作集・第一巻・朝鮮史と日本人』，东京明石书院1992年版，第169页。

② 影印本第346页。刘师培的观点，较早为研究亚洲主义的韩国学者李京锡所留意。前引李京锡论文，第181页，以及李京锡：「平民社における階級と民族：亜洲和親会との関連を中心に」，收入梅森直之编著：『帝国に撃って：平民社100年国際シンポジウム』，东京论创社2005年版。

③ 影印本第347—348页。

④ 梶村秀树也纠正战后日本许多研究者的误解，认为主导亚洲和亲会者，并非是日本人左翼活动家。前揭文第180页。

加重要的是，章太炎、刘师培、张继等与幸德秋水、大杉荣等日本反战左翼人士的结合，也正是以革命的联合，去反抗帝国主义的联合。尤其对于日本左翼人士来说，更意在发动起一场国际性运动，以反对所在国日本的帝国主义行径。尤其是日俄战争之后，无政府主义理论便为日本的左翼人士提供了更有吸引力的理论资源。以今日的用语来说，就是以立足于反抗强权、同情弱者的所谓“单独性”（singularity）之大联合的全球化，去反抗帝国主义的全球化。此处所说的“单独性”（singular, singularity）有别于黑格尔所说的“特殊（particular）——一般”（general）对应中的“特殊”，后者的特殊性指的是黑格尔辩证法中个体扬弃了差异上升为类。因此，一般性指的是有着一定同一性的整体，比如由某个个人（特殊）而变为“X 国人”“X 族人”（一般）。而单一者则是尊重差异的个体，这一单独者之聚合则为普遍性，一如章太炎所解释的庄子思想“以不齐为齐”（《齐物论释》）。这一单独者的概念源于斯宾诺莎哲学，后来经过法国哲学家德勒兹（Gill Deleuze）等的发挥。①也就是说，特殊性涉及的是某一特定共同体的问题，就本书而言，即是顾炎武所说的“亡国”的层面；而“单独性”（singular, singularity）则涉及顾炎武所说的“亡天下”的问题，它涉及普遍性的问题。

关于日俄战争对于日本的无政府主义者的重要性，柄谷行人曾

① 意大利思想家 Antonio Negri（Antonio Negri & Michal Hardt, *Empire*, Harvard UP, 2000）与日本思想家柄谷行人等在此基础上也对此“单独性（者）”概念多有阐发（如柄谷行人：『探求Ⅱ』东京讲谈社 2014 年版，第 197 页等）。德勒兹与 Negri 关联，比如见于德勒兹给 Negri 的「序文」，Antonio Negri, SPINOZA L'ANOMALLA SELVAGGLA, 1981。本书据杉村昌晶、信友建志译：『野生のアノマリー：スピノザにおける力能と権力』，东京作品社 2012 年版，第 13 页。

指出，1904年日俄战争前的幸德秋水是在德国社会民主主义的路线上，亦即是在肯定议会民主制路线上思考的，但是，从日俄战争之后的1905年开始，幸德秋水便变为反君主制、反议会制的立场。①笔者以为，这也是理解幸德秋水在张继、刘师培的社会主义讲习所的演讲之关键。也就是说，幸德秋水演讲中所说的“社会主义”，指的是议会民主制度下社会主义者的抗争，而其“无政府主义”则是对这一立场的反省。（幸德秋水在1898年11月加入社会主义研究会，他在撰写1901年4月刊行的《廿世纪怪物帝国主义》时，毫无疑问已经有了清晰的社会主义自觉。②当然这是上述意义上的社会主义。）无论如何，日俄战争对日本与中国的部分革命者来说，是思想上转变的一个契机。实际上章太炎这一时期关于印度问题的文章，不仅批判英国殖民者，也批判新兴的日本帝国主义，这可以从其《民报》时期论文的字里行间判读。

光复会领袖人物之一魏兰（1866—1928，字石生）在悼念1912年被暗杀身亡的光复会创会成员陶成章的油印小册子《陶焕卿行述》中回忆说，1907年秋陶成章、樊光（1886—1962，字震初）联络印度、越南、缅甸革命志士在东京设立“东亚亡国同盟会”，以章太炎为会长。③笔者阅读所及，章太炎似乎从未提及“东亚亡国同盟会”。若说是“亚洲和亲会”之误或别称，似乎又不确。在樊光本人的油印本《辛亥革命光

① 柄谷行人：「秋幸または幸德秋水」，『文学界』2013年10月号，东京文艺春秋社，第172—173页。

② 幸德秋水：『廿世紀の怪物帝国主義』，山泉进校注，东京岩波书店2011年版，山泉进「解說」，第163页。

③ 魏兰：《陶焕卿先生行述》，汤志钧编：《陶成章集》附录，第432页。平野义太郎使用了“东亚和亲会”的说法，应该是有误，见平野义太郎：『反戦運動の人々』，东京青木文库1955年版，第149页。

复会领袖章炳麟陶成章合传》中则提及如下：

> 东京方面，气势极盛，中国留学生将近七万人，革命雄潮，传播甚广。而东亚各国所来留学生亦不少，有志者并未亲炙。成章先生乃与余于丁未（引者按：1907年）夏组织一东亚亡国同盟会，潜结安南、缅甸、印度、暹罗诸被帝国主义压迫国家之留学生侨民思想先进者均在内，相互支持，共同革命，推章太炎先生为会长。此会虽经日本当局严密侦查，未有公开大发展，但个人均爱戴团结，颇多作用。①

樊光言及东京中国留学生将近七万人，不知其数字是如何得来的，或者他是如何定义留学生的，因为实藤惠秀指出留日学生的数量在1905年达到巅峰时期大约有八千名。②汤志钧先生推测东亚亡国同盟会即为亚洲和亲会。③某种意义上说可作如是观。但亚洲和亲会如其《约章》中所言，本来便未设会长一职；此外，笔者阅读所及，章太炎并未曾提及“东亚亡国同盟会”；另外，“东亚亡国同盟会”，顾名思义，其成员并不包含已走上帝国主义道路的日本的革命者；最后，就笔者所能看到的资料，并未提及发起东亚亡国同盟会的陶成章也参与了亚洲和亲会。综上所述，似乎视为另一组织为妥，至少似乎比视“东亚亡国同盟会”为亚洲和亲会为确。尽管如此，大概至少对当时中国方面的参加者来说，在亚洲和亲会中章太炎就是会长一样的存在。尤其对由浙江籍革命者构成的光复会年轻党人来说，章太炎

---

① 《辛亥革命光复会领袖陶成章传》（打字稿，上海社会科学院历史研究所所藏之《辛亥革命光复会领袖章炳麟陶成章合传》之陶成章部分），汤志钧编：《陶成章集》附录，第440—441页。

② 实藤惠秀：《中国人留学日本史》，谭汝谦、林启彦译，第451页。

③ 汤志钧：《陶成章年谱初稿》，汤志钧编：《陶成章集》附录，第480页。

正是一个有着超凡魅力的存在(所谓卡里斯玛式[charisma]存在)。无论如何,由此也可以看出章太炎在亚洲和亲会(与东亚亡国同盟会)中所起的核心作用。

在1901年幸德秋水开始刊行批判帝国主义的著作,章太炎也在1906年7月起于《民报》从理论角度发表了一系列批判帝国主义与殖民地主义的重要论文。在章太炎等发起亚洲和亲会之后的十年,列宁出版了著名的《作为资本主义最高段阶的帝国主义》(1917年)一书。列宁该书被认为成书于对下面两书的批判性综合:Rudolf Hilferding《金融资本主义》(*Finance Capital*, 1910年),以及激进的自由主义经济学家J.A. Hobson的《帝国主义》(*Imperialism*, 1902年)。①列宁认为资本的原理在于为扩大再生产而扩张,而帝国主义就是扩张的结果,这一帝国主义为资本主义的最高及最后阶段。章太炎的帝国主义定义与列宁有一定的重叠,但是,正如论者曾指出的那样,亚洲和亲会的核心是反对帝国主义,这是压迫其他民族意义上的帝国主义,与列宁的帝国主义概念有些不同。②章太炎的帝国主义批判匮乏的是经济亦即资本主义的视点,而其贡献则是对文化帝国主义(或帝国主义的文化、学术表象)的揭露与批判,以及其糅佛教唯识论与道家哲学为一体的帝国主义、殖民主义批判理论的导入,而且也没有列宁帝国主义论中的阶段论色彩。

此外,同样属于批判国家主义、批判帝国主义的理论,幸德秋水

① Alex Callinicos, *Imperialism and Global Political Economy*, Cambridge and Malden: Polity, 2009, p.43.

② 狭间直树、松本健一:「章太炎と明治の『アジア主義』」,『知識』(东京世界平和教授アカデミー编)1990年8月号,第249页。

在欧洲理论的启示下以孟子的伦理思想、政治思想为主要理论资源，建构起批判国家主义及帝国主义的理论，尤其揭露了狭隘的“爱国心”或“爱国主义”的危险性。幸德秋水在其《帝国主义》一书中，开宗明义：“试观其发展之迹吧！帝国主义不正是以所谓爱国心为经，军国主义为纬，而编织其政策么？至少，爱国心与军国主义，不正是列国现时之帝国主义所共享之条件么？故吾人欲言：欲断帝国主义之是非利害，必先检核所谓之爱国心、所谓之军国主义。”①又曰：“今人乍见孺子将入于井，皆义不容辞，奔而救之，子與氏无欺于我。若爱国之心皆如救此孩儿之同情恻隐之心、慈悲之念一般，美哉，爱国心！醇乎，无一点之私！”此处幸德秋水引用子與(传为孟子之字)于《孟子·公孙丑上》的话，批判帝国主义所植根的“爱国主义”，直指后者只是“爱利益之垄断也”。②

Levy 指出，幸德秋水孟子色彩的仁学普遍性成为他所接受社会主义等欧洲新思想的重要基础，在他那里，儒学与社会主义并非是混同、交融的，而是完全可以并立的。③他将狭隘的“爱国心”置于这一仁学普遍主义的对立面，以此孟子之仁为其理想，构筑其反帝国主义理论。④从历史角度看，孟子主张易姓革命，日本儒学传统中除了幕府末年以外，孟子思想几乎都是受压抑的。在此意义上，幸德秋水的帝国主义批判理论可以视为孟子思想在近代东亚一个崭新的展开，是批判性儒学的一个重要贡献。

---

① 幸德秋水:『帝國主義』,山泉进校对,东京岩波书店 2011 年版,第 19—20 页。

② 同上书,第 20、21 页。

③ Christine Levy:「『平民新聞』と普遍性」,前引梅森直之编著:『帝国に撃って：平民社 100 年國際シンポジウム』,第 67、82 页。

④ 同上书,第 86 页。

从上面的叙述可以看出，幸德秋水显然对刘师培、张继、何震等在东京的中国无政府主义者有着巨大的影响。①与之相比照的，虽然章太炎与东京的中日无政府主义者在政治理念上高度重叠，但是，章太炎从革命的现实立场出发却与之保持着一定的距离。章太炎活动的阵地是同盟会机关杂志《民报》与亚洲和亲会。至少从资料上判断，很难说幸德秋水与亚洲和亲会有很明确的关联。但是，唇亡齿寒，幸德秋水等是章太炎希望联合的重要的革命同道，对于身处革命的海外基地东京的章太炎等无政府主义倾向的革命者来说，幸德秋水更是当地重要的支持力量。日本当局对日本无政府主义及初期社会主义者的彻底镇压，也是对以东京为据点的章太炎、张继、刘师培等革命活动带来打压的重要原因。1908 年 1 月 17 日镇压无政府主义者集会的“屋顶演说事件”等波及张继，令张继远走法国。这些事件一般也被认为是刘师培、何震的《天义》被关闭的原因。1908 年(明治四十一年)11 月 26 日章太炎作为《民报》主笔以“诸多在日清国人企图革命，搅乱日本秩序”为检方理由，而被起诉。②1911 年所谓的“大逆事件”，更是对日本社会主义者、无政府主义者的血腥镇压。在所谓企图暗杀天皇的这一事件中，幸德秋水等十二名革命者被处死，幸德秋水更名列“首犯”。在日本日益扩展的帝国主义化中，这些长期对外主张反战，对内主张平等、反抗金权、反抗专制和军国主义化的无政府主义者，他们被镇压，自然也是迟早的事情。因为这些无政府

---

① 幸德秋水影响了在东京的中国无政府主义者，这似乎在无政府主义研究中已是常识，类似的说法亦见于前引无政府主义入门书 Colin Ward, *Anarchism: A very Short Introduction*, p.11。

② 本书转引自前引平野义太郎:『反戦運動の人々』,第 152 页。关于这一事件，请参照该书第 151—153 页。

主义者无疑是日本国家权力迈向全面战争道路上的阻碍者。

四、“玉卮无当”——清季革命与章太炎对无政府主义革命者的批判

也许有人会认为章太炎否定国家的理论似与革命所谋求的建立民国的目标相矛盾。章太炎在《五无论》(《民报》第十六号,1907 年 9 月)中说:“是故政府者,非专为理民而设,实与他国之政府相待而设。他国有政府在,即一国之政府不得独无。今曰无政府,固必与他政府同时俱尽。”①这里的话显然是在批判中国的无政府主义者好高骛远。因此“若夫民族必有国家,国家必有政府,而共和政体于祸害为差轻,固不得已而取之矣。”②也就是说,民国这一共和政体是最小限度之必要的恶,不得不择之。章太炎又说:“夫无政府者,以为自由平等之至耳。然始创自由平等于己国之人,即实施最不自由平等于他国之人。……在有政府界中,法人能行其自由平等者于域内,而反行其最不自由平等者于越南。以此相推,虽至无政府时,犹渔猎他人可知已。”③批判无政府主义思潮发祥地之一法国对越南的殖民统治,揭示其伪善,这应该又是为了警示中国无政府主义者如《新世纪》群体文化上的欧洲中心观,以及其他无政府主义者政治上对帝国主义、殖民主义看法上的不成熟。在章太炎看来,法国对己主张自由、博爱,而对外却是一味扩张。由此亦可见,章太炎对无政府主义倾向的革命党人批判,与他对殖民主义、帝国主义的批判,也是不可二分的。

---

① 影印本《民报》第四卷,2535 页。

② 同上书,第 2532 页。

③ 同上书,第 2537 页。

章太炎在另一篇文章《官制索隐》(《民报》第十四号，1907年6月8日)中说："求无政府而自治者，犹去干矢鸟粪而望百谷之自长。以生民之待政府而颂美之者，犹见百谷之孳殖，而并以干矢鸟粪为馨香也。吾侪所志，在光复中国而已。光复者，义所任、情所迫也。光复以后，复设共和政府，则不得已而为之也，非义所任、情所迫也。"①章太炎在此将"政府"比喻为"干矢鸟粪"(即干屎鸟粪)，认为"政府"是必要的"秽恶"，批判了无政府主义在视政府功能上的不切实际，因为这会影响反对清廷、建立民国的大业。另一方面，他同时也批判了赞美政府者(国家主义者)，讽之为"以干矢鸟粪为馨香"。在此他认为光复(推翻清廷、恢复汉人政权②)是基于情与义，而共和(建立新的政府)则不然，属于不得已而为之，这与他对现有的"君主立宪"有所批判有关，因为他认为："承天下之下流者，莫政府与官吏议士若。行谊不修，赇赂公行，斯为官吏议士，而总其维纲者为政府。政府之可鄙厌，宁独专制?"(同上)，认为"政府与官吏议士"最为"下流"，因为他们"行谊不修，赇赂公行"，而令人"鄙厌"的政府，不独"专制"政府。这又是典型的无政府主义立场。

章太炎的进化论批判之所以与殖民主义批判、帝国主义批判有关，正是因为社会达尔文主义的社会进化论可以被殖民主义、帝国主义的扩张所挪用，为扩张提供某种"科学"的根据，因此，社会进化论的"优胜劣败、适者生存"的命题也成为扩张主义者的铁则。在此意

① 影印本《民报》第四卷，第2268页。

② 章太炎《革命之道德》(《民报》第八号，1906年10月)中曰："吾所谓革命者，非革命也，曰光复也，光复中国之种族也，光复中国之州郡也，光复中国之政权也。"影印本《民报》第二卷，第1083页。

义上，进化论意识形态也成为文化殖民主义、文化帝国主义重要的构成。但是，吊诡的是，反抗帝国主义、专制主义一方的自由主义、共产主义、无政府主义者也在不同的意义上共享了这一进化论逻辑。进化论与启蒙的结合是如此，进化论的线性时间观或目的论发展史观亦然：中国自20世纪初以来，“进化”与“进步”常常成为同义词。①

乌托邦许多时候与哲学上的目的论思维不无关系。但是，章太炎洞察的是，一方面乌托邦可成为革命运动的重要伦理资源，因为乌托邦作为理念，是用于想象、建构未来；但另一方面，乌托邦与现实之间的平衡至为重要，因为过于沉迷于乌托邦也会将革命带入一个空洞高远的、缺乏政治实践性、行动性的方向。但是，另一方面，缺失乌托邦也是缺乏想象、建构未来的资源。章太炎并未使用过“乌托邦”表述，但是，章太炎在《排满平议》(《民报》第二十一号，1908年6月10日)中，将这一高远的共产主义色彩的无政府主义比喻为“玉卮无当”，这一“无当”(无底部)的“玉卮”也不妨视为某种乌托邦的比喻：

> 人有恒言曰：玉卮无当，虽宝非用。凡哲学之深密者，类之矣。无政府主义者，与中国情状不相应，是亦无当者也。其持论浅率不周，复不可比于哲学。盖非玉卮又适为牛角杯也。转而向上言公理者，与墨子天志相类。以理缚人，其去庄生之齐物不逮尚远；言幸福者，复与黄金时代之说同其迷罔，其去婆薮盘头舍福之说又愈远矣。诚欲普度众生，令一切得平等自由者，言无政府主义不如言无生主义也。转而向下，为中国应急之方，言无

---

① 这方面，浦嘉珉(J.R.Pusey)《中国与达尔文》有系统的分析。

政府主义不如言民族主义也。①

在此，章太炎先是以“无当”之“玉卮”比之无政府主义者，意即中看不中用。（晋左思《序》：“玉卮无当，虽宝非用。”）章太炎学术上实事求是之学风，与其政治上的实践性相呼应。这是他批判无政府主义最大的政治理由之一。在他看来，言“公理”如《新世纪》者，有些像墨子的“天志”，但两者都是“以理缚人”。因此与《庄子》齐物观点无法相比。“转而向下”则是着眼于现实与未来，“言无政府主义不如言民族主义也”。婆薮盘头菩萨，婆薮盘陀（Vasubandhu），即印度唯识宗佛教创立者之一世亲（即天亲，四至五世纪）。正如章太炎在该文最后所言：“凡所谓主义者，非自天降，非自地出，非摭拾学说所成，非冥心独念所成，正以见有其事，则以此主义对治之耳。……举一纲而众目张，惟排满为其先务，此贞实切事之主义，所以异于夸大殉名之主义矣。”②也就是说，“主义”不是为了空谈，而是针对现实政治的。准此甚至可以理解为，无政府主义对章太炎的“民族主义”革命是有害的，因为它可能面对现实不足，而又空论有余（“夸大殉名之主义”）。

从上面的引用看，章太炎很容易被认为是只关心一国的民族主义者，所以才反对无政府主义。这是误解，因为这牵涉到其“民族主义”定义。在上面提及的《五无论》中章太炎说：

> 既执着国家矣，则亦不得不执着民族主义，然而其中有广大者。吾曹所执，非对于汉族而已。其他之弱民族，有被征服于他之强民族、而盗窃其政柄、奴虏其人民者，苟有余力，必当一匡而

① 章太炎：《排满平议》，影印本《民报》第五卷，第 3275 页。

② 同上书，第 3286 页。

恢复之。呜呼！印度、缅甸灭于英，越南灭于法，辨慧慈良之种，埽地尽矣！故吾族也，则当返；非吾族也，孰有圣哲旧邦而忍使其遗民陷为台隶？欲圆满民族主义者，则当推我赤心救彼同病，令得处于完全独立之地。①

这段话涉及本书所强调的“亡国”与“亡天下”的关系，可以视为亚洲和亲会背后的逻辑。也就是他所说的“广大的”民族主义，亦即同情、联合、协助被压迫的其他民族的民族主义。类似的“民族主义”，他也在《定复仇之是非》(《民报》第十六号，1907 年 9 月)中提及：“且以为民族主义非专为汉族而已，越南、印度、缅甸、马来之属，亦当推己及之。”②这里章太炎将“汉族”与亚洲其他被压迫民族并列，自然有他宽广的“民族主义”胸怀，但是，这里的“汉族”也是“中国”之意。这固然与“反满”革命的语境有关。但是，似乎也可以窥见章太炎汉族中心的“中国”意识。章太炎这一解放、反抗、有着国际主义色彩的民族主义，究竟与他对国内其他民族的观点之间关系如何，这涉及对他另一篇论文《中华民国解》(1906 年 10 月)的深入解读。因篇幅所致，本书不及深入讨论。

如前所述，幸德秋水对在东京的中国无政府主义者有着很强的影响力。在此意义上幸德秋水实质上为早期东亚无政府主义运动的指导性存在。尽管时间不长，东京事实上成为无政府主义背景的亚洲独立运动革命者的活动中心。没有当地无政府主义者的支持，这是有一定困难的。此一中心因国际及日本内政形势变化，尤其因日本一连串暴

① 影印本《民报》第四卷，第 2532 页。

② 同上书，第 2558 页。

力镇压左翼运动的事件而式微。但是,20 世纪初期的运动也为后来亚洲各国革命做了某种准备(这一点从上面涉及的人物在中国、印度、日本、越南、韩国近现代史上所扮演的至为重要的领导角色便可得到说明)。无论如何,由上以知,早期无政府主义无疑是观察近现代史重要的视点之一。而为了更客观地解读近现代史,囿于一国内部的框架是不足的。一个亚洲的视野,甚至一个全球现代性的视野,无疑又是必要的。

第五章　否定国家的立国者——章太炎的国家理论及其黑格尔批判

一、章太炎的国家论——近代政治思想史的视角

1."国家之事业,是最鄙贱者"

章太炎主持《民报》期间(1906 年 6 月至 1908 年 10 月)为辛亥革命提供了一系列重要的政治理论,其中,《国家论》(刊登于《民报》第十七号,1907 年 10 月)一文尤为人称道。这些政治理论相当部分糅合佛教哲学和庄子思想,并回应日本明治时期流行的西学。宋教仁 1906 年 7 月 6 日的日记中述及于东京初晤出狱来日的章太炎的情景:"与余一见面时,甫通姓名,即谈及哲学研究之法,询余以日本现出之哲学书以何为最。余以素未研究、不知门径对之,盖辜负其意不小矣。"①章太炎对西方哲学的关注,可见一斑。本章将第一次揭示章太炎这

① 《宋教仁自述》上册,深圳报业集团出版社 2011 年版,第 164 页。

一时期的文章实际上与他对黑格尔政治哲学的批判直接有关。本章将指出,章太炎这一时期的文章对黑格尔政治哲学的批判,涉及他与中国无政府主义革命党人之间复杂的关系,因为后者在信奉进化论、并因此有着某种目的论历史想象方面,不无黑格主义的影响。章太炎这些讨论在政治上既与他批判国家主义、专制主义的意图有关,更与他批判、修正无政府主义革命党人思想上的盲点有关。章太炎这一类文章也为批判殖民主义和帝国主义提供了非常独特的理论视角。

社会主义讲习所广告初见于《天义》第二期,发起人为同盟会员张继(溥泉)与刘师培。《天义》举办的社会主义讲习会一共九次。第一次为1907年7月31日。章太炎发表演讲《国家论》,是于同年9月22日举行的第三次。①章太炎为期准确,再发展成后来的《国家论》一文。在文中,章太炎开宗明义:"在余向者于社会主义讲习会中,有遮拨国家之论。非徒为期望无政府者说,虽期望有政府者亦不得不从斯义。然世人多守一隅,以余语为非拨过甚。故次录前论,附以后义,令学者得中道观云。"②(遮拨:排斥、反对之意。)通过该文,章太炎意图向一般意义上的有政府主义者与无政府主义者阐明自己不同的立场。也就是说,该文一为批判国家主义,二为批判帝国主义,三为批判无政府主义者的革命党同志。章太炎表明要不偏一执而言其"中道观",可理解为他认为这些无政府主义者走了极端。他说:

一、国家之自性,是假有者,非实有者;二、国家之作用,是势

① 《社会主义第三次开会记》,《天义》第八、九、十卷合册,1907年9月。

② 《章太炎全集》(四),第457页。

不得已而设之者,非理所当然而设之者;三、国家之事业,是最鄙贱者,非最神圣者。此义云何? 第一义者:凡云自性,惟不可分析、绝无变异之物有之;众相组合,即各各有其自性,非于此组合上别有自性。……要之,个体为真,团体为幻,一切皆然,其例不可以偻指数也。①

章太炎这里的“自性”,取自佛教“自性”(svabhāva)。章太炎将之解释为“惟不可分析、绝无变异之物有之”。“自性”原本为一切有部(sarvāsti-vāda)及犊子部(Vātsiputriya)等部派佛教的术语,主张有一切有自性。②一切有部将物、事、心理作用等一切分解为类似于各要素的法(dharma),以此说明各个自性。③但是迨至大乘佛教兴起,尤其龙树(Nāgārjuna,约2世纪)根据“缘起即空性”观点,以无自性否定自性,以无自性来阐明缘起与空的一致性,依此《阿含经》的一切依缘起,《般若经》等的一切皆空说,都得到贯通。④印顺指出,有自性或有实体的观点是与缘起相矛盾的,因为自性只能因缘和合而生起,有自性也就不用从因缘生了。⑤也就是说,无自性(无实体)其实也是否定固定的实体之意。而否定固定的实体则意味着视一切为相关系、关联之物,亦即佛教所说的“缘起”,而缘起与无自性也无非是同延概念。⑥另一方面,章太炎认为有着老庄哲学因素的华严宗所提出的

① 《章太炎全集》(四),第457—458页。

② 印顺:《空之研究》,台北正闻出版社1985年版,第248页。

③ 中村元、福永光司、田村芳朗、今野达编:『岩波仏教辞典』,东京岩波书店1993年版,「自性」条目,第354页。

④ 印顺:《空之研究》,第243—245页。

⑤ 同上书,第246页。

⑥ 宇井伯寿:『仏教哲学の根本問題』(初版1947年),东京书肆心水2014年版,第199页。

“性起”概念，可以补充“缘起”说的不备，因为“缘十二缘生说……因为第一因缘不能指定，所以虽说缘生，不过与泛泛无根一样。”①

首先，所谓十二缘起，指的是无明（无知）、行、识、名色（名即色，受、想、行、识，加上色，即五蕴）、六入（眼、耳、鼻、舌、身、意，又称六处）、触、受、爱、取、有、生、老死。这十二缘起构成了生死轮回的不同时期（如识、名色、六入为母胎期，触为出生，受为少年期，爱为青年期，取为壮年期；生出业，即为有）。人因为无明而生出我执，我执又种下来世之业，人因无明而无法避免生死轮回。②日本佛学家三枝充悳指出，“缘起”其实就是关系性的思想（生起的关系性），但这一生起的关系性并非如现代或者西方所常见的那样，先承认独立于自己或者自己的现实之外的两项关系，然后，处于可独立于这两项关系之外的立场中的“我”（主体）去观察这两项关系（客体）。相反，佛教的缘起认为自己是时刻不可能外在于这一关系性中的，同样，“色”虽然常常在现代被解释为事物，但“色”时刻只是与受、想、行、识有着不可分割关系性中的五蕴中的一项而已，而并非是可以如现代般二分为主客或主体客体便可，因为现实始终是包括自己的现实，色必有名（“名色”，即名称与形态），而名正表达了自己与现实的关系。③其次，“性起”为华严宗所重视。华严宗第二组、隋唐高僧智严（智俨，602—668）将《六十卷华严经》之《性起品》中的“性起”视为重要的概念，在其27岁时的著述《搜玄记》（解释《华严经》的《大方广佛华严经搜玄分齐通智方轨》）、尤于晚年著述之《孔章

① 章太炎：《佛学演讲》（1911年10月于日本），章念驰编订：《章太炎演讲集》，第108页。

② 竹村牧男：『華厳とは何か』，东京春秋社2017年版，第68—69页。

③ 三枝充悳：『縁起の思想』，京都法藏館2000年版，第101—106页。

目》(《华严经内章门等杂孔目章》)中加以阐发,但是有着源自庐山慧远(334—416)糅印度佛教与中国思想传统于一体的“性”概念的影响。①日本的佛学研究者镰田茂雄指出,智严《孔目章》中的《性起章》也有着摄论宗隋代高僧昙迁(542—607)《亡是非论》的影响,而后者与《庄子·齐物论》的论旨关联很深。②因之,在章太炎亦糅佛学与庄子哲学于一体的意义上,他似乎又受重视华严宗的杨文会的影响。华严宗第三祖法藏(643—712)将印度佛教根本真理之“因缘而起”的“缘起”作为今之相对概念,进而将超越相对与绝对的终极的法之样态称为“性起”;性起就是“真性现起”,是法界缘起的根本表述。③性起出现,就是佛性现起。④大致相当于禅宗之见性成佛。性起的观念是《华严经》的核心。《华严经》认为万物皆可以照耀在佛性之光下,山川自然亦可以佛性现起。同样,人的存在是作为佛性的现存在而起,如此虚妄得以消失,全部皆是真理。⑤按笔者的理解,章太炎上述引用中的意思是,十二缘起的罗列中始终有着时空的不同契机,而“性起”则可以回避这一问题。

在此,虽然章太炎认为华严宗不似法相宗逻辑(见总论第三章第三节),但还是给予华严宗很高的评价,因为唯识法相宗重“相”,而重视“性”则是华严宗的如来藏说的特色。这似乎可以理解为章太炎兼顾了杨文会重视性宗的特点。章太炎强调佛法中有真谛、俗谛两种,不

---

① 镰田茂雄:「唯心と性起」,平川彰、梶山雄、高崎直道编:『講座·大乘仏教·第3卷·華厳思想』,东京春秋社1996年版,第253页。

② 镰田茂雄:「唯心と性起」,第256页。

③ 同上书,第225页。

④ 镰田茂雄:『華厳の思想』,东京讲谈社2014年版,第60、73页。

⑤ 同上书,第76—77页。

能离开俗谛去讲真谛[①]；又说："佛法本来称出世法，但到底不能离世间法。"[②]总之，他的佛教依然是不离现实的。这对于革命至关重要。这也是有宗的唯识而非空宗的三论宗对章太炎更为吸引的表现，因为有宗的唯识毕竟肯定一切存在之构成要素(法)之实在，亦即识之存在。[③]

章太炎视"个体"为"众相组合"中之要素，只在此意义上承认"自性"，而包括国家在内的、由个人所组合的所有团体，他概视之为虚妄。毕竟佛教唯识论主张"万法唯心"，而且章太炎的理论又时刻与政治现实相关，因此章太炎《国家论》必须小心翼翼地处理个体与空的关系："人虽伪物，而以是单纯之个体，对于组合之团体，则为近真。故人之以国家为假有者，非独论理当然，亦其分位得然也。"[④]也就是说，从哲学意义上人(个体)固然也是幻的，但相对由个体所组合而成的团体而言，个体无疑却是"近真"。

章太炎以比喻释之曰："线缕有自性，布帛无自性。"[⑤]章太炎又以溪流与溪槽关系相喻，斥之曰："近世国家学者，则云国家为主体，人民为客体。"章太炎又曰：

> 可指为溪槽者，惟有空处。夫以空处为主体，而实有之水滴反为客体，是则主体即空，空既非有，则主体亦非有。然此空者，体虽虚幻，而犹可以眼识现量得之。若彼国家，则并非五识现量所得，欲于国家中求现量所得者，人民而外，独土田山渎耳。然

---

①② 章太炎：《佛学演讲》(1911年10月于日本)，章念驰编订：《章太炎演讲集》，第108页。

③ 中村元、福永光司、田村芳朗、今野达编：『仏教辞典』，东京岩波书店1993年版，「有宗」条目。

④⑤ 《章太炎全集》(四)，第460页。

言国家学者，亦不以土田山渎为主体。则国家之为主体，徒有名言，初无实际，可知已。①

唯识佛教概念的“现量”指的直接透过感官接触所生起的知觉过程及知觉内容，是不伴随概念作用而认识对象本身的个别相。②而“五识”则是指眼、耳、鼻、舌、身五种感官之“识”，以及五识相对应的色、声、香、味、触（五境或五尘、五妙欲境）。

章太炎在此谈及“主体”的问题，可作两方面的理解。③首先，这一“主体”的问题，无疑涉及主权问题。至少在17世纪主权概念在欧洲一隅出现并随西力扩张至非欧洲世界后，主权通常只与国家层面相关。但是，他的“主体”只限定在个人层面。在这一点上，章太炎的说法也对许多近现代的政治学思想蕴含着某种颠覆性解释的可能。之所以是颠覆性的，是因为他不仅意图颠覆国家权力，也颠覆了上帝之主权、某一政党之主权、某一阶级之主权等集团性、宗教性权力。对章太炎自身而言，甚至还蕴含着颠覆狭隘民族主义层面上的“大汉族主权”的可能（就此，也许很难说章太炎有多大的自觉）。上面所提及的集团性的主权往往都预设了国家存在这一等级概念。④在章太炎的时代语境中，这无非是一个涉及主权在国，抑或主权在民的重大问题。他对改良派的批判，与这一政治考虑应该不无关系。这一共和理想，也体

① 《章太炎全集》（四），第459—460页。

② 中村元、福永光司、田村芳朗、今野达编：『岩波仏教辞典』，「現量」条目，第244页。

③ 章太炎的“主体”概念涉及其政治思想中的“自主”概念，对此已经有小林武的讨论，参小林武、佐藤丰：『清末功利思想と日本』，第326—332页。

④ John Hoffman, *Sovereignty*, Minneapolis: University of Minnesota Press, 1998, p.85.

现在同盟会机关报的刊名《民报》上。毫无疑问，章太炎预感到了将来的"国家"对"个体"、对"民"的可能的压抑，正如后来的鲁迅那样。这一问题很复杂，在此问题上章太炎所能为者，是在原理及伦理上解体国家、否定国家，以彰显"民之国"的理念。其次，章太炎的国家论所涉及的"主体"问题，同时也是他所处的时代具体的政治主体性、政治实践性的问题。他在原理与伦理上解体、否定国家，但是，同时，他也清晰地提醒这是一个民族国家（nation-state，或译国民国家）的时代，也是一个帝国主义的时代，就中国而言，更是一个专制王朝的清政权统治的时代。要解决这些燃眉之急的现实政治问题，就必须确立有着实践可能的政治主体。在章太炎看来，无政府主义伦理色彩浓郁，政治目标高远，但在政治主体性、政治实践性上却又存在逸散、无法集中的问题。这也是许多无政府主义理论所共享的特征。如后文所言，在这一点上，章太炎显示出乌托邦与现实主义之间有着张力的平衡。

2. 近代政治思想史视野中的章太炎"国家"论

大致比照西方政治思想史，我们或者更容易看到章太炎"国家"论的特质。西方在 1648 年《威斯特伐利亚和约》（the Peace Treaty of Westphalia）后，国家主权概念出现，民族国家踵现。大概因为此一历史原因，近代"国家"学说以西方为最盛。晚清以降，西方政治学亦与西力一同东渐。就国家态度，西方政治学史可大致分为主张国家存在与否定国家存在两大派。肯定国家者，比如有亚里士多德的"国家"，他视国家为追求善的最高共同体（society）。①必须注意的是，亚里

① 亚里士多德：《亚里士多德选集·政治学卷》，颜一、秦典华译（颜一注），中国人民大学出版社 1999 年版，第 3 页。并参照日译本，アリストテレス：『政治学』，牛田德子译，京都大学出版会 2007 年版，第 4 页；英译本，Aristotle, *The Politics of Aristotle: A Treatise on Government*, trans William Ellis, London: Dent; New York: E.P.Dutton, 1912, p.1。

士多德的“国家”为 polis(城邦或城邦国家)。①又比如黑格尔的国家观。黑格尔认为国家扬弃个人、家族等自然形态，这一国家体现了道德、伦理的最高形态。主张国家存在的一派中，又比如尚有边沁(Jeremy Bentham，1748—1832)、弥尔(James Mill，1773—1836)等功利主义者的国家观。这一派认为国家是管理自己的权利和财产的“必要的恶”。功利主义出现时间与英国工业革命相重合。边沁的功利主义与古典经济学在人与思想上都有很大的关联，既可以理解为与产业社会相符的统治机构的要求，也可以理解为经济自由主义的政治版。②之后的自由主义政治学提倡以个人的政治参与，去监督政府这一“必要的恶”，以防止其可能的滥权，在此意义上自由主义发展了功利主义思想。③

另一方面，20 世纪的自由主义、立宪主义的出发点在于视国家为法学的形式框架，④但因为章太炎对国家、权力的内容、内涵有着更为复杂的理解，同时对中国传统思想文化有着更为独特的理解，因此，在国家观上章太炎与君主立宪主义者之间必然难以一致，同时，在法律问题上也处处显露出他的“国家”与个人、国家与民的紧张关系。章太炎曾经撰文批判清朝新政下的《钦定宪法大纲》，认为立宪制不适合目下的中国，因为，在章太炎看来，封建之变形的代议士必会压抑专制下生活自由放任的齐民。⑤就此，日本的章太炎研究者小

① “polis”在亚氏该书中含有的意味，见总论第一章脚注。

② 福田歓一:『政治学史』，东大出版会 2007 年版，第 459 页。又前揭 Rawls, p.162。

③④ 佐佐木毅:「国家」，广松涉、子安宣邦、三岛宪一、宫本久雄、佐佐木力、野家启一、末木文美士编:『岩波哲学・思想事典』，东京岩波书店 2010 年版，第 531 页。

⑤ 章太炎:《代议制然否》附录《虏宪废疾六条》，《民报》第二十四号，1909 年 10 月 10 日，第 19—27 页(原杂志页码)。

林武曾指出,章太炎的反驳除了与其有着深刻的历史文化视点以及对传统中国法的考察外,也与他批判晚清士人对自由以及地方自治的看法有关。①

另一方面,虽然章太炎与西方政治思想史中否定国家的一派结论接近,但是,其理论的前提却未必相同,甚至彼此相去甚远。比如欧洲传统中基督教思想认为国家是人的原罪产物,这一想法认为权力源自上帝,因此视国家为教会的从属。在这种情况之下甚至产生了中世纪教皇权力监视之下的王权。②西方政治传统中否定国家存在者,影响最巨,莫若恩格斯的国家观。恩格斯视国家为阶级压迫与剥削的手段,因此共产主义者的最高理想是消灭国家,追求阶级平等(见于其《家庭、私有制和国家起源》),这一想法又与无政府主义思想的国家观相通。近代欧洲的无政府主义可划分如下三种:一是以英国的威廉·戈德温(William Godwin, 1756—1836)、法国布鲁东(Pierre Joseph Proudhon, 1805—1865)、俄国作家列夫·托尔斯泰(Lev Nikolayevich Tolstoy, 1828—1910)为代表的个人主义无政府主义,二是以德国麦克斯·施蒂纳(Max Stirner, 1806—1856)为代表的利己主义色彩的无政府主义,三是以俄国的巴枯宁、克鲁泡特金为代表的共产主义无政府主义。③事实上,过去一百多年来无政府主义都是无政府主义的共产主义,它强调地权、自然资源以及生产方式应该为地域共同体(local communities)所共同持有,并与有着共同目的的其他共同体(communities)

① 小林武:「章炳麟『虜憲廢疾』と『欽定憲法大綱』」,『京都産業大学論集/人文科学系』第46号,2013年3月,第127—151页。

② 佐佐木毅:「国家」,广松涉、子安宣邦等编:『岩波哲学・思想事典』,第530页。

③ 此处整理参照了矢部贞治『政治学入門』,东京讲谈社文库1999年版,第43页。

联合。它在反对任何中心权力概念上与国家社会主义迥异。①与章太炎关系密切的日中早期社会主义者、无政府主义者都不同程度地受到共产主义色彩的无政府主义的影响。但是，暂无确切证据显示章太炎也受到了这一类思想的影响。在这一点上章太炎与东京的刘师培、张继以及巴黎的《新世纪》无政府主义者都不尽相同。尽管如此，从章太炎对无政府主义的批判以及他的交游关系来看，可以推测他对这一派的理论有一定的涉猎，在伦理价值的追求上应该互无二致。另一方面，章太炎频频批判无政府主义，其区别显然也是巨大的。章太炎的理论来源毕竟是经过他重构的中国思想，这一点我们从上面对《国家论》的叙述中已可窥见。

二、章太炎的政治思想与其黑格尔批判

1. 近代中国黑格尔批判之先驱章太炎

由章太炎高扬个体、否定国家及团体的上述政治学思想来看，难免会令人想起与之截然不同的黑格尔国家学。事实上，章太炎在此一时期的政治思想理论著述中，屡屡批判他所理解的黑格尔。在《四惑论》中他如是提及黑格尔：

> 言公理者，以社会抑制个人，则无所逃于宙合（宙合：世间）。然则以众暴寡，甚于以强陵弱。而公理之惨刻少恩，尤有过于天理。乃知庄周所谓“齐物者，非有正处、正味、正色之定程，而使万物各从所好”。其度越公理之说，诚非巧历所能计矣（巧历，精

① Colin Ward, *Anarchism: A very Short Introduction*, Oxford University Press, 2004, p.2.

于计算者)。若夫庄生之言曰:"无物不然,无物不可。"与海格尔所谓"事事皆合理,物物皆善美"者,词义相同。然一以为人心不同,难为齐概;而一以为终局目的,借此为经历之途。则根柢又绝远矣。(括号内为引用者注释。)①

"事事皆合理,物物皆善美",语出黑格尔常为人知的"What is rational is actual; and what is actual is rational",或汉语之"凡是合乎理性的东西都是现实;凡是现实的东西都是合乎理性",出自《法哲学原理》序言。②黑格尔《法哲学原理》(1821 年出版)是其国家学的重要论著,其基本目的在于为理性的现代国家提供理论框架,也是黑格尔一直试图以哲学重构基督教、国家(市民社会、法等)、历史之间关系的著述。这段章太炎的引用与黑格尔辩证法运动有关:黑格尔认为,绝对理念在限定性的相对现实中外化,在扬弃现实的对立与矛盾后再回归于自己,理念(普遍)与现实(特殊)以独特的方式相互结合。

在《法哲学原理》中黑格尔将"伦理关系"(Sittlichkeit,英译 ethical relationship,日译多译为"人伦""伦理关系",但本书所据日译则译为"习俗规范"③)分为三个阶段:第一阶段为家庭。"伦理关系"的第二阶段为市民社会,市民社会体现的是"人作为特殊的人本身就是目的"这一个人的特殊性,同时这些特殊的个人必须通过与他者相关联而得到个

---

① 《章太炎全集》(四),第 449 页。

② G.W.F. Hegel, *Elements of the Philosophy of Right*, trans. H. B. Nisbet, Cambridge University Press, 1991, p.20.黑格尔:《法哲学原理或自然法和国家学纲要》,范扬、张企泰译,商务印书馆 1961 年版,第 11 页。以下引用皆据此汉译(只标节数)。为了有助准确理解,必要时附加该英译予以进一步说明(亦不标页码,只标节数)。

③ ヘーゲル:『法権利の哲学あるいは自然的法権利および国家学の基本スケッチ』,三浦和男、樽井正义、永井健晴、浅见昇吾译,东京未知谷 1998 年版。为了有助准确理解,必要时附加该日译的汉字词汇予以进一步说明。

人欲望的满足，因此它同时又是“通过普遍形式的无条件中介”(through the exclusive mediation of the form of universality)，体现了市民社会作为家庭与国家之间的差别阶段（第 182 节）。在市民社会中，有着利己目的的个人之间透过法权利所发生的关联，因而展现为一个相互依存的社会（第 183 节），它也是一个欲求的体系（188 节）。黑格尔也将“司法”与“监督官厅与职业团体”置于“市民社会”内部（这被认为是黑格尔的缺陷。①贺麟甚至认为，黑格尔从拥护君主立宪制及辩证法出发，将孟德斯鸠的立法、司法、行政三权分立的民主思想改造为王权[单一]、行政权[特殊]和立法权[普遍]相结合的政治制度。他将司法划归行政范围，予君主以重要地位②）。“伦理关系”的第三阶段，亦即最高阶段，为国家。黑格尔国家理论的最大特点，是将伦理或自由与国家相结合，因为“国家是伦理理念的现实”(The state is the actuality of the ethical Idea，第 257 节)、“国家是绝对的自在自为的理性的东西”(It is the *rational* in and for itself，第 258 节)。在第 258 节“补充”中他还说：“自在自为的国家就是伦理性的整体，是自由的现实化；而自由之成为现实乃是理性的绝对目的。国家是地上的精神。”

虽然章太炎认为庄子“无物不然，无物不可”与黑格尔的“事事皆合理，物物皆善美”意思相近，但章太炎旨在强调两者截然不同的前提及理论框架与归结。直截了当地说，他旨在以糅合庄子与佛教哲学于一体的理论去批判黑格尔。“齐物者，非有正处、正味、正色之定程，而使万物各从所好。”这与章太炎后来的政治思想著作《齐物论

① 前引黑格尔《法哲学原理》，日译本三浦和男导读，第 581 页。

② 贺麟：《黑格尔著〈法哲学原理〉一书的述评》，前引汉译黑格尔：《法哲学原理或自然法和国家学纲要》，第 20 页。

释》(1910 年)中“以不齐为齐”的命题直接相关。“正处”“正味”“正色”语出《庄子·齐物论》,言不可将所谓“正”者绝对化,“以明天下所好不同也。不同者而非之,则无以知所同必是”(成玄英疏①)。章太炎援引此语,以说明“公理”(进化论之类的自西方的理论或“普遍性”)与“齐物”思想不同,甚至对立,一如他在《四惑论》一文中所说的“此谓齐物,与公理之见有殊”。②章太炎反对以西方的“公理”作为普遍性(亦即成玄英疏中的“不同者而非之”),而是认为“不齐为齐”才是绝对的普遍性,也就是说,以尊重差异为至高的普遍性。事实上这也就否定了单一的、以欧洲为标准的“普遍性”。此处可窥见章太炎在一个全球化时代的现代性批判意识。首先,如前所述,从国际关系上看,章太炎对全球化进程之下与东渐的军力金力同期而至的所谓“公理”,有着很大的警惕。这一点与章太炎对帝国主义、殖民主义的批判有关,同时其批判也是文化、理论层面的批判。其次,从国内的政治与文化角度看,新的中国必然面临着是否以此“公理”建立新的国家的问题。这一“公理”也意味着某种均质性、同质化(homogenization)的意识形态,而当这一均质性意识形态与国家权力、西方中心权力结合时,差异性将不再获得尊重。在此意义上,这一同质化的意识形态有时还会变为一刀切的暴力。

章太炎认为庄子与黑格尔的区别在于“一以为人心不同,难为齐概;而一以为终局目的”。所谓“人心不同”,指的是每一个体间、地域间、文化间的差异性,这一问题自然涉及团体与个人、国家与个人、国

① 郭庆藩:《庄子集释》,王孝鱼点校,中华书局 2004 年版,第 94 页。

② 《章太炎全集》(四),第 446 页。

家与国家间的关系。“人心不同，难为齐概”，正是章太炎在《齐物论释》等著作中反复强调的命题：“齐其不齐，下士之鄙执；不齐而齐，上哲之玄谈。”(《齐物论释》)①所谓“终局目的”，指的是黑格尔哲学中的目的论(teleology)色彩。哲学上所谓的目的论，指的是任何事物都被某个预设的终极目的所规约，事物直线地朝向这一终极目的生成、变化，如基督教神学中救赎的概念，历史进程想象中认为现实会朝向一个终极目的坚定不移地进步、迈进之类的观点，认为历史发展阶段由低至高、有始有终(目的)的想法。激进一派如认为共产主义必定实现之类的想法，保守一派则如二十多年前弗朗西斯·福山(Francis Fukuyama)的“历史的终结”言论，皆属典型的目的论时间观、历史观。

2. 章太炎的黑格尔国家论批判与中国无政府主义革命党人批判

值得注意的是，章太炎此处对黑格尔的批判，同时也是在他批判无政府主义革命党人的语境中的。比如，章太炎在《四惑论》(《民报》第二十二号，1909年7月10日)中如是说：

> 如布鲁东氏之说，则曰：“天下一事一物之微，皆将有而非现有，转变化成，体无固定。而百昌之在恒沙世界(百昌，语出《庄子·在宥》，百物也。恒沙，恒河之沙，万千之喻)，节族自然(节族，语出《荀子·非相》，节奏)，盘旋起舞，合于度曲，实最上极致之力使然。有此极致，故百昌皆鄉此极致，进步无已，是虽必然，而亦自由。是故一切强权，无不合理。凡所以调和争竞者，实惟强权之力。”此以互相牵掣为自由，其说已暗昧难知矣。原其立论，实本于海格尔氏，以力代神，以论理代实在，采色有殊(采色，语出《庄子·人

① 《章太炎全集》(六)，第4页。

间世》，成玄英疏曰“神采气色”，此处指文采词色)，而质地无改。既使万物皆归于力，故持论至极，必将尊奖强权。名为使人自由，其实一切不得自由。后此变其说者，不欲尊奖强权矣。然不以强者抑制弱者，而张大社会以抑制个人。仍使百姓千名，互相牵掣，亦由海格尔氏之学说使然。名为使人自由，其实一切不得自由也。(括号内为引用者注。)①

《四惑论》标题中的“四惑”，指的是改良派以及革命党中的无政府主义者皆尊奉为金科玉律的“公理”“进化”“唯物”“自然”四者。首先，章太炎在此揭示出，其实法国无政府主义者布鲁东(P.J.Proudhon)之说，亦不无黑格尔主义色彩。章太炎在此具体批判的，是黑格尔辩证法与其直线性叙述(linearity)之不可分的关系，亦即辩证法与目的论时间观历史观之相关性问题：辩证法如何成为发展、进化、进步之线性时间之逻辑上的推进器问题。同时也批判了基于黑格尔哲学的进化论思维。

在上面的引用中，章太炎批判布鲁东“以互相牵掣为自由，其说已暗昧难知矣。原其立论，实本于海格尔氏，以力代神，以论理代实在”，此处即是指黑格尔辩证法。黑格尔认为矛盾无所不在，即使是同一性，也是同一性与非同一性的同一性。因此，黑格尔在《小逻辑》中说：“辩证法在同样客观的意义下，约略相当于普通观念所谓上帝的力量。……矛盾是一普遍而无法抵抗的力量，在这个大力之前，无论表面上如何稳定坚固的事物，没有一个能够持久不摇。”②黑格尔

① 《章太炎全集》(四)，第445页。

② 黑格尔：《小逻辑》，贺麟译，商务印书馆2004年版，第178页(第81节附释一)。

又说：“辩证法是现实世界中一切运动、一切生命、一切事业的推动原则”，而辩证法不同于“诡辩”，因为“诡辩的本质在于孤立地看事物”。①也就是说，辩证法是运动的、联系的思维方式。此处的“大力”(the universal and irresistible power)、“力量”(power)、“推动”(to carry into effect)等词，②以及辩证法客观意义上“相当于”“上帝的力量”这一说法，都是力的表述，此恰合章太炎所谓“以力代神”之批判。

章太炎所说的“以力代神”，也可以阐释为以哲学代神学。在《法哲学原理》中，黑格尔以较大的篇幅谈及国家与宗教的关系，直接谈及这一类“以力代神”的问题。黑格尔说：“在宗教中，理念是内心深处的精神(The Idea, within [the context of] religion, is spirit internalized in emotion)，但是，正是这同一理念采取国家的形式而给自己以尘世性(secular expression)，并替自己在知识和意志中获得的定在(*Dasein*, existence)和现实(actuality)。现在，如果说国家必须建立在宗教的基础之上，这可能指国家应该以合理性(Idea)为根据，并导源于合理性。”(《法哲学原理》第270节“补充”)。就这一点，正如黑格尔研究者所指出的那样，在与国家的关系上，宗教将对法律与社会义务之最高的尊崇与敬畏浸淫于人心，这是因为宗教教导人们必须如遵从上帝的戒律般遵守这些法律与义务，并因此而将后者的正当性(legitimacy)“表征”为某种永恒不变之物；而哲学也给个人灌输了对国家内部通行的理性(rationality)之敬畏，这方面它甚至比宗教更为有效。③

---

① 黑格尔：《小逻辑》，第177页(第81节)。

② 为准确起见，参照了英译本 Hegel, *The Logic of Hegel*, *Translated From "The Encyclopedia of the Philosophical Sciences"*, trans William Wallace, New York, N.Y.: Oxford University Press, 1892, pp.148—150。

③ Hans Friedrich Fulda, "The Right of Philosophy", in Robert B. Pippin and Otfried Höffe eds., *Hegel on Ethics and Politics*, Cambridge University Press, 2004, p.25.

至于章太炎批评黑格尔“以论理代实在”的问题，正因为辩证法本来便是黑格尔逻辑学的一部分，或者说辩证法是一逻辑形式。“论理”为logic（逻辑）之日译，章太炎的西学知识与明治日本学术（尤其日文所翻译、研究、阐释的西方哲学）关系密切。①略微图示化地理解黑格尔辩证法的话，事物出现（正题，thesis），必然同时会催生其对立面（反题，antithesis），而这一对立必然会将矛盾扬弃（综合，synthesis），在周而复始的运动中，事物经历了由低至高的发展、运动的阶段（正—反—合之周而复始）。因此，事物内部无不包含着自我否定的契机，否定必然会被扬弃，在此否定之否定的重复过程中，精神由主观变为客观，再发展至绝对。所谓精神的绝对形态，指的是将对自己来说的他者化为自己内部的中介、化为自我存在的契机，将他者的存在包摄进自己内部。②

黑格尔在《小逻辑》中明了地解释这样的辩证法：“凡是有限之物不仅受外界的限制，而且有为自己的本性所扬弃，由于自身的活动而自己过渡到自己的反面。……照这种看法，人具有两种特性：有生也有死。但对事的真正看法应该是，生命本身即具有死亡的种子。凡有限之物都是自相矛盾的，并且由于自相矛盾而自己扬弃自己。”③

---

① 这一问题请参考小林武『章炳麟と明治思潮：もう一つの近代』以及前引小林武、佐藤丰『清末功利思想と日本』第五、六章（作者小林武）。至于晚清流亡日本中国知识分子阅读当时日文的语言能力问题，陈力卫曾令人信服地指出梁启超《和文汉读法》抄录日本一系列字典而成的事实，说明了梁启超对晚清知识人借助《和文汉读法》阅读日文的贡献。陈力卫《“同文同种”的幻影：梁启超〈和文汉读法〉的改版过程与日本辞书〈言海〉》，《中国学术》第三十一辑，商务印书馆，2012年。

② 佐藤裕之：「精神」，前引广松涉、子安宣邦等编：『岩波哲学・思想事典』，第902页。

③ 黑格尔：《小逻辑》，第177页（第81节）。

这一对立面的消解本来与佛教、老庄对生死、对立的认识有着相通之处(如老子所说的“反者,道之动”,王弼注曰:“高以下为基,贵以贱为本,有以无为用,此其反也”①)。但是,黑格尔的矛盾是处于逻辑形式的辩证法中的,是一个不断运动、不断提升的目的论整体。这就与佛教、老庄的矛盾有着根本的不同。也因为这一原因,德里达批判黑格尔在《大逻辑》中将“差异”定义为“矛盾”,而这一定义“也只是为了解决矛盾、内面化矛盾、根据思辨性辩证法的三段论法将矛盾提升(lift up)为自我在场的本体论神学或本体目的论的综合”。②这正是章太炎批评黑格尔“以论理代实在”的原因。准黑格尔之见,事物的对立发展被组织在一个辩证法的整体发展链条上:历史发展本身就是一个巨大的辩证法的运动体,它被赋予运动的整体性。正因为黑格尔的矛盾与辩证法是一种联系性运动性的思维以及观察世界的方式,在西方形而上学传统中有其超越前人的意义,但终究它是在目的论色彩的设定中的。而且,正如其批判性继承者马克思后来批判的一样,黑格尔忽略了历史、社会、经济之间的关系。

此外,在上述引用中章太炎对黑格尔“自由”观的批判,其实也是对黑格尔国家理论的批判。如前所述,在黑格尔处,“国家”与“自由”几乎是同义词。这一点在上述对《法哲学原理》的引用中已经可以窥见。在黑格尔《历史哲学》中我们同样随手拾得这一例证:“‘国家’便是合理的、客观地自觉的、为自己而存在的自由,因为合理的自由在

---

① 王弼著、楼宇烈校释:《王弼集注释》,中华书局 1999 年版,第 109 页。

② Derrida, “Positions: Interview with Jean-Louis Houdebine and Guy Scarpetta”, in Jacques Derrida, *Positions*, trans. by Alan Bass, Positions, Chicago: University Chicago Press, 1981, p.44.(德里达:《多重立场》,畲碧平译,三联书店 2004 年版。为准确起见,本书也参考了日译本,『ポジシオン』,高桥允昭译,东京青土社 2000 年版。)

一种客观的形式里实现了它自己。”[①]在《历史哲学》中黑格尔将“东方世界”、希腊/罗马、基督教/日耳曼置于一个依次由低至高的时间序列之中：就自由而言，“历史的幼年时代”[②]的“东方世界只知道一个是自由的；希腊人和罗马人知道少数是自由的；日耳曼各民族受了基督教的影响，知道全体是自由的”。[③]在此，黑格尔将历史与自由放置于欧洲中心、尤其是日耳曼中心的世界史理念的框架中进行叙述。因此，黑格尔的目的论也是与他西方中心的历史哲学相辅相成的。

在个人与国家的关系上，黑格尔说：“成为国家成员是单个人的最高义务。”(《法哲学原理》第 258 节)又说：“国家的目的就是普遍性利益，而这种普遍性利益又包含着特殊性利益。”(《法哲学原理》第 270 节)章太炎政治思想中的“个体”并非黑格尔《法哲学原理》中有着抽象法权利的个体(黑格尔意义上的理性的个体)，但是，在高扬个体价值，以批判国家对个人的压抑上，章太炎与黑格尔的思想是南辕北辙的。这一点将进一步叙述。

3. “善亦进化，恶亦进化”——章太炎之黑格尔批判与进化论目的论史观批判

章太炎对黑格尔目的论的批判，是因为在晚清目的论思维框架为改良主义者与无政府主义革命者所共享。信奉进化论式目的论时间观、目的论历史进程想象，这是清末知识分子的主流。革命党人中如巴黎《新世纪》无政府主义者是如此，改良派中梁启超、严复等亦然。康有为公羊三世之阶段论，即据乱、升平、太平也是其独特的历

① 黑格尔：《历史哲学》，王造时译，上海书店出版社 2007 年版，第 43 页。
② 同上书，第 97 页。
③ 同上书，第 1 页。

史进化论。关于这一点，其弟子梁启超在《论支那宗教改革》（光绪二十五年[1899年]）一文中如是解释康有为的三世说曰：“其意言世界初起，必起于据乱，渐进而为升平，又渐进而为太平，今胜于古，后胜于今。此西人打捞乌盈（即达尔文）、士啤生氏（即斯宾塞）等所倡进化之说也。支那向来旧说皆谓文明世界在于古时，其象为已过。《春秋》三世之说谓文明世界在于他日，其象为未来。”①显然，梁启超视康有为的三世说为融合最新西方思想的儒家新说。其新也在于导入了西方这一线性的、目的论历史想象。

与之形成对比的是，在清末思想中，章太炎的贡献之一，就是解构已经定型的进化论思维结构，令年轻一代努力从这一直线性的、被认为不断上升的时间观中解放出来。也只有这样才能客观地审视与批判自身以及自身的历史和传统。章太炎这方面的文章最为人乐道的，是其《俱分进化论》（《民报》第七号，1907年9月5日），在此，他对进化论的批判与对黑格尔的批判是同步进行的：

近世言进化论者，盖昉于海格尔氏。虽无进化之明文，而所谓世界之发展，即理性之发展者，进化之说，已蘖芽其间矣（蘖，niè，同蘖）。达尔文、斯宾塞尔辈应用其说，一举生物现象为证，一举社会现象为证。如彼所执，终局目的，必达于尽美醇善之区，而进化论始成。同时即有赫衰黎氏与之反对。……当海格尔始倡“发展论”时，索宾霍尔已与相抗，以世界之成立，由于意欲盲动，而知识为之仆隶。盲动者，不识道途，惟以求乐为目的，

① 梁启超：《论支那教改革》，《饮冰室文集》之三所收，梁启超《饮冰室合集》第一卷，第55页。

追求无已。……虽然，吾不谓进化之说非也。即索氏之所谓追求者，亦未尝不可称为进化。若云进化终极，必能达于尽美醇善之区，则随举一事，无不可以反唇相稽。彼不悟进化之所以为进化者，非由一方直进，而必由双方并进，专举一方，惟言智识进化可尔。若以道德言，则善亦进化，恶亦进化；若以生计言，则乐亦进化，苦亦进化。双方并进，如影之随形，如罔两之逐影，非有他也。①（昉，fǎng，开始。斯宾塞尔，即斯宾塞。索宾霍尔，即叔本华。）

在文中，章太炎先是一针见血地指出，进化论的哲学源头在于黑格尔哲学。然后章太炎回顾西方思想史，指出黑格尔这一观点影响了达尔文（C. R. Darwin，1809—1882）、斯宾塞（Herbert Spencer，1820—1903），而赫胥黎（Thomas Henry Huxley，1825—1895）又有批判性修正；另一方面，叔本华（Arthur Schopenhauer，1788—1860）也曾以糅合佛教哲学的厌世观对黑格尔这一观点予以批判。但是，值得注意的是，章太炎认为这些进化论者以及其批判者其实读不懂真的进化论（“彼不悟进化之所以为进化者”），因为真的进化论必须是善恶同时并进。也就是说，章太炎在此是以完善进化论的方式去解构进化论，这实在是章太炎的智慧。

章太炎此处所提及的黑格尔“世界之发展，即理性之发展”的观点，应该指的是黑格尔《历史哲学》中的观点。黑格尔在《历史哲学》绪论中指出：“‘理性’是宇宙的无限的权力。”②“终究有一天，人们会理解活动的‘理性’的丰富产物，这产物就是世界历史。”③黑格尔又

① 《章太炎全集》（四），第 386 页。
② 黑格尔：《历史哲学》，第 8 页。
③ 同上书，第 14 页。

说:“世界历史——是属于‘精神’的领域。……‘精神’在(世界史)这个舞台上表现了它自身最具体的现实。”[①]在黑格尔那里,理念(Idee)、理性(Vernunft)与精神(Geist)在许多时候意思重叠,比如《小逻辑》第214节中便说:“理念可以理解为理性。”[②]黑格尔甚至认为理念是一个往绝对理念发展的过程,因此又说“理念自身就是辩证法”。[③]章太炎提到的“世界之发展,即理性之发展”,指的是黑格尔视历史为理性或精神的发展,视历史为理性或精神的具体体现和实现。这也可以视为章太炎对黑格尔欧洲中心的“世界史”理念之批判。

达尔文的进化论是自然科学尤其是生物学研究成果的反映,这一成果很快延及社会科学,演变为以斯宾塞为代表的社会达尔文主义。周知的常识认为,进化论或社会达尔文主义始于达尔文。但是,在此处,章太炎则察觉到,无论之前的黑格尔也好,还是远远后来的达尔文、斯宾塞也罢,都共享了“终局目的,必达于尽美醇善之区”这一乐观的目的论。而且,在章太炎看来,虽然黑格尔似乎并未提及进化论,但是,认为世界的发展便是理性之发展的观点,已经包含了与进化论相通的哲学基础。因此,章太炎洞察到,黑格尔才是在哲学上为进化论准备了理论的“始祖”,在此意义上黑格尔哲学实际上是一种哲学的进化论。这也是章太炎锐利之处。章太炎提及的“索宾霍尔”即德国哲学家叔本华,叔本华也是在批判黑格尔语境中的,只是章太炎认为叔本华批判得不够有效。叔本华认为世界是自我的表象,盲目的生存意志为了求乐反因此自陷苦海。章太炎透过明治学

① 黑格尔:《历史哲学》,第15页。
② 黑格尔:《小逻辑》,第400页。
③ 同上书,第401页。

术对叔本华的思想多有了解，这方面已经有小林武与慕唯仁（Viren Murthy）详细的研究，[1]此处不赘。章太炎上面论及，世上的进化不会只有好的才在进化，任何进化都是好坏双方的同步进化："若以道德言，则善亦进化，恶亦进化；若以生计言，则乐亦进化，苦亦进化。双方并进，如影之随形。"确实，准章氏之说，比如科技无疑是日新月异在进步，但是，科技进步必然也带来其反面：污染、大规模杀伤战争的恐惧、人为物役、人与人之间的疏离，等等。在此，章太炎以东方佛教、庄子思想的智慧，非常明了地拆解了进化论意识形态的架构。

章太炎以糅合佛教、庄子思想的现代批判，在现代化远远晚于西方、日本的晚清，无疑是独树一帜，因而也是孤独的。在《五无论》中这一立场更为明显。章太炎在文中说："世界本无，不待消灭而始为无。今之有器世间，为众生依止之所本，由众生眼翳见病所成，都非实有。六十四种原质，析至邻虚，终无不可复析之量。既可复析，即不得强立原子之名。若云原子本无方分，互相抵触而后现形者。"[2]"有器世间"为佛教对于"有情世间"（众生世界）之"环境世界"之意，"器世间"之原文 *bhājanâkhya* 为"容器之世界"之意。[3]在此章太炎是以万法唯识、诸法皆空的佛教思想，批判视世界为实有的当时的自然科学思维。章太炎又曰："以至人类，名为进化，其实则一流转真如。""流转真如"为佛教用语（Skt. *pravṛtti—tathatā*），真如是佛教中的"最高真

---

① 小林武：『章炳麟と明治思潮：もう一つの近代』，第 74—148 页；Viren Murthy, *The Political Philosophy of Zhang Taiyan*：*The Resistance of Consciousness*, Leiden: Brill, 2011, pp.110—156；小林武、佐藤丰：『清末功利思想と日本』，第 321—326 页。两者皆对章太炎与叔本华的关系有所贡献。

② 《章太炎全集》（四），第 434—435 页。

③ 中村元、福永光司、田村芳朗、今野达编：『岩波仏教辞典』，"器世间"条目，第 102 页。

理”之意，所谓“流转真如”即是谓就流转中的诸事象而显现的真如，是诸事象的空、无常说。①也就是说，万物没有所谓的合目的性，事物的发展更没有所谓的目的论式乐观的上升，以及完美的终结，一切法无非是随缘而生起、流变而已，一如世亲(Vasubandhu)《唯识三十论》中所说的“恒转如瀑流”。②此处章太炎也是以佛教的时间观，批判了进化论时间观。

青年黑格尔的国家观被认为是共和主义(如《初期神学论集》)，但是在《德意志国制论》(1799—1803)至晚年的黑格尔，却一直是立足于市民社会的立宪君主制论者。③章太炎对改良、立宪君主制的批判，自然令他与黑格尔国家学格格不入。章太炎对黑格尔的了解不可能系统、全面，章太炎的黑格尔政治思想，当然是其所理解的“黑格尔”，但与否定黑格尔政治思想的主流读法却相去不远。④章太炎也并未具体提及上面笔者所引用的黑格尔著作(《小逻辑》《历史哲学》及《法哲

---

① 吴汝钧:《佛教大辞典》,“流转真如”条目，商务印书馆国际有限公司1994年版，第371页。

② 世亲:《唯识三十论》,玄奘译:《成唯识论校释》附录，韩廷杰校译，中华书局2011年版，第723页。

③ 福吉胜男:「ヘーゲルの『国家』本質論素描」,加藤尚武、滝口清荣编:『ヘーゲルの国家論』,东京理想社2006年版，第41页。

④ Allen Wood扼要介绍了《法权利哲学》的解读史:“早年的攻击源于仅是将本书与当时的政治局势的联系中来解读；之后的自由主义者的批判虽然继承了这一早年的攻击，但同时也赋予这一‘保守谄媚者(sycophant)’的黑格尔形象以更为广泛的哲学意义；在俾斯麦时代，在威廉四世及德国民族主义和国家主义的解释下，右翼的黑格尔的政治思想解释只倾向于确认其符合绝对主义精神和普鲁士强力国家(Prussian *Machtstaat*);上半个世纪，这样一个黑格尔形象自然招来批判，人们将黑格尔视为德国帝国主义与国家社会党的先驱；后来又因为马克思主义植根于黑格尔，黑格尔又被视为风行一时、令人嫉妒的极权主义(totalitarianism)的魔鬼学。”Allen Wood, “Editor's Introduction”, in G.W.F.Hegel, *Elements of the Philosophy of Right*, pp.viii—ix.

学原理》)。但从其理解来看,章太炎即使未必接触过日文译著,也是有可能接触过以汉语与日文写就的黑格尔介绍的。[①]如前所述,章太炎西学主要来源之一是明治日本。在政治思想方面,从明治二十年代(1878—1888 年)开始,明治日本的德国思想介绍成为主流,替代了之前英法自由主义思想。德国的国家主义、民族主义学术在日本成为主流,也是与同时代对自由民权论的否定等明治日本思想的保守化有关的;[②]在哲学上,至 1897、1898 年左右的明治日本,英国经验论哲学完全让位于德意志观念论为代表的德国哲学。[③]以佛教哲学阐释黑格尔,有井上圆了(1858—1919)等。章太炎的进化论批判与这一倾向有着一定的关系。[④]黑格尔的君主立宪的国家学无疑适合明治日本,然而却又是与章太炎的革命思想格格不入的。

三、否定国家权力的国家论——与民族主义及无政府主义、帝国主义批判的关系

1. “以干矢鸟粪为馨香”的国家主义与“去干矢鸟粪而望百谷之自长”的无政府主义

如前所述,章太炎的国家论与其对无政府主义的批判息息相关。章太炎《官制索隐》中说:“求无政府而自治者,犹去干矢鸟粪而望百

---

① 1898 年戊戌变法失败后,对西方哲学的介绍开始全面启动(黄见德:《20 世纪西方哲学东渐史导论》,首都师范大学出版社 2007 年版,第 54—76 页)。这方面还需要通过对出版史,尤其是日本对西方哲学的介绍与中国的介绍之间的关联等进一步求证。

② 大塚三七雄:『明治維新と独逸思想』,东京长崎出版社 1977 年版,第 133—134 页(1943 年初刊)。

③ 同上书,第 148 页。

④ Viren Murthy, *The Political Philosophy of Zhang Taiyan: The Resistance of Consciousness*, pp.146—150.

谷之自长。以生民之待政府而颂美之者，犹见百谷之孳殖，而并以干矢鸟粪为馨香也。吾侪所志，在光复中国而已。光复者，义所任、情所迫也。光复以后，复设共和政府，则不得已而为之也，非义所任、情所迫也。”①章太炎在此将“政府”比喻为“干矢鸟粪”，认为“政府”是必要的“秽恶”，批判了无政府主义在视政府功能上不切实际的否定。另一方面，同时也批判了赞美政府者，讽之为“以干矢鸟粪为馨香”。在此他认为光复是基于情义，而共和政府之设立则不然，属于不得已而为之，这与他对现有的“君主立宪”批判有关，因为他认为：“承天下之下流者，莫政府与官吏议士若。行谊不修，赇赂公行，斯为官吏议士，而总其维纲者为政府。政府之可鄙厌，宁独专制？”②认为“政府”为“下流”的“行谊不修，赇赂公行”之“官吏议士”之汇总，在令人“鄙厌”上，与专制无异。章太炎无政府主张的前提是：“今曰无政府，固必与他政府同时俱尽。”并且认为，假若强国主张无政府，这反而会巩固强国对弱国的统治：“夫无政府者，以为自由平等之至耳。然始创自由平等于己国之人，即实施最不自由平等于他国之人。”③这是在批判法国等无政府主义理论来源国。在章太炎看来，法国对己主张自由、博爱，而对外却是一味扩张。由此亦可见，章太炎对无政府主义倾向的革命党人批判，与他对殖民主义、帝国主义的批判，常常是不可二分的。

也因为同样的原因，章太炎对无政府主义者主张世界主义、推崇进化论和“公理”的批判，也与他对殖民主义、帝国主义的批判息息相

①② 《章太炎全集》(四)，第87页。

③ 章太炎：《五无论》，《章太炎全集》(四)，第434页。

关，因为在国际关系上，以西方为准绳（普遍性）的所谓“公理”，也正强化了西方的扩张。因此，章太炎也抨击了这一类毫无批判地复制西方中心的全球化的某类晚清士人。在国内政治层面上，就章太炎《国家论》的观点而言，“不齐而齐”，也是反对“国家”以均质性、划一性规训民众，压抑人的自主性。在此，章太炎无疑批判了国家主义者。同时，正如章太炎在许多地方对同时代趋新之徒的批判中可以见到，新的民族国家建构，也是新的规训工程，在这一点上章太炎与无政府主义者都以各自方式不同程度地共享了对此的警惕。

章太炎《〈社会通诠〉商兑》似可总括表述其对“公理”的深恶痛绝：“若其以世界为本根，以陵藉个人之自主，其束缚人亦与言天理者相若。彼其言曰：不与社会相扶助者，是违公理；隐遁者，是违公理；自裁者，是违公理。其所谓公，非以众所同认为公，而以己之学说所趋为公。然则天理之束缚人，甚于法律，而公理之束缚人，又几甚于天理矣。”①在此章太炎抨击“公理”压抑个人价值，这是他说得最为激烈之处。而他对个体价值的捍卫，彻底地延伸至对自杀自由的捍卫，此可谓惊世骇俗。这无疑又是与自由主义相通的。此处对天理的声讨，延伸了他所服膺的戴震《孟子字义疏证》的问题意识。②

另一方面，章太炎批判无政府主义者，亦与无政府主义者反对向

① 《章太炎全集》（四），第 331 页。

② 章太炎与戴震的关系，请参考丘为君：《戴震学的形成》，台湾联经出版公司 2004 年版，第 9—76 页；以及石井刚：『戴震と中國近代哲学：漢学から哲学へ』，第 286—301 页。石井著作是在戴震学解释谱系中定位章太炎，是一本系统的戴震学解释谱系研究。

清政权复仇有关。比如，1907年7月10日[①]发行之《天义》第三号刊有《社会主义讲习会广告》，中曰：“光复之说，果见实行，亦恐以暴易暴，不知其非。”(署名张继、刘光汉)至1907年7月25日发行之《天义》第四号张继、刘光汉(刘师培)再次刊登了《社会主义讲习会广告》，并以加大加粗的字体再次强调。但是，讽刺的是，同期同时也刊载了被害志士徐锡麟(字伯荪，1873—1907)遗像，这似乎与这一广告的主张不无矛盾之处。这也可窥见无政府主义的革命党人理论上的摇摆之处。在《复仇是非论》中，章太炎针对这一倾向，说：“必以复仇为非，则凡托于社会主义、无政府主义者，惟当敬听杜尔斯兑之言，待强者自然消灭，一有暴动即无解于复仇之名，而亦自陷于野蛮之域矣。且种族复仇者，本非外于政权而言，则所对者即异种之强有力矣。何以彼之必是，而此之必非也。”[②]“杜尔斯兑”，即俄国作家托尔斯泰(Lev N.Tolstoy，1828—1910)，明治日本又称之为“杜翁”。其反战思想对明治日本的知识分子有很大的影响，也对社会主义者如幸德秋水等影响甚大。章太炎在此出于反清种族革命的需要，而警醒无政府主义者要分清轻重缓急，并阐明除暴安良在现实政治中的必要性。

2. 启蒙主义“公理”之解构者

章太炎的进化论批判之所以与殖民主义批判、帝国主义批判有关，正是因为社会达尔文主义的社会进化论客观上可以被殖民主义、帝国主义的扩张挪用，为扩张提供了某种“科学”的根据，因为社会进化论的“优胜劣败、适者生存”的命题也成为扩张主义者的铁则。也

① 万仕国：《刘师培年谱》，广陵书社2003年版，第105—106页。

② 《章太炎全集》(四)，第273页。

在此意义上，进化论意识形态也成为文化殖民主义、文化帝国主义重要的构成要素。另一方面，吊诡的是，批判这一倾向的共产主义、无政府主义者，在理论上却也共享了进化论的线性时间观或目的论发展观：在20世纪初以来世界性的反帝国主义、反资本主义的运动中，"进化"与"进步"常常成为同义词。而乌托邦思想可以与哲学上的目的论思维相关联。章太炎洞察的是，乌托邦既可成为革命运动的重要伦理资源，也会将革命带入一个空洞高远的、缺乏政治实践性的方向。事实上章太炎并未使用过"乌托邦"这样的表述，但是，在《排满平议》(《民报》第二十一号，1908年6月10日)中，章太炎将这一高远的共产主义色彩的无政府主义比喻为"玉卮无当"，也不妨视为某种乌托邦的比喻：

> 人有恒言曰：玉卮无当，虽宝非用。凡哲学之深密者，类之矣。无政府主义者，与中国情状不相应，是亦无当者也。其持论浅率不周，复不可比于哲学。盖非玉卮又适为牛角杯也。转而向上言公理者，与墨子天志相类。以理缚人，其去庄生之齐物不逮尚远；言幸福者，复与黄金时代之说同其迷罔，其去婆薮盘头舍福之说又愈远矣。诚欲普度众生，令一切得平等自由者，言无政府主义不如言无生主义也。转而向下，为中国应急之方，言无政府主义不如言民族主义也。①

在此，章太炎先是以"无当"(无底部)之"玉卮"比之"无政府主义者"，意即中看不中用(晋左思《三都赋序》："玉卮无当，虽宝非用")。章太炎学术上实事求是之学风，与其政治上实践的革命精神相应。这是

① 章太炎：《排满平议》，影印本《民报》第五卷，第3275页。

他批判无政府主义最大的政治理由。在他看来，言“公理”如《新世纪》者，有些像墨子的“天志”，但两者都是“以理缚人”。因此与《庄子》的齐物观点无法相比。“转而向下”则是着眼于现实与未来，“言无政府主义不如言民族主义也”。婆薮盘头菩萨，即婆薮盘陀（Vasubandhu），是印度唯识宗佛教创立者之一的世亲（即天亲，约 4 至 5 世纪）。正如章太炎在该文最后所言：“凡所谓主义者，非自天降，非自地出，非摭拾学说所成，非冥心独念所成，正以见有其事，则以此主义对治之耳。……举一纲而众目张，惟排满为其先务，此贞实切事之主义，所以异于夸大殉名之主义矣。”[①]也就是说，“主义”不是为了空谈，而是针对现实政治的。准此甚至可以理解为，无政府主义对章太炎的“民族主义”革命是有害的，因为它不面对现实，有空论之嫌。

显而易见的是，同样作为这一时代的革命者，“苏报案”之后的章太炎对这一流行的进化论、进步主义思维，是不为所动的。他洞察殖民主义、帝国主义与进化论之间的关系。唯因此，他也意识到了无政府主义倾向的革命党人与进化论、目的论框架之间的微妙关联。

---

① 章太炎：《排满平议》，影印本《民报》第五卷，第 3286 页。

结语　否定国家的章太炎国学
——“亡天下”的危机与思想者

一、否定国家的民族主义者及反民族主义的民族主义者

章太炎之根本着眼点是其政治哲学中“自主”或“依自不依他”的主张。章太炎的“亚洲自主”思想也是亚洲民众的“自主”，是革命者之间的联合。章太炎 1907 年的文章《五无论》从其糅合佛教与庄子的政治哲学出发，主张无政府、无聚落、无人类、无众生、无世界之五无主义，其中他如是谈及印度等国以及相关的民族主义问题：

> 既执着国家矣，则亦不得不执着民族主义，然而其中有广大者。吾曹所执，非封于汉族而已。其他之弱民族，有被征服于他之强民族、而盗窃其政柄、奴虏其人民者，苟有余力，必当一匡而恢复之。呜呼！印度、缅甸灭于英，越南灭于法，辩慧慈良之种，

扫地尽矣！故吾族也，则当返；非吾族也，孰有圣哲旧邦而忍使其遗民陷为台隶？欲圆满民族主义者，则当推我赤心救彼同病，令得处于完全独立之地。①

章太炎的民族主义很复杂，有着多种面向，断不可纯以种族主义的框架视之，更不可以国家主义另类表述形式的民族主义观之。对于后者，国家对个人的压抑问题，始终是章太炎政治学的中心，但是，在民国建立之前，汉族中心的种族革命确实是章太炎民族主义中的一个问题。同时，不可忽视的是，这也是其“反满”革命中不可或缺的宣传策略，抛除这一历史语境多少有些不切实际。②（这一问题也将在本书结束的第四编结语中讨论。）

由上述引用可见，章太炎的亚洲联合构想，并非是国家与国家之间的联合，而是由不同国家革命者之联合而发展至人民与人民之间的联合，章太炎的民族主义怀有深切的对被奴役的本国人民及弱国人民的同情。至少从上述讨论中可见的，其民族主义有着国际主义色彩。在他看来，真正的民族主义，必须“推我赤心救彼同病，令得处于完全独立之地”。

事实上章太炎常常区分“民族”与“种族”的用法。梁启超比照德国政治理论家伯伦知理（Johann Kaspar Bluntschli，1808—1881）的民族定义之“同地同血统同面貌同语言同文字同宗教同风俗同生计”之结合体，并与章太炎之民族主义等量齐观，称之为“小民族主义”，而将提倡民族联合、民族融合之“大民族主义”，即“合汉、合满、合蒙、合

① 《民报》第十六号，1907年9月25日，影印本第四卷，第2532页。

② 这一方面，请参照坂元弘子的讨论，坂元弘子：『中国民族主義の神話：人種・身体・ジェンダー』，第77—82页。

回、合苗、合藏组成一大民族"①。不知章太炎"民族主义"之"广大者"之说是否与回应梁启超说法有关。但是，有一点是肯定的。章太炎的"民族主义之广大者"，是他用以区分其阶段性的种族革命与协助解放其他弱小民族的民族主义革命的用语。这一"民族主义"亦即章太炎所强调的"民族主义"之"广大者"，是超乎国家、民族的狭隘框架的。"民族主义"之"广大者"说法与梁启超表面上相近，其内容却是迥异。

梁启超应该说是有着高度国际视野的民族主义思想家，但是，章太炎与其在民族主义问题上的区别也是明显的。比如梁启超主张以国家建构为中心的民族主义（statist-nationalism，或 state-centered theory of nation②），而章太炎有时以种族主义为其宣传话语，鼓吹种族主义革命（ethno-nationalism③），但更为重要的是，章太炎又是一个反国家的民族主义者（Anti-state-nationalism）。

二、"个体为真，团体为幻"

作为《民报》主笔，章太炎不少论文都围绕着种族革命、政治哲学意义上的"国家"以及与之相关的问题展开，他也被视为"反满"种族民族主义革命的当然代表。但是，另一方面他融合佛教唯识论与老庄思想，建构起一套相对化民族主义，尤其着重批判国家主义的理论

① 梁启超：《政治学大家伯伦知理之学说》，梁启超《饮冰室文集》之十三，《饮冰室合集》第二卷所收，第75—76页。

② 后者是 Ribecca Karl 的说法。前引 Karl 著作，p.142。

③ Karl 认为章是 ethno-nationalist，同上书。此说略显简单。当然，Karl 并没有在整体上简化章太炎思想。

(这方面最为典型的是章太炎1910年的政治哲学著作《齐物论释》)。

比如章太炎在《国家论》(《民报》第十七号,1907年10月)中说:“一、国家之自性,是假有者,非实有者;二、国家之作用,是势不得已而设之者,非理所当然而设之者……要之,个体为真,团体为幻。”①由是观之,在否定国家的立场上,章太炎显示出典型的无政府主义立场。他在国内政治上认为,只有人的自主,才有真正意义上的国家的自主,而非相反。也就是说这是主权在国(政府、权力者),还是主权在民的问题。总之,他是另类的民族主义者。

在章太炎“个体为真,团体为幻”的命题中,这一“个体”概念,也就是一个不消解于集团性之中的“个体”(这一集团性如某一国家、某一民族等)。这也是本书第二编第四章谈及的基于单独性(singlarity)的个体与普遍性关系的问题。因此,其集合亦并非等质性原子体相加之“集体”。准此,其民族主义共同体的构成体,也是有着一定的异质性的个体。在此意义上,章太炎的“民族主义”可以说有其开放性。

就否定国家的章太炎而言,他是反国家的民族主义者(Anti-state-nationalist);就反殖民、反帝的章太炎而言,他的民族主义是同情弱小民族、反抗奴役的解放的伦理。这与其《齐物论释》(1910年)中所说的“齐其不齐,下士之鄙执;不齐而齐,上哲之玄谈”有着呼应关系。②在此意义上,“不齐”也是与其政治思想中“自主”的概念密切相关的,因此“不齐”有时也是“自主”的代名词:自主也就变成不为任何权力所齐一之意了。“不齐而齐”是章太炎政治思想中反

---

① 影印本《民报》第五卷,第2671页。

② 《齐物论释定本》,《章太炎全集》(六),上海人民出版社1986年版,第61页。

复出现的命题，也就是以差异性的尊重为“齐”，以差异性的尊重为不二的普遍性。

章太炎的贡献之一，在于现代性批判。若以比喻言之，现代性为人们准备了一个又一个框架，让人们安居于其中，人们以此去建构知识、思想，而慢慢对此不察。换言之，这些框架已不言自明。而《民报》时期的章太炎之所为，就是不断将自己的洞察分享给他所处时代的人们，告诉他们其实不过是安居于这些人工的“框架”内并且其所思所为为这些框架所限，并向人们一一揭示这些框架如何成型、其结构如何、其背后的意识形态何样，等等。章太炎的国家论，其对文明论、进化论的拆解，皆可作如是观。

从上述讨论可知，章太炎断非坊间所想象的唯古是尊的“国学大师”。这一看法显然对章太炎不无误解之处。章太炎之所以是所谓的“国学大师”，恰恰因为他以批判传统方式去重构传统，是一个“复古的新文化运动”的思想领袖。其“复古”也是受西方的“文学复古”(文艺复兴)的启发，其“古”也包括诸如印度的佛教之类的“古”。他终生关注西学，也有选择地导入了西学养分。甚至抛开与西学的对话，很难想象章太炎的“国学”。而且其“国学”亦非国师之学(君学)。恰恰相反，其国家论以最为清晰的方式表明，其“国学”是批判权力之学，是追求公义之“国学”。同样，其复古之古典学也是批判性的古典学，更是为求新而复古的古典学。

总的来说，章太炎《国家论》对“国家”与“政府”的关系处理似乎比较含糊。章太炎在高扬个体价值上与自由主义政治思想相近，而在对代议制与金权等关系应如何处理上又与自由主义对宪政的理想化有距离。章太炎主张法治，并不反对宪政本身，只是对主权、国家权力的问题有着更为复杂的思考。在认为国家是压抑个人的装置方面——因而在理论上根本否定国家方面——他更与社会主义、共产主义色彩的无政府主义者相近。但是,另一方面,在与黑格尔色彩的目的论以及进步主义框架有距离这一点上,章太炎又与有共产主义色彩的无政府主义倾向革命党人南辕北辙。有论者指出,在(西方)政治思想的进化中,无政府主义可以视为自由主义与社会主义共有的终极工程。①这不知可否算是为章太炎游走于两者之间找到某种解释。至少可以说的是,章太炎的政治学理论似乎为无政府主义与自由主义理论同时提供了某种重塑的可能。

① Colin Ward, *Anarchism: A very Short Introduction*, Oxford University Press, 2004, p.1.

第三编

清季章太炎与革命儒学

第六章　章太炎与革命儒学(上)

一、狂狷与“被去势”的现代“哲学”

1. 近现代中国与狂狷

“狂狷”本是中国思想史尤其儒学史的重要概念之一。但是，自进入现代，儒学的狂狷概念却被淡忘至今。这一忘却有其多种原因。

其中，至少，它一定程度上与现代的大学体制中的“哲学”这一学科有一定的关系。在很长的时期中中国哲学史的特点之一，是其德意志观念论(German idealism)色彩，而薄于实践可能。观诸被称为现代新儒家的部分著作，这一点一目了然。陈少明在其《做中国哲学：一些方法论的思考》一书中指出现代中国哲学解释对西方哲学的过度依附，以致忘却了中国思想与生活的必要关联，实为持平之论(当然也有梁漱溟之类的例外)。比如他指出“惑”“耻”“报”“不忍”等原本重要的中国思想概念，却几乎都被现代中国哲学研究界忘却。[①](笔者也

---

① 陈少明：《做中国哲学：一些方法论的思考》，三联书店2015年版，第5—7页。

因此联想起“风”“俗”“节”等传统政治学重要概念。)陈少明并指出,中国哲学研究的使命并非接轨国际,也并非让中国哲学在国际上“登场”,而是向中国人揭示并重建经典与我们生活本应有的关联。①

“狂”与“狷”无疑都是被忘却的重要的古典政治哲学概念。中国哲学的德意志观念论化,实在与近代以来中国知识人在一系列冲击之下希望与西方“接轨”的愿望相关。诚然,“狂”“狷”被忘却这一事实背后亦有其情有可原之处,因为“狂狷”概念本来便高度针对虚伪、强权,其出发点与政治性、伦理性、公共性相关。狂狷的萎缩与否涉及知识分子与公共空间的关系,自古即然。

另一方面,虽然中国思想与中国知识分子的生活、现实的关联大为弱化,但是,从历史角度观之,却并非全然消失,只是逐渐式微、奄奄一息。清末以来的“共和”“民主”“人民”“解放”“革命”等理念,虽然是西方政治的、马克思主义色彩的概念,但又一定程度上延续了传统儒家政治学的问题关怀(如均、公、大同等儒学理念)。

郭绍虞先生(1893—1984)以文学及语言学研究名世,但他长期关注革命儒学问题,却未必为人所知。比如他在20世纪40年代便有多篇文章论及狂狷。如其《民主与狂狷精神》(1945年)、《论狂狷人生》《论乡愿》《论勇与狂狷》《从文人的性情思想论到狷性文人》(以上俱1946年)等。其实郭先生同年的《儒家思想的新检讨》一文虽未直接论及“狂狷”,其主旨实在于论狂狷精神。他在文中谈及孔子所代表的原始儒家之“士不可以不弘毅”的精神,然后论及“孟子之浩然之

① 陈少明:《做中国哲学》,第7页。

气”，再论及“阳明学派的英雄气氛”。[①]郭绍虞先生在《民主与狂狷精神》一文中更援引章太炎《诸子学略说》(1906年)，在文章结尾中说："只有狂狷精神可以促成民主，争取民主；也只有民主制度才可以培养狂狷精神，发扬狂狷精神。"[②]直至1978年，郭先生犹撰文《由狷者变为斗士：怀念朱自清先生》，可见对狂狷精神的关心贯穿其生涯。虽然“五四”新文化运动以“打倒孔家店”为口号，但是，革命儒学却显然不在被打倒之列。相反，“五四”新文化运动以及中国的革命，某种意义上正是狂狷精神的具体实践。郭绍虞正是在这一新文化运动中度过自己的青春时代的。

近年，亦有学者留意到了革命儒学的问题。比如中国思想史研究者刘梦溪先生以《论狂狷在中国文化中的消失》为题的论文，在三联书店《读书》杂志中分三次连载。尽管其文章并未论及何以狂狷概念从知识分子思想话语中消失的原因，但是，指出“消失”的事实已甚为重要。文章通篇介绍先秦至明代的“狂狷”概念史，尤其对阳明学着墨甚多，并视王阳明(1472—1528，名守仁，号阳明，谥文成)、李贽(1527—1602，号卓吾)为“圣之狂者”。[③]刘梦溪认为“国学”一词为历史产物，今日“国学”之称谓未必恰当。[④]

无论如何，在当代中国，“狂狷”的儒学被忘却，似无异议。虽然狂狷儒学的研究寥寥无几，与德意志观念论为主的欧洲哲学“接轨”的“中

---

① 以上文章俱收于郭绍虞：《照隅室杂著》，上海古籍出版社1985年版。

② 同上书，第293页。

③ 刘梦溪：《中国文化的狂者精神及其消退》，《读书》2010年第3—5期。刘氏近日更将其近年论狂狷之文独立成书，见刘梦溪《中国文化的狂者精神》，三联书店2012年版。

④ 刘梦溪：《论〈国学〉》，《中国文化》第23号，《中国文化》杂志社2006年12月。

国哲学”却是近八十多年来的主流。稍可见者，是文学、艺术批评领域中文学美术批评传统术语的“狂”(如言书法之狂草等)。耐人寻味的是，儒学的“哲学”化与儒学的进一步温顺化几乎是同时发生的。以德意志观念论框架重构的儒学，固然是东西哲学对话的结果。但是，事实上，现代“儒学”这门“哲学”学科与社会无缘，它被下降为大学体制中的一门专业，①因而失却了传统儒家思想最重要的实践性、现实性、公共性甚至战斗性(近二三十年大有改变，但严格说仍属众声喧哗、谋求现实可能的阶段，虽然难免有一些问题，但其意义不可忽视)。当然儒学的式微本来也是政治、经济、社会环境急剧变化的结果，因为在植根于现代主义意识形态的均质性的国家统合中，加之现代的商业化、工业化，传统的地方社会早已式微，儒学因而也失却了原有的社会基盘。儒学的现代重构应该是处理这些问题的。亦即是说，包含儒学在内的传统中国思想的现代重构必须在与现代的社会、政治体制、政党、民族主义、不同的文明及外国文化、资本主义等诸多现代因素的对话、对应中去进行。

2. 先秦的狂狷论——孔、孟的狂狷

孔、孟对中行、狂、狷、乡愿之四品的解释等级鲜明。此一点，孔、孟之间，应无不同。然孔、孟之后，尤其宋学之后，因历史经验、现实、政治、思想群体的不同，思想史上对狂、狷、乡愿的解释却有一定内涵和程度上的区别。笔者视章太炎为孔子所说的狂者，将聚焦于章太炎对狂狷的解释。本章无意亦无法在此概述中国思想之狂狷解释史，而旨在择狂狷解释史源流之孔、孟简而述之，以探讨儒家革命精

---

① 这方面的问题，请参考 Joël Thorqval:《儒家经验与哲学话语:对当代新儒家诸疑难的反思》,《中国学术》2003 年第 2 号。更为系统的讨论，请参考郑家栋:《断裂中的传统——信念与理性之间》,中国社会科学出版社 2001 年版。

神与章太炎的关系。

作为儒学概念的“狂狷”，自孔子以来，有着多种解释。尤其宋明理学以降，因政治环境、思想语境等差异，狂狷解释呈现出略微不同、偏重有异的倾向，这一点因无关宏旨，在此只择先秦简述之。先秦代表性的狂狷论者，自然是孔子。虽然孔子划分出“中行”（中庸）、“狂”、“狷”、“乡原（乡愿）”四个等级，但后世又常常将“狂”与“狷”合而用之，此一场合的“狂狷”只有“狂”而“狷”的意思脱落。孔子在《论语·子路》中如是曰：

> 不得中行而与之，必也狂狷乎。狂者进取，狷者有所不为也。[①]（与，交往。）

三国的何晏（？—249）在其《论语集解》曰：“狂者进取于善道，狷者守节无为。欲得此二人者，以时多进退，取其恒一。”[②]北宋邢昺（932—1010）《疏》曰：“狂者进取于善道，知进而不知退，狷者守节无为，应进而退也。二者俱不得中而性恒一。”[③]孔子在《论语·公冶长》中又说：“子在陈曰：归与归与。吾党之小子，狂简，斐然成章，不知所以裁之。”[④]何晏《论语集解》曰：“孔（安国）曰：简，大也。孔子在陈，思归欲去，故曰。吾党小子，狂者进取于大道，妄作穿凿，以成文章，不知所以裁制，我当归以裁之耳。遂归。”[⑤]皇侃（488—545）《集疏》曰：“吾党者，谓我乡党也。小子者，乡党中后生未学之人也。狂者，直进无避者也。”[⑥]从上述

---

①②⑤　本书《论语》引自《十三经注疏·论语、孝经、尔雅、孟子》，清阮元校勘，嘉庆二十年重刊宋本，京都中文出版社1974年版，第5446页。何晏《集解》、邢昺《疏》皆本此。下同，只示页码。

③　同上书，第5446—5447页。

④　同上书，第5337页。

⑥　《论语集说》，《汉文大系（一）·大学说、中庸说、论语集说、孟子定说》，台北新文丰出版社1983年影印明治日本东京富山房本，第30页。

可知,孔子所喜者乃“狂简之徒”,“狂而直”也。

中国思想史上常常与儒家唱对台戏的庄子也是“狂”之礼赞者。事实上,自不待庄子的嘲讽,孔子的“狂”,也是一个自我批判、自嘲的“狂”:

> 楚狂接舆歌而过孔子,曰:“凤兮凤兮,何德之衰。往者不可谏,来者犹可追。已而已而,今之从政者殆而。”孔子下,欲与之言。趋而避之,不得与之言。(《论语·微子》①)

邢昺《疏》曰:“接舆,楚人,姓陆,名通,字接舆也。昭王时政令无常,乃被发佯狂不仕。时人谓之楚狂也。”②接舆形象在《庄子·逍遥游》与《庄子·人间世》中被活用,旨在揶揄孔子。开篇《逍遥游》中,接舆是“神人”的描述者:“肌肤若冰雪,绰约若处子。不食五谷,吸风饮露。乘云气,御飞龙,而游乎四海之外。”《人间世》中接舆再现,借用《论语》接舆出现的一节,讽刺孔子③。《庄子·盗跖》中孔子欲规劝大盗盗跖,盗跖大怒,斥曰“此夫鲁国之巧伪人孔丘”,训斥孔子“使天下学士不反其本,妄作孝弟,而徼幸于封侯富贵者也。”④(孝弟,孝悌。徼幸,音义同侥幸。)假如庄子的狂者是对“圣人”的嘲笑,有着相对主义色彩的话,孔子之狂者则作为理想主义的行动者,与中庸、中道之“圣”相连。假如庄子之狂乃避世之狂的话,孔子之狂则为进取之狂。准此,庄子之狂也就相当于“有所不为”的

---

①② 《十三经注疏·论语、孝经、尔雅、孟子》,嘉庆二十年重刊宋本,第5493页。

③ 庄子对《论语》楚狂接舆的 parody,见白川静:「狂字論」,收入氏著『文字游心』,东京平凡社 1996 年版,第 37—41 页。

④ 《庄子》引文自《庄子翼》(万历本),《汉文大系第(九):老子翼、庄子翼》,台北新文丰出版社,1983 年影印明治日本东京富山房本,第 26—27 页。

“狷”了。虽庄子之狂与孔子之狂不同，却也有相近之处。在中国思想史上孔子与庄子的“狂”似是互为存在条件的，因两者的存在，嘲笑圣人的狂与通向圣人的狂也就构成了某种变奏。亦有论者认为，庄子所说的盗跖也是孔子不可或缺的对话者。①

总而言之，孔子的狂狷一词并非是圣人一词的对立。其对立者，乡愿是也。孔子厌恶乡愿，可以从其于《论语·阳货》中所说的“乡原，德之贼也”②窥见。“原”通“愿”，日本江户硕儒荻生徂徕(1666—1728)《论语徵》释“愿”为“善”。③准之，则乡愿有“乡善”之意。何晏《集解》注曰：“一曰鄉，向也。古字。同谓人不能刚毅，而见人辄原其趣向，容媚而合之言，此所谓贼德。”④

就孔子“狂狷”及其对立面的“乡愿”，《孟子》曾就此有过详细的解读。孟子如是进一步阐释孔子的“狂”与“狷”(獧)：

> 万章问曰：“孔子在陈，曰盍归乎来，吾党之小子，狂简进取，不忘其初。孔子在陈，何思鲁之狂士？”孟子曰：“孔子不得中道而与之，必也狂獧乎(獧，同狷)。狂者进取，獧者有所不为也。孔子岂不欲中道哉，不可必得，故思其次也。”“敢问何如斯可谓狂矣。”曰：“如琴张、曾晳、牧皮者，孔子之所谓狂矣。”“何以谓之狂也？”曰：“其志嘐嘐然(嘐嘐，志大言大状，音 jiāo)，曰‘古之人、古之人’。夷考其行，而不掩焉者也(夷考，考察)。狂者又不可得，欲得不屑不絜之士而与之(絜，洁也。与，交往)，是獧也。是又其次

① 白川静：「狂字論」，氏著『文字游心』，第 47 页。
② 《十三经注疏·论语、孝经、尔雅、孟子》，嘉庆二十年重刊宋本，第 5484 页。
③ 荻生徂徕：『論語徵』②，小川环树译注，东京平凡社 2003 年版，第 294 页。
④ 《十三经注疏·论语、孝经、尔雅、孟子》，嘉庆二十年重刊宋本，第 5484 页。

也。孔子曰:过我门,而不入我室,我不憾焉者,其惟乡原乎。乡原,德之贼也。"曰:"何如斯可谓之乡原矣。""曰:何以是嘐嘐也。言不顾行,行不顾言,则曰'古之人、古之人'。行何为踽踽凉凉(独行状,踽音 jǔ)。生斯世也,为斯世也,善斯可矣。阉然媚于世也者,是乡原也。"万子曰:"一乡皆称原人(愿人)焉,无所往而不为原人。孔子以为德之贼,何哉?"曰:"非之无举也,刺之无刺也,同乎流俗,合乎污世,居之似忠信,行之似廉絜,众皆悦之,自以为是,而不可与入尧舜之道,故曰德之贼也。"(《孟子·尽心下》)(括号内注为引用者所加)①

在此,孟子将狂者与乡愿对立,祖述孔子。与孔子一样,孟子对狂者之敬仰,与对乡愿之厌恶,互为表里。孟子可谓孔子狂狷思想最大解释和发挥者。

狂狷概念,在漫长的历史中时强时弱,又时有不同含义,判断标准亦时高时低。总的来说,六朝之狂取庄子玄风,虽批判体制儒家,却又不无儒家色彩的批判性。至唐代韩愈之类,其狂莫不欲借助儒学语言,重振其雄风(如韩愈《重答张籍书》,又如柳宗元《答韦中立论师道书》)。至于宋儒,朱子学似乎显现出去狂倾向。朱熹本人对无涉调和教化的思想如佛道,谨慎拒之,对于隐者与狂者也未必欣赏。②宋学被视为狂狷式微的新儒学。许是其反动,迨至明代,虽有文字狱,王学左派之狂接踵而现,这一点刘梦溪论之甚详(前述刘

① 《孟子》,《十三经注疏·论语、孝经、尔雅、孟子》,清阮元校勘,嘉庆二十年重刊宋本,第 6042—6043 页。

② 志野好伸:「総説」,志野好伸、内山直树、土屋昌明、廖肇亨编:『聖と狂:聖人·真人·狂者』,东京法政大学出版社 2016 年版,第 45 页。

论）。明代的阳明学中李贽以不羁之“狂者”形象引人注目。李贽曰：“有狂狷而不闻道者有之，未有非狂狷而能闻道者也。”（《焚书》所收《与耿司寇告别》）①作为明代政治、思想的历史大背景，余英时指出，自明太祖朱元璋洪武十三年（1380年）做出一项政治制度的大变革——罢中书省，从此废除了秦汉以来的宰相制度，令明代有济世之志的儒家不得不放弃“得君行道”的上行路线，而以“移风易俗”的下行路线替之，因为唯有如此转变，方可避开专制的锋芒，从民间社会去开辟天地。②余英时视之为阳明学走向社会、走向民间的大背景。同时，“狂”“狷”概念也涉及中国思想的“侠”的概念。余英时也在另一篇论文《侠与中国文化》中指出，自东汉以下，由于“文化”已经凌驾“武化”之上，“儒”的地位自然高于“侠”，自战国至汉初儒与侠之均衡不再，然而，“侠”作为伦理规范却没有消失；到了王阳明时代，阳明本人近于“狂”，并以“狂”为接引弟子的门径，不过不能止于“狂”而已（《王文成公全书》卷三十四《年谱》嘉靖三年八月条），阳明以及王学趋于反抗和激进一派（王学左派）的“狂”都有着“侠”的背景。③

之后的清朝又是一狂狷精神弱化的时代。究其理由，清代大兴文字狱，应为最直接的原因。清朝在制度上继承了明朝废除相权的君主专制体制，④也是一个大背景。近人柳诒徵称：“前代文人受祸

---

① 《李贽文集·焚书、续焚书》，北京燕山出版社1998年版，第46页。

② 余英时：《现代儒学的回顾与展望：从明清思想基调的转换看儒学的现代发展》，氏著《现代儒学的回顾与展望》，第170—171页。

③ 余英时：《侠与中国文化》，同上书，第380—381页。

④ 余英时：《现代儒学的回顾与展望：从明清思想基调的转换看儒学的现代发展》，同上书，第174页。

之烈，殆未有若清代者。故雍、乾以来，志节之士，荡然无存。”①至清末，政治腐败，列强压境，狂狷者竞相涌现。其中，若论学、志、行俱高者，当属硕学、革命家的章太炎。“狂狷”概念，在章太炎思想与人生中占有重要位置。正如黄克武教授所指出的那样，清末中国士人接受西方民主思想是有着传统思想的渊源的，因为明末以来，中国的思想界内部出现了反专制的思想，而晚清革命正接续了晚明反专制的思想潮流，晚清也是反专制思想蓬勃涌现的时代。②这一说法与本书关键词之一的“‘复古’的新文化运动”有着相同之处。而革命儒学之“狂狷”概念正是在这样的氛围中被章太炎所重新阐发的。

二、狂狷与章太炎“哀”与“独”概念——《訄书》初刻本的儒学革命思想

章太炎的狂狷解释与其“哀”与“独”的概念息息相关，毋宁说“哀”与“独”正是“狂狷”的重要属性，但更加重要的是，“哀”与“独”又是与他者不可分的“哀”与“独”，因此也与其“群”概念不可二分。这些都可以看作其儒学革命思想的表述。

在言及章太炎的“狂”之前，不如谈及其“狷”。1900 年义和团事件前的章太炎前心怀“狂”而行取“狷”，欲趋进取，却不得不有所不为。这一时期章太炎的心情用一个“哀”字最能表达。事实上，早在初刻本《訄书》(1899 年 12 月至次年 1 月底之间③)一书中，“哀”即是其频

---

① 柳诒徵:《中国文化史》下册，中国大百科全书出版社 1988 年版，第 731 页。

② 黄克武:「清末から見た辛亥革命」(青山治世译)，辛亥革命百周年纪念论集编辑委员会编:『総合研究辛亥革命』，第 87 页。

③ 《訄书》初刻本时间据《章太炎全集》(三)校订者朱维铮先生《前言》，第 4 页。汤志钧则于其《章太炎年谱长编》中认为“(1899 年)冬，《訄书》木刻本(原刻本)付梓”。第 97 页。

现的单词之一，其中又于书中《播种》一篇为最。“雪霜既降，枝叶既解，而根荄不枯于下，惟哀是赖。”①一个人活着，却“惟哀是赖”，这是何等的“哀”！因此这是近于狂之狷，狷者之大哀也。何所哀也？哀忍也，哀隐也，哀不得不有所不为也。《播种》又曰：“彼播种者，以其至哀，内恕孔悲，施之于孙子。虽无近效，必躬自行之；躬自行之而不可济，必冒白刃、湛九族以赴之。”②此是明知不可为而为之。显然，“至哀”之时，则君子豹变，由狷而入狂也。如此大哀，实则与章太炎类似于顾炎武“亡国”而“亡天下”的危机意识息息相关。就此，章太炎于《播种》中如是曰：“今吾观于瑰奇之士，则写忧而出颎矣，有二病焉：华妙云乎！脆弱云乎！其病虽异徵，皆中于不弘毅，成于不哀。”③在此章太炎批判“瑰奇之士”亦即中土士人之“二病”之“华妙”与“脆弱”，哀其不“哀”，怒其不争（“不弘毅”）。此一“哀”，虽至挺身革命之时趋少，但是，于《国故论衡》（1910 年）之《原经》中犹曰：“发愤于宝书，哀思于国命”。

《訄书》初刻本《明独》一文中，章太炎如是说：

> 余，越之贱氓也，生又羸弱，无骥骜之气，焦明之志（焦明，亦作鹪明，《广雅·释鸟》“鹪明，凤皇属也”。王念孙《疏证》谓鹪明为南方神鸟），犹憯凄忉怛（忉怛，dāodá，忧伤，惨痛），悲世之不淑，耻不逮重华（重华，虞舜名），而哀非吾徒者（吾徒，谓同志之士）。窃闵夫志士之合而莫之为缀游也，其任侠者又吁群而失其人也（吁群，呼告群众），知不独行不足以树大旅（大旅，《訄书》重刻本改为“大萃”，徐注本据重刻本。大萃，组织大的集体。萃，集也，聚也）。虽然，吾又求

①②③　《章太炎全集》（三），第 57 页。

独而不可得也。于斯时也，是天地闭、贤人隐之世也。吾不能为狂接舆之行唫（唫，通吟），吾不能为逢子庆之戴盆（逢子庆，后汉逢萌。史称逢萌素明阴阳，知王莽将败，乃首戴瓦盎，哭于市暗告众人），吾流污于后世，必矣！①（括号内参考徐复《訄书》重刻本注。②）

《訄书》初刻本出版时，章太炎三十二岁，《明独》初稿作于1894年9月，为《訄书》中最早的文稿。③但是，从上述引文中显然可见的，首先，是其素存狂狷之志；其次，是他所提及的"独行"与唤醒人民之间的关系，亦即"树大旅"，动员并组织人民，进行革命的问题；再次，其狂狷与其"群"这一公共性、伦理性的关心之密不可分关系。因此，与此互为表里的，自然是其狂狷与其另一概念"独"的关联。

该文的以下部分几乎与章太炎三十岁时发表于1897年8月2日的《变法箴言》（《经世报》第一册）相同，看得出《明独》对该部分的引用与扩充，也可见章太炎政治上变革社会的一贯性。不同的是，那时他尚对改良变法抱有很高的期待，主张以"革政挽革命"（《论学会有大益于黄人亟宜保护》，1897年[光绪二十三年]3月3日）。此处他是在礼赞"学会"，亦即强调晚清变法运动语境中的"会党"对中国的必要性。④

如上所述，其《变法箴言》与将近两年后付印的《訄书》之《明独》有部分重叠，原文如下：

---

① 《章太炎全集》(三)，第55页。

② 章炳麟著，徐复注：《訄书详注》，上海古籍出版社2000年版，第496—497页。

③ 《章太炎全集》(三)，朱维铮《前言》，第7页。该文收入《訄书》初刻本时有改动。

④ "结社""会党"这一传统的政治概念如何在现代性中被压抑，详见孙江：『中国の革命と秘密結社：中国革命の社会史研究1895—1955』，东京汲古书院2008年版。

余，浙之贱氓也，生又羸弱，无骥骜之气、鸿鹄之志，其然，亦尝有所向矣，虽微踔逸，犹憯凄切怛，悲世之不淑，耻不逮黄帝而哀不已若者。窃闵夫有志之士之玩愒（qì，通憩）于佛也；其力行者，又举事而棼（fén，乱貌）其绪也；以为如是则终已不得变而之治。故与子道其二病，且以自箴，且以箴天下。揽其要略，惟哀足以成事，虽有智者果者，不哀则败。三十年以往，有何桂清（1816—1862，因镇压太平军不力而被革职处死），十年以往，有张佩伦（晚清翰林院学士，是以张之洞为代表的清流派中坚人物，后因中法战争中福州水师失利而被查办。清流派对外国蚕食中国态度强硬，主张内政改革，同情变法派），言谈最贤，亦时有中要领者，而祸败若是，是可鉴矣。鉴于是二子，变者千端而或有什一之成；不鉴于是二子，冒没轻儳（chán，杂乱），其势无疑止，虽有中寿，犹不获睹天下之治也。虽然，吾固知其莫能鉴也。于斯时也，是天地闭、贤人隐之世也。吾不能为狂接舆之行吟，吾不能为戴安道之破琴，吾流污于后世必矣。（东晋戴逵［326—396］，字安道，善鼓琴，学从名儒范宣，《晋书》列于《隐逸》，称其："性高洁，常以礼度自处，深以放达为非道。太宰武陵王召其鼓琴，戴逵曾以破琴相拒；孝武帝时屡征召亦不就。"）（括号内注为引用者所加）①

首先，二文之差异部分中，引人注目之处，是其对"哀"的表述。若视此"哀"者为一否定性，则应为一积极的否定性。这一积极的否定性，从其"不哀则败"的表述中可以看出。因为"狂狷"也是一种积极的否定，终将积势而成狂。"智者果者，不哀则败"，此"哀"是狷，是

① 汤志钧编：《章太炎政论选集》上册，第24页。

不得不有所不为，是时也势也，有朝一日，蓄势而待发。随着现实的变化，形势的严峻，这一“哀”在程度上骤升，而很快便发展为“怒”，亦即一个趋于定型的怒吼的狂者。在戊戌变法失败后，章太炎以狂者之自觉登上历史舞台，引人瞩目。

在《明独》中，独行之狂者，在根本上却是为了“群”。就章太炎的历史语境而言，这一立足于“独”的“群”，激动着清末革命者的共和之梦。正如他在《明独》中反复所说的那样，“小群，大群之贼也；大独，大群之母也”“大独必群，群必以独成”。[①]他此处所说的“小群”，应理解为《论语》“君子不党”之“党”、“小人不群”之“群”。此时的“党”与“群”自然是由均质性成员所构成，它排斥异质的他者。这一类的“党”或“群”，章太炎称之为“小群”，它迥别于植根于狂狷精神的以“独”为前提的“群”。这一“小群，大群之贼也”的说法，令人联想起孔子《论语》中的“乡愿，德之贼也”的说法。

三、狂狷与革命道德——东京《民报》时期章太炎的儒学革命思想

1903 年 5 月，章太炎《驳康有为论革命书》与邹容《革命军》同时刊出。邹容狱死，章太炎入狱三年。出狱后的 1906 年 7 月 15 日，在东京神田，章太炎在《东京留学生欢迎会演说辞》中自己对“神经病”作了演绎：

> 独有兄弟却承认我是疯癫，我是有神经病，而且听见说我疯癫，说我有神经病的话，倒反格外高兴。什么缘故呢？大凡非常

① 《訄书》初刻本，《章太炎全集》（三），第 54 页。

可怪的议论，不是神经病断不能想，就能想也不敢说。说了以后，不是神经病的人，断不能百折不回，孤行己意。所以古来有大学问成大事业的，并得有神经病才能做到。……兄弟尝这毒剂（指艰难困苦—引者），是最多的。算来自戊戌年以后，已有七次查拿，六次都拿不到，到第七次才拿到。以前三次，或因别事株连，或是捕拿新党，不专为我一人；后来四次，却都为逐满独立的事。但兄弟在这艰难困苦的盘涡里头，并没有一丝一毫的懊悔，凭你什么毒剂，这神经病总治不好。或者诸君推重，也未必不由于此。若有人说，假如人人有神经病，办事必定瞀[mào]乱，怎得有个条理？但兄弟所说的神经病，并不是粗豪鲁莽，乱打乱跳，要把那细针密缕的思想装在神经病里。①

其演讲关于“神经病”叙述不短，引文只择其片断。章太炎在此一是以“神经病”概括其平生，以“神经病”“疯癫”自况；二是向各位听众宣传“神经病”之必要，昌言革命。故此处所论，无非是革命与狂狷的关系。值得注意的是，他所说的狂狷是必须有学问的和学理的。此炳然可见于“要把那细针密缕的思想装在神经病里”的说法。

其实章太炎的“神经病”由来已久。早在《訄书》初刻本卷首题记中，即有“幼慕独行，壮丁患难，吾行却曲，废不中权”之表白。②章太

① 章念驰编：《章太炎演讲集》，第2页。

② 《訄书》初刻本，《章太炎全集》（三），第6页。“废不中权”出自《论语・微子》：“虞仲、夷逸，隐居放言。身中清，废中权。”宋邢昺《疏》曰：“身中清，废中权者，放置也。清，纯洁也。权，反常合道也。孔子又论此二人隐遁退居，放置言语，不复言其世，务其身不务浊世，应于纯洁。遭世乱，自废弃，以免患，应于权也。”《论语》，《十三经注疏・论语、孝经、尔雅、孟子》，清阮元校勘，嘉庆二十年重刊宋本，第5494—5495页。

炎其年三十，但却自幼仰慕狂狷。1899年（光绪二十五年）5月10日章太炎在梁启超于日本主办的杂志《清议报》上以“来往旅客来稿”的名义发表《答学究》。文章可看出他对“狂者”的向往。此时章太炎心中怀狂，而行动取狷。其时，“学究”攻击康有为在戊戌政变失败后公开光绪帝发出的两次密诏，认为康有为“非忠也”。《答学究》显然同情康有为，故力诋“学究”。章太炎在文中说：

> 自古志节才行之士，内不容于谗构（谗害构陷），奉身而出，语稍卓诡，而见诋于俗儒乡愿者皆是也。①

此处所说的“奉身而出，语稍卓诡”的“志节才行之士”，不难看出正是“狂狷”之士，而“俗儒”可以理解为他所批判的“学究”，此处“学究”与“乡愿”则并列。从文脉上看，虽然章太炎并未将康有为视为“狂者”，但却明显地将他所说的“学究”视为“俗儒乡愿”。在本文的结尾，他则笔锋一转，一改“俗儒”与“乡愿”并列，如是说：

> 呜呼，全身则废道，持正则见訾。（訾，zī，《管子·形势篇》“毁訾贤者之谓訾”，诋也。）生于乱世，而冤颈折翼，（《汉书·息夫躬传》：“冤颈折翼，庸得往兮”；颜师古注：“冤，屈也。”）至于菹醢而不悔者，职矣。（菹醢 zūhǎi，将人搅碎的酷刑。职，视之为天职。）又重之以乡愿之议，使其义不得伸，悲夫！吾所谓乡愿者，其持之有故，其言之足以成理者也；今之学究者，其持之未有故，其言之不足以成理者也。虽然，亦足以为乡愿之驸骖矣，吾不可以结吾唇臄矣。（括号内注为引用者所加。）②

在此，章太炎所谓的“冤颈折翼，至于菹醢而不悔者”正是他理想

① 汤志钧编：《章太炎政论选集》上册，第81页。

② 同上书，第83页。

中的“狂者”，一个实践革命精神的存在。而一般意义上的“乡愿”则成为令狂者之“义”不得而伸者，有着一定的保守性。尽管如此，章氏定义中的乡愿至少是“持之有故，其言之足以成理”者。因此，在章氏看来，指责康有为不忠之“学究”则充其量是乡愿之“驸骖”(古代驾在车前两侧的副马)而已，尚不及乡愿。

章太炎曾在《革命道德说》(1906年)一文中论及职业、道德、革命主体之间的关系。他将职业分成十六类，并逐一论及这些职业与道德的关系，进而论及这些职业与革命的关系，论及何种职业能成为道德的主体，亦即革命的主体。这也是其独特的阶级论。他提出的问题是：“今之革命党者，于此十六职业将何所隶属耶？”首先，他认为农民道德最高，但却认为“农工、裨贩、坐贾、学究、艺士之伦，虽与其列，而提倡者，多在通人。使通人而具道德提倡之责，舍通人则谁耶。”①(章太炎解释说：“艺士者，医方缋画书法者。”作者按：缋画，绘画，缋音绘。)“通人”说法，见于《史记·田敬仲完世家赞》：“盖孔子晚而喜《易》。《易》之为术，幽明远矣，非通人达才，孰能注意焉！”②王充(27—97)《论衡·超奇篇》中亦有：“通书千篇以上万卷以下，弘畅雅闲，审定文读，而以教授为人师者，通人也”，“博览古今者为通人”，但是，王充尤其强调：“凡贵通者，贵能用之也”，否则只是“鹦鹉能言之类”。③强调学富五车，且能学以致用，这是王充的“通人”。章太炎的“通人”在此意义上近于王充。章太炎认为通人也有多种，不可一概而论。章太炎此处定义为“通人者，所通多种，若朴学，若理学，若文学，若外学，

---

① 《章太炎全集》(四)，第281页。

② 司马迁：《史记》卷四十六，第1903页。

③ 王充：《论衡》上册，商务印书馆民国二十六年版，第96、97页。

亦时有兼二者。”(所谓外学,是指佛学以儒学为外学,佛学为内学。)章太炎并认为通人中“若夫志在生民者,略有三数狂狷之材,天下之至高也”。[1]在此,他认为一心为民的狂者之“通人”为最高,也就是他所认为的革命的指导者。这里也可以看出,他的“狂狷”必须以饱学为条件。这一饱学又并非食古不化,与现实无缘,而是学以致用。另外,章太炎还说:“书画雕刻之士多为食客,而医师或较量贫富,阿谀贵人,然高者,往往傲岸自好,虽有艺术,值其情性乖角之际,千金不移,固亦有以自重也。”[2]这是章太炎从革命与道德主体的角度,对一般知识分子、专业人士所作的评价。他认为“书画雕刻之士”“医师”之类的“艺士”容易依附权贵,但也有“高者”会秉承信念,“千金不移”。准此,此“高者”虽不算“狂”,也大概算是“狷”了。

在同一年的《论诸子学》中,章太炎赞扬孔子不语怪力乱神,且有教无类:“孔氏之功则有矣,变禨祥神怪之说而务人事,变畴人世官之学而及平民,此其功亦敻及千古。”[3]“禨祥”(禨音 jī)谓祈禳求福、预示凶吉之事。朱维铮、姜义华两先生注释说,前半句是说孔子不信鬼神而专讲修身齐家治国等人间事务,是史学宗师,非人间教主;后半句则谓孔子有教无类,是为了培养平民与贵族竞争。[4]但是,该文的主旨更偏向于抨击儒家:“儒家之病,在于富贵利禄为心。”“孔子之教,惟在趋势,其行义从时而变。”“君子时中时伸时绌(chù),故道德不必求其是,理想亦不必求其是,惟其便于行事即可矣。”[5]章太炎此处力诋孔子,而高度评价儒家以外的诸子学。其矛头所对,也许是后世体

①② 《章太炎全集》(四),第 281 页。

③④ 朱维铮、姜义华编注:《章太炎选集》(注释本),第 366 页。

⑤ 同上书,第 363、365、366 页。

制儒学，尤其是章太炎同时代康有为之类推崇孔教者。在否定儒家方面，该文在章太炎所有的著述中可谓显眼，因为在其他地方并非如此激烈。他此时对儒家如此激烈，从现实语境上推测，也许与其批判康有为有关。后者在政治上反对革命，主张君主立宪，在文化学术上则视儒教为“国教”、并欲立孔子为教主。有关康章关系，汪荣祖先生等已经述之甚详，①在此存而不论，笔者想在此论及的，是章太炎在《论诸子学》中的“乡愿”论：

> 所谓中庸，实无异于乡愿。彼（指孔子）以乡愿为贼而讥之。夫一乡皆称愿人，此犹没身里巷，不求仕宦者也。若夫“逢衣浅带，矫言伪行，以迷惑天下之主”（《庄子·盗跖》），则一国皆称愿人。所谓中庸者，是国愿也，有甚于乡愿者。孔子讥乡愿，而不讥国愿，其湛心利禄，又可知也。（湛，深也。）（括号内注为引用者所加。）②

“逢衣浅带”为古儒服装，在此无非又是庄子对儒家的嘲讽。正如章太炎所引用的盗跖面斥孔子的故事一样，章太炎对儒家的批判更多是借助庄子。但是，另一方面，章太炎在强调道德的意义上，又是非常儒家的。③

---

① 请参考 Young-tsu Wong（汪荣祖），*Search for Modern Nationalism*：*Zhang Binglin and Revolutionary China 1869—1936*（Hong Kong：Oxford University Press，1989），以及氏著《康章合论》（新星出版社 2006 年版）。

② 朱维铮、姜义华编注：《章太炎选集》（注释本），第 365—366 页。

③ 江湄曾指出，虽然章太炎 1906 年以后力倡佛教以振民德，与他认为儒家人伦道德不足以持世的断定有直接关系。另一方面，终其一生章太炎都以道德风俗而非政治、经济为立国之本，在这一点上他又是非常“儒家”的。江湄：《“齐物”世界中的“学术”、“道德”、“风俗”与“政治”》，收于氏著《创造“传统”：晚清民初中国学术史典范的确立》，台北人间出版社 2014 年版，第 156—157 页。

这里牵涉到如何定义儒家的问题。①至少从政治思想的角度看，儒家强调内在的道德秩序与外在的政治秩序之间对应、和谐，因此在修身、齐家、治国、平天下的主张背后，也蕴含着一个“由个体而家而国而天下”的顺序。儒家基于家族血缘之爱而将此爱扩展至天下，是基于一定的序差等级前提的，同时，儒学普遍主义也时刻试图超越这一序差等级（后者如孔子的“四海之内，皆兄弟也”，孟子的“老吾老以及人之老，幼吾幼以及人之幼”，近代康有为的《大同书》等）。“修身”的个体是在这一前提下与他者发生联系，亦即个体时刻是群体中的个体，个人始终因他者、群体而被定义、定位，因此，道德自律变得异常重要。这也是儒家政治学说得以成立的另一前提。但是，章太炎此处对“君子‘时中’‘时伸’‘时绌’，道德不必求其是，理想亦不必求其是”的痛恨，反而带上了浓重的儒家色彩。章太炎此处所痛击的，更多是假儒家道德而行之的“国愿”。“国愿”是章太炎在其所处的政治语境中杜撰的用语。汪荣祖先生也曾指出，章太炎以人品论学，而且视对方对清政权态度如何而论议。②李泽厚先生也曾言及章太炎评论历史人物多从

---

① 章太炎《国故论衡》之《原儒》反对将儒者笼统称为“儒”，认为“儒有三科，关达、类、私之名。达名为儒：儒者，术数也。……类名为儒：儒者，知礼、乐、射、御、书、数。《天官》曰：儒，以道得民。……私名为儒：《七略》曰：儒家者流，盖出于司徒之官，助人君顺阴阳、明教化者也。游文于六经之中，留意于仁义之际，祖述尧、舜，宪章文（王）、武（王），宗师仲尼，以重其言，以道为最高。”（庞俊注：宪，法也。章，明也。宗，尊也。括号内为引者所加）。章太炎认为儒之名其实古今有异，“古之名通为术士，于今专为师氏之守。”“冒之达名，道、墨、名、法、阴阳、小说、诗、赋、经方、本草、蓍龟、形法，此皆术士，何遽不儒？”（同上）认为“三科悉称儒，名实不相检，则儒常相伐。”庞俊、郭诚永《疏证》曰：“所学各异，而同居一名。”见章太炎著，庞俊、郭成永疏证《国故论衡疏证》，第491页。

② 汪荣祖：《史学九章》，台北麦田出版社2002年版，第211页。

道德着眼。[①]这正是儒家道德主义与革命相结合的表现。这里也可以看出,章太炎在1906年这一特殊的年头频频论及“狂狷”和“乡愿”,是有着强烈的政治动机的。

由是观之,章太炎在高扬道德与革命关系上有着明显儒家色彩。其理由有二。首先,强调革命植根于道德,道德与革命不可二分。但是,他对政治,却并非惟道德主义,而是认为“吾所处革命之世,此政府未立法律未成之世也”,[②]也就是说,革命只为建立民国宪政。其二则是关于革命的主体。他所认为的革命主体,是由有着强烈的道德承担感的“通人”,亦即以通儒为中心、为领导者的革命,并由这些通儒领导“农工、裨贩、坐贾、学究、艺士”。从上述分析来看,他的革命并非如以前流行的进步主义史观说法,是所谓的“资产阶级民主革命”,[③]亦即以新兴的产业资产阶级为中心的市民阶级对封建制的革命。这一说法不过是以欧洲史观削足适履地用于中国史而已。真正的问题是,因为晚清革命的其中一大类型是以“文”为手段的革命,自然,这一革命的主体很难是“农工、裨贩、坐贾”,反倒可能是知识分子(亦即“士”)——章太炎将“学究”区别于行动的、实践的革命知识分子。章太炎的革命主体并非由城市的市民构成,他尤其对“职商者”(大商人)的道德评价很低,尤其对于后者干预政治、与官吏狼狈为奸的行为,持批判态度。[④]因此,谓其为“资产阶级民主革命”,实是欧洲

---

① 李泽厚:《章太炎剖析》,收入氏著《中国近代思想史论》,安徽文艺出版社1994年版,第388页。

② 同上书,第277页。

③ 如侯外庐:《中国思想史纲》,上海世纪出版集团2008年版,第606页。

④ 章太炎:《革命道德说》,《章太炎全集》(四),第282页。

线性史观的生搬硬套，背后是以清朝是“封建社会”这一论断为前提的，尽管中国秦汉之时已去封建久矣。今日汉语“封建”多为专制的代名词，则另当别论。关于中国政治思想传统内部的“封建”概念，日本的增渊龙夫教授（1916—1983）、韩国的中国史研究专家闵斗基教授（1932— ）、日本的沟口雄三教授（1932—2010）、中国的冯天瑜教授等皆有详论，此处不赘。①

另一方面，事实上，在学问上章太炎并非持儒家中心观点，比如他不认为孔子是圣人，而是认同清儒章学诚在《文史通义》中所说的“六经皆史”，孔子非六经作者（《国故论衡·原经》）。这又是典型的古文派观点。②章太炎重视诸子，其后更与佛教相糅合，他甚至被视为儒家的破坏者。③这一点，似乎也完全适用于他所推崇的荀子。似乎可以说，荀子通过对儒家的破坏而对儒家的传统作出贡献。

① 增渊龙夫：「先秦时代的封建与郡县」（1959 年）（收入氏著《中国古代的社会与国家》，吕静译，上海古籍出版社 2017 年版，第 287—366 页）；增渊龙夫：「歴史認識における尚古主義と現実批判」（1969 年）（收入氏著『歴史家の同時代的考察について』，东京岩波书店 2012 年版，第 171—224 页）；闵斗基：『中國近代史研究：紳士層・思想・行動』，首尔一潮阁 1973 年版（笔者依据英文改写版：Min Tu-ki, “The Theory of Political Feudalism in the Ch'ing Period”, in Min Tu-ki, *National Polity and Local Power*, pp. 89—136)；沟口雄三：《作为方法的中国》第三章《中国的“封建”与近代》，孙军悦译，三联书店 2011 年版，第 84—116 页（『方法としての中国』，东京大学出版会 1989 年版）；冯天瑜：《“封建”考论》，武汉大学出版社 2006 年版等。

② 今文与古文两派立场上的对比，请参考周予同《经今古文学》，朱维铮编校：《周予同经学史论》，上海人民出版社 2010 年版，第 6 页。

③ 前引侯外庐：《中国思想史纲》，第 616 页。

第七章　章太炎与革命儒学(下)

一、近代论狂与批判乡愿的谱系——清季革命与“五四”新文化运动之共同课题

1. 乡愿批判——“复古”与“反复古”新文化运动的共同起源

清朝狂狷精神衰退，与文字狱不无关系。专制统治与其统治权是否为汉人所有无关，其性质、结果都是一样，都是镇压异己，维护统治小集团利益。汉人政权的明代因文字而获死者不绝于耳，尤以明太祖洪武年间(1368—1398)与明世宗嘉靖年间(1522—1566)为甚。尽管如此，明代嘉靖年间，还是出现了阳明学这一凛冽、行动的思想，而使士风不坠。至清朝之时，又加之以统治民族之满族贵族集团(及其汉人精英附庸)与最大的被统治族群汉族之间的矛盾，文字狱愈演愈烈。由明至清，复加上之前的元朝(1271—1368)，13 世纪末以来的中国便一直是蒙汉满专制皇朝。从文学史的角度看，生活在清王朝的士大夫，因文字狱的镇压，无论是文追韩愈的桐城派古文，抑或是否

定桐城派文、崇尚六朝骈文的清朝文选派(如阮元等),甚至还有考据学之文,与唐朝韩愈之文相比,甚至与唐宋古文相比,都与现实联系有限。

清朝文字狱的例子,比如桐城派先驱戴名世(1653—1713)因在其《南山集》(1702年)中表露了对明亡之遗恨和对清朝之不满,而于数年后的1713年惨遭杀害。文字狱在康熙(1662—1722)、雍正(1723—1735)、乾隆时代(1736—1795)的一百多年中屡屡发生,迨至乾隆之后才稍微停息,但早已令清代士子悚然。因为文字狱,清末古文派的桐城派,取韩愈之法,却缺少韩文之狂之狷,为文而文,取韩古文之外形,而缺少韩柳古文之内实。清文另一流派的考据文,也自闭于文字训诂,不涉世事。所以,清文之弊,在于阙狂,故清末民初狂狷之士起而攻之。章太炎等人对清文的批判,也是其复古的新文化运动的另一起源。晚清章太炎的乡愿论,实际上也是狂狷的文论。章太炎的意图,不难看出是想重振文之雄风。这也是章太炎承接晚明顾炎武"亡天下"之危机意识的表现,因为"文"的问题直接涉及士人主体风骨,也在此意义上,"文"的问题也是涉及伦理性、公共性、政治性的重大问题。

事实上,乡愿批判也是反复古新文化运动的伦理性、政治性很重要的一面,也是反复古新文化运动的其中一个起源。在此意义上,五四运动也是一场声势浩大的反乡愿的文化运动。五四运动的领军人物李大钊(1889—1927)就曾发表过《乡愿与大盗》(1919年1月26日)一文,他如是谈及乡愿:

> 中国一部历史,是乡愿与大盗结合的记录。大盗不结合乡愿,作不成皇帝;乡愿不结合大盗,作不成圣人。所以我说,真皇

> 帝是大盗的代表，圣人是乡愿的代表。到了现在，那些皇帝与圣人的灵魂，捣复辟尊孔的鬼，自不用提，就是那些跋扈的武人，无聊的政客，那个不是大盗与乡愿的化身呢！①

李大钊所说的“乡愿”，正是章太炎自造的说法“国愿”。李大钊对“圣人”的批判与“五四”新文化运动否定传统的新文化运动有关。“打倒孔家店”是反复古的新文化运动的一个重要特征。李泽厚先生曾暗示，李大钊的上述说法，应源自谭嗣同《仁学》中有名的说法：“二千年来之政，秦政也，皆大盗也；二千年来之学，荀学也，皆乡愿也。惟大盗利用乡愿；惟乡愿工媚大盗。二者交相资，而罔不托之于孔。”②此处谭嗣同痛诋荀学，乃是恨其为焚书坑儒之始作俑者法家李斯之源。故谭嗣同怒斥“为荀学者，尽亡孔子精意”。③谭嗣同对荀学的解释，与清末章太炎对荀子的高扬形成对比，这也因为谭嗣同认为孔子“黜古学，改今制，废君统，倡民主，变不平等为平等”。④谭嗣同的观点与其身上的康有为影响有关。似乎也可以说，辛亥前期，以谭嗣同为代表的对乡愿文化的抨击，也是以知识分子的狂狷的“孔子”，去面对权力者御用之“孔子”，以力挽原始儒家的批判精神。视谭为革命对立面之改良派，其不妥之处，此处亦可窥见。

章太炎“国愿”的说法，见于1910年的《论诸子学》一文中。章太炎赞扬孔子不语怪力乱神，而且有教无类：“变禨祥神怪之说而务人事，变

---

① 《李大钊文集》，人民文学出版社1984年版，第125页。

② 李泽厚：《启蒙与救亡的双重变奏》，氏著《中国现代思想史论》，东方出版公司1987年版，第17页。《谭嗣同全集》下册，中华书局1981年版，第337页（因版本有异：李泽厚引用之“二者相交相资”，此处为“二者交相资”）。

③④ 《仁学》，《谭嗣同全集》下册，第337页。

畴人世官之学而及平民，此其功亦敻绝千古。”①（禨，jī，吉凶之兆，吉兆。敻，xiòng，遥，远）。但是，章太炎该文的主旨却是极力抨击儒家：“儒家之病，在以富贵利禄为心。”②笔者欲在此论及的，是其文中的乡愿论：

> 所谓中庸，实无异于乡愿。彼（指孔子）以乡愿为贼而讥之。夫一乡皆称愿人，此犹没身里巷，不求仕宦者也。若夫“逢衣浅带，矫言伪行，以迷惑天下之主”（《庄子·盗跖》），则一国皆称愿人。所谓中庸者，是国愿也，有甚于乡愿者。孔子讥乡愿，而不讥国愿，其湛心利禄，又可知也。③

由谭嗣同、章太炎至李大钊、鲁迅等人之间，显然构成了近现代狂狷的反乡愿谱系，尽管他们对谁是“乡愿”，解释不尽相同。但是，无论如何，我们看到了晚清以来围绕着狂、狷、乡愿所展开的一个思想史谱系。

2. 鲁迅的狂狷论——一个观察章太炎与鲁迅关联的视角

如果将批判乡愿、重振狂狷精神视为清季革命与五四运动的一个起源的话，鲁迅也是这一谱系中不可忽视的存在。就鲁迅而言，鲁迅之狂不无西方思想的影响，具体说是尼采价值重估思想的影响。鲁迅的狂既有19世纪欧洲尼采之狂的影响，而其“尼采”更多是克尔凯郭尔（S.Kierkegaad，1813—1855）、尼采（1844—1900）等欧洲自我批判谱系上的“尼采”（从这个意义上说鲁迅也是比较早关注到欧洲形而上学批判谱系的人。这与二三十年代中国哲学的主流汲汲于导入西方形而上学体系，而不太关心欧洲形而上学自我批判的另一谱系，构成对照）。鲁迅对尼

① 《论诸子学》，汤志钧编：《章太炎政论选集》上册，第291页。

② 同上书，第289页。

③ 同上书，第291页。

采的关心，除了自我批判、价值重估外，尚有主体性个体的问题，亦即“独”的问题，而“独”之高扬与“狂”“狷”不无关系。因此，过去往往将尼采对鲁迅的影响视为鲁迅反传统的表现。但仅此是不够的，也未必准确，因为未能解释中国思想的“狂”的传统对鲁迅的影响，尤其是章太炎对他的影响。中国传统的狂的思想以及章太炎对鲁迅的影响与尼采之狂对他的影响，也并不矛盾。

在《野草》的《影的告别》(1924 年 9 月 24 日)中鲁迅如是说：

> 我独自远行，不但没有你，并且在没有别的影在黑暗里。只有我被黑暗淹没，那世界会属于我自己。

在《野草》中，鲁迅把黑暗看成是实有的，与黑暗相反的光明属于希望的秩序，但它是虚妄的，不实在的。准此，狂就成为光明的拒绝者。鲁迅的独行者，也是一个勇往直前的狂狷者。在《野草》的《淡淡的血痕》(1926 年 4 月 8 日)中，他这样写道：

> 叛逆的猛士出于人间；他屹立着，洞见一切已和现在的废墟和荒坟，记得一切深广，正视一切重迭淤积的凝血，深知一切已死、方生、将生而未生。

不难看出，这一“猛士”的意象，也正是章太炎笔下的“狂者”，一若章太炎在《谢本师》(1901 年)中言“而余喜独行赴渊”之士。①

“狂者”正是鲁迅本人对章太炎的印象。鲁迅在其《华盖集》的《补白》(1925 年 7 月)中说：“民国元年章太炎先生在北京，好发议论，而且毫无顾忌地褒贬。常常被贬一群人于是给他起了一个绰号，曰

---

① 《民报》第九号，1906 年 12 月 1 日，影印本第三卷，第 1328 页。初出日期据朱维铮、姜义华编注：《章太炎选集》(注释本)，第 121 页。

章疯子。”[①]而其弟周作人则在《知堂回忆录》中的《民报社听讲》中言及太炎对中国最大贡献为语言文字学。鲁迅则认为章太炎最大的贡献是“所向披靡，令人神旺”的“战斗的文章”，[②]兄弟之间显然有异，甚至对立。鲁迅多取太炎之狂狷，而周作人则取太炎之精粹小学，前者偏政治，后者偏学术。鲁迅也在《且介亭杂文末编·半夏小集》中说：“我希望目前的文艺家，并没有古之逸民气。”他所说的“逸民”，算是狷者。对鲁迅而言，时局险恶，更呼唤着狂者。

林贤治指出鲁迅区分了幽默和讽刺，与鲁迅区分了“失却了悲愤的”奴才的“玩玩笑笑，寻开心”与奴隶的不同一样，前者是“小摆设”，“将粗犷的人心，磨得渐渐平滑”（鲁迅《小品文的危机》，全集第四卷《南腔北调集》）[③]。这也是对乡愿文化的批判。这也令人想起章太炎的“独”。这也许是章太炎与鲁迅共同关心的问题。

鲁迅在其《魏晋风度及文章与药及酒之关系》中则通过阮籍与嵇康展示了一个与儒家之狂略微不同的庄子之狂。但是，尽管魏晋之“狂”出自庄子，却是进取的，因此，是以庄子之狂而成就儒家之狂。因为儒家失却大一统汉帝国时之理论地位后，在魏晋沦为争权夺利的文化。魏晋取庄子而非儒家，乃是因政治的险恶，惟玄风可取，惟玄狂为上策。阮籍、嵇康所代表的魏晋文学的高扬与实践性格，正是狂狷精神的表现。章太炎对鲁迅的影响，两者之间的不同，鲁迅魏晋文学评价与章太炎的关系，已经有许多成果论及，[④]本书在这些成果

①② 《鲁迅全集》第三卷，人民文学出版社 2005 年版，第 111 页。

③ 林贤治：《鲁迅的最后十年》，东方出版中心 2006 年版，第 114 页。

④ 这方面的研究成果有：陈平原：《现代学术之建立：以章太炎、胡适为中心》，北京大学出版社 1998 年版，第八章；高俊林：《现代文人与“魏晋风度”：以章太炎、周氏兄弟为个案研究》，河南人民出版社 2007 年版；陈雪虎：《“文”的再认：章太炎文论初探》，北京大学出版社 2008 年版，第三章第二节（206—212 页）。

基础上继续探讨。

1932年12月鲁迅给郁达夫(1896—1945)的赠诗《答客诮》(1932)，亦可窥其狂：

无情未必真豪杰，

怜子如何不丈夫。

知否与风狂啸者，

回眸时看小於菟。

——《鲁迅全集》第七卷

"於菟"(wūtú)，即老虎，其狂却是源于爱。鲁迅此处是以猛虎自况。此一猛虎却也有柔情似水的一面。这是鲁迅以猛虎拟狂，以狂者托志。这与章太炎所说的立足于诚和情的"狂"有着相同之处。

二、章太炎的乡愿论——另类狂狷论或宋明儒学论

就章学一般印象而言，章太炎为晚清考据学代表，亦常抨击宋学。视其为汉学代表，应不为过，但事实却远为复杂。虽然章太炎为考据学代表，但对考据学"不经品庶，不念烝民疾疢"(《国故论衡》)，①他当然是批判的。显见章太炎对汉宋双方皆有距离。这一点也见于章太炎在《訄书》重刻本(1904年)中的《清儒》：

大氐清世经儒，自今文而外，大体与汉儒绝异。不以经术明治乱，故短于风议；不以阴阳断人事，故长于求是。……传记通论，阔远难用，固不周于治乱。建议而不雠，夸诬何益？②

① 前引章太炎著，庞俊、郭成永疏证：《国故论衡疏证》，第492页。

② 《章太炎全集》(三)，第158—159页。

由此观之，章太炎对将汉代汉学等同于清代古文派经学的看法似不苟同。他一方面评价考据学“长于求是”，但如前所述，他也批判考据学。注释章著《訄书》的徐复(1912—2006)依清儒马瑞辰(1782—1853)释上面引文的“风”为“放议，放言”，注为“风议”，谓放言论事；注“不周”为不偏知；又据《说文》“雠，应也”，注此处的“不雠”为不应，谓不作出反应。①循上述注释，“风议”者，放议也，也可理解为“讽议”。此处显然在批判考据学对现实的问题不作响应，只安于“阔远难用，固不周于治乱”。(不周，不徧知。周，谓徧[biàn]知物理。②)

自清代惠栋(1697—1758)、江藩(1761—1831)出，汉宋二分之学术史叙述趋于定型，对程朱之后甚至之前的思想学术人物亦多据此二分归类。汉宋二分长于概观综述，免于一叶障目，但却弱于描述错综繁复之处。如何闳肆而不失微细，以呈现历史之复杂性，也是一个学术史思想史恒常的课题。

章太炎在1910年，写了《思乡原上》与《思乡原下》两篇专论，从狂狷以及与之相对的乡愿的关系，阐述了他眼中的宋明以来的儒学思想史。这两篇文章同时也可以视为乡愿角度的狂狷论。章太炎在《思乡原上》中说：

> 狂狷者，有进取一概之操，虽阔略杪小哉，(杪，miǎo，末、梢之意。)然不舍人伦之际，百姓当家之务，父子耘瓜，(曾参耘瓜受杖尽孝之事。)华冠缊袍，(缊[yùn]袍，乱麻织就的袍子，与华冠相对。语出《论语·子罕》“衣敝缊袍”。)以自肆志，不求其名，故不崇伪；不歆其得，(歆，欣也。)故不耀世。今即反是矣。不得中行，宁置狂狷，思

①② 章炳麟著，徐复注：《訄书详注》，第161—162页。

乡原。古之狂狷者,自才性感概至;自唐以降之狂狷者,自辞章夸诞至。(称颂唐代之前才性之狂狷。夸诞,言词夸大虚妄,不合实际。)辞章于人也,教之矜伐,(矜伐,自夸。)予之严饰,(严饰,装饰美盛。)授之诋諆,(诋諆,诋毁。)致之朋党,野人持此以游市朝,朝士又以是延进野人也。……虽或近诚,狂者不可与久处约,太上贵德,其次务施报,非狂者所知也。狷者不振,弃王公而傲凡民,曹耦相处,(曹耦同"曹偶"。《汉书·英布传》:"骊山之徒数十万人,布皆与其徒长豪桀交通,乃率其曹耦,亡之江中为群盗。"颜师古注:"曹,辈也。")动作屑屑,遇人非礼。夫狂狷有伪,于今则宁予乡原矣。乡原者,多持常训之士,高者即师洛、闽。洛、闽之学,明以来稍敝蠹(稍衰败),及清,为佞人假借,世益视之轻。……至今草野有习是者,虽陋,犹少虘诈。(虘,cuó,狡诈。)大抵成气类则伪,(气类,气质同类者、意气相投者。)独行则贞,此廪廪庶幾践迹君子矣!(廪廪,有风采貌。践迹,踩着前人的足迹。实践、行迹。)虽有矫情,未如饰狂狷者甚也。此谓师法洛、闽者(师法程朱之学)。若夫歆羡岛国,惟强是从,而托王氏之业,则不足数也。(章氏自注指日本幕府末年维新志士吉田松荫等以阳明学为号召,倒幕尊王、维新改革。此处章氏却鄙之,因其后明治日本唯强是从,模仿帝国主义。)①(括号内注为引用者所加。)

上面论及,《论语·子路》说:"不得中行而与之,必也狂狷乎。狂者进取,狷者有所不为。"力说革命的孟子祖述说:"不可必得,故思其次也。"(《孟子·尽心下》)即中行可遇不可求时,只有求其次之狂狷。

---

① 《章太炎全集》(四),第129—130页。

而章太炎则认为狂狷本属难得,有者,不过是伪狂狷而已。因此,不若求其次之“乡愿之秀”。故中道难求而孟子思狂狷,中道、狂狷皆难求则章太炎思乡愿之秀。其实,章太炎所面对的,与孔、孟所面对的,皆是狂狷之缺失,只是表述与语境迥异而已。

在章太炎看来,狂与狷亦有其各自的缺点。狂者并不重视《礼记·曲礼上》所说的“太上贵德,其次务施报。礼尚往来,往而不来,非礼也;来而不往,亦非礼也”的往来之礼。以今日说法,或可解释为有时不知协调通融之重要,甚至不近人之常情,有个人英雄主义之虞。而狷者则过于追求洁身自好,虽然远离权力,但也远离人民。在章太炎看来,对革命而言,他所解释的“乡愿”也就有了现实的政治意味。这是他评价朱子学、阳明学的伦理、政治的前提。也就是说,他从宋明以来的朱子学、阳明学上看出两者作为晚清儒家革命理论的可能性。

章太炎扬狂狷却思乡愿,有其思想史和文学史脉络。首先,就思想史脉络而言,众所周知,章太炎素来更多从汉学立场出发在学术上批判程朱理学(程颢[1032—1085],字伯淳,号明道;程颐[1033—1107],字正叔,号伊川;及朱熹等所代表的宋代新儒学),但从政治和伦理角度,却并非对程朱评价不高。章太炎认为师法程朱者中,“高者即师洛、闽。洛、闽之学……虽有矫情,未如饰狂狷者甚也。”“夫狂狷有伪,于今宁予乡原矣。”要而言之,章太炎认为狂狷难为,狂与狷亦有其缺点。有缺陷的狂与狷则不若乡愿之高者。他认为朱熹正是乡愿之秀。章太炎此处评价朱熹为“乡愿”,用意基本上是正面的。这一点容后再论。《思乡愿》至少可以说是一为批判狂狷之伪者,二为其以“狂狷”为关键词的宋明思想论。侯外庐谈及章太炎视程朱为乡愿之秀:“对于宋明理学家,他还是保持乾嘉理学家的反理学传统,但他已经超出门户之见。”①这算是持平之论。

《论语·阳货》中说:“古者,民有三疾,今也或是之亡也。古之狂也肆,今之狂也荡;古之矜也廉,今之矜也忿戾;古之愚也直,今之愚也诈而已矣。”②此处“古之愚也直,今之愚也诈而已矣”,显然斥责今时今日之假忠厚之人,亦即孔子否定的“乡愿”。显然,叹狂之式微,怒佯狂之泛滥,看来自先秦孔子起即如此,不独清季。

三、狂、狷与民——章太炎的文史评价标准

1. 狂狷角度的汉、魏晋、隋唐文论

章太炎扬狂狷却思乡愿,除了上述思想史或儒学史的脉络外,尚可以进一步从政治史以及文学史脉络考察。章太炎素来主张文追汉魏,就其狂狷而言,似乎也可以说亦是“狂追汉魏”。章太炎的《思乡原》也是一篇狂狷角度的文论。只不过他的“文”很广义,在标准上也是以政治上的批判以及伦理上的“诚”为标准。

章太炎在《思乡原下》的“古之狂狷者,自才性感概至”,似理解为汉魏才性亦无妨。就汉魏,他如是说:

> 《后汉》可慕,盖在《独行》《逸民》诸传。及夫雅俗孝廉之士而已,其党锢不足矜(矜,怜惜)。党锢起于甘陵,其后连及天下善士,此乃奄宦所为。(括号内注为引用者所加。)③

---

① 侯外庐:《中国思想史纲》,第615页。

② 《论语》,《十三经注疏·论语、孝经、尔雅、孟子》,清阮元校勘,嘉庆二十年重刊宋本,第5485页。

③ 《章太炎全集》(四),第133页(标点引用者有调整)。

所谓“党锢起于甘陵”，见刘宋时代范晔(398—445，字蔚宗)《后汉书·党锢列传》：“初，桓帝为蠡吾侯，受学于甘陵周福，及即帝位，擢(擢，zhuó 提拔。)福为尚书。时同郡河南尹房植有名当朝，乡人为之谣曰：‘天下规矩房伯武，因师获印周仲进。’二家宾客，互相讥揣，遂各树朋徒，渐成尤隙，由是甘陵有南北部，党人之议，自此始矣。”①

逸民者，《论语·微子》曰：“逸民，伯夷、叔齐、虞仲、夷逸、朱张、柳下惠、少连。”何晏《集解》解释说：“逸民者，节行超逸也。”②《孟子·尽心下》更誉之曰：“圣人，百世之师也，伯夷、柳下惠是也。”③殷末，孤竹君长子伯夷与三子叔齐为让位于仲子，而远避周地。周武王伐殷纣，伯夷、叔齐视为弑君，叩马而谏。及殷灭，伯夷与叔齐因此不食周粟而饿死于首阳山。司马迁《史记·伯夷列传》颂之。至于夷逸、朱张、少连，似不可考。鲁国柳下惠(西元前 720—前 621)，为人所熟知的，是其“坐怀不乱”，被誉为君子典范。

而章太炎此处的《独行》《逸民》，则是指《后汉书》卷名。《后汉书》记录了东汉社会党宦之争、党锢之祸、图谶盛行等史实。范晔有沿袭《史记》《汉书》之处，④但却创制了前代史书中所没有的《党锢》

---

① 范晔撰，李贤等注：《后汉书》第 8 册，中华书局 2011 年版，第 2185—2186 页。

② 前引《十三经注疏》，第 5494 页。

③ 同上书，第 6031 页。《史记·孔子世家》则有：“‘不降其志，不辱其身，伯夷、叔齐与？’谓：‘柳下惠、少连，降志辱身矣。’谓：‘虞仲、夷逸，隐居放言，行中清(中，合乎，修身合乎清高)，废中权(废官合乎权变)。’‘我则异于是，无可无不可。’”(括号内注为引用者所加)，《史记》第 6 册，第 1943 页。上面引文之“虞仲”，《史记·周本纪》载：“古公有长子曰太伯，次曰虞仲。太姜生少子季历，季历娶太任，皆贤妇人，生昌，有圣瑞。古公曰：‘我世当有兴者，其在昌乎？’长子太伯、虞仲知古公欲立季历以传昌，乃二人亡如荆蛮，文身断发，以让季历。”(第 115 页)“荆蛮”者，太伯入吴地，意即吴越之蛮也。楚灭越，其地属楚，秦灭楚，秦讳楚，故曰荆。

④ 钱穆：《中国史学名著》，三联书店 2000 年版，第 96 页。

《宦者》《文苑》《独行》《逸民》《方术》《列女》等七种新的类传。章太炎对《后汉书》尤为重视，颇多言及。范晔本人一生不羁，一直不满朝廷，元嘉二十二年(445)因谋反而被处死。范晔在狱中与诸甥侄书，此遗书常被视为《后汉书》序。范晔曰："吾狂衅覆灭，岂复可言?""以文传意则其词不流，然后抽其芬芳，振其金石耳。此中情性趋旨，千条百品，屈曲有成理。""多贵古贱今，所以称情狂言耳。"①范晔此处谈文，亦是论狂，其狂者，又是基于情。此书令人想起司马迁《报任安书》。清代考据学家王鸣盛(1722—1797)在其《十七史商榷》中评曰：

> 彪、固讥迁，以为是非颇缪于圣人。然其论议常排死节，否正直，而不叙杀身成仁之为美。……故蔚宗遂力矫班氏之失，如《党锢》《独行》《逸民》等传，正所以表死节，褒正直，而叙杀身成仁之为美也。②

王鸣盛乾隆二十八年(1763年)后以伺候母亲为由辞官著述。上述引用可窥见其史学思想甚至政治立场。在此王鸣盛批评班彪、班固的《汉书》回避、排除了批判性、政治性，而赞扬范晔《后汉书》的不同。范晔《后汉书》也被后世史家认为是彰显儒家之作。如清儒王鸣盛《十七史商榷》之"孔融传论"中便说："蔚宗之表扬节义、推奖儒家如此。"③章太炎推崇范晔《后汉书》，显然是因狂狷，其评价文史，往往崇尚植根狂狷精神之文，对文的批判性伦理性往往赞赏有加。

对逸民的推崇，同样不可以儒道二分观之。比如，在范晔之前则

---

① 《宋书·范晔传》，《景印文渊阁四库全书》第258册，上海古籍出版社1987年版，第322、333页。

② 王鸣盛：《十七史商榷》卷三十六《后汉书八》"范矫班失"条，上海凤凰出版社2008年版，第195页。标点略有调整。

③ 同上书，卷三十八，第206页。

有道家之东晋葛洪(284—364?)《抱朴子外篇·逸民卷》,赞扬逸民为“狂狷华士义不事上”。特立独行之逸民形象,可谓中国思想史之一谱系。这也是章太炎追慕狂狷之先贤的思想传统背景。章太炎追慕魏晋逸民谱系时说:“修学者多耿介,好非世主。魏武帝变以乐府、赋颂,文皇业之,明皇接之,使士人钦钦慕功利,哀窈窕,故不阬儒而端自息。然犹承汉余烈,六艺未衰。”①(魏武帝,曹操。魏文皇,曹丕。魏明皇,曹睿。)也就是说,自魏以来,文章以乐府、赋颂为主,士人狂狷精神减退,因此,尽管没有秦始皇之焚书坑儒之类的压制,但是士人的批判精神却自我萎缩。尽管如此,魏晋时代汉代逸民之精神尚有一定继承,六经精神尚未衰弱(“六艺未衰”)。章太炎感叹晚世狂狷精神之衰败,追慕后汉之狂狷说:

> 后汉则不然,自光武、明、章之世(后汉光武帝刘秀25—57年在位,孝明帝刘庄57—75年在位,孝章帝刘炟75—88年在位),而醇德者已多矣。顺、冲以下(孝顺帝刘保125—144年在位,孝冲帝刘炳144—145年在位),皇纲绝纽,则死节之士作(作,出现,产生)。然诸可称颂者,朝社小小,不过一端,犹以草野为众(草野,民众,民间),此其所以异也。夫含血之性,生而自矜(自尊),而遭挫辱,则壮厉之心生。(括号内为引用者注释。)②

在章太炎看来,后汉士风较之曹魏时期远为刚烈,而且章太炎所称颂的“死节之士”在朝廷政治中出现“不过一端”,更多的“死节之士”也出现在民间(“朝社小小,不过一端,犹以草野为众”)。这也是他对

① 章太炎:《思乡原上》,《章太炎全集》(四),第130—131页。
② 同上书,第134页。

范晔《后汉书》特别推崇的原因。章太炎所强调的文追魏晋，只是大致的说法，并非全部肯定，因为从根本上说不可与他称颂狂狷的立场割裂开来看。

章太炎接着说：

> 及唐，儿僮草隶，悉为歌诗，经术伏息，玄言又寝矣（玄言，魏晋年间崇尚老庄，尤其指正始玄风。寝，停止，平息）。枝叶盛而根核拨，进士之科，日崇其伪，故其风纪凌迟（衰败），下汉、魏、南朝数等。其属（zhǔ）辞者，颇托孟子、孙卿、扬雄以自宠，敢为大言，居之不疑。一自以为俊杰，一自以为贤圣，属辞相和，滋以诪世（诪，zhōu，咒也）。①（括号内注为引用者所加。）

首先，章太炎强调自唐代之后，文之批判精神丧失，与唐代科举等朝廷体制之“文”有关。唐代科举制度的变化，也带来了“文”的变化，“进士之科，日崇其伪，故其风纪凌迟”。一如陈寅恪所指出：“武则天以后，偏重进士词科之选，明经一目仅为中才以下进取之途径，明经者，止限于记诵章句。”②因此章太炎认为唐文远逊于汉魏，因为“文”之体制化，令“文”与诚、情无涉，止限于技巧层面而已。此处值得注意的，是章太炎强调“伪”的反面之“诚”与“人情”之不可分关系。

2. 狂狷角度的宋明文论

然后，顺着时间顺序，章太炎谈及二程、朱熹等程朱理学家对唐代科举所带来的文风衰败的纠正。

---

① 章太炎：《思乡原上》，《章太炎全集》（四），第131—132页。

② 陈寅恪：《论韩愈》，氏著《金明馆丛稿初编》，三联书店2001年版，第321页。

> 浸淫及宋(浸淫,逐渐蔓延、扩展),言亦愈庄,辞亦愈不得诚,赖有洛、闽诸师(程朱理学),塞其流溢,亦幾绝学,犹弗能崇礼让,濡有衣袽(语出《周易·既济》。袽 ná,“弊衣”或“敝衣”,衣衫破旧之意),此之谓也。……洛、闽之所以拙者,以其生于长吏闻人之间(长吏,县级官吏,地位较高的官员。闻人,望族),不更稼穑(更,经历),不知人情隐曲(隐曲,幽深曲折),故节行不及中庸。①

这就是后来的史家所说唐宋之变在思想、文学上的体现。②但是,章太炎也批判程朱不事农作,不解“人情隐曲”。章太炎将之归因于这些思想家的出身、经历带来的约束(“生于长吏闻人之间”)。程颢与程颐兄弟祖父为县令,父为县尉(县级管理治安之官吏),而朱熹父亲也是县尉,因而缺乏对民的了解和民的根基。章太炎认为,程颐弟子、被誉为闽学之祖的杨时(1053—1135),③杨时弟子李侗(1093—1165),李侗弟子朱熹等“可谓乡原之秀,中行则未也”(《思乡原上》)。④章太炎认为四者离“中行”尚不及,但也远胜以狂狷为

---

① 章太炎:《思乡原上》,《章太炎全集》(四),第 131 页。

② 唐宋转型的问题,请参考 Peter K. Bol, *This Culture of Ours: Intellectual Transitions in T'ang and Sung China*, Stanford University Press, 1992(汉译:包弼德《斯文:唐宋思想的转型》,刘宁译,江苏人民出版社 2001 年版)、漆侠:《宋学的发展和演变》(河北人民出版社 2002 年版)等。唐宋转型说法,源于京都大学中国史大家内藤湖南(虎次郎,1866—1934)及其高足宫崎市定等。王瑞来在唐宋变革的基础上又提出“宋元变革”的观点(王瑞来:《中国近世:从唐宋变革到宋元变革》,山西教育出版社 2015 年版)。

③ 《宋史》曰:“朱熹、张栻之学得程氏之正,其源委脉络皆出于(杨)时。”脱脱等撰:《宋史》第 36 册,中华书局 2004 年版,第 12743 页。

④ 《宋史》言及“朱松与(李)侗为同门友,雅重侗,遣子熹从学,熹卒得其传。”《宋史》第 36 册,第 12748 页。

“疢”的假狂狷。该如何理解此处章太炎对朱熹的评价呢？余英时的力作《朱熹的历史世界：宋代士大夫政治文化的研究》应有助理解章太炎何以评价朱熹之类为“乡愿之秀”。余英时指出，宋代理学家不尽“内圣”，更延续传统儒家之“外王”，是一以天下为己任之士大夫集团，因此祈求“得君行道”“与君共治”“致君泽民”，实施改革。这一取向因此而触犯了王淮执政官僚集团的利益，后者谗言理学士大夫政治家为“道学朋党”。因此，被贴“伪学”标签的“道学”一词本出诬陷，却为渊驱鱼，触发了各派理想主义色彩的理学士大夫之大联合，也引发了太学生之不平，最终令“道学”成为儒学史上蔚为大观的最重要高峰。①朱熹与皇权的这一关系，自然不能算是狷，当然更不能算是狂，因此，言其非为一般意义上的“乡愿”似最为合适，故誉朱熹为“乡愿之秀”，恰如其分。章太炎的评价基于其对宋史的解读，与余英时基于史料详尽解读而得出的结论，有着相通之处。

然后，章太炎顺着时间顺序从狂狷角度论及明代之“文”：

> 正德、嘉靖以来（正德[1506—1521]，明武宗朱厚照的年号。嘉靖[1522—1566]，明世宗朱厚熜的年号），王守仁变其节度，又益巧，足以取世资（世资，为世所用，世代的资望），及今而衰，衰则少伪。故能得三数乡原，犹愈狂狷之为疢也（疢 chèn，热病）。②（括号内注为引用者所加。）

章太炎在文章中指出，明朝用程、朱之道，其小臣能极谏以干君怒，“晚明风烈，犹有直臣，直臣可式，独有杨继盛，其余琐琐，皆党人

---

① 余英时：《朱熹的历史世界：宋代士大夫政治文化的研究》，三联书店 2004 年版。

② 章太炎：《思乡原上》，《章太炎全集》（四），第 132 页。

矣”(《思乡原下》)。“式”者,法也,“可式”,可法、可为楷模之意。章太炎所赞赏的“直臣”楷模,是晚明著名的谏诤之臣杨继盛(1516—1555),杨继盛因弹劾佞臣严嵩(1480—1567)而就死。①

前面引用的章太炎《思乡原下》一文自注中“党锢起于甘陵”,说的是汉桓帝刘志之时甘陵周福的党锢事件(见前述)。章太炎该文自注中“靖难时死者虽烈,由成祖残酷致死”,②是在谈明代党锢的问题。建文元年(1399年),燕王朱棣(后来的明成祖)以“靖难”为名拥重兵起事,企图篡夺皇位。背景是这一年朱允炆即位(建文帝)后密谋削藩,以防燕王拥兵自重。燕王朱棣得逞篡位后,方孝孺(1357—1402)因拒不为篡位的朱棣起草诏书而被灭十族,宗族亲友前后坐诛者数百人,门人有以身殉者众。③方孝孺之刚烈、之狂,为后世所称道。事实上是方孝孺主动选择了死,似乎是借此永远让朱棣接受史书的审判与惩罚。章太炎认为“晚世又失程、朱之化,虽欲为乡原不蓖也”(蓖,jì,至、及之意)。明代东林党人如顾宪成(1550—1612)、其弟顾允成(1554—1607)、高攀龙(1562—1662),托程朱之学,邹元标(1551—1624)则托王阳明之学,于东林书院讲学之余,往往讽议朝政,裁量人物。④以东林书院为中心的这些江南士大夫,被称之为东林党。从上面引用中来理解,章太炎在此似也将他们视为乡愿之秀。

对阳明学,章太炎曾在不同时期有过不太相同的言论,这是一个

① 张廷玉等撰:《明史》第26册,中华书局1987年版,第7916页;第18册,第5538—5542页。

② 章太炎:《思乡原下》,《章太炎全集》(四),第134页。

③ 《明史》第13册,第4019—4020页。

④ 《明史》第20册,第6032页。

复杂的问题。[①]在此只就狂狷或乡愿的问题,探讨章太炎对王阳明的评价。王阳明曾说:“吾自南京之前,尚有乡愿意思。在今只信良知真是真非处,更无掩藏回护,才做得狂者。使天下尽说我行不掩言,吾亦只依良知行。”[②]刘梦溪认为王阳明此时已入圣境,王阳明此时不仅不排斥狂,反而视狂为圣的必要条件,是“圣狂一体”。[③]章太炎又是如何看的呢?虽然1197年朱子学在其因得罪重臣韩侂胄(?—1207),而被定性为“伪学”(庆元党祸),但其去世后渐被官方承认,其著述更跻身科举考试内容。与之相比,王学倒显得是非官方之学,且因此渐渐渗透于普通民众中。不知这是否影响了章太炎对王学的评价。他在《检论》的《议王》中曰:

> 学有玄远而无阡陌者,可易也(易,改易也)。有似剀切(剀切,恳切,切中事理)而不得分齐者(分齐,限界、差别,所差别之内容、范围、程度),可易也。王文成之学,所失在乙,非在甲矣。而世更以虚玄病之,顾宁人、王而农攻之为甚。[④]

顾炎武与王而农(王夫之,船山)批判王阳明“虚玄”,但是章太炎并不同意。章太炎认为:“然惟文成立义之情,徒恶辩察而无实知,以知行合一者,导入以证知也。斯乃过于剀切,夫何玄远矣哉?”[⑤]但总

---

① 朱维铮先生认为担任《民报》主笔的章太炎逐步转向阳明学,但为了革命而反对康有为,因此又一再抨击王阳明。反驳朱维铮的观点的,则有孙万国《也谈章太炎与阳明学:兼论太炎思想的两个世界》(两文俱收于《章太炎生平与思想研究文选》,浙江人民出版社1986年版,第264—297页,第298—368页)。朱维铮先生的观点,也请参考氏著《走出中世纪》(增订本),第312—316页。

② 《年谱》三,《王阳明全集》下册,上海古籍出版社1992年版,第1287页。

③ 《中国文化的狂者精神及其消退》(中),《读书》2010年4月号,第67页。

④ 《章太炎全集》(三),第459页。

⑤ 同上书,第460页。

的来说，章太炎对王学在学理上是批判多于肯定，而对王学的政治，毋宁是全面肯定。他在《检论》中《议王》一文中说：

> 古者王官散而为九流，晚世诸子本材性以效王官、前民用。程伯子，南面之任也；朱元晦，侍从乡僎(zhūn)之器也；王文成，匹士游侠之材也。①
>
> 至德者，惟匹士可以行之。持是以长国家，适乱其步伍矣。故曰：文成之术，非贵其能从政也，贵夫其敢直其身、敢行其意也。②

古代以六经为主的学术出于王官，这是清代章学诚承袭汉代刘向(更生，前77—前6)、刘歆(子骏，约前46—23)父子的独特见解，后者见于《汉书·艺文志》所载的学术史。章太炎大体承之，亦对章学诚有所批判及修正。章学诚《和州志艺文书辑略》中逐一说明何经源于何官。③章学诚认为："六经之文，皆周公之旧典，以其出于官守而皆为宪章。故述之而无所用作；以其官守失传而师儒习业，故尊奉而称经。"④故有"六经皆史"的说法。章太炎也因此有"古者王官散而为九流"的说法，"九流"即《汉书·艺文志》中九流十家的学术源流的考镜、划分。章太炎并认为古代至晚世乃学术趋向民间。

在上面的引用中章太炎认为程颢为朝廷所能信任的人才("程伯子，南面之任也")；朱熹则为乡愿之秀("朱元晦，侍从乡僎之器也"，乡僎，乡饮僎宾)；而王阳明则是狂狷之士了("王文成，匹士游侠之材也")。章

① 《章太炎全集》(三)，第460页。

② 《议王》，同上书，第461页。

③ 章学诚撰，王重民通解：《校雠通义通解》，上海古籍出版社1987年版，第145页。

④ 同上书，第75页。

太炎肯定王学的标准在于其“敢直其身、敢行其意也”。这一叙述又源于清季革命中章太炎建构革命儒学的语境。早在《訄书》初刻本时代，章太炎便论及“且儒者之义，有过于‘杀身成仁’者乎？儒者之用，有过于‘除国之大害，扞国之大患’者乎？”①如一再重申的那样，章太炎革命的最大特点，就是高扬革命主体的伦理性，以伦理、道德去成就革命。在这一点上，章太炎是不择不扣的革命儒学在清季革命中的最大建构者之一(谭嗣同亦可作如是观)。

四、“立德自情不自慧”——狂狷与文的伦理性

在此，将从文学史脉络探讨章太炎狂狷论。在《思乡原下》中章太炎认为立德植根于情，甚于植根于慧，而文与情息息相关。准此理解，狂狷也应植根于诚与情。故修辞立诚与狂狷并非无涉。②就此问题，章太炎在《思乡原下》以问答方式说：

> 问曰：六经者，记载之文，非为立德也。汉世学者，徒传训诂，训诂既就，则诵文旁及《论语》、《孝经》、孙卿之书、七十子后学者之记。又不闳深，或复明习图纬(图纬，河图与谶纬之书。谶为预言，纬为儒家经典之衍生书目)，以滑其智。徐穉、姜肱、申屠蟠、郑玄皆是。(徐穉，以恭俭义让，屡避公府，隐居不仕为人知。见《后汉书·徐穉传》③；姜肱，家世名族，通五经，以孝悌著闻，屡避而不仕。见《后汉

① 《章太炎全集》(三)，第11页。

② 笔者曾经就章太炎的“修辞”概念以及其“文”的解释，探讨过他的语言思想与其政治思想之间的关联。见前引日文拙著『「修辞」という思想：章炳麟と漢字圏の言語論的批評理論』，第Ⅰ篇第三、四、五章。

③ 《后汉书》第6册，第1746—1748页。

书·姜肱传》①;申屠蟠,以性敏心通,至行美义闻氏,隐居精学,博贯五经,兼通谶纬,不为腾达易节。见《后汉书·申屠蟠传》②;东汉经学代表郑玄,也是东汉谶纬学的代表,亦以不仕而洁身自好。)而所在有至行。程、朱以来,著书则专壹于道行,其笔语又博矣,议论又繁矣。然身不过为乡原秀,弟子又劣,今诸校悉诵《论语》,竟弗能化。观其得失之故,何了戾而不可知耶?(了戾,曲折盘回、迂曲难明貌)曰:立德自情不自慧。不自慧,故虽智如挈瓶(挈[qiè]瓶,汲水用的瓶子,形容浅小,又曰挈瓶之智,喻小智、小器、小见),辩如炙毂(炙毂,古时车上盛贮油膏之器为毂,烘热后流油润滑车轴。喻妙语善言。),无补益;自情,故忻望怨慕之用多(忻,xīn,欣也)。好德之厚,乃比于士女衽席之私(衽,rèn,衣襟,衣袖。衽席,寝室、闺房),薆而不见(薆,音 ài,《说文》蔽不见也),犹鄉往之(鄉,向也)。且夫琴瑟专一,不可以听,日以道德之辩厉人,亦犹调一弦也。方恐倦卧,何力行之望?六籍之文(六经之文),皆尔雅翁搏,高者可以弦歌,其次亦有宫徵曲折。文皆记载,而述道德者适历分布其间(适历,谓分布稀疏均匀),诵之使人爱慕,又转变而不厌。其渐渍人情深(渍,zì,浸也),故可以就至行。③(括号内为引用者注释。)

章太炎抨击汉儒郑玄只满足于训诂,又批判"明习图纬,以滑其智"。而其所谓"六经者,记载之文,非为立德也",本其所认同的章学诚"六经皆史"的观点,亦即不视六经(六籍)为"经",而视为记述之文。

① 《后汉书》第 6 册,第 1749 页。
② 同上书,第 1750—1754 页。
③ 《章太炎全集》(四),第 135—136 页。

这根本上与章太炎服膺于汉代刘向、刘歆父子(尤其后者)之目录学立场有关。但是,即使视六经为史,此一史必立足于情,且诉诸不可或缺的语言媒质之“文”。因此,六经首先是文,其高者更是声文情文:“高者可以弦歌,其次亦有宫徵曲折”,而首先不是“立德”的工具。“立德”的目标,也只有诉诸人的情感之“文”方可达致。“文皆记载,而述道德者适历分布其间,诵之使人爱慕,又转变而不厌。其渐渍人情深”,道德是在声文情文与阅读意识的融合中潜移默化的,否则就只能是单调的说教,何能付诸实践?(“方恐倦卧,何力行之望?”)

章太炎在此探讨了“立德”与“文”“情”的关系,强调“立德自情不自慧”。而与“慧”(理智、说教之类)相对的,则是“情”,亦即一个阅读者与“文”相遇时在阅读意识中产生的各种情感。章太炎此处的说法也是批判朱子立德自慧而非自情的观点。道德自情抑或自慧,这一问题似乎也关乎章太炎定义“乡愿之秀”的标准。也是在此意义上,乡愿也就和缺乏情感的“文”联系上了。准此,语录体顶多也只是“琴瑟专一,不可以听,日以道德之辩厉人,亦犹调一弦”。在章太炎的眼中,朱子再高也“身不过为乡原秀”。因此,章太炎在《思乡原下》接着说:“往者程、朱既废古籍,又不恒讽诵,行谊已薄,然野士犹不骀荡昏逾。”①“程朱既废古籍”,说的是程朱理学重视包含《论语》在内的四书,而不重视六经(《诗》《书》《礼》《易》《乐》《春秋》);“不恒讽诵”,意即不以“讽诵”为恒常的原则。“讽诵”指的是《诗经》的传统。虽然朱熹视文学为载道的工具,但是,当他读《诗经》中的《郑诗》时,却又情不自禁:“如《郑诗》虽淫乱,然《出其东门》一诗,却如此好。《女曰鸡鸣》一

① 章太炎《思乡原下》,《章太炎全集》(四),第136页。

诗，意思亦好。读之，真个有不知手之舞、足之蹈者！”[①]郑、卫之诗“淫”，朱熹并不讳言：“郑、卫多是淫奔之诗。”“卫诗尚可，犹是男人戏妇人。郑诗则不然，多是妇人戏男子”！[②] 朱子一语尽破。尽管如此，二程、朱熹毕竟是性理之学的代表人物。故章太炎言宋学为“不恒讽诵”。以今天说法，似乎可以说程朱的语录体重视说理而轻视“文”之语言信息传递性和审美性。尽管如此，草野之士（野士）尚不至于“骀荡”（舒缓荡漾。南朝齐谢朓《直中书省》诗：“朋情以郁陶，春物方骀荡。”此处似可解释为“放纵”）、“昏逾”（昏乱而越轨）。

同时，这里也可窥见章太炎对广义之“史”的重视。章太炎在此批判朱子过重四书，却不重视史籍。在此文脉中章太炎说：“夫六籍本以记事，数典不为立德，谈言微中，而往往及德行。诸史亦尔。故六籍之化人，犹滑稽之称说，主文谲谏之流（谲，jué；谏，委婉地规劝，务陈得失。语出《毛诗序》）。今纵弗能广及史传，而又专于《论语集注》（批评宋学专于四书而不重六经等史籍），其不足化民固明矣。”[③]章太炎在此强调六经之化人之用时，也强调了史籍同样的功用，它们都是“谈言微中，而往往及德行”。此于视六经为史的章氏而言，实在自然不过。在章太炎看来，不仅四书，史籍与六经之文一样，都是由情而人再及世的。而“狂狷”与“文”一样，都是立足于“情”以及相关的“诚”。只从民族主义角度看待章太炎重视史学，由是亦可窥此类见解之偏颇。

章太炎在重刻本《訄书》之《学变》中说：

会在易代兴废之间，高朗而不降志者，皆阳狂远人。礼法浸

① 《朱子语类》卷八十，上海古籍出版社、安徽教育出版社2002年版，第2759页。
② 同上书，第2750、2738页。
③ 同上书，第136—137页。

微，则持论又变其始。嵇康、阮籍之伦，极于非尧、舜，薄汤、武，载其厌世，至导引求神仙，而皆崇法老庄，玄言自此作矣。①

“阳狂远人”意即以佯狂远离世俗。在此章太炎探讨魏晋文学家佼佼者之阮籍、嵇康等崇尚老庄与佯狂之间的关系。章太炎目阮籍、嵇康等为“高朗而不降志者”。阮籍、嵇康揭露礼法虚伪，甚至否定儒家之圣人尧舜汤武。章太炎衡量文学标准的“修辞立诚”，往往又与其推崇“狂”密不可分。他对魏晋文学的肯定，正是与其对狂狷的推崇密不可分的。他在《訄书》重刻本（1904 年 6 月）之改写本《检论》（1914 年 1 月至 1915 年 3 月②）之《案唐》中如是称颂《世说新语》说：

凡论学术，当辩其诚伪而已。《世说》虽玄虚，犹近形名；其言间杂调戏，要之中诚之所发舒。③

章太炎此处强调辩“诚伪”（真伪）为一切学术之本，并举南朝刘义庆（403—443）《世说新语》为例。该书以记录汉末、三国、晋朝文人士大夫的逸话、清谈为主。所谓“间杂调戏”，正是因为该书多载文人放荡不羁之言行。但章太炎却认为这正是“诚”之所在，即与批判性、伦理性相关。④在此他也是礼赞狂狷之文学。情、诚、狂在此三者不可分。这一狂狷文学也是从庄子思想的角度，去批判魏晋礼教的虚伪性。在这一点上，也表现出章太炎对儒学的复杂态度。比如章太炎《国故论衡》之《原儒》中定义说：

---

① 《章太炎全集》（三），第 145 页。

② 《检论》时间，据朱维铮《前言》，《章太炎全集》（三），第 15 页。窃以为朱维铮章学贡献之一，为《訄书》《检论》之版本考。

③ 《章太炎全集》（三），第 450 页。

④ 此处议论，引自前引日文拙著『「修辞」という思想：章炳麟と漢字圏の言語論的批評理論』，第 179—180 页。

吁嗟以求雨者谓之儒。故曾晳之狂而志舞雩,原宪之狷而服华冠,皆以忿世为巫,辟易放志于鬼道。(原注:阳狂为巫,古所恒有,曾、原二生之志,岂以灵保自命哉?)①

"曾晳之狂而志舞雩"中的曾晳为孔门七十二贤之一的曾点(字子晳,曾参之父)。此处语出《论语·先进》,孔子问及子路、冉有、公西华、曾点四位志向,曾点答曰:"暮春者,春服既成,冠者五六人,童子六七人,浴乎沂,风乎舞雩,咏而归。"孔子深表认同。至于原宪,即孔门七十二贤之一的子思。"原宪之狷而服华冠"见《庄子·让王》:"原宪居鲁,环堵之室,茨以生草;……上漏下湿,匡坐而弦。子贡乘大马,中绀而表素,轩车不容巷,往见原宪。原宪华冠縰履,杖藜而应门。"②意即谓做了卫国上大夫的子贡衣着华丽去见生性狷介的原宪(子思),原宪华冠縰履,杖藜而应门。《孟子·尽心下》曰:"如琴张、曾晳、牧皮者,孔子之所谓狂矣。"章太炎从之,而视子思为狷。"辟易"意为狂疾。③章太炎原注中曰:"阳狂为巫,古所恒有。"庞俊疏解曰:"此谓曾、原二生,一则志巫之事,一则服巫之服,皆以疵物诟俗,阳狂远人而欲自托于鬼道也。"④虽不敢言"原儒"与章太炎所称颂的魏晋狂者相同,却也是相去不远。章太炎与儒家的复杂关系,由其"狂",亦可见一斑。

---

① 《国故论衡》,浙江图书馆 1917 年版。

② 郭庆藩:《庄子集释》下册,第 975—976 页。

③ 章太炎著,庞俊、郭成永疏证:《国故论衡疏证》,第 485 页(庞注)。

④ 同上书,第 484 页。

结语　皇权的治统与知识分子的道统
——革命治统论的“狂狷”

在清末的语境中，众所周知，章太炎以否定儒家著称。但是，如本书一再强调的那样，章太炎对儒教的否定至少有以下两个重要语境。一是他与康有为的论争。康有为尊孔、仿效基督教视儒教为国教、孔子为教主，为章太炎所斥。另一语境是章太炎素持古文派立场，作为学术史家强调以诸子学为中心的多元学术史观，有别于今文派孔子中心的学术史观。其实这已经不仅仅是学术史的问题了。章太炎与儒教的关系是复杂的，这源于儒学在功能与主体上的多元性与复杂性。

首先，从史实角度看，汉武帝独尊儒术之后，对于汉武帝后的统治者来说，儒教有政治、文化上整合社会秩序、道德秩序的功能。这一儒教大概可以被称为国家意识形态或“国教”（此一“教”字未必完全等于西文 religion[宗教]①）。另一方面，即使在汉代之前漫长的中国政

① 翻译概念的宗教进入近代中国引发的问题，尤其儒教与 religion 概念的关系，可参考陈熙远博士论文：His-yuan Chen, *Confucianism Encounters Religion: the Formation of Religion Discourse and the Confucian Movement*, Dotoral thesis, Harvard University, 1999。

治传统中，统治者的治统理论上也是来源于天命，亦即“天”所赋予的合法性（治统），是某种意义上的委托统治（天授皇权）。但是，也正因为这样的原因，无论原始儒家抑或宋代新儒家，无一儒家学派否定革命。换言之，除了皇帝享有附带条件的世袭制外，其余权力皆不可世袭。

其次，与此相关，儒家又有着监督治统的合法性，亦即孔子所说的“狂”、孟子所说的汤武放伐、易姓革命的一面。因此，即使汉武帝独尊儒术，董仲舒也对统治者加入了天谴这一条约束。（董仲舒《春秋繁露录·必仁且知》曰：“凡灾异之本，尽生于国家之失。国家之失乃始萌芽，而天出灾害以谴告之。”“圣主贤君尚乐受忠臣之谏，而况受天谴也。”）这一儒家政治合法性在韩愈，尤其宋学之形而上学化后，常常被冠以“道统”称谓。至少在今日，道统称谓难免予人以儒学神学化的印象。这也难免今人有此印象。因为今人已经经历了基督教文明的洗礼，以基督教神学的角度观之实在是自然而然。即使从历史角度观之，儒学又确实与宗教或宗教化并非全无关系。宋末元初的熊鉌（1247—1312）曰：“尊道有寺，为道统设也。”①寺者，祭祀孔子之文庙是也。这固然说明儒学有着一定的宗教化倾向，但是，远非如此简单。一方面，儒学宗教化多少相对化了皇权，而以宗教化形式绝对化了“文权”（这一说法笔者杜撰而已），另一方面，皇权也借助这一宗教化强化了权力的合法性。科举的制度化一方面是皇权的治统与“文权”的道统相互利用，一定程度上也是治道两统的相互制衡（尽管是不对称的相互制衡，但是，因时因势，这一不对称性也会产生一定的变化）。科举出身的文人官僚在儒学

① 熊鉌：《熊勿轩文集》卷四，商务印书馆1936年版，第48页。本书转引自黄进兴《学术与信仰：论孔庙从祀与儒家道统意识》，收入氏著《优入圣域：权力、信仰与正当性》，台北允晨文化出版公司1995年版，第218页。

正当性上获得的权力在北宋的文治理念下登峰造极，此绝非偶然。长期研究孔庙祭祀的学者黄进兴指出，道统治统关系是紧张的、若即若离的；道治之所以能“若即”，是因为孔子所传之学是“二帝、三王之学”，而“二帝、三王之学”恰为治统的根源。①清儒崔述(1740—1816)下述的话说明这一关系：“二帝以德治天下，三王以礼治天下，孔子以学治天下。”②黄进兴引用崔述此语，认为这代表了儒家的政治信念，“治统”的义理根据终俟“道统”的支持与疏解；但是假如说孔庙是“道统”的制度化结果的话，这一制度化的启动又是自上而下的。③

但是，宋代士人尤其新儒家与皇权共同造就的儒教之宗教化，却也令古代儒家的狂狷精神至少在表面或形式上被淡化。更加重要的是，本来这一被神化的孔子在司马迁那里不过是如下的落魄知识分子：

> 孔子适郑(适，往)，与弟子相失，孔子独立郭东门。郑人或谓子贡曰：“东门有人，其颡(额头)似尧，其项(颈)类皋陶，其肩类子产，然自腰以下不及禹三寸。累累若丧家之狗。”子贡以实告孔子。孔子欣然笑曰：“形状，末也。而谓似丧家之狗，然哉！然哉！”(《史记·孔子世家》，括号内注为引用者所加。)

这一丧家狗形象恰恰说明了孔子与权力的距离，一个离楚狂不远的形象④至少可以说，“丧家狗”——司马迁的“孔子”——至少接

---

① 黄进兴：《道统与治统之间：从明嘉靖九年孔庙改制论皇权与祭祀礼仪》，收入氏著《优入圣域：权力、信仰与正当性》，第128页。

② 崔述：《崔东璧遗书》，上海古籍出版社1983年版，第261页。

③ 黄进兴：《道统与治统之间：从明嘉靖九年孔庙改制论皇权与祭祀礼仪》，《优入圣域：权力、信仰与正当性》，第128—129页。

④ 这一“丧家狗”的自嘲形象在今人李零著作《丧家狗》(山西人民出版社2007年版)中被描述得淋漓尽致。

近章太炎心目中的儒教。

再次,儒学的第三个面孔是自宋以来,尤其是自明清以来,乡村自治结构中道德、伦理、政治秩序的维护者形象。这一场合的儒学体现了乡村自治结构中的精英如塾师、族长、乡绅等在维系家族伦理、公共秩序上的实践性。

由以上简述中可以看出,"狂狷"这一孔子或儒学的形象也正是章太炎的革命儒学所着重阐发的。狂狷的问题与道治的复杂关系其实并不矛盾。因为"狂"恰恰意味着以激进、非常的方式质疑"治统"的合法性,以激烈的方式宣示皇权与儒学知识分子的距离,将道统与治统的"若离"的一面推向极致。惟因此,章太炎称宋学(程朱理学)为"乡愿之秀",予以一定的肯定,也似乎可以理解为章太炎看得出"道统"与治统之间的复杂关系,因而并非简单否定。同样,他将阳明学视为近于狂狷之学,也正因为他认同儒家革命思想,并充分肯定其监督治统的批判意义。

以上本编以章太炎的儒学解释及其实践为例,试图展示儒学的另一面相:一种不属于体制权力的、立足于主体的批判儒学的面相。这自然是服务于章太炎的革命主张的。换言之,这是清末语境中革命儒学之重新调动的问题。就今日而言,章太炎的革命儒学也与德意志观念论化的现代儒学哲学话语形成对照。由此我们也可以看出晚清以来革命本身的多元性问题,这也与单一的"革命"话语叙述及其意识形态形成对照。事实上奢谈中国"哲学"与西学形上学之"接轨"者也忽视了"西方"本身的丰富性。论次狂狷,高扬狂狷,实践狂狷——晚清章太炎为思考中国儒学革命传统提供了一个例证。

第四编

“复古”的新文化运动与“反复古”的新文化运动之间

章太炎与鲁迅之关联及断裂

第八章　鲁迅如何"影响"了章太炎？——"复古"的新文化运动与"反复古"的新文化运动

一、"鲁迅"如何影响了"章太炎"

1. 鲁迅研究或康梁研究派生品的章学

学问上章太炎是鲁迅留日期间亲炙的老师，思想上章太炎也对辛亥革命青年的鲁迅影响至深。但是，本章欲说明的其中一个主题是，鲁迅研究史事实上影响了章太炎研究。这是本章标题的意思所在。

近二三十年中国大陆章太炎研究主流，除了20世纪70年代初开始、至90年代末整理、编辑、出版《章太炎全集》八卷本(上海人民出版社)进行的研究外，抛开章太炎的语言学、哲学领域数量未必算多的章太炎研究不论，不避粗略的话，大体可分为如下两种：一是由"鲁迅""五四"上溯式解读的"章太炎"，此以中文系背景的研究者为代表；二是由康有为、梁启超等改良派晚清思想家研究而旁及的章学，此则多以历史系背景的研究者为代表，少数则是哲学背景的研究者。

言“少数哲学背景的研究者”，是因为章太炎、王国维等早在中国哲学的运动中被边缘化，①而事实上章太炎在拥有原创的哲学思想上却应是最为重要的中国哲学家、思想家。无论“上溯”抑或“旁及”，显见章学多为“派生”。域外章学，虽然研究者有限，其就质量数量，因同属汉字圈，当以战后日本为最。即便如此，除个别研究外，日本的章学似亦拜其鲁迅研究所赐。众所周知，日本的鲁迅(1881—1936)研究队伍庞大、积淀不薄，且其解读有着独特的现代日本知识分子思想史语境，这似乎也为自鲁迅研究派生之章学提供了某种支撑。更深而究之的话，这更与日本的中国认识有关，此问题复杂，有待今后有意者专门探讨。②

总之，长期以来鲁学为显学，而章学则非也。且历史叙述多以“五四”为中心，晚清(辛亥革命)的章太炎自然也就退居其次——确而言之，就研究史而言，与其说是章太炎与鲁迅的关系，莫若说是鲁迅与章太炎的关系。更何况，辛亥革命被定位为“资产阶级民主革命”，再加之毛泽东在《新民主主义论》(1940 年 1 月)中誉鲁迅为“文化新军的最伟大与最勇敢的旗手。鲁迅是中国文化革命的主将，他不但是最伟大的文学家，而且是伟大的思想家与伟大的革命家”，甚至“鲁迅的方向，就是中华民族新文化的方向”。③如此盛誉，其他人无不相形失色，章太炎又岂可外之！难怪长期以来，至少中文系出身者

① 陈少明:《做中国哲学:一些方法论的思考》，第 75 页。

② 虽然战后日本知识分子思想史的鲁迅研究积淀丰厚，但日本似乎仍未见从现代日本思想史角度系统、以单行本方式探讨这一作为日本近现代思想史的解读史，而当事者零星的论文则有一定数量。汉语方面，赵京华《周氏兄弟与日本》(人民文学出版社 2011 年版)的上篇有五篇论文谈及此问题，可谓不多见之尝试。与赵著处理的是专业的鲁迅研究者的鲁迅解读不同，最近出版的董炳月《鲁迅形影》(三联书店 2015 年版)处理的，并非是日本专业的鲁迅研究者的解读，而是专业以外的日本文学家、日本知识分子的鲁迅解读。这是笔者了解的汉、英、日文中第一本处理这一问题的论述。

③ 《新民主主义革命论》，中国共产党晋察冀中央局编:《毛泽东选集》卷二，新华社晋察冀分店 1940 年版，第 42 页。

的章太炎研究，是在鲁迅研究之延长之上。这一点，如上所述，日本亦然。还有一点值得注意的是，就章太炎文献资料而言，中国大陆的章学又是为“文革”后期的1974年“批林批孔、评法批儒”运动所准备。

另一方面，自“文革”爆发，1966年11月台湾发起“中国文化复兴运动”，以批判大陆全面的反传统主义，其中一项内容便是中国古典学术整理。客观上这一运动也推动了传统文化在台湾的普及。但是，吊诡的是，尽管章太炎被视为传统学术之代表，且政治上与孙文、黄兴并誉为“辛亥三杰”，章太炎研究在台湾却似乎同样不算热络。如果这与章太炎文本冷僻难解关系不大的话，这一事实也就耐人寻味了。按理说，章因“苏报案”而于租界身陷囹圄三年后，于1906年6月29日刑满出狱，孙逸仙、黄克强旋即派人将太炎接往东京。章太炎入同盟会，未几便主持同盟会机关杂志《民报》，其资格从国民党党史来看亦应位属革命前辈。但章太炎素以特立独行闻世。革命成功前章太炎便反对传统型的朋党政治，辛亥革命成功后更反对现代意义上的政党政治。1924年国民党改组后，以往的抨击对象之清政权不存，而篡取辛亥革命果实的袁世凯1916年一命归西，至1928年北洋政府崩溃，章太炎便开始对国共两党同时开火，甚至直接批判孙文。①除了

① 1925年10月31日章太炎在上海国民大学作题为《我们最后的责任》中批判共产党为“俄党”，“借着‘共产主义’的名目，做他们活动之旗帜”，又批判广东的国民政府为“俄属政府——借着俄人的势力，压迫我们中华民族”（章念驰编订：《章太炎演讲集》，第293页）。1928年10月21日章太炎发表《在招商局轮船公司股东会上的演说》，对其昔日的战友孙文之批判日见尖锐：“今日之中国之民不堪命，蒋介石、冯玉祥尚非最大罪魁，祸首实属孙中山。他们现在说以党治国，也不是以党义治国，乃是以党员治国，攫夺国民政权，而对外仍以中华民国名义。”章太炎认为党国化与袁世凯称帝相去不远，本质就是“一个党要做皇帝”（同上书，第296页）。一个月后的1928年11月22日，上海《申报》“本埠新闻”刊出《市指委会五十八次常会》的报导，言及“三区党部呈请通缉章太炎”（转引自前引汤志钧编：《章太炎年谱长编》下册，第899页）。关于孙文二次革命失败后接受列宁布尔什维克影响问题，请参考孙中山：《关于列宁逝世的演说》（1924年1月25日）《孙中山全集》第九卷所收）。这一问题亦请参考张朋园：《从民权到威权：孙中山的训政思想与转折兼论党人继志述事》，第26—60页。

因为章太炎文本难解的原因以外，章学不彰于台湾，[①]是否与章太炎1920年代后与国民党关系不好有关，不得而知。章太炎至少在1920年代以前批判儒家甚烈，台湾章学不盛，是否与台湾为现代新儒家中心有关，亦不得而知。

2. 何谓“章门”?

至少从数量上说，中文系背景的研究者对以往章鲁关系研究贡献最多，对章太炎研究本身的推动也功不可没。一般来说，既然章太炎研究为中文系鲁迅研究之延伸，自然倾向于强调章鲁之师弟关系，并由此强调师弟之间的传承性，其中尤其强调两者在现代学术体系建立、白话文运动方面的传承性、一致性。但是，也不能否认，部分此一类研究容易从“章门”这一“门派”说概而论之，而甚少论及“章门”弟子“内部”的多元性，及所谓“章门弟子”与章太炎之间的差异性。另一方面，也有研究者如陈学然通过章鲁白话文等态度迥异的问题，以及师徒交恶过程的实证探讨，力证章太炎与鲁迅如何分道扬镳，[②]这在客观上质疑强调章鲁连续、传承的读法，有其实证性的意义，颇

---

① 台湾学者的章太炎研究，就笔者了解，有汪荣祖先生的章太炎论著（Yong-tsu Wong, *Search for Modern Nationalism: Zhang Binglin and Revolutionary China*, Oxford University Press, 1989;《康章合论》，新星出版社2006年版;《章太炎散论》，中华书局2008年版; Yong-tsu Wong, *Beyond Confucian China: The Rival Discourses of Kang Youwei and Zhang Binglin*, Routledge, 2010)，以及王汎森《章太炎的思想》(台北时报出版公司1985年版;上海人民出版社2012年版)、善同文教基金会编《章太炎与近代中国:学术研讨会论文集》(台北里仁出版社1999年版)、黄翠芬《章太炎春秋左传研究》(台北文津出版社有限公司2006年版)、黄锦树《章太炎语言文字之学的知识(精神)系谱》(花木兰文化出版社2012年版)等。附带提及，汪荣祖事实上也是英语圈凤毛麟角的章太炎研究出版物作者。

② 陈学然:《章太炎与鲁迅的师弟交谊重探:兼论二氏的学思关系》，《台大中文学报》第28期，2007年6月。

具说服力，因为辛亥革命之后章鲁在白话文等问题上渐行渐远，是不争的事实，否则就难以解释章太炎的整体思想了。但这一类探讨章鲁断裂的研究自然未及探讨章鲁之间思想上之相通相连之处。两者的研究都有其贡献。章太炎与鲁迅的关联显然建立在许多既相同又相异的复杂性上，这本身也说明了“复古/革命”对立之过于简单。

但是，究竟何谓“章门弟子”？与此相关的是“章黄学派”的说法(此说法多见于语言学研究界，以及偶见于中国古典文学界)。这一问题之所以重要，是因为鲁迅，甚至周氏兄弟，都是在东京期间亲炙章太炎教诲的弟子。但是，笔者要再问的是，何谓“章门弟子”？

首先，先从这一说法说起，因为这也与“何谓章门弟子？”的叩问密切相关。笔者的知识背景亦无法介入“章黄学派”之类的整个小学学派的叙述，但是，“章黄学派”在小学研究史中的重要位置当然无须置疑。况且，章黄并提，恰若自古孔孟、思孟、老庄齐名并论，并非抹杀两人中任何一位的个性，反而是对其个性的肯定。如果没有个性，就根本没有必要去提他了。①更何况，“章黄”并非一群体性概念。但是，即便如此，章、黄之间也不是没有区别的。比如，王力(1900—1986)1937年的论文认为研究古韵的近代学者大致可分为偏于考古与偏于审音两派，两者最大的区别是审音派主张上古韵部入声韵([-k]、[-t]、[-p]结尾的各韵)完全独立，并主张阴声韵、阳声韵、入声韵三分，因此审音派所分的古韵部数量通常比考古派多。阴声韵指的是无韵尾或收元音韵尾[-i]、[-u]的开音节音韵(如[a]、[ei])，阳声韵

---

① 本节关于小学研究史的叙述，多蒙张猛教授赐教。在此感谢张猛教授百忙之中阅读拙作小学部分。文责自然在我。此处表述源于张猛教授的反馈。

则是指收鼻音韵尾的韵，如[ŋ]、[-n]、[-m]。考古派以顾炎武、段玉裁、孔广森、王念孙、严可均、江有诰、章太炎等为代表，偏于审音者则有江永、戴震、刘逢禄、黄侃等。①王力所说的考古派音韵研究者将入声韵归于阴声韵。段玉裁、孔广森皆为戴震门人，但是，按王力的划分，孔、段俱属考古派音学，其师戴震则属审音派。按审音派之见，阴阳入三分，古韵部为二十九部；王力本人遵循段、章，不持入声独立成部之见。故王力依考古派章太炎等之见，定古韵为二十三部。②后来王力觉得戴震亦有一定道理，最后于《汉语史稿》(1958年)中试图综合两者，对自己的立场作了较大的调整与修正。③一般认为，章太炎集考古派之大成，黄侃集审音派之大成；章之功在声纽研究，黄之功在韵部研究。④师与生尚有如此差异，更何况于一个群体的集体性概念。

其次，在"文"的定义问题上，黄侃与章太炎其实亦有区别。清儒阮元本萧统《文选序》之见，认为"必沉思藻翰，是名为文"，"昭明所选，名之曰文，盖必文而后选也，非文则不选也。经也，子也，史也，皆不可专名为文也"(《书梁昭明太子文选序后》)。总之，按阮元说法，所谓"文"，必是"务协音以成韵"(《文言说》)。⑤刘师培在主张有韵为文上追随阮元，属于"文选(骈文)派"。黄侃原本也认同阮元以及刘师培之

① 《上古韵母系统研究》(1937年7月)，收入王力《龙虫并雕文集》第一册，中华书局1980年版，第80—81页。

② 《上古韵母系统研究》，王力《龙虫并雕文集》第一册，第82—83页。

③ 《上古韵母系统研究》及《上古汉语入声和阴声的分野及其收音》(1960年)，王力《龙虫并雕文集》第一册，第154、158—159页。

④ 关于黄侃古韵学的研究，王力论文述之甚详。王力：《黄侃古音学述评》，收入氏著《龙虫并雕文集》第一册，第363—398页。

⑤ 阮元：《揅经室集》三集卷二，郑经元点校，中华书局2006年版，第608、605页。

说。但是,章太炎将“文”分为广义之“文”与狭义之“文”。就广义之“文”而言,章太炎视一切文字皆为“文”,而这一“文”的法式则是“文学”。正如《文学总略》开篇所言:“文学者,以有文字著于竹帛,故谓之文。论其法式,谓之文学。”①在章太炎主张的影响下,黄侃观点有了修正。黄侃认同阮元之见的时期大致为开始撰写《文心雕龙札记》的 1914 年之前。尽管如此,黄侃却未必完全放弃文选派主张。②黄侃在《文心雕龙札记》〈总术四十四〉中说:

> 近世仪征阮元《文笔对》,综合蔚宗、二萧昭明、元帝之论,以立文笔之分,因谓无情辞藻韵者不得称文,此其说实有救弊之功,亦私心夙所喜好,但求文体之真谛,与舍人之微旨,实不得如阮君所言;与其屏笔于文外(屏,bǐng,通摒),而文域狭隘,曷若合笔于文中,而文囿恢弘(囿,原意园林,转意为典籍荟萃之地,文苑也)?屏笔于文外,则与之对垒而徒启斗争;合笔于文中,则驱于一途而可施策鞭。阮君之意诚善,而未为至懿也,救弊诚有心,而于古未尽合也。

黄侃所言之“私心夙所喜好”,乃“情辞藻韵”,因此认为阮元“救弊有功”。此“弊”所指何物,也可以从黄侃的叙述得到说明。黄侃又认为,文笔之分始于南朝沈约(441—513)声律论之后,结果“古今文章称文不称笔者太众,欲以尊文,而反令文体狭隘,致使苏绰、韩愈之流起而为之更改,矫枉过直,而文体专趋于枯槁”(苏绰,[498—546],南北朝时期西魏大臣,曾痛斥六朝以来的浮华文风)。显见黄侃于文选派观点

① 《国故论衡疏证》,第 247 页;或章太炎:《国学概论》(1910 年初版),上海古籍出版社 2000 年版,第 49 页。

② 黄侃:《文心雕龙札记》,中国人民大学出版社 2004 年版。

心有戚戚。民国官员、学者黄濬(1890—1937,字秋岳)1937年因日牒罪被处死,但不可因人废言,其笔记著作《花随人圣庵摭忆》素为学界所重。①其中有文《章太炎〈新方言〉举隅》曰:“先生为曲园弟子,其造诣文辞,皆在春在堂以上,千世当有定论,固不待自彰于《谢本师》一文。”“大抵章湛精训诂,言种族大政,文章浸淫秦汉,而短于韵。世言先生不解山水趣,然则所憾不止不信甲骨文一端也。”②此处黄氏之论大致持平。俞樾(曲园)虽为章师,然似乎不可以“俞门弟子”(章太炎曾作《谢本师》)论章;黄侃自谦,素目章氏为师,其韵文造诣高于章氏,而后者文追周秦汉,师生之间,又是差异自见。

综上所述,就“文”的看法而言,显见不可将章、刘、黄侃之间微妙的差异消解于“章黄学派”“章门弟子”之类的笼统说法中。

再次,无论在学术与革命实践的关系还是著述涉及的范围方面,黄侃与章太炎都有非常大的区别。黄侃亦投身辛亥革命,③专注于小学、《文选》学、经学,其影响止于学术;章太炎学问的范围则更繁杂。作为“有学问的革命家”(鲁迅语),其学术与革命有着更为明确的结合意向,因而也对革命知识分子影响甚大甚巨。笔者如此持论,无损黄侃及门人在学术上有目共睹的巨大成就。相反,这更可以令黄侃学术成果的评价走出章太炎的影子,获得独立评价。

最后,就小学而言,与章太炎毫无师门关系的王力,如上所述,在

---

① 陈寅恪乃是最早盛赞黄氏著作者。见李吉奎:《整理说明》,黄濬:《花随人圣庵摭忆》上册,中华书局2014年版,第5—6页。感谢董彦斌兄馈赠黄著。

② 黄濬:《花随人圣庵摭忆》上册,第586、588页。

③ 陆敬:《黄季刚先生革命事迹纪略》,《量守庐学记:黄侃的生平与学术》,三联书店1985年版,第9—23页。

笔者看来，反应是得章黄尤其章太炎小学音学之精髓者。就古音韵研究而言，王力是不折不扣的“章门弟子”。王力语言学研究中以其古音韵研究贡献最大，承接了清代小学的研究源流。他也是包含章太炎在内清代以来古音学之修正性发展者。王力在古韵部分类、古韵部研究、同源字研究上直接继承、发展、个别修正了章太炎的研究成果。又比如，王力在其《同源字论》（1978 年初刊）中，一方面洞察章太炎《文始》（1913 年）属同源字研究，肯定章太炎为同源字研究创始者地位；另一方面又对章太炎的研究表露一定的否定。①章太炎的《文始》依据戴震的以声求义、因义求声等乾嘉小学研究方法，予以系统的实践，在此意义上《文始》确实超越古人。前出者开创，从无至有，智者千虑，难免一失；后继者渐精渐审，扬长而避短，承前而启后，如此罢了。但是，这恰恰不也从另一方面说明王力是不折不扣的“章门弟子”？然而，王力从未称自己属于“章门”，甚至不时有意无意言章太炎音学之不备。②尽管如此，难以否认的是，其古音韵、同源字研究的主要框架却是来自章太炎。③

另一方面，师徒关系在许多时候事实上也是一种敬意的表达方式而已。比如黄侃虽与刘师培年纪相若，订交亦十数载，且黄侃小学

---

① 收入王力《同源字典》，《王力文集》第八卷，山东教育出版社 1992 年版，第 51—53 页。

② 比如，王力对章太炎的批评，见于其论文《新训诂学》（1947 年），收入王力《龙虫并雕文集》第一册，第 318 页。

③ 比如，汪启明指出，王力 80 年代《同源字典》，以及其理论部分的《同源字论》，其论同源字的定义、起因、分类，都没有超过章太炎的范围。汪启明论文《章太炎的转注假借理论以及他的字源学》，氏著《汉小学文献语言研究丛稿》，巴蜀书社 2003 年版，第 156 页。

造诣远非刘氏可比，①但黄侃于民国八年拜经学世家出身的刘师培为师。言及此事实，是想强调不可因之称黄侃为“刘门弟子”，更不可因之将刘黄二氏合称为“刘黄学派”，甚至将刘黄二氏学问等同。②由是观之，标榜“章门”有时未必如此“章门”，反之，非表明“章门”者，却是真正的某一方面之“章门”。

孔子云：“三人行，必有我师。”故有“学无常师”之说。这也说明“门”“人”之流动性、开放性，断非关“门”可论之。总之，在章太炎研究的初期阶段，“章门”这一类集体性单位的贡献自然不可否定，尤其对于章太炎周边的、后来成为“五四”旗手的一代的研究而言是如此。但是，随着研究的深化，这一类笼统的单位便多少会成为遮蔽历史、学术之复杂性的障碍。而且，“章门”这一集体性单位容易将师生学问还原式地解释，在研究手法上本来便有局限。事实上并不存在一个内部高度均质、稳定、隔绝却可有巨大学术影响力的“门派”，事实上往往是“门”内“门”外构成某种息息相关的关系。

但是，另一方面，也不可否认的是，“章门弟子”的说法之存在却是历史事实。“章门弟子”无非就是指章太炎的学生群体。就此意义而

---

① 齐佩瑢(1911—1961)曾批评陈澧、刘师培对右文说(形声字)的研究，是“不知《释名》一书及王圣美的右文说，只是阐明语根及语言文字孳乳分化的现象，绝非论证‘声象乎意，象意制音’的玄妙空想。”见齐佩瑢《训诂学概论》，中华书局 2004 年版，第 71 页。并指出：“倒果为因的强为归纳，以偏概全了。总之，语根与语族不可不讲，但绝不可就因此相信音义间的关系使然。”(同前书，第 75—76 页)。笔者依据了齐氏对刘师培的批判，见拙稿《从章太炎的“音”至歌谣征集运动的“音”》，《东亚人文》创刊号，三联书店 2008 年(后以《重审白话文运动——从章太炎至歌谣运动征集》为题收入张春田编：《晚清文学研究读本》，广西大学出版社 2016 年版)。

② 黄侃与刘师培的关系，请参考司马朝军、王文晖：《黄侃年谱》(湖北人民出版社 2005 年版，第 36、39、139 页)以及万仕国编著：《刘师培年谱》(广陵书社 2003 年版)，第 272—273 页。

言，似无不妥。笔者所质疑的，是“章门”这一概念被作为研究上的方法常常难免汗漫。对于本书而言，在其他的意义上，更为重要的是，“章门”这一说法在鲁迅所处的1930年代，更是一种话语装置。也就是说，“章门”往往又是某种学术的或政治的认同表述，或者是学术与政治两者兼而有之的认同表述。笔者姑且在不同的意义上也用“章门”的方法论，去看待章太炎与鲁迅的关系，或者去看待鲁迅所解读的“章太炎”以及“章门弟子”。对鲁迅来说，如果他认为自己是“章门弟子”的话，他表达了什么样的认同？他的认同又与其他“章门弟子”认同者之间有着什么样的区别？鲁迅的表达又是在什么样的语境中？等等。本章就将围绕着这些问题展开探讨。

二、追悼的政治——濒死的共和、濒死的鲁迅与已逝的太炎

1. 鲁迅与《制言》杂志的“章门弟子”

因为鲁迅巨大的影响，也因为鲁迅研究是显学，章太炎逝世后鲁迅自己关于章太炎的评价，不无盖棺定论之效。鲁迅悼念章太炎的文章有《关于太炎先生二三事》（写于1936年10月9日），以及鲁迅同年10月17日的《因太炎先生而想起的二三事》，该文执笔两天后的19日鲁迅猝然辞世。这是广为人知的鲁迅悼念章太炎的两篇文章。写完前一篇时，鲁迅觉得“已经没有力气，只得停止”。[①]加上题目也几乎一样，所以，似可推测，也许鲁迅因体力不支而不得不将文章分成两半。与章太

① 《因太炎先生而想起的二三事》，收入《且介亭杂文末编》，《鲁迅全集》第六卷，第576页。

炎疏远已久的鲁迅，就在章太炎故后，自己亦走近生命尽头。此时此刻，究竟什么令鲁迅如此介怀？这两篇诚然是悼念章太炎的悼文。斯人已去，悼文毕竟是为活着的人所发，这一点为所有悼文所共有。但是，1936 年 6 月 14 日章太炎以六十九岁辞世，鲁迅悼念章太炎的文章却是迟至章太炎去世后的四个月才动笔。说是悼文却是姗姗来迟，似乎不无牵强。因此，鲁迅的这一篇文章究竟是在什么样的语境中，似乎尚有议论的余地。

在此，笔者想提出一种解释，就是鲁迅的两篇文章，似是鲁迅心目中的两个“章太炎”以及两种“章门弟子”对立的产物。具体说来，所谓与鲁迅的“章太炎”对立的另一个“章太炎”，乃是以《制言》同仁为代表的、章太炎逝世后纪念活动中所强调的那个“章太炎”。也就是说，鲁迅这两篇文章不无针对后者之意，而真意未必仅是为悼念章太炎。《制言》杂志以逝世前的章太炎为主编，以民国二十一年秋设于苏州的章氏国学讲习所为总发行处，主要刊载章氏讲习所会员的文章。《制言》持反白话文运动立场，这一点清楚见于《制言》的《投稿简章》：“如系白话，概不登载。”可以说，以章太炎东京时代的弟子为主要旗手的白话文运动，碰到了一个颇为棘手的反对者，这就是他们的革命与学问上的导师章太炎。也可以说，这是因“排他性白话文”①所带来的文言文的“排他性”或对立意识，前者是攻势、且渐成主流，后者为守势、且终成旁流。

文白之二元对立本来便因白话文一派而起，其代表是以《新青年》为据点的胡适与陈独秀。因此《制言》对白话文的“排他性”，也只是刻

---

①　“排他性白话文”是笔者杜撰的说法，见序章脚注。语出拙著『《修辞》という思想：章炳麟と漢字圏の言語論的批評理論』，第 15—16 页。

意作“排”之态，因为“排他性白话文”史无前例，且因其是以知识青年为主的知识分子主流与政治精英主流的集体选择，而有排山倒海之势。所以《制言》对“排他性白话文”的“排他性”，只是“排他性白话文”的派生物，负隅相抗而已。前面提及，鲁迅悼念章太炎的文章迟至章太炎去世后的四个月才动笔。而《制言》在1936年9月16日刊出“太炎先生纪念专号”(第二十五期)，该期作者主要为章氏国学讲习会之从事古典学术(尤数诸子学)的章门弟子(如汪柏年、潘承弼、诸祖耿等)及再传弟子(如徐复等)为主，尚有朱希祖(1879—1944)、许寿裳(1883—1948)二位实际上已经转向包容白话文派的“旧”章门弟子，以及冯自由(1882—1958)等辛亥革命旧交，凡二十七人。

鲁迅的《关于太炎先生二三事》写于1936年10月9日，从时间上看，是在《制言》特刊之后的几周内。由此推测，鲁迅更在意的，似乎是刚刚付梓的《制言》。所以鲁迅刻意强调“我认为先生的业绩，留在革命史上的，实在比在学术史上还要大。”“战斗的文章，乃是先生一生中最大、最久的业绩。”①鲁迅以自己心目中章太炎的政治性，来相对化《制言》派注重章太炎古典学术的趋向，从而彰显革命宣传家之章太炎。尤其在《制言》该纪念号的后面，附有《太炎先生著述目录初稿》(1936年9月1日)，为潘承弼(1907—2004)、沈延国(1914—1985，章氏国学会成员，《制言》编辑，辛亥革命元老沈瓞民之子)、朱学浩、徐复所整理，洋洋六十三页，搅集章太炎著述，但是，章太炎的《驳革命驳议》(1903年6月12—13日)、《在东京留学生欢迎会上之演讲》(1906年7月15日)之类章太炎自己未收入的政论性文章及演讲稿，该《目录初稿》亦未记录。

---

① 《鲁迅全集》第六卷，第565、567页。

《关于太炎先生二三事》在称颂章太炎“战斗的文章”后，鲁迅笔锋一转：

> 浙江所刻的《章氏丛书》，是出于手定的，大约以为驳难攻讦，至于忿詈，有违古之儒风，足以贻讥多士的罢，先前见于期刊的斗争的文章，竟多被刊落。上文所引的诗两首，亦不见于《诗录》中。先前一九三三年刻《章氏丛书续编》于北平，所收不多，而更纯谨，且不取旧作，当然也无斗争之作，先生遂身衣学术的华衮，粹然称为儒宗，执贽愿为弟子者甚众，至于仓皇制《同门录》成册。①

“上文所引的诗两首”指的是章太炎刊登于《浙江潮》上的《狱中赠邹容》与《狱中闻沈禹希见杀》。邹容(1885—1905)于1903年5月出版《革命军》，鼓吹反清革命，得章太炎为之序，于1905年4月死于狱中；沈禹希(沈荩，1872—1903)则是参加唐才常自立军事败后参加反清活动而于1903年被捕并杖死狱中。因此，从内容上推测，鲁迅的文章似乎也响应了《制言》，尤其是《太炎先生著述目录初稿》之意。前述《在东京留学生欢迎会上之演讲》，载于《民报》第六号(1906年7月25日)，鲁迅所说的“登于期刊的斗争的文章”，指的就是这一类的文章。该演讲为章太炎在“苏报案”身陷囹圄三年之后在留学生欢迎集会上的演讲。也许是演讲体的笔录，自然就是白话体，章太炎本人可能因此并未录入。严格意义上说，就笔者了解，有少数章太炎“说过”的白话文文章，然尚未见章太炎“写过”的白话文文章。②鲁迅的文章高扬早年章太炎“令人神

---

① 《鲁迅全集》第六卷，第567页。

② 《章太炎的白话文》(上海泰东图书局1921年版)的标题为新文学出版名家张静庐所加，为彰显其“白话文”出版理念。刘思源：《旧籍重翻：〈章太炎的白话文〉》，《鲁迅研究月刊》2001年第2期；以及该书辽宁教育出版社2003年重版所附的陈子善《本书说明》。因此，言章太炎支持白话文运动，暂时仍缺乏史料、文本支持。

旺”的斗士、革命宣传家的形象，鲁迅对《制言》周边同样受过章氏教诲的人们不将章太炎部分政论收入《章氏丛书》，自然颇为在意。

《关于太炎先生二三事》的开头是这样写的：“前一些时，上海的官绅为太炎开追悼会，赴会者不满百人，遂在寂寞中闭幕，于是有人慨叹，以为青年们对于本国的学者，竟不如对于外国的高尔基的热诚。这慨叹其实是不得当的。官绅集会，一向为小民不敢到；况且高尔基是战斗的作家，太炎先生虽先前也是革命家现身，后来却退居于宁静的学者。”①这里可以看到两个对立项、对照项：“战斗的作家”的高尔基与曾经是“革命家”、现在是“宁静的学者”的章太炎，以及“官绅”与“小民”(即“青年们”)。在此，鲁迅展示了一个“既离民众，渐入颓唐”的章太炎，与“他的一身，就是大众一体”的高尔基相对照。②在鲁迅看来，此处的“民众”是包含走向大众的知识青年以及大众本身。鲁迅的评价当否暂且不论，但深刻地影响了辛亥知识青年的革命导师章太炎无疑已经失去了对“五四”知识青年的影响力，而鲁迅这一清季革命青年则成为“五四”知识青年的革命导师。这一事实也正表明了鲁迅此时与章太炎不可忽视的距离。言章太炎远离“民众”，这应该主要是学术、文化意义上的。事实上 1919 年 5 月 4 日后北洋政府大举逮捕参加学生运动的学生，章太炎则支持学生运动，抗议北洋政府的镇压。③

鲁迅晚年最后一篇文章《因太炎先生而想起的二三事》，为未完稿。两天后鲁迅猝逝，以章太炎作为一代文豪辞世之文的题材，虽是偶然，却令后人遐想不已。文中鲁迅言及吴稚晖与章太炎之间的文笔之战，

---

① 《鲁迅全集》第六卷，第 565 页。
② 《关于太炎先生二三事》，《鲁迅全集》第六卷，第 566 页。
③ 汤志钧编：《章太炎年谱长编》，第 597 页。

说："但先生手定的《章氏丛书》内，却都不收录这些攻战的文章。先生力排清虏，而服膺于几个清儒，殆将希踪古贤，故不欲以此等文字自秽其著述——但我看来其实是吃亏，上当的，此种醇风，正使物能遁形，贻患千古。"①鲁迅认为不收录政治性强的"战斗的文章"是"上当的"结果。显然，虽然鲁迅并未明言上何人之当，但却似乎可以推测是参与编辑的"章门弟子"。因为在鲁迅看来，所谓讲究纯学术的"醇风"，是去政治化、去历史性的（他称为"使物能遁形，贻患千古"）。而与之对照的，是他本人所赋予的另类"章师"的内涵，亦是革命导师的内涵。在此，鲁迅对章太炎发扬光大清代学术传统，而将之轻描淡写为"服膺于几个清儒，殆将希踪古贤"，又显示出鲁迅此一时期作为新文化运动旗手的反文言文传统学术的态度。

2. 定义"章门"与鲁迅的文化政治

似乎同样令鲁迅在意的，还有章太炎生前的《同门录》。许寿裳在《制言》"太炎先生纪念专号"中回忆说，1908 年在东京的许寿裳、鲁迅、周作人、朱希祖、钱玄同、龚未生（宝铨）、朱宗莱（蓬仙）等每周日清晨八时至十二时受业于章太炎，讲解《说文解字》等小学著作。②《同门录》刊落鲁迅，但 1926 年 8 月 26 日在《语丝》第九十四期写了《谢本师》批判章太炎与军阀孙传芳关系的周作人却榜上有名，鲁迅自然不是滋味。鲁迅更不以为然的，是章太炎 1932 年设立于苏州的章氏讲习所的弟子们，"执贽愿为弟子者甚众"。这些白话文运动的批判者聚集在章太炎的周边。章太炎刚去世，鲁迅便言及此事，显然不是一般的在意。

---

① 《鲁迅全集》第六卷，第 579 页。

② 许寿裳：《纪念先师太炎先生》，《制言》第二十五号，第 7 页。

鲁迅自己也曾在1933年6月18日《致曹聚仁》中谈及自己与章太炎的师生关系：

古之师道，实在也太尊，我对此颇有反感。我以为师如荒谬，不妨叛之，但师如非罪而遭冤，却不可乘机下石，以图快敌人之意而自救。太炎先生曾教我小学，后来因为我主张白话，不敢再去见他了，后来他主张投壶，心窃非之，但当国民党也要没收他的几间破屋，我是不能向当局作媚笑。以后如相见，仍当执礼甚恭（而太炎先生对于弟子，想来也绝无傲态，和蔼若朋友然），自以为师弟之道，如此已可矣。①

此时，太炎尚在世，鲁迅此番话似乎不无透过曹聚仁与已经疏远的章太炎沟通之意。鲁迅在此批判章太炎接受军阀孙传芳（1885—1935）的邀请，参加1926年8月6日在南京举行的投壶古礼。（其实章太炎“因故”并未参加。②）早在1926年8月30日鲁迅也在《上海通信》一文中谈及孙传芳在8月6日举行的投壶礼，但文中并未直接谈及章太炎，只是言及“我不敢步勇敢的文人学士们的后尘，在北京出版的周刊上斥骂孙传芳大帅”。③这里似乎是指其弟周作人8月26日在《语丝》第九十四期写了《谢本师》批判章太炎与军阀孙传芳的关系，不无影射已经交恶的胞弟之意。

其实，日本学者高田淳先生（1925—2010）曾指出，鲁迅晚年这两篇纪念章太炎的文章是针对《制言》第二十五期上以许寿裳为代表的章太炎评价。④高田淳先生此说颇为在理，也对笔者多有启发，只是

① 《鲁迅全集》第十二卷，第405页。

② 汤志钧编：《章太炎年谱长编》，第874页。

③ 《华盖集续编》，《鲁迅全集》第三卷，第381页。

④ 高田淳：『章太炎・章士釗・鲁迅：辛亥の死と生と』，东京龙溪书舍1974年版，第280、282页。

这一纪念号的文章作者，因多以国学讲习所专事古典诸子学研究的年轻学者为主，他们集中于太炎的古典学术，反倒是许寿裳的纪念文章较为全面论述了章太炎的学术与政治的关系。如许寿裳言及章太炎“以朴学立根基，以玄学致广大，批判文化，独具慧眼”。[①]尤其洋洋洒洒论及章太炎的革命精神，对章太炎的学识与政治皆有论及。因此，鲁迅与其说在意许寿裳，莫若说在意《制言》章门一派，后者几乎不谈及章太炎“战斗的文章”。一方面，《制言》同仁要强调“国学”主张者的“章太炎”，以抗衡白话文学术运动的排他性，尤其对文言文学术的排他性，《制言》派遂反其道而行之，全面排斥白话文，因而未能顾及章太炎古学与其革命之不可二分之一面。

另一方面，与之相反，后来鲁迅则只着眼于章太炎的政治性，以抗衡一个非政治化解读的“章太炎”，而全面排斥文言文学术。这亦忽视了章太炎复古与革命之间之不可二分的问题。如此一来，这一“鲁迅”与《河南》杂志时期章太炎色彩的“鲁迅”之间，就有了不小的断裂。辛亥革命前的章太炎用古文写就的文章，非但高度学术，本身更是深涉政治。当然，鲁迅强调的，是他对章太炎政治性以及这一政治性象征符号之“章太炎”的捍卫，前面鲁迅以嘲讽的语气谈及“先生遂身衣学术的华衮，粹然称为儒宗，执贽愿为弟子者甚众”，似乎也可以解读为，鲁迅目自己为真正的章门弟子，而并不视《制言》同仁为章门正统，因为在鲁迅看来，章太炎之所以为“章太炎”正在于其高扬的政治性，正如民国建立后鲁迅之所以为“鲁迅”一样。

---

① 许寿裳：《纪念先师太炎先生》，《制言》第二十五号，第1页。

3. 章太炎与拒绝告别革命的鲁迅

也就是说，更为根本的是，辛亥革命成果旁落后，萦绕于鲁迅心中的，乃是何为“革命”之“起源”以及何以继续“革命”的问题。而这一革命，也正是晚清的共和革命。唯因此，它与“五四”新文化运动之后的革命有了某种连续性。在鲁迅的心目中，在这一“起源”中凛然而立的是章太炎的存在，一个今天“身衣学术的华衮”、淡出革命舞台的章太炎。

共和的危机，见于鲁迅《华盖集》中的《忽然想到》一文（1925 年 2 月 12 日）：

> 我觉得久没有所谓中华民国。
>
> 我觉得革命以前，我是奴隶；革命以后不多久，就受了奴隶的骗，变成他们的奴隶了。
>
> ……
>
> 我觉得许多烈士的血都被人踏灭了，然而又不是故意的。……我觉得民国的来源，实在已经失传了，虽然还只有十四年！①

这就是鲁迅与其“章太炎”所处的最为重要的政治语境：他必须面对一个并无共和之实却徒有其名的“民国”，以及辛亥革命后如何重新呼喊辛亥革命前的“革命”问题。而“五四”新文化运动在国内政治层面上本来便是共和危机的表现。徒有其名的共和国，构成了鲁迅对其师“章太炎”念念不忘的最为重要的背景。他在章太炎故后对“太炎先生”之念念不忘，与其说是悼念章太炎的死，莫若说为了章太炎的“生”，如何让“太炎先生”重新成为现实中革命的思想源泉之一，向新的“奴隶主”抗争，以令一个新生却又濒死的民国避免夭折。这

① 《鲁迅全集》第三卷，第 16—17 页。

构成了鲁迅重新定义"太炎先生"的最大动力，以致念念不忘、至死不渝！从这一角度观之，似不难明白鲁迅临终前的心境。也就是说，"太炎先生"的再定义，也就是"章门"的再定义。鲁迅希冀"太炎先生"或"章门"的政治化定义——事实上也就是革命导师的定义——能留存下去，继续成为追求一个公平、正义的人民中国(民国)的思想资源。

另一方面，因为《关于太炎先生二三事》对后世的章太炎评价影响很大，鲁迅对章太炎有所批判的下面这句话，也就规定了人们心目中的"章太炎"："太炎先生虽先前也以革命家现身，后来却退居于宁静的学者，用自己的所手造的和别人所帮造的墙，和时代隔绝了。"鲁迅一方面将早年的章太炎塑造成一个坚强不屈、"令人神旺"的斗士形象，另一方面又塑造了一个晚年趋于保守的章太炎形象。革命者章太炎的战斗形象被强化的同时，晚年趋于保守的章太炎印象亦自然因之被彰显，两者不可割裂。如果说后世的"鲁迅"也是种种解读、甚至被意识形态塑造的"鲁迅"的话，我们在此可以看到一个"鲁迅"所衍生、所规定的"章太炎"。其中章太炎与鲁迅之间的关系以及语境不同的问题却被忽视，章太炎与鲁迅更为内在的关联也容易因之被忽视。鲁迅强调"战斗的文章，乃是先生一生中最大、最久的业绩"，固然有力诋非政治化的"章太炎"之意，但是，另一方面，又何尝不可将之视为鲁迅以章太炎战斗精神之正统后人自居的自负？

4. "反复古"的新文化运动与共和的危机

"复古的新文化运动与反复古的新文化运动之间"——这一说法不仅指的是"复古的新文化运动旗手之章太炎与反复古的新文化运动旗手的鲁迅之间"，更是指追随"复古的新文化运动"之鲁迅与"反复古的新文化运动”之鲁迅之变化、矛盾。唯因此，对于鲁迅来说，何谓“章门”，才成为一个重大的问题。事实上，留日时代的鲁迅本来就受章太炎的古学影响。甚至在 1916 年 12 月 9 日《致许寿裳》中犹说：“杭车中遇未生，言章师在外亦颇困顿。浙图书馆原议以六千金雇匠人刻《章氏丛书》，字皆仿宋，物美而价廉，比来遭议会质问，谓此书何以当刻，事遂不能进行。”①此时文学革命尚未起，鲁迅对白话文的态度尚未确定，但不到两年，至其《狂人日记》出(1918 年 5 月《新青年》第 4 卷第 5 号)，这是欧美文学概念之下的白话文实践，鲁迅已蔚为新文化运动旗手。这一认识很容易予人鲁迅已经不再与章太炎有关联的错觉，实则不然。在白话文运动之后，尤其随着共和危机越来越明显，年轻一代将共和危机归于文言文学术思想文化的倾向也日甚一日，他们的导师们更是如此，鲁迅亦不例外。尽管如此，笔者以为，始终如一贯穿着章太炎、鲁迅的，是“狂狷”这一中国传统士人面对权力的强韧精神。

鲁迅一贯狂狷，但其总爆发，或者说不得不大爆发，却与共和危机直接有关。民国刚成立，鲁迅曾在 1912 年 1 月 3 日绍兴《越铎日报》创刊号上以“黄荆”笔名发文曰：“纾自由之言议，尽个人之天权，促共和之进行，尺政治之得失，发社会之蒙覆，振勇毅之精神。”②可窥见其一方面不敢乐观，另一方面又不无期待。

“硕士”是鲁迅《破恶声论》中很重要的概念：“而今之中国，则正一寂漠境哉。乃者诸夏丧乱，外寇乘之，兵燹(xiǎn)之下，民救死不

① 《鲁迅全集》第十一卷，第 353 页。

② 《鲁迅全集》第八卷，第 42 页。

给,美人墨面,硕士则赴清泠之渊。""梦者自梦,觉者是之,则中国之人,庶赖此数硕士而不殄(tiǎn)灭。"①此一"硕士",也正通于章太炎《谢本师》(1901 年)中所说:"余喜独行赴渊之士。"②此处所描述者,正是章太炎颂扬的狂狷之士,亦即被称为"硕士"的狂者。这一"硕士"的说法,也许与此一时期鲁迅热衷的尼采的"超人"相叠合。

但是,无论如何,鲁迅的"硕士"与章太炎《革命之道德》中的狂狷之士之间有着相通之处(载于《民报》第八号,1906 年 10 月 8 日)。但是这样解释,却还是无法说明鲁迅与自己所处的政治传统的关系,也无法说明他与章太炎的关系。假如《破恶声论》是在章太炎巨大影子下的话,尼采对于鲁迅的影响相对来说也就没那么重要了。但是,章太炎于鲁迅的影响与尼采于鲁迅的影响又是多有重叠、不相矛盾的。这在下章会论及。

---

① 《鲁迅全集》第八卷,第 26 页。

② 朱维铮、姜义华编注:《章太炎选集》(注释本),第 121 页。

第九章　清季革命导师章太炎与清季革命青年鲁迅

一、清季革命时期鲁迅的文章与章太炎

1906年7月15日，在东京的中国革命者与留学生集会欢迎身陷囹圄三年后出狱来到海外革命总部的章太炎。章太炎发表了演讲，之后是长期支持孙文革命活动的宫崎滔天（1871—1922）演讲，最后则有留学生代表演讲。留学生代表在演讲中希望章太炎为留学生设帐讲学。[①]章太炎后来令同学们如愿以偿，开始讲授《说文》，每星期日一次，每次四小时。[②]鲁迅正是在东京《民报》社聆听章太炎讲授小学的学生之一。

鲁迅自1902至1909年期间留日，与章太炎最后一次长期滞留

① 《民报》第六号，1906年7月25日，影印本第四卷，第904页。

② 许寿裳：《章太炎传》，百花文艺出版社2004年版，第60页。

日本(1906年7月15日至1911年11月15日)时间几乎相叠合。鲁迅于留东后期的1907年12月至1908年12月于河南留学生杂志《河南》月刊发表五篇文章(详见表一)。这五篇文章文体古涩,与今日人们熟知的鲁迅文体迥异。

表一　鲁迅《河南》月刊所刊文章(1907年12月至1908年12月)

发表时间	标　　题
1907年12月第一号,署名令飞	《人之历史》
1908年2月第二号及3月第三号,署名令飞	《摩罗诗力说》
1908年6月第五号,署名令飞	《科学史教篇》
1908年8月第七号,署名迅行	《文化偏至论》
1908年12月5日第八号,署名讯行	《破恶声论》

鲁迅回国后将在《河南》上刊发的其中四篇论文收入《坟》出版(1927年3月北京未名社出版)。鲁迅在《坟》的《题记》中言及:"又喜欢做怪句子和写古字,这是受了当时的《民报》的影响。"①章太炎自《民报》1906年7月25日第六号起任主笔,直至1908年10月10日第二十四号出版为止。此为章太炎研究者中所称的"《民报》时期"。这一段时期章太炎的文章几乎主导了整个《民报》基调,自第六号起,他也是最为主要的撰稿人。其执笔的文章数量、篇幅上也占了最大的比例,有时他甚至是几乎整整一期的撰稿人(详见表二)。这是思想家章太炎极为高产的一段时期。因此,鲁迅所说《民报》的影响,也几乎可以说就是章太炎的影响,从时间上看亦大致吻合。鲁迅临终前所撰《关于太炎先生二三事》中说:"战斗的文章,乃是先生一生中最大、最

① 《鲁迅全集》第一卷,第3页。

久的业绩。”[①]鲁迅所说的“战斗的文章”主要应该指的是《民报》时期的文章（在此之前，章太炎因“苏报案”身陷囹圄期间，也曾在东京的浙江留学生杂志《浙江潮》第七期刊登《狱中赠邹容》《狱中闻沈禹希见杀》《狱中闻湘人某被捕有感》（癸卯[1903 年]七月二十日），这些当然也属于鲁迅所说的“战斗的文章”）。

一般说来，如果不明白留学生鲁迅的文章与章太炎的关联的话，会觉得鲁迅的文章，尤其是《破恶声论》的许多表述有些突兀。比如鲁迅的“伪士当去，迷信可存”说法即属此例。日本著名的鲁迅研究家伊藤虎丸先生（1927—2003）便提及：“这句话，怎样理解才好？三十多年来我一直有点模糊。”[②]伊藤先生曾撰文试图解开自己长年的困惑。但是，遗憾的是伊藤先生并未论及章太炎对鲁迅的影响。虽然鲁迅《破恶声论》与章太炎的关系已有研究者在一定程度上论及，[③]但是，透过两者文本的细致比照去解读两者的关联，尤其透过章太炎文本去分析鲁迅文本的研究，则似乎未见。从笔者这一较为关注章太炎的研究者角度而言，鲁迅这一时期的文章，尤其是《破恶声论》明显有着浓重的章太炎色彩。假如我们是顺着章太炎这位导师去解读学生的鲁迅而非相反的话，或者说假如我们不是从“五四”新文化运动旗手期间的鲁迅去解读晚清革命青年鲁迅的话，《破恶声论》等《河南》时期的文章中许多突兀的表述与观点，当可获得顺理成章的

① 《鲁迅全集》第六卷，第 565、567 页。

② 伊藤虎丸：《早期鲁迅的宗教观：“迷信”与“科学”的关系》，《鲁迅研究动态》1989 年第 11 期，后收入氏著《鲁迅、创造社与日本文学》，孙猛、徐江、李冬木译，北京大学出版社 2005 年版，第 82 页。

③ 如前引坂出祥伸『改訂増補　中国近代の思想と科学』、汪晖《声之善恶：鲁迅〈破恶声论〉〈呐喊・自序〉讲稿》。

解释。

在进入具体叙述时，先列出下表概观章太炎发表在《民报》的文章，可概观章太炎与《民报》关系以及其文章的大致内容。

表二　章太炎1908年12月前《民报》所刊文章

杂志刊登时间	标　　题
第六号 （1906年7月25日）	《演说录》（1906年7月15日欢迎会上章太炎所作演讲《在东京留学生欢迎会上的演说》），详见同期所刊之《纪七月十五日欢迎章炳麟枚叔先生事》，作者民意
第七号 （1906年9月5日）	《俱分进化论》
第八号 （1906年10月8日）	1）《无神论》；2）《革命之道德》
第九号 （1906年12月1日）	1）《建立宗教论》；2）《说林》，内收如下短文：《遣王氏》（即王阳明）、《衡三老》（即明代遗民王船山、顾炎武、黄宗羲）、《悲先戴》（即戴震）、《哀后戴》（即戴望）、《伤吴学》、《谢本师》
第十号 （1906年12月23日）	1）《箴新党论》；2）《说林》，内收如下短文：《定经师》（定义何为经师）、《答小学师》（梳理明黄氏之来之小学史）、《校文士》（论文，尤其论清人之文，其中尤称誉戴震、贬诋龚自珍）；3）《与人书》
第十一号 （1907年1月30日）	1）《人无我论》；2）《军人贵贱论》
第十二号 （1907年3月6日）	《〈社会通铨〉商兑》
第十三号 （1907年5月5日）	1）《代议然否论》；2）《规新世纪》；3）时评：《政闻社解散之实情》《告回人》（德皇保护回教事）《湖广总督之滑稽》《中国之川喜多大尉袁树勋》；4）《记印度西婆耆王记念会事》

续表

杂志刊登时间	标　　题
第十四号（1907年6月8日）	1)《官制索隐》;2)《答铁铮》
第十五号（1907年7月5日）	《中华民国解》
第十六号（1907年9月25日）	1)《五无论》;2)《定复仇之是非》
第十七号（1907年10月25日）	1)《国家论》;2)《印度中兴之望》;3)《汉字统一会之荒陋》;4)《政闻社员大会破坏状》;5)《祭徐锡麟陈伯平秋瑾文》
第十九号（1908年2月25日）	1)《大乘佛教缘起说》;2)《与马良书》;3)《与刘揆一书》;4)《覆吴敬恒书》
第二十号（1908年4月25日）	1)《印度独立方法》;2)《无政府主义序》;3)《鸩鹊案凡鸣为刘道一作也》;4)《支那印度联合之法》;5)《印度人之论国粹》
第二十一号（1908年6月10日）	1)《排满平议》;2)《驳神我宪政论》;3)《驳中国用万国新语说》;4)《答梦庵》
第二十二号（1908年7月10日）	1)《四惑论》;2)《哀陆军学生》;3)时评:《台湾人与新世纪记者》;4)《满洲总督侵吞账款状》;5)《越南设法依议员》;6)《王夫之从祀与杨度参机要》;7)《革命军约法问答》;8)《瑞安孙先生哀词》;9)《答祐民》;10)《再覆吴敬恒书》
第二十三号（1908年8月10日）	1)《五朝法律索隐》;2)《马良请速开国会》;3)《再答梦庵》
第二十四号（1908年10月10日）	《说林》,内收如下短文:《法显发现西半球说》《大秦译音说》《汉土始知欧洲各国略说》《匈奴始迁欧洲考》《印度先民知地球绕日及人身有精虫二事》

本章主要通过《河南》时期鲁迅文章的细读,尤其通过《破恶声论》的细读,探讨东京期间尤其《民报》时期的章太炎(1906年6月至

1908年10月)如何影响了清季革命青年鲁迅。同时也试图提醒我们，只知道鲁迅为“五四”新文化旗手，是否忘却他首先是清季革命青年(所谓辛亥革命青年)? 无清季革命青年的鲁迅，也就不可能有“五四”新文化旗手，两者不可分。也在此意义上，我们才能更好地理解章太炎与清季革命青年的关系，才能更好地理解清末思想文化运动与“五四”新文化运动的关系。而这一主题的探讨一定程度上也涉及清季革命青年鲁迅与“五四”新文化旗手鲁迅之间的某些变化或断裂。因此，本书试以具体的文本解读，探讨清季革命青年鲁迅与章太炎的关联。

二、鲁迅的“伪士当去，迷信可存”与章太炎以宗教行革命的思想

下面试着举出几例，以说明《破恶声论》为主的鲁迅《河南》时期文章是如何处于章太炎的影响之下。

第一例是《破恶声论》中鲁迅提出“迷信可存”的观点。鲁迅言及“破迷信者，于今为烈，不特时腾沸于士人之口，且裒然成巨帙矣”，对时下士人批判“迷信”颇不以为然。因为在鲁迅看来“正信不立，又乌从比校而知其迷妄也。……倘其不安物质之生活，则自必有形上之需求”。[①]鲁迅举出印度之吠陀，以及希伯来人民与宗教关系的例子批判抨击宗教者，并如是说：

> 虽中国志士谓之迷，而吾则谓此乃向上之民，欲离是有限相对之现世，以趣无限绝对之至上者也。人心必有所凭依，非信无

① 《鲁迅全集》第八卷，第29页。

以立，宗教之作，不可已矣。顾吾中国，则夙以普崇万物以为文化本根，敬天礼地，实与法式，发育张大，整然不紊。①

在此鲁迅认为，以科学为主义者并不了解宗教其实是出于对物质生活（形而下世界）之不满，因而转向形而上之冥思。他认为宗教正是人民向上的表现。更加重要的是，“非信无以立”，建构未来维系于信仰之有无。这里可以窥见清季革命青年鲁迅关于宗教与革命关系的思考。同时，他认为中国传统中比如道教崇拜自然的思想，以及儒教敬天礼地的思想，赋予中国文化以“法式”，并“发育张大”，建立“整然不紊”的体系。因此，断不能简单视宗教为贬义为“迷信”。

关于科学，鲁迅在文中说：“科学为之被，利力实其心。”②指出许多表面是“科学”之物，其实其核心部分却是“利”与“力”。类似观点，也见于章太炎《俱分进化论》中的论述：“彼不悟进化之所以为进化者，非由一方直进，而必由双方并进，专举一方，惟言智识进化可尔。若以道德言，则善亦进化，恶亦进化；若以生计言，则乐亦进化，苦亦进化。双方并进，如影之随形。”③在此章太炎批判了进化论信奉者只看得到事物“善”的一面的进步，未能看到事物“恶”的一面也因为“善”的进步而同时进步的问题。章太炎又举例言：“如欧洲各国……则人人皆有平等之观，此诚社会道德之进善者。然以物质文明之故，人所尊崇，不在爵位，而在货殖。”④在此，章太炎则批判了欧洲平等观念进步的另一面，是其市场化所带来的崇拜资本的问题（“人所尊

① 《鲁迅全集》第八卷，第 29 页。
② 同上书，第 33 页。
③ 《章太炎全集》（四），第 387 页。
④ 同上书，第 391 页。

崇，不在爵位，而在货殖”）。虽然未能明言，而且章太炎与马克思哲学的联系非常淡薄，但是，敏锐的章太炎似乎察觉到，资本主义社会正是建立在以商品（资本）为纽带的形式平等性之上的，因为资本主义商品社会的发展建立在共同体的解体之上，个人间的形式平等意识其实也是资本主义商品社会兴盛的产物。在欧洲，其结果是人们原本尊崇的贵族爵位为资本所替代。此外，章太炎亦指出，所谓“文明”只不过是物质文明而已。章太炎又曰：“若中江笃介、福泽谕吉诸公，诚可为东方师表也。今其学术虽胜于前，然有不为政府效用者乎？有不为富贵利禄而动者乎？日本维新才四十年，而其善之进如此，其恶之进，亦既如此矣。”①中江笃介，即日本自由民权运动的理论指导者中江兆民（1847—1901），曾出任众议院议员，被誉为“东洋卢梭”；而福泽谕吉（1835—1901）则是日本著名启蒙思想家，日本现代化的设计者。章太炎认为没有只有正或善之进步，负或恶亦在同时进步，以批判包括日本启蒙主义者在内的启蒙主义者，以及他们所信奉的进步主义。

鲁迅接着上文如是说：

> 盖浇季士夫，精神窒塞，惟肤薄之功利是尚，躯壳虽存，灵觉且失。于是昧人生有趣神閟之事，天物罗列，不关其心，自惟为稻粱折腰；则执己律人，以他人有信仰为大怪，举丧师辱国之罪，悉以归之，造作躗言，必尽颠其隐依乃快。不悟墟社稷毁家庙者，征之历史，正多无信仰之士人，而乡曲小民无与。伪士当去，迷信可存，今日之务也。②

---

① 《章太炎全集》（四），第 392 页。

② 《河南》杂志第八期，鲁迅博物馆编，中央编译出版社 2014 年影印版，第 22 页。

鲁迅此时文体因模仿《民报》(见前述《坟・题记》,即模仿章太炎文体),所以多少有些艰涩,此处有必要稍作解释。“神閟”之“閟”通“秘”字。“造作躛言”,“躛言”之“躛”,从衛(卫)音,欺诈之意,躛言即不足为信之言。“浇季”者,指的是人情淡薄、世风日下之末世(季为末期之意)。“灵觉”则是佛教用语。比如《佛说佛名经》卷十四中曰:“虽有正因灵觉之性,而为烦恼黑暗丛林之所覆蔽。”①北宋僧人道原所撰《景德传灯录》卷五十一中亦曰:“何为佛心。对曰:佛者西天之语,唐言觉,谓人有智慧觉照为佛心。心者佛之别名,有百千异号。……非始非终,无生无灭,故号灵觉之性。”②这些佛教用语除了涉及这一时期鲁迅的宗教观外,更直接涉及这一时期章太炎的佛教重构与鲁迅的关联。

上面引用中的“伪士当去,迷信可存”的“伪士”即是“肤薄之功利是尚,躯壳虽存,灵觉且失”者,这一批判与传统中国儒家“义利之辨”中的反功利思想相通。对功利思想的否定,也几乎为儒道释诸家所共有。“惟为稻粱折腰;则执已律人,以他人有信仰为大怪”,则是谓世风肯定追求功利,却认为追求信仰为“怪”。

一般说来,“伪士当去”的说法并不难理解。但是,“迷信”一般说来却是负面的表述,在科学价值高扬的启蒙主义时代尤甚。但是,在上述引用中,伪士之所以为“伪士”,却是因为他们攻击有信仰者为“迷信”。鲁迅的“迷信”一词是反其道而用之,将正面价值赋以“宗教”,而视攻击有此类宗教信仰者为“伪士”。就鲁迅文章文脉而言,

---

① 释求那跋陀罗初译,释菩提留支再译,释实叉难陀后译,释员珂会译:《佛说佛名经》,涵芬楼 1923 年影印本(日本前田慧云编《续藏经》所收)。

② 释道原:《景德传灯录》,商务印书馆 1935 年版。

中国真正的问题是缺乏“内曜”与“心声”者，因为在鲁迅眼中，“而今之中国，则正一寂寥境哉”(《破恶声论》)。鲁迅认为呼唤宗教为当务之急。

如纯以欧洲思想史观之，鲁迅此处观点则有着明显的反启蒙主义色彩。欧洲启蒙主义本来便与欧洲自然科学的发展有一定的关系。启蒙主义在主张科学与神学的分离、去魅神学神权方面功不可没。但是，另一方面，启蒙主义将进步“翻译”为科学，则埋下科学主义的伏笔。启蒙主义主张理性，例如情感、想象力这些“非理性”因素因此被排斥，而高扬情感、想象力的欧洲浪漫主义则出现在这一相对化启蒙主义的欧洲思想史语境中。因此，宗教高扬与启蒙主义观点自然有着紧张关系。同时，此处鲁迅的观点与这一质疑启蒙主义的欧洲浪漫主义思潮相吻合。此时的鲁迅也确实接触过这些欧洲思潮，并且接受这些思想的影响。尽管如此，假如只是以欧洲思想史去观察鲁迅这样一位中国思想家，即使有一定的根据，却又不全面，因为它缺乏对鲁迅自己所置身的中国思想传统的观察，也缺乏对鲁迅与自身所处时代之间关系的观察，更难以解释鲁迅反复强调的这一时期章太炎对他的影响。在此想强调的是，上述鲁迅的叙述实际上与章太炎的影响直接相关。只是不了解章太炎文本的话，便比较难以理解鲁迅所说的“宗教”“迷信”的背景。一言以蔽之，鲁迅所说的“伪士”指的正是本书所说的1910年代语境中某一类的反复古的新文化主张者，亦即某一类型的启蒙维新人士。

章太炎在东京留学生欢迎会上的演说中一是大谈“国粹”，二是大谈宗教。后者主要是指佛教的华严宗与法相宗(唯识宗)，尤其是法相宗。该演说中说：“先说宗教，近来像宾丹、斯宾塞尔那一流人崇拜功利，看得宗教都是漠然。但若没有宗教，这道德并不得增进。”①演说中章太炎所说的“是用宗教发起信心，增进国民的道德”中的“信心”，指的是“信仰之心”，“国民的道德”指的则并非是国家权力所统辖的、有利于权力的道德，如章太炎同时代的明治日本忠君爱国的国民道德。相反，它指的是反抗不公与暴政、视死如归的革命道德。这一章太炎的态度在《民报》第八号《革命之道德》(1906年10月9日)一文中有更为系统的阐述。由是观之，章太炎的“宗教”是与革命密切相关的，同时，其宗教概念又是在批判边沁(“宾丹”，Jeremy Bentham，1748—1832)、斯宾塞(Herbert Spencer，1820—1903)的社会进化论对宗教的漠视。

值得注意的，是章太炎认为“崇拜功利”与看淡宗教之间有着因果关系的观点。边沁的功利主义本来是关于立法与道德关系的思想，作为道德哲学。罗尔斯(John Rawls，1921—2002)将功利主义首先定义为“善”(the good)，将之从“正当”(the right)中独立出来，这意味着首先单独导入善的概念，而“正当”的定义乃是令善最大化，善则无非是满足快乐、欲望、合理的愿望(rational preference)。②因此，有日本学者认为，“功利主义”在汉字中容易联想、混同为“利己主义”，故应译为“功利公益主义”。③因此，如佐藤丰、小林武所指出的那样，近代汉字圈以“功利主义”翻译 utilitarianism，本身就是明治日本知识分子的误读；也因为“功利主义”在汉语中有此利己主义意涵，以梁启超、

---

① 《民报》第六号，1906年7月，影印本第二卷，第788页。

② Rawls 前揭著作，p.176。

③ 长井义雄主张将 utilitarianism 翻译为“公益主义”，松嶋敦茂的翻译是在这一基础上的改进。松嶋敦茂：『功利主義は生き残るか：経済倫理学に向けて』，东京劲草书房2005年版，第2页。

章太炎为代表的清末知识分子多批判功利主义，他们的批判，或本儒家义利之辨(如梁启超)，或本庄子自然纯白之心(如章太炎)。①

在此意义上章太炎的上述评论与他对资本主义的态度有关。关于资本主义的看法，章太炎在《訄书》初刻本(1900年上半年出版)及重刻本(1902至1903年修订，1904年出版)的《侈糜篇》中对资本主义经济尚还肯定，认为奢侈是文明的动力，为救中国之道；但是至《民报》时期，章太炎则明确表现出反资本主义的态度，并批判功利主义(尤其以1908年发表于《民报》的《代议制然否》最为明显)。②章太炎在此所认为的“崇尚功利”与功利主义者“看得宗教都是漠然”的说法，有些类似马克斯·韦伯(1786—1826，Max Weber)所说的资本主义与合理化(rationalization)之间的关系：货币经济彻底改变了原有的共同体之中人与人之间关系，在货币经济之下，人与人的关系透过货币发生联系，至此人们与巫术(宗教)的关系也会发生急剧的变化。

另一方面，章太炎对功利主义的批判又并非可以将之完全解释为对资本主义的批判，因为他更大的关心在于革命主体与道德的关系。小林武认为章太炎的反功利主义思想归结起来主要有四点：第一，章太炎贯穿着叩问政治主体伦理性的态度，由改良趋向革命之后，反功利主义思想变得鲜明，批判士人追求富贵利禄的心性；第二，章太炎批判朋党型的社会结合时将之与官僚制相结合；第三，他认为西方的功利思想强化了士人的功利心；第四，章太炎对新党的批判。③章太炎认为

① 小林武、佐藤丰：『清末功利思想と日本』。

② 小林武：「章炳麟の反功利主義思想と明治思想」，小林武、佐藤丰：『清末功利思想と日本』，第245—255页。

③ 同上书，第234页。

革命成功与否，革命主体道德的提升有着至为关键的作用，但是在提升道德上儒家无法与佛教相比。关于革命与道德的关系，章太炎《革命道德论》（原题《革命之道德》，《民报》第八号，1906年10月9日）中说：“薄于私德者亦必薄于公德，而无道德者之不能革命，较然明矣。且道德之为用，非特革命而已。事有易于革命者，而无道德亦不可就。”①

鲁迅《破恶声论》等《河南》时期的文章中关于宗教与革命道德、革命伦理关系的叙述，应该与章太炎《在东京留学生欢迎会上的演说》（刊于《民报》第六号）、《革命之道德》（《民报》第八号）、《建立宗教论》（《民报》第九号）等文章不无关系。章太炎在鲁迅《破恶声论》发表的1908年12月前，在《民报》上写了一系列高扬宗教、提升革命道德的文章。②比如章太炎在《答梦庵》（《民报》第二十一号，1908年6月）中尤其强调佛教对革命的重要性：“以勇猛无畏治怯懦心；以头陀净行治浮华心；以唯我独尊之猥贱心。”③显然这也涉及人的解放问题。也就是说，宗教在促进伦理的意义上，尤其促进革命伦理的意义上被章太炎所推崇。他将“宗教”提炼成为解放的政治学。这正是章太炎作为复古的新文化运动旗手典型的表述（详参总论第三章）。这也是这一时期鲁迅主张“伪士当去，迷信可存，今日之务也”的背景。

同时也必须看到，章太炎与鲁迅的宗教概念在此都是广义的，而且不无世俗色彩。它指的是哲学上形而上的思考，同时也指的是以

---

① 《章太炎全集》（四），第279页。

② 除《在东京留学生欢迎会上的演说》外，比如尚有《建立宗教论》（《民报》第九号，1906年12月1日）、《无神论》及《革命之道德》（《民报》第八号，1906年10月8日）、《答梦庵》（《民报》第二十一号，1908年6月）等。

③ 影印本《民报》第五卷，第3401页。

高远的伦理道德去关注弱者,去反抗不公。当然这是对已经有的宗教的某种改造。而这一时期的鲁迅也正是这一复古的新文化运动的忠实追随者。另一方面,章太炎与鲁迅之间在宗教问题上有些不同的是,章太炎强调佛教,而鲁迅虽然也关注佛教,不时谈及佛教,但他一直关注的则是道教。这一点似乎延续至“五四”新文化运动期间。比如鲁迅在 1918 年 8 月 20 日给许寿裳的信中说:“前曾言中国根柢全在道教,此说近颇广行。以此读史,有许多问题可以迎刃而解。”①尽管章太炎颇为倚重并强调道家哲学,但是宗教的道教在章太炎那里似乎一直鲜有言及,这是一个有待探讨的问题。

鲁迅广义的宗教概念,见于其在《破恶声论》中说:“至尼佉氏,则刺取达尔文进化论之说,掊击景教,别说超人。虽云据科学为根,而宗教与幻想之臭味不脱,则其张主,特为易信仰,而非灭信仰昭然矣。”②鲁迅在此指出,尼佉氏(“尼采”,1844—1900)对基督教的抨击并非是灭信仰,而是通过价值重估以重构信仰,借用章太炎的用语的话,也就是所谓“建立宗教”(《建立宗教论》,1906 年 12 月)。而章太炎的“建立宗教”论,也正包含着批判传统、重构传统的含义。笔者的章太炎解读中“复古的新文化运动”之用语,正与尼采的问题意识有着一定的相通之处。此处显然可见,章太炎与鲁迅的宗教概念都非常世俗、广义,皆涉及文化、思想革命的层面。假若举出两位这一时期影响了鲁迅的思想家的话,大概章太炎以外就是尼采。

虽然章太炎也有批判基督教的言论,但仍然肯定其在维持民德方

① 《鲁迅全集》第十一卷,第 365 页。

② 《鲁迅全集》第八卷,第 31 页。

面的作用，章太炎对基督教的批判也只是因为觉得基督教不够有哲理而已。关于这一点，章太炎曰：“如彼西方景教，亦幾可斫雕为朴矣。然义趣单纯，好思想者多不乐此，又与老、庄旧说，过相违戾。欲兴民德，舍佛法其谁矣！”①其心目中的“思想”自然是老庄“旧说”及佛教，尤其是高度理论化的唯识宗佛教之类。但是，不能忽视的是，与章太炎的唯识（法相）宗对应的，正是欧洲的哲学。在此意义上，章太炎是非常重视西方哲学的。也同样在此意义上，他所说的“民”也是有一定文化素养的“士”。这一点，其实鲁迅的“国民性”批判，也有着一定的类似性。鲁迅的文化思想革命，其主要针对的对象自然首先是有思想文化者，这是自然而然的，然后才是这些知识分子意欲启蒙的民众。当然，后来的鲁迅更探讨以小说、木刻等更为直观的方式直接去启蒙大众。

在民国建立前章太炎对西方哲学的关注程度，除了王国维，可能无出其右者。但是，就融会贯通西方哲学，并批判地与西方哲学对话的意义上，王国维却远非章太炎所能相比（见第一编第五章）。章太炎在《建立宗教论》中说：“宗教之高下胜劣，不容先论。要以上不失真，下有益于生民之道德为其准的。”②可见他评隲宗教的标准是以道德为中心。他倡言“建立宗教”也是因为“世间道德，率自宗教引生”。③也就是说，一如前述那样，章太炎重估宗教，正是为了重建革命道德；而鲁迅倡言“迷信”，既在于建立革命道德，也在于鲁迅心目中的“国民性”改造。毫无疑问，如一再强调的，无论章太炎抑或鲁迅，他们所进行的，实际上都是一场思想革命与思想运动。

---

① 《答梦庵》，《民报》第二十一号，影印本第五卷，第3401页。
② 《章太炎全集》（四），第409页。
③ 同上书，第419页。

章太炎在《建立宗教论》中又说：

> 则道德普及之世，即宗教消镕之世也。于此有学者出，存其德音，去其神话，而以高尚之理想，经纬之以成学说。若中国之孔、老，希腊之琐格拉底、柏拉图辈，皆以哲学而为宗教之代起者。琐氏、柏氏之学，缘生基督，孔子、老子之学，迁为汉儒，则哲学复成宗教。至于今，斯二教者，亦骎骎普及于国民矣。①

章太炎主张建立宗教，一是因为中国的老子与孔子、希腊的苏格拉底与柏拉图都是以哲学替代宗教，甚至在欧洲苏格拉底与柏拉图之学构成了基督教的哲学基础。中国的儒教至汉武帝时也成为国家意识形态，章太炎将之视为哲学成为宗教的例子。二是去除宗教的神话色彩，专取其促进道德、伦理的功用（“存其德音，去其神话”），让宗教可以引领道德。由上面的引用中我们可以发现，哲学与宗教在章太炎处是混为一体的。如再三强调的，他使用了很广义的宗教概念。在提升道德的意义上，其宗教概念肩负着与儒家相去不远的使命。入世与出世的区分在章太炎的宗教概念中失去了意义。而此处对章太炎宗教概念的描述，其实又都差不多可以原样适用于鲁迅的“迷信”或宗教概念。其实二人对宗教之提倡，都因为革命所需要的主体必须勇猛无畏，质朴无华，却又“唯我独尊”。总之，二人所关心的，都是个体自由以及自主的革命主体建构的问题。

三、右反“国民主义”，左拒“世界主义”

《破恶声论》中浓重的章太炎影响之第二例是鲁迅右反“国民主

---

① 《章太炎全集》（四），第 419 页。

义”、左反“世界主义”的思想立场。[1]这一左右的说法只是相对而言，多少难免图式化。简单说来，“国民主义”主要指的是对国家本身的负面作用缺乏认识者，甚至是美化者。而“世界主义”则是指晚清社会主义者中的无政府主义乌托邦思想。鲁迅在《破恶声论》中说：

> 聚今人所张主，理而察之，假名之曰类，则其为类之大较二：一曰汝为国民，一曰汝为世界人。前者慑以不如是则亡中国，后者慑以不如是则畔文明。寻其立意，虽都无条贯主的，而皆灭人之自我，使之混然不敢自别异，泯于大群，如掩诸色于晦黑，假不随驸，乃即以大群为鞭箠……今之见制于大群，孰有寄之同情与？故民中有独夫，昉于今日。以独制众者古，而众或反离；以众虐独者今，而不许其抵拒。众昌言自由，而自由之焦萃虚实莫甚焉。人丧其我矣，谁则呼之兴起？顾讙嚣乃方昌狂而未有既也。二类所言，虽或若反，特其灭裂个性也大同。总计言议而举其大端，则甲之说曰：破迷信也，崇侵略也，尽义务也；乙之说曰：同文字也，弃祖国也，尚齐一也，非然者将不足生存于二十世纪。至所持为坚盾者，则有科学，有适用之事，有进化，有文明，其言尚矣，则不可以易。[2]

（注释：(1)鞭箠，鞭打，笞刑，箠，chuí，鞭子。(2)独夫，暴君。(3)昉，fǎng，开始。(4)“以独制众者古，而众或反离”，古代一个人统治多数，多数人有时会人心背离。(5)焦萃，憔悴。(6)虚实，虚空其实。(7)讙嚣，

---

① 汪晖在其《破恶声论》解读中指出鲁迅在该文中体现出打破了民族主义与全球化的二元对立：他维护中国文化却反“国民主义”，反无政府主义者的世界主义却追求国际主义。汪晖：《声之善恶：鲁迅〈破恶声论〉〈呐喊·自序〉讲稿》，三联书店 2013 年版，第 53—55，88 页。

② 《鲁迅全集》，第八卷，第 28 页，标点有调整。

喧嚣，与鲁迅所批判的“寂漠”的中国相配套。(8)昌狂，猖狂。(9)“未有既也”，未有停止。)

此处鲁迅所列的甲乙两类看上去似乎相反的的中国士人思想现状，一是国民主义，一是世界主义。笔者按鲁迅说法，试以图标示其立场之同异，则如下：

甲　“国民”/国民主义	乙　“世界人”/世界主义
1. 非此恐“亡中国”	1. 唯恐违背“文明”“公理” (“畔文明”“非然者将不足生存于二十世纪”)
2. 理论上崇尚国家	2. 理论上消灭国家(“弃祖国”)
3. 以科学为主义，视宗教为迷信	3. 以科学为主义，视宗教为迷信
4. 崇尚国家框架的强权政治 (“崇侵略也，尽[国家之类的集体性]义务也”)	4. 拥抱均质、大同的全球化 (“尚齐一”)
	5. 废除汉字(“同文字”)

在鲁迅看来，甲乙二者表面不同，但是却有着如下相同的两点。第一个相同点是在“灭人之自我，使之混然不敢自别异，泯于大群”上是一样的。也就是说它们都是泯灭个体的主体性，通过确立“国民”“世界人”的集体性主体，去泯灭差异性(“泯于大群”)，最终让自我消失于这些同一性的集团性的“主体”中(“不敢自别异”)。第二个相同点是两者都认为“坚盾者，则有科学，有适用之事，有进化，有文明”。也就是说，两者所依据的，无非都是“科学”“适用”(务实、功利)、进化论的文明观。两者都是历史想象上的直线性进步主义者、目的论史观持有者，都坚信当时源于西方的进化论“文明”话

语，并认为科学能带来坚定不移的进步。虽然鲁迅没有明说，上述两者的代表大致是杨度等影响之下的国民主义者，后者则是以无政府主义杂志《新世纪》为代表的中国无政府主义者，而后者往往又都是主要的革命党人。

鲁迅的上述观点，恰又是《民报》时期的章太炎所频频论及的。这正是鲁迅发言的语境。试比较章太炎《驳神我宪政说》（载于《民报》第二十一号，1908年6月10日）中的一段话，不难看出章太炎、鲁迅之间的相似性。章太炎说：“今信仰国家者，以信仰宗教为非文明，惟信仰国家为文明。信仰无政府者，以信仰国家信仰宗教为非文明，惟信仰无政府为文明。三者虽殊，其当合群一也。”①（此处应为“二者虽殊”，疑原文有误。）鲁迅“信仰国家者”这段话，亦令人联想起章太炎的《国家论》（《民报》第十七号，1907年10月25日）的话：“一、国家之自性，是假有者，非实有者；二、国家之作用，是势不得已而设之者，非理所当然而设之者；三、国家之事业，是最鄙贱者，非最神圣者。”②在之前一个月，章太炎还发表了叙述否定国家的理论的《五无论》（《民报》第十六号，1907年9月25日）。显然，与章太炎一样，鲁迅在既批国民主义（国家主义），又批无政府主义方面，与稍前一段时期以及同时期章太炎的文章在立场、具体观点上非常类似。

《破恶声论》中“以独制众者古，而众或反离；以众虐独者今，而不许其抵拒”，涉及现代社会、现代国家固有的以众暴寡的群众暴力问题。其实，群众暴力的问题，也是《民报》时期的章太炎常常论及的，

① 《章太炎全集》（四），第316页。
② 同上书，第458—459页。

因为群众暴力问题与章太炎所推崇的“以不齐为齐”的尊重差异性的思想，是完全对立的。章太炎自己在《五无论》中说：“今无政府，虽不免于自相贼杀，必不能如有政府之多。且平人相残，视其膂力，非夫以强陵弱、以众暴寡者之可悲也。”①认为无政府状态下的暴力，在规模、程度上不若有政府“以强陵弱、以众暴寡者之可悲”。这与传统马克思主义认为国家是暴力装置的观点有着相通之处。在与《五无论》发表在《民报》同一期的《定复仇之是非》中，章太炎说：“而国家之秩序不可侵，是以有禁若然，则国家之秩序为重，而个人之损害为轻，斯国家者即以众暴寡之国家矣。”②(《定复仇之是非》收入《太炎文录》时改为《复仇是非论》)。章太炎阐明现代国家的本质在于以众暴寡，在于以集体性的暴力压迫个体性。显然，鲁迅上面引文的议论，与章太炎这里的说法完全相通。

鲁迅强调个体的思想一直为人称道。事实上，鲁迅在清季革命时期便明确地有这样的思想。如前所述，常有论者将之归因为鲁迅接受西方文化的结果，是西方现代性冲击的结果。③这样的解释固然有一定的说服力，因为鲁迅在《河南》时期便经受了 19 世纪欧洲思想的洗礼。但是，这样的解释也有其不足之处。因为它无法解释章太炎的个体解放理论与这一时期的鲁迅的关联。其次，也容易予人东

---

① 《章太炎全集》(四)，第 439 页。

② 同上书，第 272 页。

③ 如日本著名的鲁迅研究家伊藤虎丸先生便持此论。但是，伊藤先生本身为基督徒，其鲁迅解释渗透着基督教左派的人道主义精神以及存在主义色彩，而且其解释像日本知识分子丰硕的鲁迅研究成果一样，有着对日本现代性批判以及日本现实政治批判(如侵略战争以及与此相关的天皇性问题，如战后日本追随美国的问题等)的语境。参伊藤虎丸：《鲁迅与终末论》，李冬木译，三联书店 2008 年版，第 324 页。

西方二元对立的本质主义的误解。①就后者而言，只是将鲁迅的个体思想归因为西方现代文化冲击的结果，却容易给人一种“西方文化等于个体价值的文化”，而中国的传统则是反对个体价值的文化（即是坊间所谓“封建”的文化）。这一类说法无疑不无文化本质主义及现代主义之虞（因西方最早实现现代化，现代主义除了线性进步主义历史观外，往往也容易自陷于西方中心主义而不察）。西方近代文明的影响确实强化了中国的个人主义，但是，西方思想也是丰富的，正如东亚思想本身一样。如章太炎的佛教思想中的“依自不依他”，政治思想中的“个体为真，团体为幻”的观点一样，这也是其基于中国思想传统的个人主义思想、个体解放思想。更加重要的是，现代性也是建立在“民族”“国家”这一集体性概念之上的。事实上 19 世纪以来，起源于欧洲尤其理论上深受德国浪漫派影响的民族主义美学哲学政治学理论，正是一种强力的集体主义同一性理论。这一集体主义理论深刻影响了包括日本、中国在内的东亚国家。而鲁迅前面批判的国民主义，恰恰是这一类集体主义框架中的产物。

另一方面，章太炎强调“独”，正是基于尊重他者的立场，亦即出于尊重由有着差异性的个体所构成的群的立场。而与此有别，具有集体同一性的民族国家理论正是近现代以群众暴力压抑个体自由的主要理论装置。鲁迅《破恶声论》这一高扬个人价值的立场，也可见于其如下表述：“盖惟声发自内心，朕归于我，而人始有己；人各有己，而群之大觉近矣。”②这里的表述很像章太炎《訄书》初刻本中的《明

---

① 当然伊藤虎丸先生本意并非如此，亦无此论述。这里指出的，是现代主义框架之内的本质主义研究者。

② 《鲁迅全集》第八卷，第 24 页。

独》一文。章太炎在《明独》中说:“夫大独必群,不群非独也”,“大独必群,群必以独成。”①鲁迅这里的“朕归于我”的“朕”也是多少令人感到突兀的表述。“朕”本意为“我”,但是自秦始皇以来这是皇帝专用的自称。假如将鲁迅的用法与章太炎《民报》上的论点相比照的话,也许就不会觉得鲁迅的用法突兀。比如章太炎在《答梦庵》中说:“以勇猛无畏治怯懦心,以头陀净行治浮华心,以唯我独尊治猥贱心。”(《民报》第二十一号,1908年6月10日)又比如章太炎佛教革命理论中的“依自不依他”的高扬自我主张等,都与鲁迅这些表述甚为相似。

至于章太炎对无政府主义的批判,更是章太炎《民报》时期的重要贡献(详参本书第五章,此处不赘)。巴黎发行的《新世纪》周刊与东京发行的《天义》半月刊被认为是近代中国的两大无政府主义杂志。第一号《新世纪发刊之趣意》开宗明义曰:“(一)本报议论皆凭公理与良心发挥,冀为一种刻刻进化日日更新之革命报。(二)本报纯以世界为主义。同人之意以为,苟能发愿与世界之种种不平等者为抵抗。一切自包其中,不必支支节节。”《新世纪》以植根于进化论的“公理”为普遍性。与之相比,《天义》核心人物刘师培为古学大家,出于传统主义,甚至认为古代井田制接近近代共产主义、老子思想近于无政府主义。

章太炎《驳神我宪政说》(《民报》第二十一号,1908年6月10日)曰:“若云是部类者,文明野蛮即不应分别高下。家族者,野蛮人所能为增进其野蛮之量则为部落,又增进其野蛮之量则为国家。是则文明者,即斥大野蛮而成,愈文明者即越野蛮。……文明为极成

① 《章太炎全集》(三),第53—54页。

之野蛮，形式有殊，而性情无异，安用徒张虚号矣。今以文明野蛮为国家有无之准，又何其纱戾也。”①“部类”者，中国史书多指北部中国游牧民族。在此，章太炎颠倒了所谓“文明人”的常识：所谓“文明”“野蛮”之分，其实只是因野蛮的量与程度的差别而已，准此，愈是“文明”者，其实愈是“野蛮”。在此，章太炎批判了“文明对野蛮”的二元对立话语结构，在此将自命为“文明”一边的帝国主义、殖民主义斥为“大野蛮”，而将不具备扩张手段的所谓“野蛮”人，视为真正的文明。章太炎此处定义“文明为极成之野蛮”，对当时的文明话语批判可谓辛辣，至今仍有振聋发聩之效。章太炎在理论上否定国家，故在此视国家为野蛮。这与黑格尔政治思想中对国家的评价恰好是相反的。在黑格尔政治思想中，个人、家族被认为是自然伦理形态，而国家则属于理性反省层面，它扬弃个人、家族的自然形态，被认为是体现了道德、伦理的最高形态，是客观的、普遍的形式。同时，黑格尔的国家概念蕴含着自由的价值肯定。但是，章太炎这里的讨论再次颠覆了黑格尔的国家学说，可谓是反其道而为之（章太炎的黑格尔批判，详见第二编第五章）。文明野蛮之二元对立所依据者，乃是社会进化论。进化论在当时被目为“公理”。章太炎《俱分进化论》（《民报》第七号，1907 年 9 月 5 日）中曰：“乃知庄周所谓‘齐物者，非有正处、正味、正色之定程，而使万物各从所好’。其度越公理之说，诚非巧历所能计矣。”②在《齐物论释定本》中亦曰：“齐其不齐，下士之鄙执；不齐而齐，上哲之玄谈。”③准

① 《章太炎全集》（四），第 315—316 页。

② 同上书，第 449 页。

③ 《齐物论释定本》，《章太炎全集》（六），第 61 页。

此，“公理”者，则不过是“齐其不齐，下士之鄙执”而已，乃是立足于同一性原理之上的“齐的暴力，属章太炎所抨击的群众暴力。这也与章太炎批判无政府主义者主张世界主义、批判他们推崇进化论和“公理”有关。在章太炎看来，无政府主义者未能认识到在国际关系上，以西方列强的进化论为准绳（普遍性）的所谓“公理”，也正强化了西方的扩张。鲁迅的议论显然与章太炎这些立场非常相似。

四、“兽性爱国主义”之否定者鲁迅与章太炎

鲁迅的《破恶声论》明显受章太炎影响之第三例是其“兽性爱国主义”这一概念，以及其中包含的对国家主义、帝国主义的批判。鲁迅指出，兽性爱国主义的特点是“一曰崇强国，次曰侮胜民。盖兽性爱国之士，必生于强大之邦，势力胜强，威足以凌天下，则孤尊自国，蔑视异方，执进化留良之言，攻小弱以逞欲，非混环宇，异种悉为其臣仆不慊也。”①“兽性爱国主义”有两层意思。第一自然为帝国主义之另一表述，另一层意思指的是非帝国主义国家如清季中国之类羡慕强权、俯视弱小邻国者。“执进化留良之言，攻小弱以逞欲”，则是批判进化论及其与帝国主义、殖民主义的结合。

更值得注意的，是鲁迅上面所说的“兽性爱国主义”特点之一的“侮胜民”。鲁迅在《破恶声论》中接着说：“而吾志士弗念也，举世滔滔，颂美侵略，暴俄强德，向往之如慕乐园，至受厄无告如印度、波兰之民，则以冰寒之言嘲其陨落。……至于波兰、印度，乃华土同病之

---

① 《鲁迅全集》第八卷，第34—35页。

邦矣。”①在此，鲁迅批判了中国志士一方面羡慕强权，另一方面对强权压迫下的波兰、印度态度冷漠，甚至冷言相嘲。我们试比较一年多前章太炎《印度中兴之望》中的表述：“印度志士，望震旦独立者多矣，而汉人曾莫念彼，岂独不念，又鄙夷之。……迷而不返，视比邻如草昧穷荒，又震于西人之言，矜华靡而羞质野，其视印度，盖与西羌、马来相等。由是言之，汉土弟昆，皆贾竖之见耳。”(《民报》第十七号，1907年10月10日)②我们可以在章太炎处觅得类似的观点。章太炎也批判了中国人的势利：一方面以傲慢看待周边国家如印度、马来等，“视比邻如草昧穷荒”；另一方面又盲从西方，诚惶诚恐。在章太炎看来，这一类中国人都只是势利商人之见(“贾竖之见”)。章太炎与鲁迅的叙述又是何等的相似！

鲁迅在《破恶声论》中对印度等被压迫弱国的深厚同情，显然完全可以溯源于章太炎《民报》时期印度问题系列文章的影响。③同时，章太炎对印度的同情，更表现在他在东京期间的政治实践上。他除了结交日本无政府主义者、社会主义者等知识、思想精英外，也与印度独立运动知识分子相往还。章太炎1907年4月于东京青山印度独立运动的东京据点成立亚洲和亲会(英文名：Asiatic Humanitarian Brotherhood)，《亚洲和亲会约章》曰：“凡我肺腑，种类繁多，既未尽集，

---

① 《鲁迅全集》第八卷，第35页。

② 影印本《民报》第五卷，第2771—2772页。

③ 章太炎于《民报》1908年12月前发表关于印度的文章如下：《记印度西婆耆王记念会事》(第十三号，1907年5月5日)，《印度中兴之望》(第十七号，1907年10月25日)，《印度独立方法》(第二十号，1908年4月25日)，《说林》(第二十四号，1908年10月10日。《说林》内为一组短文，内含《印度先民知地球绕日及人身有精虫二事》)。章太炎对印度的同情，详细参考第二编第三章。

先于印度、支那二国组织成会。亦谓东土旧邦，二国为大，幸得独立，则足以为亚洲屏蔽。十数邻邦，因是得无受凌暴，故建立莫先焉。一切亚洲民族，有抱独立主义者，愿步玉趾，共结誓盟，则馨香祷祝以迎之也。”①在政治上视印度为自己的同类，并同情印度的命运，是1910年代在东京的许多中国革命者的一个特点。章太炎对于中国士人的印度认识转变方面有着最为重要的作用（详见第一编第三章）。章太炎的同情弱小民族、提倡联亚的思想，显然对鲁迅有着不小的影响。

鲁迅的《破恶声论》表现出对以印度为代表的被压迫民族的深厚同情。鲁迅文中说：“印度则交通自古，贻我大祥，思想信仰道德文艺，无不蒙贶。虽兄弟眷属，何以加之。使两国而危者，吾当为之抑郁，两国而陨，吾当为之号咷，无祸则上祷于天，俾与吾华土同其无极。”（贶[kuàng]，赠，赐。）②鲁迅的同情又是以同为文明古国的印度为前提的，这又是同病相怜。关于这一点，章太炎在《支那印度联合之法》（《民报》第二十号，1908年4月25日）亦就中印两国的联合说：“联合之道，宜以两国文化，相互灌输。”③也就是说，章太炎既表达了政治上的连带感，也表达了文化传统上的纽带意识。这一点，鲁迅也是一样的。

鲁迅在《破恶声论》中说：“凡有危邦，咸与扶掖，先起友国，次及其他，令人间世，自繇自足，眈眈皙种，失其奴臣。”④这一视被压迫民族（“危邦”）为“友国”的联合意识，亦见于章太炎刊于《民报》第十三号附录《送印度钵逻罕保什二君序》（1907年4月）：

---

① 朱维铮、姜义华编注：《章太炎选集》（注释本），第429页。遗憾的是，英文章程暂时未能觅得。

② 《鲁迅全集》第八卷，第35页。

③ 影印本《民报》第五卷，第3162页。

④ 《鲁迅全集》第八卷，第36页。

印度法学士逻钵罕自美利坚来，与其友保什走访余于东京。……既见二君，欢相得也。已而，悲至陨涕。二君道印度衰微之状，与其志士所经画者，益凄怆不自胜！复问余支那近状。嗟乎！吾支那为异族陵轹，民失所庇，岂足为友邦君子道？①

有意思的是，鲁迅上面引文中的“使两国而危者，吾当为之抑郁，两国而陨，吾当为之号咷”的说法，以及其中所蕴含的对印度命运的关切同情，也可以从上面章太炎的引文中发现：比如章太炎听闻“印度衰微之状”时“益凄怆不自胜”的表述。甚至章太炎此处文体与鲁迅的文体都有些相似。鲁迅所说的弱小民族从西方帝国主义（“皙种”）压迫中独立出来的意识（“自繇自足”，令西人“失其奴臣”），也可在早于《破恶声论》一年多前的1907年5月章太炎的《五无论》中看到类似表述。文中说：“其他之弱民族，有被征服于他之强民族、而盗窃其政柄、奴虏其人民者，苟有余力，必当一匡而恢复之。……孰有圣哲旧邦而忍使其遗民陷为台隶？欲圆满民族主义者，则当推我赤心救彼同病，令得处于完全独立之地。”②

同样，鲁迅批判“兽性爱国主义”，类似表述在章太炎此一时期的文章中亦有迹可循。章太炎在《国家论》（1907年9月22日）一文中针对无政府主义革命者主张世界主义，罔顾弱小民族的解放，也提出了自己的批判：“处盛强之地，而言爱国者，惟有侵略他人……乃若支那、印度、交趾、朝鲜诸国，特以他人之翦灭蹂躏我，而思还其所故有者，过此以外，未尝有所加害于人，其言爱国，则何反对之有？爱国之

① 影印本《民报》第五卷，第2221页。

② 《民报》第十六号，1907年9月25日，影印本第四卷，第2432页。

念，强国之民不可有，弱国之民不可无。”①也即是说，在一个民族国家（或译国民国家）的时代，强国的所谓爱国，必定是帝国主义、必定是侵略，而弱国如中国、印度、越南、朝鲜等亚洲被压迫的国家不言爱国，则必然亡国。在章太炎看来，对被压迫国家、民族的“爱国”，假如以无政府主义者所谓世界主义而加以反对的话，则是匪夷所思。

在《破恶声论》中，鲁迅也像章太炎一样，批判中国士人傲慢与奴性相交织的秉性：“就匍匐于强暴者之足下，则旧性失，同情漓，灵台之中，满以势利，因迷谬亡识而为此与！故总度今日佳兵之士，自屈于强暴久，因渐成奴子之性，忘本而崇侵略者最下：人云亦云，不持自见者上也。”（灵台：心也。）②在此，鲁迅将弱者一方的“兽性爱国主义”也就是国家主义的问题，视为“奴子之性”。这也可以视为鲁迅后来的国民性批判之先兆。前面提及，章太炎在《印度中兴之望》中也曾批判中国人“视比邻如草昧穷荒，又震于西人之言”，“汉土弟昆，皆贾竖之见耳”（《民报》第十七号，1907 年 10 月 10 日）。③我们在上述的引自鲁迅的叙述中完全可以看到类似章太炎《印度中兴之望》的观点，也可以看出鲁迅的文章显然是在章太炎影响之下。

此外，章太炎只是批判中国士人，《河南》杂志时期的鲁迅亦是如此。但是，将之自觉地上升至整个国民性批判，却有待于“五四”新文化时期的鲁迅。作为以“文”为手段的革命者，章太炎与鲁迅的对士人秉性的批判以及鲁迅后来的国民性批判，都与本书总论结语中所谈及的“亡天下”的危机意识密切相关。也正因为这一原因，他们都

---

① 《章太炎全集》（四），第 464—465 页。

② 《鲁迅全集》第八卷，第 36 页。

③ 影印本《民报》第五卷，第 2771—2772 页。

认识到革命首先必须是思想的革命。

日本学者坂出祥伸指出，章太炎与刘师培在无政府主义和“亚洲连带论”上的基本区别是：是将反满包括在反帝、无政府主义的连带论进行把握，还是将之进行分割；是像章太炎那样，是在“有余力的话”的条件之下的“连带论”，还是像刘师培那样主张同步进行。①坂出并且指出，当时留学早稻田大学的革命党人汤增璧(1881—1948)的文章(笔名揆郑《亚洲和亲之希望》，载《民报》第二十三号，1908年8月)批判无政府主义革命论，认为无政府主义者将课题不同的亚洲诸国的革命(民族独立运动)，与欧洲的革命(社会主义革命)机械地混为一谈。留日革命党人龚铁铮(1888—1916)(铁铮《政府说》，载《民报》第十七号，1907年10月)亦撰文批判无政府主义者好高骛远。②坂出认为鲁迅的《破恶声论》受了革命派，尤其章太炎的影响，是类似章太炎的“亚洲连带论”。③鲁迅批判大同主义的不切实际，显然是在章太炎及其周围的龚铁铮等人批判大同主义的语境之中的。鲁迅该文章批判了“兽性的爱国者”亦即国家主义及其强化型之帝国主义，同时也批判了狭隘的民族主义，更批判了无政府主义者现阶段好高骛远的世界主义。

另一方面，“爱国主义”这一概念的批判性剖析，也见于1910年代的日本著名的无政府主义者、社会主义者幸德秋水(1871—1911)的《廿世纪之怪物：帝国主义》(1901年，简称《帝国主义》)一书。

---

① 坂出祥伸：『改訂増補　中国近代の思想と科学』，京都朋友书店2001年版，第396页。

② 同上书，第396—397页。

③ 同上书，第398页。

幸德秋水曰："帝国主义以所谓的爱国心为经，以所谓的军国主义为纬。"[①]幸德秋水在书中痛批明治日本爱国主义与军国主义的关联。他在《帝国主义》中说："所谓爱国心，即以讨伐外国为荣誉之好战之心，好战之心即动物天性。"幸德秋水又痛斥曰："日本人之爱国心至征清之役，越来越极尽坌涌，振古无之。彼等侮辱、嫉视、憎恨清人，难以用言语形容之。……平心思之，彼等毋宁说是如疯狂、似饿虎，若野兽。"又曰："不脱野兽之心的彼等爱国者。"[②]这里我们可以看见幸德秋水类似鲁迅"兽性爱国主义"之类的表述。东京时期的章太炎常与幸德秋水相往还（见本书第一编第四章）。章太炎与鲁迅（尤其章太炎）很可能读过幸德这部著作。但是，幸德秋水该书与章太炎的关系仍然有待考证，至少未从鲁迅的藏书目中发现该书。[③]

鲁迅在《破恶声论》中接着批判"兽性爱国主义"说：

> 其所谓爱国，大都不以艺文思理，足为人类荣华者是尚，惟援甲兵剑戟之精锐，获地杀人之众多，喋喋为宗国晖光。[④]

这里鲁迅所说的"艺文思理"，指的是文学、艺术、哲学等"文"，与相对于"甲兵剑戟"之"武"。这里可以分几个层次来解读。首先，这是以儒家崇文抑武的和平主义传统，去批判崇尚杀戮的"兽性爱国主义"。这一段话，与鲁迅前面在《破恶声论》中一再提及的中国的民之"旧性"相呼应："文明之光华美大，而不借暴力以凌四夷，宝爱和平，

---

① 幸德秋水：『帝國主義』，东京岩波书店 2011 年版，第 19 页。

② 同上书，第 27、43、85 页。

③ 北京鲁迅博物馆藏：《鲁迅手迹和藏书目录》（内部资料），1957 年 7 月。

④ 《鲁迅全集》第八卷，第 33 页。

天下鲜有。”①这里鲁迅主要指的是淳朴民风,多少不无美化“旧性”之虞。但是,这也是中国思想传统中的崇文传统的表述。而且,鲁迅主要是为了对照当今之“兽性者起,而平和之民始大骇”②的现实,批判尚武尚力、羡慕帝国主义的世风。这又可窥见鲁迅作为以“文”为手段的革命者之一面。而鲁迅这一思想在同一时期章太炎的文章中有迹可循。比如章太炎在《中华民国解》(《民报》第十五号,1907 年 7 月 5 日)中批判杨度的“金铁主义”。杨度自己定义其杜撰的概念“金铁主义”云:“金者金钱,铁者铁炮”,亦即“经济的军国主义”。③章太炎斥之为“无过聚财讲武二端”“其去汉唐盛时专制之政,何其远耶!”④

此外,鲁迅对“艺文思理”的推崇,也与鲁迅在这一时期属于复古的新文化运动主张者有关。“艺文思理,足为人类荣华者是尚”之表述,固然可理解为受欧洲浪漫派影响而高扬艺术、美的感性认识。但是,欧洲浪漫派思想家并不涉及和平非战问题。这里真正与欧洲有关的,正是章太炎用以翻译 Renaissance(欧洲文艺复兴)的“文学复古”。这一“艺文思理”所指的,既包含中国的“旧性”,亦即中国的传统中值得发扬光大、可以贡献人类的部分,也包括欧洲、印度等世界不同的文明。鲁迅似乎将“旧性”与他所理解的艺文与“情愫”结合在一起(这一点很可能与鲁迅所受的欧洲浪漫派思想影响相关⑤),比如他谈

---

①② 《鲁迅全集》第八卷,第 35 页。

③ 杨度:《金铁主义》,《杨度集》上,湖南人民出版社 2008 年版,第 224 页。

④ 《章太炎全集》(四),第 260 页。

⑤ 关于早期鲁迅与欧洲思想的关系,除伊藤虎丸上述著作外,尚有北冈正子这方面出色的研究,『鲁迅　救亡のゆくえ:悪魔詩人詩人論から「狂人日記」まで』(大阪关西大学出版部 2006 年版)、『鲁迅文学の淵源を探る:「摩羅詩力説」材源考』(东京汲古书店 2015 年版)等。

到受帝国主义凌辱的波兰,“顾其民有情愫”。这里清晰可见的,是其对“旧性”的推崇。这与幸德秋水在《帝国主义》一书借重孟子的王道政治的和平主义以批判帝国主义有着相通之处。同时,这与章太炎这一时期所推崇的“文学复古”显然有着直接的关系。①

至少可以指出的是,鲁迅的许多立场甚至表述,显然直接来自其旅日期间的革命及学问的导师章太炎。附带指出,章太炎《国家论》的影响,也可见于周作人以笔名独应1907年11月30日发表于《天义》第十一、十二期的《中国人之爱国》:“中国志士有恒言曰,国人不知爱国,则国可亡已。今为正之曰,中国果亡,第使循君言而爱国,则亡且莫救,故欲勿亡之求,其惟君辈之勿言爱国始矣。(通言爱国,皆爱政府耳。)”②显然可以看出,此一时期周氏兄弟关于国家、帝国主义等的思考,仍不出其师章太炎的范围。

五、“中文之词”“亦输入文明之利器也”——清季革命青年鲁迅的语言观与章太炎

《破恶声论》受章太炎影响之例证之四,是鲁迅这一时期的语言观以及与之相连的对西方新学的态度、对进化论的态度等。众所周知,鲁迅的《狂人日记》是中国现代意义上白话文文学(新文学)的开创之作,鲁迅自己在“五四”新文化运动时期也以呼吁年轻人不读古文而为人所知。但是,旅日期间的鲁迅却与此大相径庭。当然,“五四”

---

① 这方面木山英雄《“文学复古”与“文学革命”》述之最详,见木山英雄著、赵京华编译:《文学复古与文学革命》,北京大学出版社2004年版,第209—238页。

② 陈子善、张铁荣编:《周作人集外文》上集(1904—1925),海南国际新闻出版中心1993年版,第23页。

新文化运动时期鲁迅的白话文主张有其复杂性，有将思想变革的愿望寄望于白话文运动的用意，认为只有白话文才能带来“心声”“内曜”。即便如此，“五四”新文化运动时期的鲁迅与古文还是有着无法切割的关系。也正因为如此，“五四”新文化运动时期偏于反复古等新文化运动主张者的“鲁迅”与复古的新文化运动者“鲁迅”之间关系复杂。无论如何，我们可以从《破恶声论》等发表于《河南》杂志上的文章的文体、内容等方面看到一个与“五四”新文化运动时期迥然有异的鲁迅。

比如鲁迅在《破恶声论》中说：

> 其居内而沐新思潮者，亦胥争提国人之耳，厉声而呼，示以二十世纪之国民，当作何状；而聆之者则蔑弗首肯，尽力任事惟恐后，且又日鼓舞之以报章，间协助之以书籍，中文之词，虽诘诎聱牙，难以尽晓，顾究亦输入文明之利器也。倘其革新武备，振起工商，则国之富强，计日可待。豫备时代者今之世，事物胥变易矣。……若如是，则今之中国，其正一扰攘世哉！世之言何言，人之事何事乎。心声也，内曜也，不可见也。①

在此，鲁迅批判只是从语言、物质文明角度看待中国问题的看法（“倘其革新武备，振起工商，则国之富强，计日可待。豫备时代者今之世，事物胥变易矣”）。就语言而言，“诘诎聱牙”的“中文”亦即古典汉文亦足以介绍、融通西方文明，成为“输入文明之利器”。但是，鲁迅认为更为重要的是，一种与“心声”“内曜”相连的崭新的文化才是变革中国的根本，才可以改变这一“寂寥”的中国。晚清以复古为主调的新文化

① 《鲁迅全集》第八卷，第 26 页。

运动至“五四”以反复古为主调的新文化运动之间的二三十年是中国历史上非常重要的时代。这一时代的最大魅力是众声喧哗，百家争鸣，新知古学相互碰撞、融合。尤其又以晚清报章杂志出版物的贡献为最（鲁迅引文之“且又日鼓舞之以报章，间协助之以书籍”）。

假如我们将鲁迅《破恶声论》还原至当时知识分子言论的语境，也不难看出鲁迅、章太炎、《新世纪》同人、《天义报》等之间知识分子群体在言论上的对话关系。此前，《新世纪》主张消灭汉字以使用万国新语（即世界语，Esperanto）。对此，章太炎曾经于《民报》第二十一号（1908年6月10日）刊登《驳中国用万国新语说》长文，直斥其背后之进化论观点在语言上的表现：“其所执守，以像形字为未开化人所用，合音字为既开化人所用。”[①]也就是说，《新世纪》同人认为“象形字”（汉字）是“未开化”的野蛮人所用，而“合音字”则为“开化人”（文明人）所使用，因而主张废除汉字，实行世界语（“万国新语”）。鲁迅《破恶声论》发表于章太炎此文之后半年，将之理解为对章太炎观点的呼应似乎妥当。比如鲁迅说“中文之词”为“输入文明之利器”，显然与这一论争有关。《新世纪》废除汉字的立场，与其世界主义主张并非毫无关系，但是更与其进化论立场、语言声音中心主义立场直接相关。汪晖在其《破恶声论》解读中指出，晚清时期白话报刊相继创刊，以白话与口语相匹配，这已成共识。然而鲁迅不从白话角度追求语言的口语化，而是力图恢复古文，以对抗宋以后的日渐僵化的文言，离开章太炎的国粹主义脉络，鲁迅的选择不易解释。[②]

---

① 影印本《民报》第五卷，第3323、3324页。

② 汪晖：《声之善恶：鲁迅的〈破恶声论〉〈呐喊·自序〉讲稿》，第51页。

汉字被目为落后的文字，也是明治日本一部分知识分子的看法，而这一看法又与这一时代主流的、受进化论影响的文明观不无关系。鲁迅的文明概念有着较为复杂的面相，[①]但是，还是看得出章太炎的影响。鲁迅在《破恶声论》中一方面主张导入西方文明，另一方面又对适足削履、学步西洋的皮相的“文明”观予以抨击：“倘其游行欧土，偏学制女子束腰道具之术以归，则再拜贞虫而谓之文明，且昌言不纤细腰者为野蛮矣。”[②]鲁迅批判这一表皮的“文明”，因其与“心声”“内曜”无涉。鲁迅《破恶声论》所呼唤的，是对文明有着批判性的洞察力者。他在《破恶声论》中说：“故今之所贵所望，在有不和众嚣，独具我见之士。洞瞩幽隐，评隲文明，弗与妄惑者同其是非。”[③]这一“不和众嚣，独具我见之士”，也正是被孔子视为儒学人格中极高的狂者。不难看出，在《破恶声论》写作的同时代，符合这一形象的，正是他所敬畏的革命导师章太炎。

在《破恶声论》中鲁迅以“苏古掇新，精神焕然通彻”去表述他追求复古的新文化的意识。“精神焕然通彻”再次暗示着他所要进行的，是思想、文化的革命。鲁迅这一“苏古掇新”的复古的新文化态度也于见其《摩罗诗力说》(《河南》，1908年2月)：“今日置古事不道，别求新声于异邦，而其因即动于怀古。”[④]也就是说“求新声于异邦”与“怀古”非但丝毫不矛盾，而且不可二分，此亦即本书所说的复古的新文化主张。对于唯洋是崇、不明文化之多元、不明文化之差异性的肤浅者，鲁迅又曰：“学于殊域者，近不知中国之情，远复不察欧美之实。”[⑤]在鲁迅看来，这

---

① 董炳月：《鲁迅留日时期的文明观——以〈文化偏至论〉为中心》，《鲁迅研究月刊》2012年9月号。

②③ 《鲁迅全集》第八卷，第27页。

④ 《鲁迅全集》第一卷，第68页。

⑤ 同上书，第46页。

一类唯西是崇的肤浅之辈，恰恰因不解中学而难以掌握西学。鲁迅的持论与明治初年日本著名的启蒙思想家、学者中村正直（敬宇，1832—1891）1875年所说的修习“洋学”与“汉学”知识的关系颇有相通之处。中村正直曰：“余近聚徒教授，而深悟于洋学者之不可不修汉学也。无汉学而从事洋学者，勤苦五六年，尚不能敌修汉学者之一二年。洋学进步之迟疾，视汉学得力之浅深。”①明治时期日本在欧风美雨之下鄙视汉学风气初现，且愈演愈烈，中村正直有感而发，提醒世人切莫浅薄。在鲁迅的时代，类似的中国士人亦开始出现，尤其是部分留学者更容易如此。在清末这一类反复古的新文化运动者也典型地见于以巴黎为基地的中国革命派知识分子，即《新世纪》同人。他们的废除汉字的观点恰好反映了他们对待古典中国学术的态度。

与鲁迅、周作人一起在《民报》社听讲章太炎小学授课的钱玄同在“五四”新文化运动期间将《新世纪》的语言观做了一次发挥。1918年3月发表于《新青年》的《中国今后之文字问题》，以及《新青年》第四卷第一号（1918年2月15日）《论注音字母》，可以说是在新的时期重启反复古的新文化运动在语言、文字方面的激进观点。钱玄同认为先以罗马字母注音，“再过几年之后，中国竟能废弃这种‘不象形的字’……改用纯粹拼音的字”。②显然，以钱玄同的观点为代表，《新青年》上关于白话文、汉字的许多观点未必如主流的历史叙述所言之“新”，无非是在延续明治日本去汉字化讨论、仿效明治日本的言文一致新文学的讨论、重复《新世纪》同人等中国革命者的废除汉字讨论

① 中村正直为江户末期儒者赖山阳（1780—1832）《编年日本外史》明治八年（1875年）8月再版（大阪光启社）所作之序，见赖山阳：《编年日本外史》，东京光启社1881年版。

② 《新青年》第四卷，中国书店2011年重印本，第140页。

而已，因为对于汉字圈而言，无论他们的语言民族主义动机如何，简单说来，包括中国在内的汉字圈书写语言现代化的公敌都无非都是作为汉字圈在悠久的历史中共同书写体系的古汉语文言文而已。甚至20世纪五六十年代中国共产党的语言改革思想亦可溯源于《新世纪》同人的语言思想。甚至可以说《新世纪》同人的语言思想部分地为中国国民党与后来的共产党人所实践。①《新世纪》核心人物吴稚晖、张静江、李石曾占“国民党四大元老”之三（另一位是蔡元培），显然在语言思想观上中国国民党与中国共产党相去不远，他们的语言思想都与进化论有一定的关系。正如文字改革活动家倪海曙（1918—1988）曾指出的：“记得辛亥革命的时候，拼音文字运动曾经一度做过‘革命’的装饰品；到了十九年以后国民革命，拼音文字又做了一次‘革命’的装饰品。”②

在语言方面，如果说《破恶声论》中的“鲁迅”是典型的章太炎影响之下的“鲁迅”的话，我们在“五四”新文化运动中则发现鲁迅明显

---

① 中华人民共和国专责文字改革政策的吴玉章（1878—1966）作为同盟会会员，原本便与巴黎《新世纪》吴稚晖、李石曾等关系密切。1955年4月吴玉章在《关于汉字简化问题——在政协全国委员会上的讲话》中指出：“早在一九四零年，毛主席就指示我们‘文字必须在一定条件下加以改革。’近年来，毛主席更进一步指出了中国文字要走世界文字共同的拼音方向。也就是说，必须把汉字逐渐改成为拼音文字。……在汉字拼音化以前，首先适当地整理和简化现在的汉字。”《吴玉章文集》，重庆出版社1987年版，第666—667页（毛泽东发言，见《毛泽东选集》第二卷，第668页。原注）。不难看出，吴玉章、毛泽东的语言现代化（西化）思想与《新世纪》同人的连续性。关于国民政府的语言政策，请参考黄晓蕾：《民国时期语言政策的研究》第五、六章，中国社会科学出版社2013年版。1955年至1956年的“大鸣大放，百家争鸣”的氛围中，语言学家唐兰（1901—1979）面对汉字拉丁化趋势，忧虑汉字改革的“大跃进”之风，担心汉字文化之不存，发表了自己的见解。以王力（1900—1986）为代表的语言学家对唐兰发动了充满政治意味的批判。双方文章见《中国语文》1956年第1期。

② 参倪海曙：《中国拼音文字运动史简编》，时代书报出版社1948年版，第87页。

的改变。比如他在《三闲集》所收的《无声的中国——二月十六日香港青年会演讲》(1927 年 2 月)中如是说:“钱玄同先生提倡废止汉字,用罗马字母来替代。这本是一种文字革新,很平常的,但被不喜欢改革的中国人听见,就不大得了了,于是便换了比较的平和的文学革命,而竭力来骂钱玄同。白话乘了这一个机会,居然减去了许多敌人,反而没有阻碍,能够流行了。”①毫无疑问,这一时期的鲁迅在语言立场上与其《河南》时期的立场已经完全改变,毋宁说他已经基本上认同《新世纪》、钱玄同反复古的新文化主张了。但是,无论鲁迅在语言上的观点如何改变,其背后的伦理的思想的动机确是没有改变的。那就是他认为只有这样才会改变“寂寥”的、“无声”的中国。

当时与胞兄鲁迅、钱玄同一起亲炙章太炎的周作人在《国语改造的意见》(1922 年)中记录了清季革命青年在变成“五四”新文化旗手时围绕汉字、世界语问题所发生的变化:

> 吴稚晖先生在巴黎发刊《新世纪》,在那上边提倡废去汉字改用万国新语(即现在所谓世界语的 Esperanto),章太炎先生在东京办《民报》便竭力反对他,做了一篇很长的驳文,登在《民报》上,又印成单行的小册子分散,文中反对以世界语替代汉语,却赞成中国采用字母以便诵习……当时我们对于章先生的言论完全信服,觉得改变国语非但是不可能,实在是不应当的;过了十年,思想却又变更,以世界语为国语的问题重又兴盛,钱玄同先生在《新青年》上发表意见之后,一时引起许多争论,大家大约还都记得。但是到了近年再经思考,终于得到结论,终于觉得改变

① 《鲁迅全集》第四卷,第 13 页。

语言毕竟是不可能的事，国民要充分的表现自己的感情思想终以自己的国语为最适宜工具。①

通过周作人对语言问题的三个阶段的变化，当时知识青年对文字的态度多少可窥见端倪。就周氏与章太炎的态度而言，第一阶段为信服章氏阶段，时间大致为《驳中国用万国新语说》发表的1908年前后；第二阶段是为世界语所动的时代，时间大致在1918年；第三阶段为结论时代，即认为汉字不可废，但可以建立新的国语，时间大致为1922年前后。但是，此尚不足以涵盖周作人自己的语言观，因为第三个阶段的结论也是陈独秀、胡适的结论，而周作人事实上对二者的语言观还是有很多批评的。

附带指出，鲁迅一直关注《新世纪》成员，因为这些都是革命者，且都是革命党中的主要成员。鲁迅对《新世纪》成员的关注，比如其晚年的藏书中有《新世纪》代表人物吴稚晖的《吴稚晖学术论著》(1925年)、《吴稚晖近著》(1926年)、《吴稚晖近著续编》(1926年)三册。②当然，这个时期鲁迅已完全是白话文运动的主要推动者，他对语言的观点已经与《新世纪》成员有着许多相通之处了。不同的是，1920年代的鲁迅有了十月革命的影响。左翼文学及艺术已蔚然成为相当部分知识分子政治与文学的理念之实践。而鲁迅正是非党派的左翼文学及文艺(主要是美术运动)的领军人物。这也是以“文”为手段之中国革命的重要构成。非暴力的、以“文”为手段的革命影响深远，又岂可告别之？

① 周作人：《艺术与生活》，止庵校订，河北教育出版社2002年版，第52—53页。

② 北京鲁迅博物馆编：《鲁迅手迹和藏书目录》(内部资料)，1957年7月。

结语 "复古"的新文化运动与"反复古"的新文化运动之间

一、在"理性的私的使用"与"理性的公的使用"之间——观察章太炎与鲁迅"亡天下"危机意识或"文"之重构的一个视角

章太炎、鲁迅与启蒙主义者的不同之处，在于后者常常将科学等同于文明、进步。相反，章太炎与《河南》时期的鲁迅则处处强调道德、伦理才是文明的重要构成。汪晖在其《破恶声论》解读中称鲁迅的《破恶声论》为反启蒙的启蒙者的文本，是通过批判启蒙，重建思想的地基，以赋予这一思想的革命以新的内容。[①]这一说法也大致适用于《民报》时期的章太炎。

章太炎、鲁迅思想上这一特点令人联想起康德。康德在其《什么

---

① 汪晖：《声之善恶：鲁迅的〈破恶声论〉〈呐喊・自序〉讲稿》，第 88 页。

是启蒙?》(1784年)中将人类走出“未成年”(immaturity)定义为“启蒙”,所谓“未成年”,指的是“不经别人的引导,便无法运用自己的理智”。①康德关于启蒙的“未成年”的比喻对应启蒙属于“成年”这另一比喻。这容易被误认为是康德直线性目的论历史想象在启蒙思想上的反映。但这是望文生义。因为在康德那里,“未成年”含有道德性与公共性偏低的意涵,“成年”与否的判断基准是自由、伦理性与公共性。例如,康德说:“成就启蒙所必需的,无非是自由。而且,确乎是一切可以称之为自由的东西之中最无害的自由,便是在一切事情上都有公共地运用自己理性的自由。”②

康德所说的“公共”一词有着“整个公共体”,亦即“世界公民一员”之意。③与此相对照的是“理性的私人使用”。关于“理性的私人使用”,康德指出第一个例子是某人在公职岗位上运用自己的理性,亦即一位政府的公职人员尽自己的职责义务,康德视之为“理性的私的运用”,而并非是理性的“公的”使用。④也就是说,一位政府公职人

---

① 因本人不谙德文,本书对康德《何谓启蒙?》的引用同时参照汉译、英译与日译:《康德历史理性批判文集》,商务印书馆,何兆武翻译,2014年版;Immanual Kant, *Perpetual Peauce and Other Essays*, translated by Ted Humphrey, Indianapolis and Cambridge: Hackett Publishing Company, 1983; カント:「啓蒙とは何か」,カント:『啓蒙とは何か・他四篇』,篠田英雄译,东京岩波书店2013年版。笔者主要依据汉译,但根据英译、日译有所调整。

② Kant, “What is enlightenment?”, in Immanual Kant, *Perpetual Peauce and Other Essays*, p.423.; カント:「啓蒙とは何か」,カント:『啓蒙とは何か・他四篇』,第10页。前引汉译本的译文“公开运用自己理性的自由”,而不是如日译本翻译成「自分の理性をあらゆる点で公的に使用する自由」,对应「自分の理性を私的に使用する」;英译本也译为“the public use of one's reason”,对应“the private use of one's reason”。公共性是康德政治学的核心问题之一,“公开的”并不涉及这一康德思想的核心观点,而且无法与“理性的私人使用”对照。故从日译及英译。以下同。

③ Ibid.; カント:「啓蒙とは何か」,カント:『啓蒙とは何か・他四篇』,第10页。

④ Ibid.; カント:「啓蒙とは何か」,カント:『啓蒙とは何か・他四篇』,第11页。

员履行自己的职守却被康德认为是“理性的私的运用”，是因为这一职责只涉及某一特定共同体的公共利益，而尚未超越这一特定共同体、惠及普遍性的利益。然后康德又举出“理性的私的使用”之另一例，即教会的传道者面向教区信众传道。康德又指出，当这一牧师在业余时间从事学术研究、著书立说，则又属于“理性的公的使用”。①这令人联想起的，是《左传》所说的立功、立德、立言之“三不朽”之一的“立言”。也就是说，这“三不朽”都涉及本书所说的“文”的问题，尤其“立言”是如此。真知灼见之文穿越不同时空，为不同时空的他者所共享，它已经超越了特定的共同体；同时它在为人类的理性作出贡献的意义上，又是具有普遍意义的作为理念之“文”。因此，不难理解康德所举的牧师的例子所具备的不同。总而言之，康德的第一例与其超越民族国家这一“共同体”框架的思考有关，亦即世界公民的问题。第二例则与康德对教会权力的批判有关。②

就本书而言，章太炎与留日期间的鲁迅在批判无政府主义者的大同主义、世界主义时显示出他们是不折不扣的民族主义者，因为他们批判后者的好高骛远、舍近求远，罔顾民族共同体眼前的不公不义的现实。此时的章太炎、鲁迅属于康德所说的“理性的私的使用”。然而，当他们关爱弱小民族、对被压迫的弱小民族充满关怀之时，又显示他们以“理性的公的使用”去超越“理性的私的使用”。更何况章太炎认为只有解决了中国的民众解放的课题才可能去解放其他弱小

① Kant, “What is enlightenment?”, in Immanual Kant, *Perpetual Peauce and Other Essays*, p.43; カント:「啓蒙とは何か」,カント:『啓蒙とは何か・他四篇』,第13页。

② Ibid. p.45; カント:「啓蒙とは何か」,カント:『啓蒙とは何か・他四篇』,第18页。康德认为宗教的“未成年”(immaturity)有害，且是所有不耻之事中之最。

民族，如印度等。也就是说，只有完成中国民众解放这一“理性的私的使用”后才能进行协助解放其他弱小民族，去完成这一“理性的公的使用”。《破恶声论》清楚地显示，《河南》时期的鲁迅也是认同章太炎这一观点的。但是，若是如此，章太炎的“理性的私的使用”与其“理性的公的使用”也就变得无法二分了。此外，与“理性的私的使用”相比，“理性的公的使用”在1910年代的章太炎与鲁迅处显得更为明显、更为主流。这可以从章太炎与“理性的私的使用”亦即汉族民族主义的文章其实数量极为有限的事实中得到说明（他的《中华民国解》大概属于这类文章的典型。但这类文章在章太炎的文章中甚为罕见）。也就是说，1910年代章太炎文章的主流无疑属于“理性的公的使用”范围。

中国传统儒家有“修身、齐家、治国、平天下”的说法。一般说来，修身、齐家属于私领域，治国、平天下属于公领域。①但是，如果以康德式的理性之“公私”使用角度去看的话，“治国”却仍是“理性的私的使用”（在民族国家的时代尤甚），因为它只是为了“国”（民族国家 nation-state，尤其民族 nation）这一共同体的利益。“共同体”有着互助的伦理性，但往往也有对他者（其他共同体）的排斥性的另一面，这时“天下”便有了重要的意义。虽然这一公私的二分并不符合儒家修、齐、治、平的内在关联、不可分割的顺序②（比如《孟子·离娄上》曰“天之本在国，国之本在家，家之本在身”）。事实上康德所说的“理性的私的使用”与“理性的公的使用”在章太炎处之难以区分，也可以以其“种族革命”

---

① 余英时：《现代儒学的回顾与展望：从明清思想基调的转换看儒学的现代发展》，氏著《现代儒学的回顾与展望》，第183页。

② 同上书，第184页。

这一特定共同体的政治话语为例得以说明。毫无疑问，章太炎的种族革命在康德的世界主义普遍性看来属于“理性的私的使用”。比如，章太炎在《复仇是非论》一文中说：“今有以恢复人权为主而革命者，亦或谓种族革命为复仇，比于野蛮之习。夫强有力者，尝蹂躏人权，今欲恢复则必取于强有力者之手而得之。”（原题《定复仇之是非》，《民报》第十六号，1907 年 9 月）①在此，章太炎认为其时革命的目的不妨像一些无政府主义世界主义革命者认为那样，在于“恢复人权”，而种族革命则无非意味着从“蹂躏人权”者手中夺取回来“人权”。章太炎在同一篇文章中又说：“夫排满洲即排强种矣，排清即排王权矣。”②也就是说，此处的“排强种”之“强种”与“王权”是同一层面的。换一种表述，也就是说“排清”并非是狭隘地排斥某一特定种族的满族，而是“排王权”，即排除、驱逐统治阶级。并且，“排强种”并非只是“排清”，其“强种”以及“王权”也是泛指，亦即是推翻世界上所有统治民族（“排强种”）与推翻所有的统治阶级（“排王权”）运动，“排清”之“王权”只是这一世界革命的一环而已。因为章太炎接着指出，较之中国的满洲统治者，“今之强种孰如白人？今之王权孰如独逸帝？”③（“独逸帝”，指德皇。）在此意义上，“种族革命”也是与反对帝国主义相连的，因为用章太炎自己的话说是“闻狮子之名而猛兽在”，清王朝是象征着所有“猛兽”的“狮子之名”而已。之所以以“狮子”代表“猛兽”，只是因为这头“狮子”就在面前张牙舞爪而已。因此，无政府主义革命者“苟取无限之名以为旌帜，则

① 《章太炎全集》（四），第 272 页。

②③ 同上书，第 274 页。

中国之事犹在后，而所欲先攻者乃在他矣”。在章太炎看来是空谈而已。准此，种族革命这一“理性的私人使用”，也在夺取“人权”、反对世界上所有的“王权”这一“猛兽”的意义上，超出了特定的共同体而获得普遍意义。也正是在此意义上，章太炎的种族革命话语既是“理性的私的使用”，又是“理性的公的使用”。更加重要的是，章太炎的“理性的私的使用”与“理性的公的使用”不可二分的革命，不仅是纸上谈兵，他也以亚洲和亲会的实践探讨民族独立与反帝反殖民的国际主义相结合的方式。

在本书总论的结语中，笔者曾强调无论章太炎，还是曾经在其影响之下的鲁迅，他们的问题意识既在于“亡国”，但更在于“亡天下”，认为“亡天下”的问题具有更为根本的意义。也正因为如此，谭嗣同、章太炎、鲁迅等的关心也是“文”的重构问题，同样因为如此他们的革命是以“文”为手段、以“文”为目标的革命，“文”具有超越共同体的可能性，它与伦理、仁爱、正义等普遍的价值有关。本书总论中谈及顾炎武尝言：“易姓改号，谓之亡国；仁义充塞，而至于率兽食人，人将相食，谓之亡天下。”①沟口雄三如是解说这一“亡国”与“亡天下”说：“国亡则天下亡，天下亡则民也亡。亡天下意味着仁义废、人相食，即人丧失其自然状态（儒家视仁义为人的自然），所以天下较之国占有更优越的地位（请注意国事政治概念，天下事道德概念）。”谭嗣同、章太炎、鲁迅等晚清以来伟大的思想家是在天下的高度去思考“国”的问题的，这一点非常重要，也是本书着力讨论的核心之一。套用康德的说法，无论章太炎还是鲁

---

① 顾炎武：《日知录集释》，第756—757页。

迅，甚至谭嗣同、康有为等，清季思想文化运动中的这些思想家们都不同程度地意识到了“理性的私的使用”之局限。因为在漫长的传统中儒学的共同体主义与儒学的普遍主义一直是处于并存、互补的状态之中的。儒学普遍主义这一“理性的公的使用”，又正是因为儒学共同体主义这一“理性的私的使用”之局限性而出现的。在此意义上，儒学普遍主义色彩的伦理主义正是中国士人接受社会主义、无政府主义、共产主义等外来思想的传统基础。历史上庄子哲学、中国化的佛教思想中的普遍主义更强化了这一儒学普遍主义。章太炎尤其倚重这两者去重构中国思想中的普遍主义传统。就本书的关键词而言，即去重构“天下”的伦理、思想。也只有这一普遍主义文化，“中国”才是中国，才能包容多元性与差异性，这也是章太炎以“不齐”为“齐”（《齐物论释》），亦即以差异性本身为普遍性之意。坊间对章太炎“国学”的片面理解，亦由此可见一斑。而这一类片面的理解，往往又与章太炎本身的复杂性不无关系。

谈及“亡天下”与“文”之濒死的关系，让我们再次回到康德关于何谓“文明”的讨论。康德在其《世界公民观点之下的普遍历史观念》(1874 年)中说：

> 因而只要人们尚未达到有待于我们这个物种去攀登的这一最后阶段之前，卢梭就不无道理地不选择文明，而是要偏爱野蛮人的状态了。我们现在由于艺术和科学而有了高度的文化。在各式各样的社会礼仪和都雅之风方面，我们是文明得甚至于到了过分的地步。但是，假如认为我们已经在道德上有教养了，则这里还缺少很多东西。因为文化尚需要道德性

这一理念。①

由此可窥见康德冷峻的批判“文明”的态度。同时我们也可以窥见章太炎、鲁迅何以对印度充满敬意。关于卢梭(Jean-Jacques Rousseau，1712—1778)，康德的话也让人联想起卢梭在其《人间不平等起源论》《言语起源论》中零星可见的、相当于今日人类学领域的讨论。结构主义人类学家李维史陀(Claude Lévi-Strauss，1908—2009)甚至因此将卢梭视为人类学始祖。②人类学的伦理贡献之一在于质疑所谓“文明人”自我肯定、自我特权化的所谓“文明”观，在于强调文化的差异性，批判文化等差性，提醒对于“我们”的他者之重要性，并且提供某种现代性批判的视角。笔者在此强调的是，无论欧洲近代的康德、卢梭，现代的人类学家李维史陀，抑或清季革命中的思想家章太炎、鲁迅，都认为伦理性、道德性方为“文明”最为重要的构成与基准，而并非是那些虚饰的“礼仪”以及科技的发展，更不是发达的强权，相反，科技发达的强权是典型的反文明的“大野蛮”。③就中国的思想传统而言，“文”代表着伦理、和平主义的价值。不敢说章太炎等对这一以“文”为手段的革命有多大的自觉，事实上它是书生造反的性质所决定的。但是，“文”所代表的伦理、政治价值的实现，也正是革命的目的所在。在此意义上，这些中外思想家的关心所在，若以中

---

① 参照汉译同时，亦参照英译及日译。Kant，“Idea for a Universal History with a Cosmopolitan Intent”, in Immanual Kant，*Perpetual Peauce and Other Essays*, p.36；カント:「世界公民的見地における一般史の構想」，カント:『啓蒙とは何か・他四篇』，第 41 页。日译本有着重点。

② C.レヴィ=ストロース(Claude Lévi-Strauss):「人類学の創始者ルソー」，山口昌男编:『未開と文明』，东京平凡社 1969 年版。

③ 章太炎《驳神我宪政说》曰:“文明者，即斥大野蛮而成”(《民报》第二十一号，1908 年 6 月 10 日)，《章太炎全集》(四)，第 315 页。

国思想传统的术语述之，也正是“文”的问题。

二、清季革命新青年、“五四”新青年与“五四”中年旗手之间

我们过多地留意了“五四”青年，而忽视了清季革命青年，忘了“五四”革命青年乃是清季革命青年演变、流转的结果，忘了像鲁迅那样的“五四”新文化运动旗手本来便是清季新文化运动中的革命青年。但是，另一方面，如本书第一编所述，虽然作为清季革命青年的南社柳亚子等在民国建立前受到章太炎的巨大影响，但其实对章太炎的学术不甚了了(《国粹学报》自然是例外)，而只是将之视为种族革命的民族主义英雄而已。自然这也是一种误读。而种族革命已成，至二三十年代南社革命青年渐成南社“革命中年”时，章太炎也就几乎失去吸引力了。按以上说法，也即是说，清季革命之后，尤其新文化运动到来之后，一个“章太炎”被年轻的一代分成几块，各取其需：胡适片断吸收章太炎之“国故”；①周作人则与沈兼士等将章太炎作为小学研究之一的方言音韵“挪用”于办《歌谣》杂志，以探讨白话文文学与学术由此成型的可能、方言与白话文运动结合的可能(尔后周作人淡出，1910年代复刊时胡适替之)。②而鲁迅呢，他曾忠实地追随章太炎的复古的新文化运动，然后将之翻转为反复古的新文化运动。尽管如此，鲁迅文学复古与文学革命之间的关系，却又

① 这方面请参考陈平原：《现代学术之建立：以章太炎、胡适为中心》，北京大学出版社1998年版。

② 请参考拙稿《重审白话文运动——从章太炎至歌谣运动征集》，张春田编：《晚清文学研究读本》，第167—194页。

是难以彻底分离的。[1]同时，在狂狷精神方面，鲁迅始终一贯地以他心目中的“章太炎”为导师。

但于“五四”新文化运动时期，年轻知识精英麇集于西方现代化大旗之下，滚滚而来的进步主义大潮有着无法抗拒的现实因素。对内，章太炎对国家加之于个人的压抑早已预见，可谓火眼金睛。但是，年轻的知识精英却认为建构一个西化的现代化民族国家，才能抗衡帝国主义的威胁，令中国自强，因而新的民族国家对个人压抑的问题，远远地被年轻新锐的知识精英抛在了次要的位置。更何况军阀的割据、军阀篡夺革命果实，依然是严酷的现实。留日时期的鲁迅所引用的章太炎的话——“最为要紧的第一用宗教心发起信心，增进国民的道德；第二是用国粹激动种性，增进爱国热肠”——在鲁迅看来“却仅至于高妙的幻想”（《关于太炎先生二三事》）。但是，我们分明看到在《破恶声论》中明显受章太炎影响、托望于以宗教振作民风士风的鲁迅。

在清朝统治已成为历史，知识分子、政治精英忙于建构现代民族国家的时候，章太炎的追随者纷纷出走，最后也只剩下章氏国学讲习会那些沉迷于传统学术的中青年古典学者。后者所取走的，则是“国学大师”的“章太炎”。这一纯学术的“章太炎”，却又与以复古而革命的章太炎那战斗性的古典学似是而非。1973 年 8 月至 1974 年底毛泽东又取走了“法家”的“章太炎”，为其发动的“批林批孔”运动服务。吊诡的是，这一运动为今人研究留下了第一套不完整的、但整理得井井有条的《章太炎全集》八卷本（1982—1999，上海人民出版社）。这可能

① 有关这一问题，木山英雄的论文《文学革命与文学复古》有过精辟而富于启发的论述，见木山英雄：《文学复古与文学革命：木山英雄中国现代文学思想论集》。

也是章太炎研究罕见的不因鲁迅研究、不因康有为研究而沾光，而“独立”取得的成果（当然这一全集也是特定的历史时期政治权力带来的结果）。这就是我们今日所要面对的“章太炎”：终究又是一个支离破碎的“太炎”。但是，尽管如此，狂狷的精神以及文化革命的想法，我想，却是贯穿章太炎与鲁迅之间一条不断的主线。显然学问上的老师与革命导师之间，终也可以不相关的了。其实鲁迅的学术也不能不说没有章太炎学术的影子，但到底是章太炎的革命影响来得更为浓烈、持久。

我们可以清楚地从章太炎与鲁迅之间的断裂中看到晚清复古的新文化运动与“五四”反复古的新文化运动之间的延续与断裂：章太炎与鲁迅的延续与断裂，也正是晚清革命与“五四”运动之间的延续与断裂。这也是章太炎影响之下的清季革命青年何以成为“五四”新文化运动旗手的重要原因。同时，也因为时过境迁，当反复古的新文化运动成为主流的知识界尤其知识青年的选择时，这些昔日的章太炎追随者才在文化、学术上对章太炎又畏又敬，却又因其间差别而渐行渐远，但又因无法舍割，终是若即若离，因为他们无法完全否定章太炎在他们身上留下的各自多少有别的深刻的烙印，并且时刻感受到其魅力。从鲁迅身上我们明显地看到了这一点。

章太炎在青年与中年时期革命，晚年却转向保守——此一印象，拜鲁迅晚年文章之巨大影响所赐。谓“鲁迅”影响“章太炎”，也包含这一层面。其实，所变者，非章太炎。章太炎何尝有变？①所变者，时、

① 比如钱穆于1978年犹曰：“太炎逝世，余在燕京大学曾作演讲，介绍其学术大概。然于其怪诞之论，则未有及。此已四十年前事矣。顷读《章氏丛书》以外陆续发行之各书，乃知太炎此等理论，毕生持守，始终不变。”《太炎论学述》，收入氏著《中国学术思想论丛》（八），三联书店2009年版，第392—393页。

也,势也。长期以来,学界以现代主义解释框架中的“五四”一代的视野而观章太炎,或以鲁迅之先革命后保守之“章太炎”观章太炎,终究又是支离破碎的“章太炎”。也许支离也是必然的,因为章太炎本来就那么丰富,宛若一座巨大的学术和思想的矿藏,等待我们去开采。迨至今日,传统的“文”细分为现代学科中的人文各科,四分而五裂,以此观察章太炎,不支离又怎么可能?无论如何,章太炎的解读本身所构成的思想史谱系中,鲁迅可以说是最有魅力和最具有复杂性的一位解读者。在追溯近代中国革命尤其共和的起源之时,章太炎不可被抹去,正如其延续者鲁迅不可被抹去一样。包括马克思主义在内的西学资源进一步丰富了鲁迅的视野,也将之与章太炎迅速地拉开距离。

萧公权尝言:“吾人如谓章氏为中国最悲观之政治思想家,殆无大误。”①又言:“章氏之政治哲学,一致悲观而终于消极,吾人如谓《大同书》为享乐主义乌托邦,则当命‘五无论’为失望自杀之虚无主义。”②诚哉斯言。上述评述章太炎的话完全适用于鲁迅。无论如何,我们今后将不断地发现章太炎与鲁迅——20世纪中国最伟大的以“文”为手段、以“文”的重构为目的两位革命者、思想者。他们直面顾炎武以来“亡天下”的危机意识,并因之成为20世纪最重要的思想巨人。讽刺的是,他们最大的意义,也许正在以他们的弘毅,去映照着我们在这个时代的渺小。

2017年5月4日凌晨完稿

①② 萧公权《中国政治思想史》,第581页。

索　引

（索引按英文字母顺序排列。除西文人名外，包括汉字圈外语在内的所有汉字人名，以汉语普通话读音拼音为顺序；汉字圈外语名字尽量标以原本规范汉字及读音；特别频繁出现的人名及事项略去）

A

（路易·）阿尔都塞（Louis Althusser）　35

阿赖耶识（ālayavijñāna）　90—93

阿兰若（又译兰若，āraṇyakāḥ）　241

（汉娜·）阿伦特（Hanna Arendt）　20—25，27，32，36，37，44

艾儒略（Julio Aleni）　201

爱国学社　148—150

爱国心　245，257，410

安南（越南）　187，188，212，252，255

岸本美绪（Kishimoto Mio）　41

B

霸道 182，192，193，245

巴枯宁(M.A.Bakunin) 230，274

八旗子弟留日学生 42

白川静(Shirakawa Shizuka) 310，311

白雨田 73

柏田忠一(Kashiwada Tadakazu) 216

班固 76—78，190

阪出祥伸(Sakade Yoshinobu) 32

坂元弘子(Sakamoto Hiroko) 84，108，181，297

包天笑 171

包弼德(Peter K.Bol) 342

保氏(Surendramohan Bose) 121，204

暴力 13，17，18，20—23，25，29，35—37，44，52，54，55，59，63，64，66，69—71，94，102，192，193，278，399—401，404，410，419

《抱朴子》 243

北冈武司(北岡武司 Kitaoka Takeshi) 86

北冈正子(北岡正子 Kitaoka Masako) 411

北方之强 160

本居宣长(Motori Norinaga) 137

边沁(Jeremy Bentham) 244，273，391

辩证法 25，26，253，276，277，280—283，287

《变法箴言》 316

边疆话语 109

卞师军 117

柄谷行人(Karatani Kōjin) 26，35，231，253，254

般若宗 91

《驳康有为论革命书》 29，31，318

《驳神我宪政说》 399，402，427

钵逻罕氏(Maulavi Barakatullah，A. H. Mohammed Barkatullah) 201，203，204，206

《播种》 315

《伯夷叔齐种族考》 105

伯伦知理(Johann Kaspar Bluntschli) 32，114，115，297，298

伯克(Edmund Burke) 244

(诺伯尔特·)博尔兹(Norbert Bolz) 23，24

不可抗拒性(不可抗力) 22，23

布鲁东(Pierre-Joseph Proudhon) 153，154，274，279，280

C

蔡尚思 7，8

蔡元培(孑民) 142，148，171，417

蔡哲夫(寒琼) 134，135

仓修良 130

仓田贞美(倉田貞美 Kurata Sadayoshi) 166

曹述敬 122

曹卫东 24

差异性 19，42，155，159，238，278，300，362，398，400，401，415，426，427

禅宗 81，83，87，91，269

长崎畅子(長崎暢子 Nagasaki Nobuko) 203，209

朝鲜(韩国) 9，185，187，188，196，197，209，222，236，251，252，407，408

陈宝箴 14，42

陈白沙(陈献章) 143，144

陈独秀 62，188，370，419

陈飞 109

陈继东 83，87

陈建华 18

陈澧 368

陈力卫 282

陈平原 332，428

陈其美 171

陈去病(巢南) 133—135，146，147，158，162，169，171

陈少明 305，306，360

陈寿(承祚) 118，119

陈望道 157

陈雪虎 332

陈学然 362

陈子善 372，412

陈周旺 20，24，25

陈以益 48

陈毓川 171

陈寅恪 341，366

《成唯识论》 89—93

成玄英　238，278，280

程美宝　159

程颢(明道)　143，336，346

程颐(伊川)　143，336，342

桝形公也(Masugata Kinya)　85

楚方言　163

慈禧太后　10，13

卡松爵士(Lord Curzon)　198，199，203

村田雄二郎(Murata Yūjirō)　55，60，114，185，236，241

崔述(东壁)　355

崔志海　55

D

《大乘起信论》 83

大谷长(大谷長 Ōtani Masaru)　85

大里浩秋(Ōsato Hiroaki)　55

大民族主义　114，115，297

大杉荣(大杉栄 Ōsugi Sakae)　188，221，246，248，253

大逆事件　188，221，245

《大同报》 42，43，58，114

大隈重信(Ōkuma Shigenobu)　184，207—209

大原慧(Ōhara Satoshi)　245

达尔文(C.R.Darwin)　46，49，50，181，194，229，231，232，245，260，285—287，293，394

《答梦庵》 88，241，385，393，395，402

《答铁铮》 86，95，385

《答学究》 11，320

戴鞍钢 4

戴季陶 226

《代议制然否》 273，392

带氏（Taraknath Das） 208，210，219

单冠初 94

单独性（singular，singularity） 253，299

岛田虔次（島田虔次 Shimada Kenji） 200

道统 116，353，354—356

道学 343

戴名世 141，328

戴震（戴东原） 121—125，130，144，292，364，367，384

德富苏峰（德富蘇峰 Tokutomi Soh） 185，186

德勒兹（Gill Deleuze） 253

德里达（Jacques Derrida） 283

德里克（Arif Dirlik） 49

德意志观念论（德意志唯心论） 139，290，306，307

邓实 75，79，133—135，137—143，145，147，158，169

地方自治（自治） 39—41，43—45，66，274

帝国主义 10，32，36，54，103，107，109，150，155，178—180，182—184，189，191—194，213，214，217，221—224，228，239，242—248，250—261，266，278，290，291，293—295，335，404，407—412，424，429

荻生徂徕（Ogyū Sorai） 215，311

狄德罗（Denis Diderot） 244

丁初我 48

丁晓强 94

《定复仇之是非》 263，385，400

《东京留学生欢迎会演说辞》 318

东林党 344

东亚亡国同盟会 254，255

东学 33，136，137，143

东文体 138，164

董炳月 360，415

董晓萍 167

董彦斌 366

董仲舒 19，75，354

杜维明 70

杜亚泉 6，183

杜预 163

督抚 4，33

段祺瑞 66，67

段玉裁 121，125，129，144，364

(爱新觉罗・)多尔衮 30

E

俄国(俄罗斯，Russia) 55，102，154，185，195，196，197，201，230，274，293

《俄事警闻》 171

(Joseph W.) Esherick (周锡瑞) 4，39

《二十一世纪大舞台》 158，171

F

法国大革命　19，20，22，23—25，27，28，30，32，47，54
法家　329，429
法相宗(唯识法相宗,唯识宗)　84，87，89—93，95，269，390
法藏　269
《法哲学原理》 276，277，281，283，284
樊光(字震初)　254，255
范鸿仙　165，171
范晔(蔚宗)　191，338，339，341
反国家的民族主义者　299
反复古的新文化运动　6，103，239，329，378，416，430
房玄龄　106
方行　7，8，237
方言　81，120—133，163，366，428
方孝孺　344
费正清(John K.Fairbank)　53，174
费孝通　41
菲律宾　187—189
废除汉字　398，414，416
分权理论　32
冯桂芬　53
冯天瑜　326
冯自由　58，166，171，371
《佛学演讲》 87，91，98，268，270

傅衣凌 41

《复报》 149—151，170，171

复古的新文化运动（“复古”的新文化运动） 6，51，62，72，74，75，80，85，95，96，101，103，104，109，140，239，242，328，329，378，393，394，413，416，428，430

复社 147，157，166，170

《复仇是非论》 220，293，400，424

妇女权利 233

夫马进（夫馬進 Fuma Susumu） 41

福吉胜男（福吉勝男 Fuji Masao） 289

Hans Friedrich Fulda 281

福永光司（Fukunaga Mitsuji） 90，267，270，271，288

（弗朗西斯·）福山（Francis Fukuyama） 279

福泽谕吉（福澤諭吉 Fukuzawa Yukichi） 244，245，388

G

伽达默尔（Hans-Georg Gadamer） 26

干春松 70

赣语 124，127

高俊林 332

高明士 174

高攀龙 344

高全喜 16

高旭（字天梅、号剑公） 134，135，154，162，163，164，171

高桥允昭（高橋允昭 Takahashi Nobuaki） 283

高田淳（Takada Atsushi） 8，12，15，98，375

甘地(Indira Gandhi) 205

冈仓天心(岡倉天心 Okakura Tenshin) 216

“个体为真,团体为幻” 267,298,299

革命儒学 241,242,305—307,314,327,347,356

《革命道德说》(《革命之道德》) 34,79,85,193,321,325

革政 9,29,316

《歌谣》杂志 428

葛剑雄 53

葛兆光 128

戈公振 138,170,171

顾宪成 344

顾炎武(亭林) 169

顾允成 344

顾忠琛(顾忠深) 67

古文 5,78,81,89,93,121,126,130,138,170,326—329,334,353,376,412—414

《古无轻唇音》 124

古学 79,138,140,170,177,183,214—218,232,329,376,379,402,414

谷川道雄(Tanigawa Michio) 41

冠带之伦 126,128

《官制索隐》 260,290,385

《关于太炎先生二三事》 369,371—373,378,382,429

光绪(皇帝) 10,13,320

光复 8—15,28,75,78,79,89,114,115,118,135,137,139,147,

153，285，316，320

光复会 56，114，251，254，255

广松涉(廣松涉 Hiromatsu Wataru) 26，273，274，282

《广韵》 128

《国粹学报》 62，75，78，79，99，100，104，133—146，149，151，152，154，160，164，165，169—172，242，428

《国故论衡》 77，78，80，92，104，124，164，315，324，333，351，352

国际主义 46，158，168，184，223，230，263，297，425

国际共运 230

国家主义 34，155，183，185，208，228，256，257，260，266，289，290，292，297，298，404，408，409

《国家论》 265，266，270，275，299，300，385，407，412

国民主义 396—399，401

国学 1，10，79，97，99，100，105，109，133—135，136—140，142—146，151，158，159，162，164，185，196，300，307，365，370，371，376，426，429

国学保存会 133—135，139，140，142—145，151，158

国语(国文) 50，77，125，236，237，418，419

郭朋 91

郭庆藩 238，278，352

郭孟良 117

郭绍虞 306，307

郭沫若 157

郭锡良 124，125，129

国家机器 35

国民党 56，155，157，226，249，361，362，375，417

共产主义 14，26，46，48，49，221，230，232，234，238，261，274，275，279，294，301，361，402，426

公理 31，46，47，231，261，275，278，280，292—295，398，402—404

公共性 36，164，170—172，306，308，316，328，421

公羊三世(说) 284

共同体 30，44，179，194，215，235，247，253，272，274，299，388，392，422—426

龚铁铮 86，234，409

宫崎市定(Miyazaki Ichisada) 41，342

功利主义 273，391，392

工团无政府主义(Anarcho-syndicalism) 227

沟口雄三(溝口雄三 Mizoguchi Yūzō) 38，40，43，45，46，54，63，69，159，326，425

H

(于尔根·)哈贝马斯(Jürgen Habermas) 24

《海国图志》 199—201

《汉书》 76，190，191，338，339

汉姓 127

汉族中心 30，102，108，173，174，297

韩廷杰 89，90，289

韩愈 78，145，312，327，328，341，354，365

韩子奇(Tze-ki Hon) 100，242

郝懿行 121，144

何晏 309，311，338

何浩 24

何炳棣 41，53，64，65

《河南》 42，45，61，376，382，385，386，388，393，400，408，413，415，418，420，423

何兆武 421

何震（何班） 48，104，171，188，221，229，232，233，235，242，247，258

贺麟 277，280

合众共和 32

和平主义 22，410，412，427

黑格尔主义 25，280

黑格尔的国家观 273，289

黑格尔批判 265，275，284，403

恒钧 42

洪亮吉 144

(洪)秀全 53，64，120

《洪秀全演义》 120

侯外庐 98，325，326，336，337

《后汉书》 191，338，339，341，347，348

《湖北学生界》 42，45，60，166

胡汉民 8，226

胡素（薛宾） 134

胡适 50，62，104，157，240，332，370，419，428

胡曦 4

胡玉缙(胡朴安) 134，135，158
《华严经》 84，268，269
华严宗 84，87，267—269，390
华夷(意识) 102，126，128，130，147，164，168
慧远 269
皇侃 309
皇权 19，20，41，149，274，343，353—356
黄宾虹(黄质) 135，165
黄翠芬 362
黄东兰 41，43，45
黄节 75，79，133—138，140，142—145，158，169
黄见德 290
黄进兴 354，355
黄锦树 362
黄克武 4，314
黄祸论 180
黄侃(季刚) 134，364—368
黄花岗起义 62
黄世仲 120
黄兴(黄克强) 54，59，67，114，156，186，251，361
黄彰健 11
黄宗会 161
黄宗羲(黄梨洲) 117，118，126，161，384
黄宗仰 87，96
黄遵宪 42，152，153
惠栋 144，334

惠士奇 144

惠周惕 144

赫胥黎(Thomas Henry Huxley) 286

I

Indian House 188

J

基督教 8，15，27，83，84，240，241，274，276，279，284，353，354，394—396，400

集产主义派 230

羁縻 160，190

《记印度西婆耆王记念会事》 201，206，384，405

极权主义 289

吉田建一郎(Yoshida Tateichirō) 55

吉田松荫(吉田松陰 Yoshida Shōin) 335

甲午战争 177，185，186，228，236

加藤纯章(Katō Junshō) 90

加藤尚武(Katō Hisatake) 289

接舆 310，316，317

缬缬厚(纐纈厚 Kōketsu Atsushi) 185，186

校雠学 77，78

简惠美 86

《江苏》 60，149，150，166

姜肱 347，348

姜义华 10，14，58，97，149，187，188，190，194，248，322，323，331，380，406

姜英明 94

蒋方震(蒋百里) 42，166

蒋智由 166

蒋礼鸿 123

江藩 144，334

江声 144

江湄 323

《江苏》 60，149，150，166

江有诰 364

江永 144，364

《建立宗教论》 85，86，95，384，393—395

《检论》 345，346，351

堺利彦(Sakai Toshihiko) 188，221，246，248

今音 123—125，129，131，132

今文 5，77，78，138，142，240，326，333，353，365

“进步”理念 24

进化论 27，46，49，81，85，168，180，181，231，233，235—240，243，245，260，261，266，278，280，284—291，293—295，300，384，387，391，394，398，402—404，412，414，415，417

金凤珍(Kim Bong-jin) 55

金观涛 18

金玉均(Kim Ok-gyun) 251

金铁主义 34，35，411

近藤治(Kondō Osamu)　203

《晋乘》　42

《警钟日报》　202

近藤邦康(Kondō Kuniyasu)　94，204

今野达(今野達 Imano Tōru)　90，217，267，270，271，288

精英　42，65，66，180，186，236，327，356，371，405，429

井出和起　245

井上进(井上進 Inoue Susumu)　139

井上圆了(井上円了 Inoue Enryō)　290

景定成　42

景耀月　42

Lucas Joshi　204

《俱分进化论》　285，384，387，403

《觉民》　171

郡县制　160

K

Rebecca Karl　138，158，200，202，220

考古派　363，364

考据学　333，334，339

康德(Immanual Kant)　25，26，86，99，244，420，421—427

康广仁　8

康海(对山)　148，149

康乐　86

康有为(康长素,康南海)　3—16，29，31，43，46，47，60，70，78，82，

103，104，138，149，194，200，240，241，284，285，318，320，321，323，324，329，345，353，359，430

柯文(Paul A.Cohen) 41

科学 11，21，26，32，44，46，47，51，59，67，73，80，91，95，96，104，108，137，183，184，203，226，231，232，255，260，287，293，308，382，383，387，389，390，394，397—399，409，417，420，426

客家话 120，124，126，127—130

《客话本字》 127，128

克尔凯郭尔(Søren Kierkegaard) 85

克鲁泡特金(P.A.Kropotkin) 233，274

孔飞力(Philip A.Kuhn) 41，53，66

孔广森 364

孔教 8，15，138，240，241

孔颖达 161

空宗 91，92，270

廓尔喀(Gurkha，Ghurka,港译“啹喀”) 212，213

L

拉丁化 157，158，417

(欧文·)拉铁摩尔(Owen Lattimore) 174

来岛恒喜(来島恒喜 Kurushima tsuneki) 208

雷铁厓 165，171

Christine Lamarre 236

澜斯登(Henry Maurice Lansdowne) 195

浪漫派 25，401，411

列宁(Lenin) 184，191，192，231，256，361
Iksop Lee 236
李维史陀(Claude Lévi-Strauss) 427
Christine Levy 257
劳工神圣论 51
历史必然性 23，26
历史法则性 23
历史哲学 23—26，35，283，284，286，287，289
《历史哲学》 283，284，286，287，289
理性的公的使用 420，422，423，425，426
理性的私的使用 420，422—426
《礼记》 160
李大钊 183，184，328—330
李定国 141
李侗 342
李冬木 383，400
李吉奎 366
李京锡(Lee Kyung-suk) 187，250—252
李零 355
李鸿谷 152
李鸿章 5
李荣庆 117
李石曾(李煜瀛) 48，229，233，234，417
李书城 42
李廷江 55

李喜所 61

李孝悌 50

李盈慧 55

李泽厚 7，69，70，324，325，329

李珍华 124，125，129

李振武 4

李贽(卓吾) 307，313

连横 113

镰田茂雄(鎌田茂雄 Kamata Shigeo) 269

梁启超 6，8，10，12—15，28，32，43，49，103，114，115，137，152，153，165，196，197，282，284，285，297，298，320，359，391，392

梁漱溟 95，305

廖宇春(字少游) 67

廖肇亨 312

廖仲恺 226

林白水(林獬) 165，171

林董(Hayashi Tadasu) 195

林国良 91

林启彦 60，255

林同奇 41

林贤治 332

林旭 8

林香伶 154，157

林增平 3

林宗雪(张佚凡，字逸凡) 165

《岭外三州语》 126，128
令狐德棻 9，76
岭学 143，144
六经(六艺,六籍) 78，241，324，326，340，346—350
六识 90，91
六君子 8
刘东 140
刘成禺 42
刘纪蕙 113
刘梦溪 307，312，345
刘逢禄 78，364
刘向(更生) 76，349
刘歆(子骏) 76，77，346，349
刘再复 7，69，70
柳剑平 234
柳无非 148—151
柳无忌 135，148—151，165，171
柳诒徵 313，314
楼宇烈 83，95，283
鹿岛守之助(鹿島守之助 Kajima Morinosuke) 196
卢爵勋(艺亭) 134
卢梭(Jean-Jacques Rousseau) 47，53，388，426，427
陆敬 366
陆绍明(良丞) 134
《论语》 309，310，318，319，337，347—349

《论诸子学》　322，323，329，330

伦理(性)　20，36，70，81，82，86，109，277，306，316，328，339，347，392，421，423，427

伦理关系　276，277，393

罗常培　126，127，131

罗黑子(象陶)　188

罗普(文梯,岭南羽衣女士)　154

罗志田　6，79

吕复(剑秋)　188

吕静　326

吕留良　141

吕存凯　109

滝口清荣(Takiguchi kiyoe)　289

M

马建标　158

马君武(马和)　42，134，135

马克思(Karl Marx)　23，25，26，35，228，230，231，283，389

马克思主义　23，25，26，35，49，168，183，223，226，233，234，289，306，341

马来亚　187

马鸣(菩萨,Aśvaghoṣa)　83

马敏　55

马瑞辰　334

马叙伦(夷初)　133—135

马宗霍 132

毛泽东 44，360，417

末那识(Manas)(第七识) 90，91

美国革命 32，44

美术 164，165，216，308，419

梅森直之(Umemura Naoyuki) 252，257

孟子 13，19，245，257，292，306，309—312，319，324，335—337，341，352，354，412，423

梦庵 88，241，385，393，395，402

孟德斯鸠(Charles-Luis de Montesquieu) 32，47，277

闽语 120，127

闽东话 124，125

闵斗基(閔斗基，Min Tu-ki) 41，66，326

《民报》 8，11，32—34，49，57，59，61，64，73，79，85，86，88，108，121，126，140—142，145，154，162，170，171，178，185，186，200—202，204—206，208，210—213，216，219—222，225，226，229，234，237—243，247，248，250，252，254，256，258—263，265，273，279，285，294，295，297—299，318，331，345，361，372，380—385，389，391—393，395，399，400，402，403，405—409，411，414，416，418，420，424，427

《民报》六大"主义" 248

《民呼》 58，171

《民立报》 171

《民吁》 58，171

民族国家 45，63，81，103，115，177，183，220，272，292，401，422，423，429

“民族主义”之“广大者”　298

缅甸　43，53，187，189，212，220，222，255，263，296

弥尔(James Mill)　273

《明史》　118，144，344

《明独》　315，316，318，402

《摩罗诗力说》　382，415

牧皮　311，352

木山英雄(Kiyama Hideo)　80，81，412，429

慕唯仁(Viren Murthy)　97，139，288

目的论　25，26，104，168，231，250，261，266，279，283—285，287，289，294，295，301，398，421

目录学　76，77，78，349

N

南北二元结构　160

南方话语　113，116，117，130，133，146，169，170

南方性　158

南方之强　160

《南疆逸史序》　118，119

南明(史)　117—119，159，170，173

南明三大儒　117

南社　59，62，113，133—135，141，146，147，148，149，151—158，160，162—173，428

南学会　42，113，116

南音　162，163

男女平等(男女平权) 46，47，48

男女绝对之平等 230

内山直树(内山直樹 Uchiyaman Naoki) 312

内藤湖南(虎次郎，Naitō Konan) 342

尼采 330，331，380，394

女权主义 48，233

倪海曙 157，417

宁调元(字太一) 163

O

欧榘甲 12，14，45

欧阳渐(欧阳竟无) 83

P

排他性(的)白话文 51，81，104，106，240，370，371

“排满”复仇主义 32

《排满平议》 238，261，262，294，295，385

潘承弼 371

潘文国 121

庞俊、郭诚永《国故论衡疏证》 92，164

佩华 42

裴京汉(Bae Kyoung-han) 55

彭春凌 5

彭亚非 80

皮锡瑞 70，78

Robert B.Pippin　26，25，281

Jennifer Pitts　243，244

Don C.Price　55，102，154

片山潜（Katayama Sen）　251

平均地权　226

平川清风（平川清風 Hirakawa Seifū）　214

平川彰（Hirakawa Akira）　90，269

平野义太郎（平野義太郎 Hirano Yoshitarō）　229，254，258

《破恶声论》　379，380，382，383，386，390，393，394，396，397，399，401，404—410，412—415，417，420，423

浦嘉珉（J.R.Pusey）　49，229，231，232，261

普遍性（普遍主义）　32，231，234，235，253，257，275，284，292，299，300，402，404，422，424，426

Q

《齐物论释》　95，96，155，253，279，299，426

《七略》　76—78，324

启蒙　244，293，388—390，420

启蒙主义　244，293，388—390，420

栖庵道人（妻木直良）　97，98

钱大昕　123，124，144

钱穆　104—106，338，430

钱玄同　54，62，159，374，416，418

乾嘉朴学　125

秦毓鎏　166

勤王 9，11—13

琴张(子开) 311，352

清季革命青年(清末革命青年,晚清革命青年) 54，58，68，113，116，140，146，152，159，162，172，173，381，386，387，418，428，430

《清儒》 333

《清史稿》 53，118，119

《清议报》 8，10，60，320

庆元党祸 345

青山治世(Aoyama Haruto) 4，55，314

秋瑾 48，229，385

《訄书》 9，10，94，117，148，314—316，318，319，333，334，347，350，351，392，401

丘菽园 13

丘为君 292

屈原《离骚》 131

群众暴力 399—401，404

全球史 40，55，108，109

R

冉有 352

罗尔斯(John Rawls) 391

Revolution(概念) 18—25，27，32，36，39，40，44，47，49，55，100，102，154，205，228，233，242

埃利泽·何可律(Élisée Reclus) 233

人乘 217

人权 134，135，232，424，425

人类学 427

《人无我论》 88，90，92—94，384

任梦痴 155

认同(identity) 5，6，64，83，118，147，153，157—159，161，164，167，179，180，183，214，217，218，223，236，326，348，352，356，364，365，369，418，423

日俄战争 56，151，177，195—197，201，202，228，252—254

日本无政府主义 186，221，243，245，247，258，405

日印协会 209

日英同盟(英日同盟) 177，180，184，187，188，195，196—198，207—210，221，224，252

Arnold Roller(罗列) 227

入江昭(Irie Akira) 55

阮元 144，161，163，309，312，319，328，337，364，365

S

T.R.Sareen 202，203

三枝充悳(Saegusa Mitsuyoshi) 368

三浦和男(Miura Kazuo) 276，277

桑兵 12，13

叔本华(Arthur Schopenhauer) 223，286—288

森近运平(森近運平 Morichika Unpei) 188，189

森正夫(Mori Masao) 41

山川均(Yamagakawa Hitoshi) 188，221，246

山口昌男(Yamaguchi Masao)　427
山泉进(山泉進 Yamaizumi Susumu)　254，257
山室信一(Yamamuro Shinichi)　218
山下秀智(Yamashita Hidetomo)　85
上田义文(上田義文 Ueda Yoshifumi)　91，92
邵力子　226
《侈靡篇》　392
社会达尔文主义　46，50，181，194，245，260，287，293
社会主义讲习所　227，249，250，254，266
《〈社会通诠〉商兑》　292
《舌音类隔之说不可信》　124
畲碧平　283
审音派　363，364
申屠蟠　347，348
沈飏民　371
沈殿成　61
沈兼士　123，131，132，428
沈玄庐　226
沈延国　371
沈咏韶(厔庐)　134，135
沈约　365
沈禹希(沈荩)　372，383
深町英夫(Fukamachi Hideo)　113
深泽秀男(深澤秀男 Fukasawa Hideo)　13
神埼清(Kanzaki Kiyoshi)　227

绅士 41，62，65，66，326

绅权 41

生越直树(生越直樹 Ogoshi Naoki) 236

世亲(Vasubandhu,婆薮盘陀) 90，262，289，295

《十驾斋养新录》 124

市民社会 276，277，289

市古宙三(Ichiko Chūzō) 40

时代精神(Zeitgeist) 24

《史记》 77，128，321，338

《时务报》 9—11，28，148，179

时务学堂 13

诗界革命 153，154

《诗经》 120，349

《史记》 77，128，321，338

史可法 30

矢部贞治(矢部貞治 Yabe Teiji) 274

实藤惠秀(実藤恵秀 Sanetō Keishū) 60，61，255

十月革命 20，49，51，419

石川祯浩(石川禎浩 Ishikawa Yoshihiro) 226，230

石川涌(石川湧 Ishikawa Yū) 47

石川布美(Ishikawa Fumi) 47

石井刚(石井剛 Ishi Tsuyoshi) 185，187，218，241，243，292

石母田正(Ishimoda Tadashi) 221

世界公民 421，422，426，427

世界主义 32，219，230，235，237，240，291，396—398，404，407—

409，414，422，424
世界语（万国新语） 49，236，237，250，414，418，419
《世说新语》 351
四部分类 76—78
《四库全书》 76
《四惑论》 278—280，385
四书 350
司马朝军 368
司马迁 128，321，338，339，355
司徒琳（Lynn Struve） 117
《思乡愿》（《思乡原上》，《思乡原下》） 336
（麦克斯·）施蒂纳（Max Stirner） 274
斯宾塞（Herbert Spencer） 245，285—287，390，391
Sant Nihal Singh 202
宋教仁 142，265
宋明理学（宋学） 75，143
《宋史》 342
松本健一（Matsuoto Kenichi） 191，218，256
兽性爱国主义 404，407，408，410
苏报案 16，29，53，58，116，134，141，148，150，151，153，170，186，229，295，361，372，383
苏菲亚（Sophia Lvovna Perovskaya） 153，154
苏曼殊 187，188
苏绰 365
《隋书》 9

孙传芳 374，375

孙蔼如 171

孙毕 128，132

孙冀中 42

孙江 167，316

孙军悦 326

孙猛 383

孙万国 345

孙文(孙中山，孙逸仙) 4，6，11，28，31—33，41，44，54—56，114，141，155，156，165，171，178，181—184，186，189，192，193，251，252，361，381

孙之梅 147，163，170

T

太平天国 17，37，40，46，47，51，53，55，60，63—68，226

太平军 53，317

太虚 94，95

陶冶公 188，247

陶成章 56，247，254，255

谭嗣同 6—9，12，42，52，82，103，329，330，347，425，426

谭汝谦 60，255

唐才常 8，12，13，42，57，372

唐律 73，74

唐晓峰 174

汤志钧 9—11，13，14，29—31，52，53，56，58，107，118，130，142，

148，150，156，179，181，188，214—216，254，255，317，320，330，361，373，375

同盟会 11，56，57，61，64，67，93，120，135，140，142，154，162，165，167，170，186，200，221，226，229，251，252，254—256，258，266，272，361，417

同源字 367

提拉克(Bal Gangādhar Tilak) 198，205

田村芳郎(Tamura Yoshirō) 90，217

天下主义 234，235

《天义》 14，33，48，104，188，221，228—230，232—234，236，242，243，246—249，252，258，266，293，402

(列夫·)托尔斯泰(Lev Nikolayevich Tolstoy) 274，293

脱脱 342

土屋昌明(Tsuchiya Masaaki) 312

W

William Wallace 281

万斯同(季野) 118，119

Colin Ward 228，258，275，301

王弼 283

王道 182，192，245，412

王汎森 96，362

王风 164

王夫之(船山) 117，161，169，345，385

王国维 122，360，395

王鸿绪 118

王柯 55

王力 363，364，366，367，417

王念孙 121，125，315，364

王屏 178

“王权” 424，425

王齐洲 80

王鸣盛 339

王瑞来 342

王文晖 368

王无生 171

王先谦 62

王晓秋 55

王阳明(王守仁,王文成) 307，313，344—346，384

王玉华 73，94

王芸生 197

王造时 284

王钟麒(毓仁) 134

王重民 76，346

汪精卫(汪兆铭) 166，186

汪晖 183，184，222，223，383，397，414，420

汪康年 11，28

汪启明 367

汪荣宝 166

汪向荣 61

汪荣祖(Wong Young-Tsu) 5，15，39，40，155，323，324，362
“亡国” 30，101，103，200，235，253，263，315，425
“亡天下” 101—103，109，235，253，263，296，315，408，420，425，426，431
(马克斯·)韦伯(Max Weber) 86，392
威廉·戈德温(William Godwin) 274
唯识法相宗(唯识宗,法相宗) 84，90，269
《唯识三十颂》 90
“惟哀是赖” 315
“唯我独尊” 88，396
《魏晋风度及文章与药及酒之关系》 332
魏楚雄(C.X.George Wei) 4
魏兰(字石生) 254
魏林 117
魏源 83，199—201
魏征(魏徵) 9，76
梶村秀树(梶村秀樹 Kajimura Hideki) 251，252
“伪士当去,迷信可存” 383，386，389，393
文笔之分 365
文韬 140
“文明者,即斥大野蛮而成” 402，427
《文始》 367
文学复古 72，78—81，147，300，412，428，429
《文学总略》 78，80，164，365
文永誉(公达) 134

《文心雕龙札记》 365

《文选·序》 364

温睿临(字邻翼,哂园) 118,119

温仲和《嘉应州志》 127,128

武田范之(武田範之 Takeda Hanshi) 185,241

武昌起义 40,51,52,54,58

《五朝法律索隐》 73,74,385

五朝律 73

“五四”新文化运动 5,6,46,47,49—51,53,58,59,68,69,103,104,106,107,152,233,238—240,307,327,329,377,386,394,412,413,416,417,428,429

《五无论》 95,222,239,242,259,262,288,291,296,385,399,400,407

乌托邦 15,48,167,234,261,272,294,397,431

乌泽声 42

吴键 109

吴敬恒(吴稚晖) 33,229,242,385

吴钦廉(一青) 134,135

吴三桂 119

吴汝钧 98,99,289

吴樾 229

戊戌变法 9—14,28,29,57,107,116,177,179,180,192,194,200,240,290,318

无政府主义 14,33,48,49,95,154,178,186,188,219,221,225—235,237,238,240,242,243,245—251,253,254,258—264,266,272,

274，275，279，280，284，290—295，299，301，385，397，399，402，404，405，407—409，422，424，426

武装勤王 9，12，13

Allen Wood 289

Mary C.Wright 40

X

西婆耆王(Chatrapati Shivājī,希瓦吉王) 201，206—208，384，405

西本省三(Nishikawa Shōzō) 214

细谷昌志(Hosoya Masashi) 85

萧公权 7，15，431

小川环树(小川環樹 Ogawa Tamaki) 311

小岛淑男(Kojima Yoshio) 61，62

小林武(Kobayashi Takeshi) 73，74，97，109，139，186，223，271，274，282，288，391，392

《小逻辑》 280—282，287，289

小民族主义 114，115，180，297

小松隆二(Komatsu Ryūji) 227

小学 80，81，94，120—122，130—132，143—145，147，165，180，236，332，363，366，367，374，375，381，384，416，428

小野川秀美(Ogawa Hidemi) 14，203

篠田英雄(Shinoda Hideo) 421

夏丏尊 75

宪政制度建构(constitution) 44

乡绅 40，41，64—66，356

乡愿之秀 336，343，344，346，349，356

乡族 41

狭间直树(狭間直樹 Hazama Naoki) 55，191，218，256

夏晓虹 196，233

《谢本师》 331，366，374，380

谢国桢 147

谢震 48

《新方言》 121，123，125—127，130—133

《新世纪》 14，33，46—50，81，103，228—231，233—240，242，243，247，249，250，259，262，275，284，399，402，414，416—419

《新广东》 45

《新湖南》 60

新儒学 312，336

辛亥革命青年 68，133，155，386

新政 4，10，39，43，56，57，273

心声 37，390，413，415

幸德秋水(Kōtoku Shūsui) 188，221，227，228，243，245—251，253，254，256—258，263，293，409，410，412

《醒狮》 61，171

邢昺 309，310，319

熊钘 354

秀才造反 33，34

虚无党 154

徐复 9，316，334，371

徐国琦 158

徐江 383

徐善广 234

徐通锵 121

徐锡麟(字伯荪) 229，293，385

徐稺 347

玄奘 89，91，92，289

荀勖 76—78

荀子(孙卿) 75，279，326，329

荀子热 25

许嘉璐 131

许鸿艳 244

许寿裳 371，374—376，379，381，394

Y

亚当·斯密(Adam Smith) 244

亚里士多德(Aristotelēs) 36，272

亚细亚 127，178，181，183，184，199—201

亚洲和亲会(Asiatic Humanitarian Brotherhood) 46，186—189，191，195，218，220，224，247，248，250—252，255，256，258，263，405，425

亚洲联合思想(联亚思想) 177，178，181，186

亚洲主义 178，179，181—185，187，191，192，195，203，219，222，223，250，252

言文一致 81，137，236，237

严昌洪 63

严复 43，284

严可均 364

严寿澂 117

颜师古 320，335

阎锡山 142

岩间一弘(岩間一弘 Iwama Kazuhiro) 63

岩月纯一(Iwatsuki Junichi) 236

阳明学(王学) 307，313，327，335，336，344，345，356

杨度 34，35，113，114，385，399，411

杨恭桓 127，128

杨衢云 141

杨深秀 8

杨慎之 39

杨时 342

杨念群 116

杨文会(杨仁山) 82—84，87，269

杨勇军 124

姚志华 90，99

叶文心(Wen-Hsin Yeh) 63

《野草》 331

野蛮 81，180，237—240，244，293，402，403，414，415，424，426，427

以不齐为齐 235，253，278，400

义和团事变 103

易姓革命 9，257，354

“夷夏——南北”论 161

意识形态 25，35—37，49，54，74，81，137，181，237，243，261，278，288，294，300，353，356，378，396

一省之力 39，42，43，45，63，69

依自不依他 87，93，296，401，402

《议王》 345，346

伊藤虎丸(Itō Toramaru) 383，400，401，411

《印度独立方法》 385，405

《印度人之论国粹》 213，219，385

《印度中兴之望》 385，405，408

《印度先民知地球绕日及人身有精虫二事》 385，405

印顺 267

因缘 92，267—269

音韵 80，120—122，127，142，143，147，363，364，367，428

英日同盟(日英同盟) 252

樱井良树(櫻井良樹 Sakurai Yoshiki) 55

有宗 91，92，270

瑜伽行派(Yogâcāra school) 89，99

俞剑华 165

余嘉锡 76

余英时 313，343，423

于右任 142，162

于志嘉 41

于治中 35，37

俞樾(曲园) 366

宇井伯寿(Ui Hakuju) 90，267

George T.Yu 233

欲求的体系 277

圆满民族主义 222，263，297，407

缘起 267—269，385

袁克定 67

袁进 153

袁世凯(项城) 40，50，67，142，156，165，171，361

越南(安南) 53，189，220，222，236，251，254，259，263，296，385，408

粤语 120，127

《原儒》 324，351

原英树(原英樹 Hara Hideki) 221

恽棨森(薮民) 134

永井健晴 276

游汝杰 127

Z

曾参 334，352

曾皙(曾点，字子皙) 311，352

增渊龙夫(增淵龍夫 Matsubuchi Tatsuō) 326

湛若水(甘泉先生) 143，144

赵尔巽 53，118，119

赵京华 26，80，81，231，360，412

赵军 178

赵令扬 13

赵声 141

赵素昂(趙素昂 Cho Sŏ-ang) 187

赵园 126, 161, 170

战斗的文章 332, 371, 372, 374, 376, 378, 382, 383

张春田 171, 368, 428

张桂辛 134

张灏 15, 75, 234, 235

张继 157, 188, 221, 227, 228, 235, 236, 246, 247, 251, 253, 254, 258, 266, 275, 293

张静江 229, 417

张静庐 372

张猛 132, 363

张裴《晋律序》 73

张朋园 3, 44, 361

张荣芳 174

张荣华 14

张栻 342

张守节 128

张廷玉 118, 144, 344

张铁荣 412

张玉法 3, 4

张佚凡(林宗雪,字逸凡) 165

张肇桐 166

张忠绂(Chung-Fu Chang) 197, 198

张仲礼 41, 65, 66

张志强 96，108

章黄学派 363，366

章门弟子 123，362，363，366—371，374，376

章开沅 3，63

章念驰 73，75，80，82，84，87，91，94，99，108，139，156，215，217，268，270，319，361

章学诚(章实斋) 76，130，326，346

章永乐 16

昭明太子(萧统) 364

《浙江潮》 42，45，60，61，166，372，383

郑成功 119，141，149，150

郑家栋 308

郑师渠 79，134

郑玄 161，347，348

郑振满 41

子贡 352，355

子路 160，309，335，352

子思(原宪) 161，352

自性 90，93，266，267，270，299，399

自由主义 234，244，245，261，273，289，290，292，300，301

自由王国 23

自由民权论 290

自证 99

自治(地方自治) 39，40，41，43—45，64，66，114，155，260，274，290，356

智严(智儼)　268，269

志野好伸(Shino Yoshinobu)　312

“至哀”　315

植村久吉(Uemura Kukichi)　215

《制言》　10，172，369，370—376

(直)线性　25，27，105，168，240，280，285，398，421

支伟成　144

《支那印度联合之法》　185，212，223，385，406

支那保全论　251

周长楫　124

周积明　4

周锡瑞 (Joseph W.Esherick)　4，38—42，46，54，63

周作人　54，62，159，332，374，375，412，416，418，419，428

周振鹤　127

中村正直(敬宇，Nakamura Keiu)　416

中村元(Nkamura Hajime)　90，217，267，270，271，288

中古音　120，128，163

中江兆民(Nakae Chōmin)　388

《中华民国解》　34，108，263，385，411

种族革命　34，108，263，385，411

仲井阳平(仲井陽平 Nakai Yōhei)　55

治统　353—356

竹内善朔(Takeuchi Zensaku)　187，188，204，208，221，246，248，250

竹越与三郎(竹越與三郎 Takegoshi Yozaburo)　244，245

主权　44，194，196，271，272，299，300

主体　17，26，32，34—37，54，58—60，82，85，103，114，178，179，192，212—216，223，252，268，270—272，321，322，325，328，331，347，353，356，392，393，396，398

朱棣(明成祖)　344

朱少屏(名葆康)　134，135

朱松　342

朱熹(朱元晦)　19，144，312，336，341—343，346，349，350

朱聿键(南明绍宗)　119

朱由检(明崇祯皇帝)　118

朱由崧(南明弘光帝)　119

朱由榔(南明桂王)　119

朱维铮　10，97，99，100，117，149，187，188，190，194，248，314，316，322，323，326，345，351，406

朱希祖　10，371，374

朱忆天　60

朱允炆(明建文帝)　344

朱执信　226

诸子学　75，76，82，138—140，144，145，147，165，180，217，227，241，307，322，323，329，330，353，371，376

《诸子学略说》　307

诸宗元(真长)　134

转语　122，123，125

庄子(老庄)　220，226，237，238，242，243，253，262，265，269，277—279，288，296，310—312，323，330，332，351，352，392，426

《中国白话报》　171

咨议局 4，64，66

邹容(威丹) 11，29，30，52，53，58，118，141，148—152，170，172，318，372，383

宗教 15，72，82—86，88，94，95，97—99，114，127，180，183，193，194，205，214—217，241，242，271，281，285，297，353—355，383，384，386，387，389—396，398，399，422，429

宗教心 429

《左传》 163，422

佐藤丰(佐藤豊 Satō Yutaka) 97，108，109，139，223，271，282，288，391，392

佐藤裕之(Sato Hiroyuki) 282

佐佐木毅(Sasaki Tsuyoshi) 273，274

作为方法的“地方性” 45

作为“方法”的“印度” 210

作为“方法”的“南方” 159

《作为方法的中国》 45，326

樽井正义(樽井正義 Tarui Masayoshi) 276

后　记

本书为笔者以章太炎为中心的晚清研究的阶段性成果，收录了八年多来相关成果的主要部分，其中三分之二的内容都是首次发表。长期以来，我主要关注的时段基本上锁定在 1900 年前后至民国成立前后的十数年，因为这一时段承前而启后，横向上亦与我对明治日本的学术关心相联。于我来说，这十数年是中国历史上甚为丰富而又充满可能性的时代，也是重大的转折时段。说本书是阶段性成果，乃是因为对章太炎这一时期的其他许多重要文献仍未及论述。以余之拙，这又是今后必须假以时日努力攻克的课题。本书标题中的“文”，不仅缘于研究的视角与结论，也因为“文”是多年来本人希望在东亚研究（中国和日本研究）中去梳理和重构的思想、文化、政治概念。我一直认为，这一重构的“文”，正是以近代以前的中国思想为代表的汉字圈文明可以贡献于人类的重要思想资源。题目如此，也感谢一位好友的修改建议。

章太炎的著述以艰涩著称。笔者浅学，因而本书亦是本着“知之为知之，不知为不知”的原则。用汉语以外的语言撰写章学研究论文时必须逐字逐句翻译所引章著，而用汉语著述一般来说则可免去此种繁难。但是，许多章著片段，即使以汉语为母语者亦未必易解。因此，在不明显影响行文的前提下，本书有限度地加上了拼音与简注，部分文字为了避免歧义，保留了繁体字。虽然这样也许不合一般体例，却有利于阅读，亦可昭示笔者的理解，以接受读者的检验。笔者的母语虽然为汉语，但却一直以为，应将用文言文撰写的文章视为外语著述。也许只有秉持这一态度，才会真正将其视为“他者”。

说来惭愧，人至中年，本书却是笔者第一部以汉语撰写的关于中国研究的学术著作。在中国研究的本土出版，意味着要接受人数众多的汉语读者的检验。尤其书中有如此之多与“常识”有异的解释。读者会如何反应，笔者在惶恐之余，也怀有极大的期许。是耶非耶，终为一家之言，本“修辞立诚”之理念耳。

多年的研究汇成一书，其间不知要感谢多少朋友的启发和帮助，也包含一些年轻的朋友，恕我在此略而不表，谨将他(她)们一一铭记在心(个别朋友已在注中提及)。在此只是最低限度地致谢。首先，感谢长年居于异地的家人。我长期疏于照顾，每每中宵自省，心怀愧疚。其次，感谢本书的责任编辑张钰翰博士以及他的同事薛羽博士，感谢与二位的缘分，令本书付梓，专攻宋史的张博士更多纠余误。再次，也要感谢稀疏寥落的章学研究界。除了熟悉的、戏称为“章学友”的同行外，更要感谢中国、日本等章学研究和晚清研究的前辈们。饮水思源，本书是立足于前人成果之上成稿的。

最后，我由衷地感谢拿起这本书的读者们，尤其是年轻读者。希望我已如愿展现了一个士风凛冽、思想丰富的晚清时代，一个就士风而言与晚明颇为相类的时代，却也是一个被李鸿章称为“数千年来未有之变局”的时代。它是如此丰富和充满可能，以至于我们可以不断地回归它，并且由此再度出发，去想象未来。

2018年2月2日深夜

于东京大学驹场校区18号馆523研究室

图书在版编目(CIP)数据

鼎革以文:清季革命与章太炎“复古”的新文化运动/林少阳著.—上海:上海人民出版社,2018
(章学研究论丛)
ISBN 978-7-208-14985-4

Ⅰ.①鼎… Ⅱ.①林… Ⅲ.①章太炎(1869-1936)-思想评论 Ⅳ.①B259.25

中国版本图书馆CIP数据核字(2018)第005392号

责任编辑 张钰翰
封面设计 范昊如 夏 雪

章学研究论丛
鼎革以文
——清季革命与章太炎“复古”的新文化运动
林少阳 著

出 版 上海人民出版社
(200001 上海福建中路193号)
发 行 上海人民出版社发行中心
印 刷 上海盛通时代印刷有限公司
开 本 890×1240 1/32
印 张 15.5
插 页 4
字 数 336,000
版 次 2018年4月第1版
印 次 2020年4月第2次印刷
ISBN 978-7-208-14985-4/B·1319
定 价 78.00元